法社会学の可能性

和田仁孝・樫村志郎・阿部昌樹 編

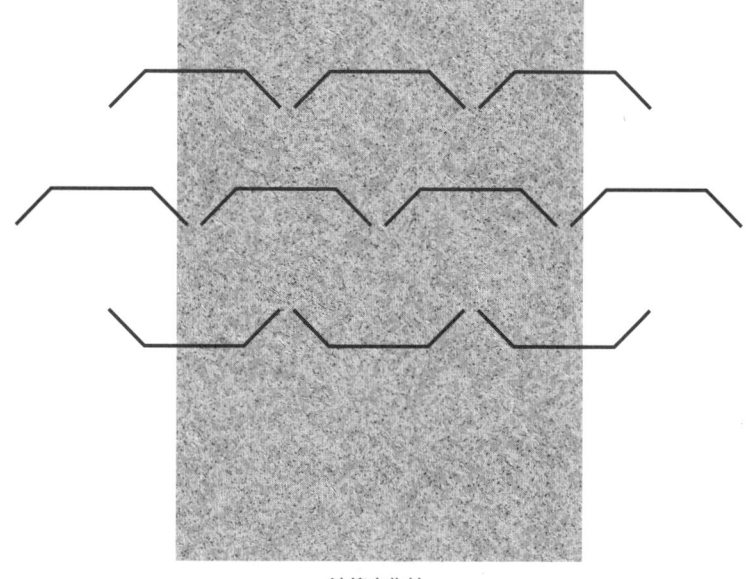

法律文化社

序　文

　研究者は，その長い経歴において，時に応じ多彩な顔を示すものである。人間や社会をめぐる様々な現象を解析し理解すべく一心に知的営為に専心する学者としての顔。その知的果実を社会に還元し現実世界の改変に貢献する実践家としての顔。そして教育や学会活動を通して学問の進展と拡張を目指す知の管理者としての顔。

　棚瀬孝雄教授は，まさにこの多彩な研究者の顔を，そのいずれの領域においても十二分に充足してこられた。その学者としての業績の数々については改めて指摘するまでもないし，実践家としては，その理論的実証的分析に基づき，弁護士会はじめ法曹界に大きな影響を与えてこられた。また，日本法社会学会の企画委員長や理事長として，法社会学の発展と拡張に貢献されてきた。

　その足跡は大きいにもかかわらず，いずれの領域においても，なぜか実践家でも管理者でもない，「学者・棚瀬孝雄」の顔を思い浮かべてしまうのは私だけだろうか。それは棚瀬教授の研究者としての経歴の中に一貫して流れる，ひとつの行動原理によって説明することができる。それは，法社会学という学問に対する，いささかの不純物も含まない，無私のコミットメントである。学問的営為はもちろん，実務界にかかわる際にも，また学界の管理的責任を果たされるときにも，その行動の根源にある原理は，法社会学という学問への本能的ともいえる情熱にほかならなかったように，私には思われる。いわば，棚瀬孝雄教授は，その存在そのものが学者以外のなにものでもない，そういう法社会学者なのである。

　初期の棚瀬教授の業績は，どちらかと言えば近代的な個の自立と法制度のかかわりを明晰な思考と分析に拠りつつ検討していく志向性を有していたように思われる。これに対し，近年の棚瀬教授の業績は，どちらかといえば共同体主義に基盤を置きつつ，解釈的に法とそのあり方を解明していこうとする志向性をもつように思われる。

序　文

　おそらくこうしたラフな素描は，それ自体としては誤りではないだろう。しかし，その初期から近年に至るまで，棚瀬教授の歩みにはるか遅れてではあるが伴走してきた私の眼から見れば，そうした変化は決して不自然ではないし，さらに言えばそれは本質的には変化ですらない。棚瀬教授の思考に内在するひとつの構造を理解すれば，それは納得できる。

　棚瀬教授の知的営為は，我々凡百の研究者が簡単に納得してしまうところを，さらに深く批判的に追い詰め，微細な要素のひとつをも見逃さない，緻密で繊細な思考に特徴がある。対立する視点のいずれをも簡単に受容することなく，相違をもたらす潜在的要素を浮かび上がらせ，複雑で微細な要因の構造を解明しつつ，そこから独自の見解を構築する，そしてさらにその見解について，別の見解との間で同様の知的作業を繰り返す……。いわば批判的，弁証法的な思考様式であり，同時にまた，あるひとつの見解にはそれなりの採るべき何かが内在しているという，柔軟で寛容な思考様式でもある。

　棚瀬教授の論文は，容易には読破できない，入り組んだ議論展開をもっているが，それはこの思考様式を反映するものである。また，論文のみならず，議論の中でも，こうした思考が存分に生かされている。実際，「こう考えればよい」と自分なりに納得して臨んだ大学院のゼミで，研究会で，棚瀬教授の鮮やかな問題の抽出・解析に，「そういう見方があったのか」と眼を見開かれる思いがしたことは数知れない。自らの力量不足を感じる前に，その鮮やかさに驚嘆することが常であった。

　こうした思考様式は，初期から現在に至るまで一貫しており，その点から見ると，初期の業績も近年の業績も，その思考過程を文章の中に丁寧にたどれば，そこに「個と共同性」のアポリアという社会科学に固有の問題に，常に誠実に向き合い挑戦する「学者・棚瀬孝雄」の一貫した声を読み取ることができるのである。すなわち，初期の個の自立を志向するかに見える業績も，近年の共同性を志向するかに見える業績も，実は，もともと棚瀬教授の中にあるふたつの価値の緊張関係を，単純にいずれかに決めつけることなく，教授らしく，ぎりぎりと微細な次元にまで詰めて批判的に思考していく，その苦闘の記録として等価なのである。

さて，棚瀬教授のこのような問題意識と思考様式は，その薫陶を受けた弟子たちや，影響を受けた研究者にとって幸いであった。それは教授の学問的情熱に触れえたことや，解析の天才的な鮮やかさに学んだということだけでなく，まさにこの答えのない問いに，苦悩し，それゆえ様々な隣接領域の成果を貪欲に吸収しつつ，挑戦し続けていく棚瀬教授の学問的営為の過程で，我々も多種多様な視点とアプローチを摂取することができたという点である。

それは棚瀬門下の法社会学者の研究対象やアプローチの多様性を見ればわかる。固定したひとつの視点にとどまることなく，自らの問題意識に忠実に，多彩な研究を積み重ねてこられた棚瀬教授の学問の懐の広さと柔軟さゆえに，その門下生は，多様なテーマと方法によって，いささかでも法社会学の広がりと進展に貢献できているのである。

この多様性を反映して，本書に収載した論文のテーマも，多領域にわたるものとなっている。

第1部は，「法の理論と法主体」というテーマのもとに，佐藤憲一，船越資晶，岡野八代の論稿を収めている。佐藤論文は，リーガリズム批判を通じて規範的課題に応答的な法社会学のあり方を模索しようとするものであり，船越論文は，批判法学の理論家であるダンカン・ケネディの現象学的裁定理論を再構成することで，新たな法意識モデルを提示しようとするものである。また，岡野論文は，近代の法＝権利と主体観念を批判するフェミニズムの問題意識から出発して，現実的課題の前で法が内包する問題を鋭く指摘する。いずれも近代法批判という棚瀬教授の問題関心につらなり共鳴する論稿ということができよう。

第2部は，「法意識と法行動」というテーマのもとに，阿部昌樹，木下麻奈子，藤本亮，馬場健一の4本の論文が収められている。阿部論文は，近年の社会運動論の理論枠組みを参照しつつ，自治基本条例制定への動きを集合的アイデンティティ構築を目指すアイデンティティ・ワークとして位置づけ，そこに法の現状改革的構築作用を見ていこうとする。木下論文は，グループインタビューを通じて，人々が，いかにもめ事を認識し，どのように責任帰属を認識していくかを検証した上で，これを判例と比較し，その推論過程の構造的特質を明ら

かにしていこうとする。藤本論文は，法意識研究の問題点をレビューし，かつ認知心理学の最近の動きを参照しながら，法意識の多重構造を指摘し，法意識研究の今後の可能性を展望する。馬場論文は，日本における訴訟の少なさの説明として，いわゆる機能不全説に立つことを明快に宣言した上で，川島以降の法意識論の諸側面を検証し，文化論的説明への決別を提起する。これら社会のあり方と法意識およびアイデンティティ構築をめぐるマクロ，ミクロ両面の位置づけ，理論的・方法論的検討，さらには法的推論の構造まで，棚瀬教授の広範な関心の中に包摂されてきたテーマであることは言うまでもない。

第3部は，「法の語りと法技法」をテーマとして，和田仁孝，山本顯治，西田英一，樫村志郎の4本の論文を収めている。拙稿は，認知心理学の成果を参照しながら，実践の中での法の技法と教育・研究の場での法知識のギャップを指摘し，法の技法研究の必要性を提起する。山本論文は，法の現場における技法としての「声を聴く」こと，その理念的基盤としての「支援」，さらには「非援助の支援」という観念を検討しながら，法社会学および民事法学の技法論としての新たな展開の可能性を示唆する。西田論文は，ある医療事故訴訟を素材に，そこで聴かれる語りや声が，まさに法廷の場で反照的に交渉を通じて構成されていく様を検証する。樫村論文は，法律相談における相談の語りの諸相を，エスノメソドロジーの手法で緻密に解析し，「相談の促し」と「相談事の語り」で構成される相談対の反復としての構造的特徴を明らかにする。こうした「語り」への着目は，やはり棚瀬教授の近年の問題関心に顕著であり，そこから技法論への視角も展開していると言ってよいだろう。

第4部は，「現代民事司法の構図」をテーマに伊藤眞，渡辺千原，太田勝造の3本の論文を収めている。伊藤論文は，当事者間で事実や証拠の関する情報を交換し共有することを有益な訴訟運営の理念とする近時の動きを前提に，その具体的動向，とりわけ専門訴訟の手続のあり方について考察する。渡辺論文は，やはり近時の司法改革において検討されている専門訴訟について，特に医療過誤訴訟をめぐる問題を検証し，法的諸原則と専門性が交錯する中での正義のあり方を批判的に検討する。太田論文は，負担が大きいとイメージされている民事訴訟の時間的費用と金銭的費用について，人々の実際の評価を実証的データ

に基づきつつ検証していくための，予備的研究の成果を提示する。民事訴訟とその過程は，棚瀬教授にとっての主要研究テーマのひとつであり，また，法社会学と民事訴訟法学の接点の構築は，その顕著な学問的功績のひとつである。

　第5部は，「比較法社会学の視点」をテーマとして，季衛東，河合幹雄，佐藤岩夫の3論文を収めている。季論文は，中国における1980年代の訴訟事例の分析に基づき，契約および契約紛争処理のあり方をめぐる近代化との複雑な関係と，そこでの関係的解決の位置について検討する。河合論文は，最近注目を浴びている修復的司法について，マクロな視点からとりわけヨーロッパにおけるその出現の基盤について考察を加える。佐藤論文は，19世紀の司法統計を素材に比較歴史学的アプローチで民事訴訟のあり方を検証する。棚瀬教授の業績は，時に明示的に，時に暗黙裡にも，アメリカの社会や制度との比較を射程に入れており，また近年は中国，韓国はじめ，アジアの法と社会への比較アプローチをも展開しておられる。その意味で，このテーマも棚瀬教授の関心と接合するものにほかならない。

　本書は，還暦を迎えられた棚瀬孝雄教授のご学恩に報いるべく，その門下生，薫陶を受けた後輩の研究者，そして棚瀬教授の学問的友人たちによって書かれたものである。寄せられた論稿は，棚瀬教授の研究業績の幅広さを反映して，法理論から，ミクロな法過程論，民事訴訟論，比較法社会論と多岐に及ぶ。それは還暦への祝賀であると同時に，棚瀬教授の指導と薫陶によってはじめて可能になった，法社会学の今後の多彩な発展の可能性を示唆するものである。

　本書を還暦を迎えられた棚瀬孝雄教授に献呈させていただくとともに，今後もなお，その知的苦闘の姿勢を我々に示し続けていただきたいと思う。

2004年5月24日

和田　仁孝

目　次

序　文

第1部　法の理論と法主体

ポスト・リーガリズムに向けて ………………………………佐藤憲一　3
　Ⅰ　はじめに　　Ⅱ　法と社会の分断　　Ⅲ　実践的問題とリーガリ
　ズム　　Ⅳ　リーガリズムの批判　　Ⅴ　正当性としての合法性
　Ⅵ　むすびにかえて

法的推論の批判的現象学・覚書
　――D.ケネディの「force field」モデル―― ………………船越資晶　21
　Ⅰ　はしがき　　Ⅱ　戦略的作業としての法的推論――「場の理論」――
　Ⅲ　イデオロギー否認のメタ戦略――「自己欺瞞」――　　Ⅳ　あとが
　き

法＝権利の世界とフェミニズムにおける「主体」………岡野八代　38
　Ⅰ　「主体なき」フェミニズムは可能か　　Ⅱ　女性の「主体」と
　法＝権利の世界における中立・客観性　　Ⅲ　依存関係の排除と自律
　的存在　　Ⅳ　法の前へ

第2部　法意識と法行動

集合的アイデンティティの法的構築
　――自治基本条例の一解釈―― ………………………………阿部昌樹　63
　Ⅰ　わたしたちのまちの憲法　　Ⅱ　社会運動と集合的アイデンティ
　ティ　　Ⅲ　条例による集合的アイデンティティの構築　　Ⅳ　法の
　構築作用とその活用

目次

法律非専門家の法的推論──ケース研究による分析──……………木下麻奈子　82
　　Ⅰ　問題の所在　Ⅱ　調査方法　Ⅲ　調査結果の分析　Ⅳ　総合討論

法意識と法行動の間………………………………………………………藤本　亮　101
　　Ⅰ　はじめに　Ⅱ　法意識の操作的定義をめぐって　Ⅲ　法知識と法関心　Ⅳ　意識とは何か　Ⅴ　法意識の多重構造

訴訟回避傾向再考──「文化論的説明」へのレクイエム──………馬場健一　123
　　Ⅰ　なぜ「日本人の法意識」か？　Ⅱ　川島『法意識』における方法論の今日的意義　Ⅲ　川島テーゼの受容と批判　Ⅳ　経験性の後退　Ⅴ　政治決定の不可視化　Ⅵ　批判的視座の再興──川島法意識論の何を捨て，何を救うべきか──

第3部　法の語りと法技法

技法としての法……………………………………………………………和田仁孝　149
　　Ⅰ　法のアンビバレンスと技法論の欠落　Ⅱ　スーパーマーケットの数学──日常的実践の認知心理学から　Ⅲ　「技法としての法」の現場──教室と法律事務所　Ⅳ　おわりに──技法論の領野

非援助の支援と民事法学──法・コンテクスト・技法──…………山本顯治　165
　　Ⅰ　序　Ⅱ　三つの光景　Ⅲ　「声を聴く」という「支援」　Ⅳ　民事法領域における「支援」の思想　Ⅴ　「コンテクスト」と「技法」　Ⅵ　支援の技法　Ⅶ　おわりに──非援助の支援──

身構えとしての声──交渉秩序の反照的生成──………………………西田英一　197
　　Ⅰ　声に現れる日常と法　Ⅱ　記述される事実　Ⅲ　出来事を出来事以外で語ること　Ⅳ　交渉秩序の反照的生成

「相談の語り」とその多様性……………………………………………樫村志郎　212
　　Ⅰ　「相談の語り」の構造　Ⅱ　「相談の語り」の促しの基本的手段　Ⅲ　法律相談の社会構造的バリエーション　Ⅳ　結論

第4部　現代民事司法の構図

現代社会における裁判の意義
――専門訴訟における情報収集と証拠開示を中心として―― ………伊藤　眞　239
　Ⅰ　はじめに――「訴訟は生き物」か　Ⅱ　事実資料の収集と共有化に向けた近時の立法の動向と今後の行方　Ⅲ　専門訴訟の特質と適正な審理実現のための方策　Ⅳ　実効性確保のための措置としての制裁の必要性　Ⅴ　開示手続の意義――証言録取書の役割　Ⅵ　おわりに

専門訴訟と裁判の変容――医療過誤訴訟への対応を一例に―― …渡辺千原　259
　Ⅰ　はじめに　Ⅱ　専門訴訟の問題性　Ⅲ　専門訴訟への対応――医療過誤訴訟をめぐる議論から――　Ⅳ　専門訴訟における正義　Ⅴ　むすびにかえて

民事裁判の時間的費用と金銭的費用
――市民による評価の予備的調査結果から―― ………………………太田勝造　276
　Ⅰ　はじめに　Ⅱ　少額訴訟と裁判外紛争解決制度での費用評価　Ⅲ　通常民事事件における時間的費用と金銭的費用　Ⅳ　民事司法制度の費用負担　Ⅴ　おわりに

第5部　比較法社会学の視点

裁判近代化の逆説と関係的紛争解決
――中国の制度変遷に関する事例研究――……………………………季　衛東　297
　Ⅰ　はじめに　Ⅱ　経済契約の特徴と「調停裁判」による第三者履行　Ⅲ　関係的紛争解決の技法と制度設計　Ⅳ　判決の執行と事後的無効主張

修復的司法――理想主義からの法の揺らぎ――……………………河合幹雄　319
　Ⅰ　はじめに　Ⅱ　修復的司法とは何か　Ⅲ　多民族，多宗教巨

大国家——ヨーロッパの特殊性　Ⅳ　抗争処理モデル　Ⅴ　当事者主義と国家介入　Ⅵ　警察と修復的司法　Ⅶ　行為主義と人物中心志向　Ⅷ　先祖帰りとの違い　Ⅸ　無思慮な理想主義　Ⅹ　現場の理想主義　Ⅺ　ポストモダンか太古の価値観か

19世紀ヨーロッパと近代司法統計の発展　………………佐藤岩夫　334
Ⅰ　はじめに──〈印刷された数字の洪水〉　Ⅱ　19世紀ヨーロッパにおける司法統計の発展　Ⅲ　経済成長と民事訴訟の増大　Ⅳ　むすび

あとがき ………………………………………………………………… 355

■執筆者紹介（＊印は編者）

佐藤　憲一（さとう・けんいち）	千葉工業大学専任講師
船越　資晶（ふなこし・もとあき）	京都大学大学院法学研究科助教授
岡野　八代（おかの・やよ）	立命館大学法学部助教授
＊阿部　昌樹（あべ・まさき）	大阪市立大学大学院法学研究科教授
木下麻奈子（きのした・まなこ）	同志社大学法学部助教授
藤本　亮（ふじもと・あきら）	静岡大学人文学部助教授
馬場　健一（ばば・けんいち）	神戸大学大学院法学研究科教授
＊和田　仁孝（わだ・よしたか）	早稲田大学大学院法務研究科教授
山本　顯治（やまもと・けんじ）	神戸大学大学院法学研究科教授
西田　英一（にしだ・ひでかず）	甲南大学法学部教授
＊樫村　志郎（かしむら・しろう）	神戸大学大学院法学研究科教授
伊藤　眞（いとう・まこと）	東京大学大学院法学政治学研究科教授
渡辺　千原（わたなべ・ちはら）	立命館大学法学部助教授
太田　勝造（おおた・しょうぞう）	東京大学大学院法学政治学研究科教授
季　衛東（き・えいとう）	神戸大学大学院法学研究科教授
河合　幹雄（かわい・みきお）	桐蔭横浜大学法学部教授
佐藤　岩夫（さとう・いわお）	東京大学社会科学研究所助教授

第 1 部

法の理論と法主体

ポスト・リーガリズムに向けて

佐藤憲一

I——はじめに

　法社会学という学問的営為は大きく3つの側面にわけられる。その第1は経験的な側面である。これは「実際のところどうであるのか」を探るという課題であり，さまざまな時代と地域における法の姿を微視的あるいは巨視的に記述することが目指される。第2は理論的な側面である。これは「なぜそうなっているのか，そこにどのような意味があるのか」を明らかにする作業であり，さまざまな理論的ツールをふんだんに投入し学際的かつ原理的な考察が行われる。第3は規範的な側面である。これは「どこにどういう欠陥があるのか，あるべき姿はいかなるものなのか」を検討するという課題であり，現状を批判し望ましいヴィジョンを提示することが求められる。
　法社会学はこのように3つの側面からなる総合的な学問であるが，3つの要素をバランスよく有機的に連関させた研究が十分に行われているとはいえないのが実情である。とりわけ，第3の側面は後景化されやすく，法社会学が本来有しているポテンシャルを十分発揮することができない原因となっている。こうした中，法社会学の総合性の回復に向けて尽力してきた最大の人物が棚瀬孝雄であることは衆目の一致するところであろう。棚瀬はその著作活動や学会の企画運営において，また大学院での教育において，規範的なアプローチを積極的に取り入れ，法社会学の潜勢力が十分に発揮できる環境の育成に力を注いでき

たのである。棚瀬の努力によって法社会学の魅力は大いに向上しつつあるが，規範的な研究は未だ断片的なものにとどまっており，より一層の展開が待たれているところである。

本稿は，リーガリズムを批判し，社会の側に立った法のあり方を模索していくための準備作業であるが，これは規範的な側面に属する法社会学の研究であり，棚瀬の学恩に報いることを目指すものである。

II──法と社会の分断

『ザ・ジャッジ！』や『行列のできる法律相談所』といったテレビ番組[1]が人気を集めている。番組によって詳細は異なるが，日常生活で遭遇しそうなさまざまなトラブルを取り上げ，それらを法に基づいて解決するならばどのような結果になるだろうかを，ゲストがああでもないこうでもないと議論し，最後に弁護士が現れて正解を披露するというのが基本的な筋立てである。この種の番組がエンターテインメントとして成立しているのは，ゲストも視聴者も正解をあらかじめ予想できず，また正解がしばしばあっと驚くものであるからである。法学教員の中には，学生がこの種の番組を通じて法というものに興味をもつのは大変結構なことだと考え，積極的に視聴を勧める者も少なくないだろう。これは決して間違ったことではない。こうした番組を視聴することは，おもしろおかしく気楽に法に触れることを可能にする貴重な機会であることは否定できないからだ。

しかし，よく考えるとこれは奇妙な事態ではないだろうか。番組で取り上げられるのは特別に異常なケースというわけではなく，どこにでもころがっていそうな身近なトラブルである。にもかかわらず，人々はそれが法に基づいて解決されたならばどうなるのか見当がつかず，法専門家として招待された弁護士の回答を楽しみに待ちわびるのである。そして，多くの場合，披露された答えに対して，一面で「へぇーっ」と驚きつつ，他面では「どうも納得いかないなぁ」という顔を見せるのである。つまり，日常生活においていつ何時自分が

遭遇するかもしれない身近なケースにおいてすら，人々は，それが法的にどのような形で処理されるのかを知らず，それでいて知らないことにさほど恐怖を感じるわけでもなく恥ずかしさを感じるわけでもなく，「法って変なの」と思いつつ弁護士が披露する答えを自分たちの生活に直接関わらない豆知識として受けとめるのである。そしてその知識は，各人の記憶力の差によって長短はあるものの，いつのまにか「あれー，どうだったかなぁ」と忘れ去られていく運命にあるのである。

　この事態のどこがいったい奇妙なのだろうか。毎回の正答は忘れてしまっても，ふだん法とは無縁の生活を送っている人々が，法に親しむことができる絶好の機会なのだから，何も問題はないのではないだろうか。いや，むしろそこにこそ問題がある。人々が法を意識することなく日常生活を営めてしまっていること，これが奇妙なのである。人々は，裁判になればやっかいな法と関わらなければならないことを覚悟するが，裁判とは一生無縁であるだろうし，そうありたいと願っている自分は，法を知らなくとも常識に従ってさえいれば普通に幸せに生きていけるだろうと思っている。だから法を知らなくても平気なのである。しかし，われわれの生きる近代社会は，法を骨格として成り立っている社会ではなかったのか。われわれの社会がバラバラに分解することなく存立しえているのは，秩序を可能にするよう設計された法を大半の人々が遵守して行動しているからではなかったのか。少なくとも，近代社会の自己了解としてのリベラル・リーガリズム[2]は，法の存在意義をそのような形で説明してきたのである。

　かつてこの矛盾は，われわれの社会が真正な近代社会ではないというテーゼによって理論的に解消されてきた。人々の意識が未だ前近代のまどろみに囚われたままであることを遺憾ながら承認し，だからこそ人々に真理を啓蒙し迷信から解き放つことによって，この矛盾を実践的に解消することが目指されたのである。この近代主義的なプロジェクトが遂行されている限り，人々が法とは無縁の日常生活を送っていることは，治療を要する疾患として十分に位置づけられるのであって，決して理解を超えた奇妙な事態とみなされるものではない。しかし，このプロジェクトは現在放棄され，近代主義的な言説は建前としては

未だ有効であり続けているにもかかわらず，人々が法を意識することなく人生の大半を過ごしていることは，理論的にも実践的にも重大な問題として真剣に取り上げられることなく，当たり前の風景として受け止められているのである。

　整理してみよう。奇妙な事態とは，社会秩序の存立に不可欠な行為規範として予定された法が，実際には行為規範としての役割を要請されず，裁判においていきなり登場してくる裁判規範としてのみ機能していることである。本来であれば，裁判で法が登場するのは，もともと社会を支配し人々が遵守している規範だからこそなのだが，実際には，日常生活においてはテレビのバラエティ番組の素材程度にしか意識されていなかった法が，裁判においていきなり当事者を支配する規範として登場するのであり，それにもかかわらず，この唐突な事態に疑問は抱かれず，はじめから法が彼らを支配していたかのごとく予定調和的な儀式として裁判が行われるのである。

　ここには法と社会の分断がある。社会と法はそれぞれ別個に存在しているのである。もちろん，外的な観察者の目から見れば，法と社会が互いに大きな影響を及ぼし合っていることは言うまでもない。社会によって法が規定され，法によって社会が構築されている部分は少なくないのである。しかし，それはあくまで外的に観察される関係であって，日常生活の中で作用する行為の規範として法が意識されることは稀である。何といっても法を知らないのだから，知らないものを自覚的に遵守することはできないのであり，法は社会の彼岸にあるのである。

　本節で論じてきた奇妙な事態は，リーガリズムという概念によって理論的に把握することが可能である。節を改め，リーガリズムについて考察することにしよう。

Ⅲ——実践的問題とリーガリズム

　われわれの生きる現実世界において，複数の矛盾する行為が同時に遂行されることは不可能である。したがって，ある行為が遂行されているということは，

物理的に遂行可能な無数の行為の中から，他の行為ではなく，その特定の行為が選択されたということを意味している。われわれの現実世界は無数の人々の不断の選択によって構成されているのである。たいていの場合，この選択は問題化されることなく無自覚的に行われる。日常生活のほとんどは，そこに選択があったことを誰も永久に意識すらしない無数の小さな選択からなっており，選択が意識されるとしても，選択の時点においてはまったく意識されなかったものが，何らかの事情で事後的にそう意識されるに至ったという場合が少なくない。しかしながら，われわれはしばしばこの選択を自覚的に行わざるをえない状況に直面する。そうした状況において，われわれはいかなる行為を遂行すべきかという問題を解決しなければならない。この問題を実践的問題と呼ぶことにしよう。

　実践的問題という言い方をするのは，理論的問題から区別するためである。実践的問題は生身の人間が実際に遭遇し対処を迫られる問題であり，その解の如何によって現実世界の行方が変動するのに対し，理論的問題はあくまで机上の観念的な問題であり，いかなる解が与えられようとそれが直接的に現実世界の行方を決定することはない。たとえ行為の選択に関わる問題であったとしても，行為の選択を迫られる状況や行為の選択を行うべき人物が架空のものであるならば，それは実践的問題ではなく理論的問題である。実践的問題は遂行可能な諸行為の中から特定の行為を選択するという問題であるから，現実に実行することのできない解決策は実践的問題にとって意味をもたない。それゆえ，実現可能である最も優れた解決案と目されるものに対して，しばしば「次善の策」という評価が下されることがあるのは，実践的問題と理論的問題の相違を理解しないナンセンスである。

　日常生活においてわれわれはさまざまな実践的問題に直面する。その際にわれわれがなすべきことは，問題がいかなる種類のものであれ，関連するあらゆる事情を可能な限り考慮した上でそうすることが最善であると思われる行為を遂行することである。ある行為が最善であるということは，今ここにいるわれわれにとって最善であるということにすぎず，超越的な神の目から見て絶対的に正しいということではないから，後になってその行為を遂行することが最善

ではなかったことが判明する可能性は常に存在する。しかしながら，神ならぬわれわれにとってこの可能性はいかなる意味ももたない。われわれになしうることは，時間の許す限り一層優れた選択肢がありえないか熟慮し続けることだけなのである。

ある選択肢が最も優れているということは，その選択肢を採用すべきであるということであるから，最も優れた選択肢を採用すべきであるという命題は一種トートロジー的な真理性を有する。あらゆる事情を考慮した上である行為を遂行することが最善であると判断したにもかかわらずその行為を遂行しないことや，より優れた選択肢が存在する可能性があるにもかかわらずその検討を怠ることは不合理である。[3] 意志の弱さ等の事情により，われわれは常に合理的に行動できるわけではない。しかしながら，問題が完全に個人的なものであって自分以外の誰にも影響を与えないものである場合はともかく，それ以外の場合においては，この意味で合理的に行動することがわれわれの義務であろう。実践的問題という観念自体がこの義務を前提にしているのである。

このことは，複数の人々の相矛盾する行為要求をいかに調整し紛争をいかに解決すべきかを主題とする社会的な実践的問題である法的問題においてもあてはまるはずである。しかしながら，法的問題の解決が一般にこうしたやり方で行われていないことをわれわれは知っている。法的問題は，それをどのように解決するのが最も優れているかという観点からではなく，それをどのように解決するのが法的に正しいのかという観点からアプローチされているのである。法的正しさがいかなる仕方で決まると考えるかにかかわらず，法的問題を解決する際に，あらゆる事情を考慮した上で最も望ましいと考えられる選択肢ではなく，それとは別の特殊法的に正しい選択肢を採用すべきだと主張する立場を，一般にリーガリズムと呼ぶことにしよう。[4]

リーガリズムの中核には2つのテーゼが存在する。第1のテーゼは「法的正しさの自律性テーゼ」と呼ぶことができるだろう。リーガリズムは，関連するあらゆる事情を考慮した上で最も望ましいと考えられる解決が正しい解決であることを必ずしも否定する必要はない。リーガリズムにとって必要なのは，最も望ましいという意味での正しさに還元されない別個の法的正しさなるものが

存在すると主張することだけである。リーガリズムの信奉者は，リーガリズムにコミットしない人々にとっては「正しい」と形容しうる唯一の解決であると思われるものを，道徳的（倫理的，政治的）に正しい解決と呼び，それと並んで，別個に認定される特殊法的に正しい解決がありうると主張するのである。[5]

　第2のテーゼは「法的正しさの優越性テーゼ」と呼ぶことのできるものである。二次方程式に2つの解があっても困難が生じないように，理論的問題においては複数の正解が存在することは格別な問題を生まない。しかしながら，現実世界にどのように働きかけるかに関わる実践的問題においては，結局のところいかなる行為を現実に遂行すべきかの決定を行わなければならず，それゆえ，法的に正しい解決と非法的に正しい解決が存在すると考える場合には，そのうちのいずれが優越するのかという問題が生じることになる。ここでリーガリズムは，法的に正しい解決こそが優越すると主張するのである。

　リーガリズムの2つのテーゼは，合法性と正当性という言葉を使って表現することもできる。正当性とは端的に正しいことであり，合法性とは法的に正しいことである。それゆえ，法的正しさの自律性テーゼは，合法性が正当性に還元されずに独立して存在することを意味するものとして，また，法的正しさの優越性テーゼは，合法性が正当性の優位に立ち正当性を斥けることを意味するものとして理解することができる。言い換えれば，リーガリズムとは，合法性が正当性に取って代わることを肯定する思想にほかならないのである。

　明らかに，これは奇妙な思想である。法的に正しい解決がいかなるものであれ，それは端的に正しい解決とたまたま一致するか，そうでなければ必然的にそれよりも劣った解決である。最も優れた選択肢に対して端的に正しいという称号が与えられるのだから，これは改めて言うまでもなく自明の理である。にもかかわらず，すなわち，劣っているにもかかわらず，その選択肢を採用すべきだというのは不合理である。合法性が正当性を排除するのは明らかに不合理であるにもかかわらず，リーガリズムはその不合理を押し通そうとするのである。

　もちろん，リーガリズムはこの不合理性を自認しないからこそリーガリズムとして存立しえているのであり，リーガリズムにはこの自認を妨げる論理的・

心理的な機制が用意されている。したがって，いったんリーガリズムの呪縛に捕らわれてしまうと，そこから離脱することは容易ではない。そして，このリーガリズムを支えているのが，前節で論じた法と社会の分断である。法と社会が分断されているがゆえに，いかに不合理であろうとも，それが社会とは異なる法の論理であると主張することができ，建前としては法が社会を支配すべきだとされているがゆえに，不合理性は法の支配に服さない社会の側の責任として片づけられてしまうのである。しかし，実はリーガリズムこそが法と社会の分断を招いた張本人であり，リーガリズムは自らがもたらした法と社会の分断によって自らを支えているのである。この循環は内部からは解けない閉じた輪であり，この輪を解くためには外側からの挑戦が不可欠である。この役割を果たすのが，リーガリズムに浸透された法実践を恰悧に対象化して観察し，仮借なき批判を加えていくことができる学問，すなわち法社会学なのである。

　リーガリズムを構成する2つのテーゼがどのように展開されるかに応じて，多様なリーガリズムが成立可能である。第1のテーゼは，端的な正しさとしての正当性とは異なる合法性が独立して存在することを主張するから，合法性がどのようにして決定されるのかという問いに答える必要がある。言うまでもなく，最も頻用される回答は，先在する制定法との合致である。制定法によってあらかじめ定めていたとおりに解決するのが法的に正しい解決だというものであり，人口に膾炙している説明である。また，もう1つの有力な回答は，有能な法律家たちが一致して法的に正しいと判断するものが法的に正しい解決だというものである。

　これらは法的正しさという概念についての1つの解釈であり，法的正しさをそのような仕方で解釈すべき積極的な理由の説明を要するはずであるが，しばしば法的正しさという概念の唯一可能な定義であるとみなされ，それ以上の説明を要しない自明の真理だとされてしまうことが少なくない。説明が行われる場合は，法的正しさの優越性テーゼの説明と結びついた形で行われることが多く，これこれの仕方で決定されるものであるから法的正しさは優越的な地位を享受するのであり，優越的な地位を享受するためにも法的正しさはこのような仕方で決定されるものでなければならないと論じられるのである。

第2のテーゼは，法的正しさが端的な正しさよりも優越すると主張するものであり，先述したようにそのままでは合理的に理解することができない。障害は，法的正しさとは独立に端的な正しさが存在することである。端的な正しさが別個に存在している限り，それとは異なる法的正しさが優越することはありえないのである。したがって，現実に主張される優越性テーゼは次のいずれかの形をとることが多い。1つは，法的な正しさが自動的に端的な正しさに移行するというものであり，もう1つは法的な問題だから法的な正しさが優越するのは当然だというものである。前者は，法的正しさ以外に正しさなるものは存在しないという立場と，非法的な正しさは存在するがそれは劣った正しさであるという立場に分けられるが，いずれもなぜそうなのかの説明を必要とする。それに対して後者は，そうした説明を拒否してトートロジー的な自明性に訴えるものである。

　このようにリーガリズムにはさまざまな形態が存在し，互いに思想内容的な対立を孕みながらも，現実的には絡み合って全体としてのリーガリズム複合体を形成している。このためリーガリズムを全体として批判することは著しく困難である。次節では典型的なリーガリズムを2つ取り上げ，その批判を試みることにしよう。

Ⅳ——リーガリズムの批判

　まず，法理解の支配的なパラダイムとして君臨してきたリベラル・リーガリズムを取り上げよう。詳細な検討は別稿で行ったが[6]，簡単にまとめると，リベラル・リーガリズムとは，前近代的な迷信から解放された人々の間に，迷信によらずに正当化される社会秩序を成立させることはいかにして可能か，という近代的秩序問題に対する回答として与えられたものである。前近代的な社会は，恣意に基づく法なき支配であるか，法があっても人々から隠されている秘儀的な法の支配であるか，法が隠されていなくとも内容が非合理的な法の支配であるかのいずれかであり，いずれにしても近代的な理性の眼から見て正当化され

るものではない。正当化されうるのは，合理的な内容を有する法が制定され，明晰に理解されうる成文の形式で公布されて，その法に従って人々が行動するがゆえに秩序が可能になるという事態のみである。これが近代法に支配される近代的な社会秩序のモデルであり，現実の社会がそうなっていなければ，現実をモデルに合致させる方向で齟齬を解消しなければならない。したがって，法的正しさは現実とは関係なく，制定法との合致によって定義され，そのように定義される法的正しさが優越するのは，純粋に近代的なものとして考案されたモデルが，前近代的な残滓を孕む現実に妥協することなく貫徹されるべきことのコロラリーだということになるのである。

　リベラル・リーガリズムに対する批判には大きく分けて2つのアプローチがある。1つは近代法の合理性に批判の刃を向けるものであり，合理的な規範として想定される近代法の内容やその導出手続，あるいはその前提となる世界観・人間観の妥当性が批判されるのである。これは広義のリベラリズム批判ないし近代主義批判であり，コミュニタリアニズムの人間存在論的な観点からの批判をはじめ，社会のあり方を考える際に非常に重要な意味をもっている[7]。もう1つのアプローチは，法の確定性および衆知性に対する批判である。リベラル・リーガリズムの秩序モデルは，あらゆる状況において何が法的に正しいのかは先在する制定法によって完全に決定されており，人々は制定法が公布されているがゆえにそれを容易に認識することができるという想定に立って構築されている。しかし，法は不確定的であり，この想定は維持できないと批判されるのである[8]。

　いずれも妥当な批判であり，誠実に正面から向き合ってしまえばリベラル・リーガリズムを信奉し続けることは不可能である。しかし，リベラル・リーガリズムは今日でも公式のイデオロギーとしての地位を維持している一方，実際には真剣に貫徹が目指されるべき理想とはもはや受け止められておらず，このことが逆に，空疎な建前としてのリベラル・リーガリズムの延命を可能にしている。自らがモデルと現実の乖離という形で作り上げた法と社会の分断を逆用し，批判の届かない高みに法の建前が鎮座させられているのである。

　本節で取り上げるもう1つのリーガリズムは，リーガル・コンヴェンショナ

リズムと呼びうるものである[9]。これはリベラル・リーガリズムのネガとして位置づけられるべき思想であり、リベラル・リーガリズムが臆面もなく維持されている法の建前であるとすれば、開き直った法の本音とでもいうべき立場にある。リーガル・コンヴェンショナリズムもリーガリズムの一形態である以上、法的正しさの自律性と優越性を主張することになるが、この主張は決してポジティヴな形では行われない。対社会的な正当化の必要性は自覚されず、法と社会の分断を所与として、法の世界の中でのみ通用する主張が内閉的に行われるのである。

法の世界とは法律家たちの世界である。彼らが法の存在意義を一般の人々に対して説明し正当化するという困難な課題に立ち向かわず、法律家共同体の中で通用する以上のことを求めなくなった時、リーガル・コンヴェンショナリズムが成立する。もちろん、これが現実に機能するためには、法と社会が分断された状態が定着し、理論的にも実践的にも問題として意識されなくなるという条件が必要である。そして、この条件が満たされていることは、テレビの法律番組を楽しむ視聴者の姿や、弁護士が通訳のメタファーで語られること[10]に現れているのである。

リーガル・コンヴェンショナリズムにおいて、法的に正しい解決とは、法律家共同体の成員たちが法的に正しいとみなす解決のことであり、それ以外の何ものでもない。なぜそれが法的に正しい解決としての地位を獲得するのかについて、ポジティヴな説明は何も行われない。法的正しさが優越する理由も、それが法的問題だからという以上のものはない。法的な問題をこのように処理するのがわれわれ法律家のやり方なのだというのが唯一の説明なのである。

リーガル・コンヴェンショナリズムは、リベラル・リーガリズムに対する理論的批判への応答という側面を有している。ウィトゲンシュタインによって規則の無決定性が示された以上[11]、規則の先行決定性に依存して法的正しさを説明するリベラル・リーガリズムは理論的に崩壊せざるをえない。しかし、ウィトゲンシュタインは規則そのものを否定したわけではなく、規則が先行決定性を有することを否定しただけであった。ウィトゲンシュタインは、何が正しいかは先行的にではなくその場で決定されるのであり、それが可能なのは人々の間

に判断の一致が存在するからだと示唆したのである。この示唆に基づき，法の不確定性は法的正しさの不在を意味するものではなく，法的正しさが法律家共同体のコンヴェンションと不可分であることを意味するものだ，というのがリーガル・コンヴェンショナリズムの主張なのである。

　他面において，リーガル・コンヴェンショナリズムは古くからある思想でもある。[12] 法は一般の人々に容易に理解されうるものではなく，訓練を積んだ法律家にしか理解できないものだというのは，法律家のお気に入りの主張なのである。法が法律家にしかわからないものであればこそ，法律家は人々から教えを請われ収入を得ることが可能になる。法が通常の知性をもつ誰にでも容易に理解できるものになれば，法律家の存在意義が失われてしまうのである。かくして，顕教としてのリベラル・リーガリズムと，密教としてのリーガル・コンヴェンショナリズムは，互いに補完し合いながら併存し，法と社会の分断を再生産し続けているのである。

　リーガル・コンヴェンショナリズムを批判するために，法的問題とはいかなる種類の問題であるのかを検討しよう。われわれは次の3つの問題と比較することによって法的問題の位置づけを理解することができる。第1に，チェスのような純粋な娯楽ゲームにおいて，駒をある仕方で動かすことができるか否かという問題について考えてみよう。こうした問題においては，そのゲームに参加していない人々はその問題がどのような仕方で解決されようがいかなる関心ももたないだろうし，そもそも自分たちの問題であるとは思わないだろう。逆に，そのゲームを遊んだことが一度もない人が，そのように動かすのが正しいとか正しくないとか言うとすれば，われわれは余計なお世話であると思うであろう。こうした問題においては，チェスのプレイヤー達の間で一致した判断が成立したならば，その内容の如何を問わず，それが問題の正しい解決であるだろう。閉じたチェス共同体のコンヴェンションによって正しさが決まるわけである。

　第2に，ある樹木はニレなのかブナなのかという問題について考えてみよう。「ニレ」も「ブナ」も日本語の一部である以上，この問題は日本語の話者全員にとっての問題であるが，われわれの生活においてその答えがどちらであろうと

ほとんど影響はない。こうした問題の場合，植物分類学の専門家たちの間で一致した判断が成立したならば，われわれはその判断が正しいと考えるだろう。これはパトナムが「言語的分業」と呼んだものである[13]。

　第3に，ある病気の治療法が何であるかが問題になっている場合について考えてみよう。この病気にかかっている人々にとって，この問題は死活問題であるが，われわれは通常，この問題の正しい解決についての判断を医学共同体に委ねるだろう。そして，医学共同体において一致した判断が成立したならば，われわれはその判断が正しいと考えるであろう。しかしながら，このような問題の場合，医学共同体における判断の一致は解決の正しさを定義するものではない。その判断に基づいて治療を試みても効果がないのであれば，医学的知識をもたない人々でもその判断が誤っていたことがわかるのであり，医学共同体の判断の一致は常にコンヴェンション外的な訂正を被りうる暫定的な仮説を提供するに過ぎないのである。

　リーガル・コンヴェンショナリズムは，法的問題を第1の問題と類似したものとして，すなわち一般の人々とは無関係に法律家たちが楽しむゲームとして理解する場合にのみ，あるいは少なくとも第2の問題と似たものとして理解する限りでのみ，もっともらしく思われる。確かに，法と社会が分断されている現状において，一般の人々は法とは無縁の日常生活を送っているから，法的問題は一般の人々に影響を及ぼさない問題であるかのように思えるかもしれない。しかし，法と社会の分断とは，実際には，裁判になると突然法に基づいた解決が行われるという事態を表現するものであり，現実の裁判が法律家以外の人々を当事者として行われるものである限り，裁判において法的問題にいかなる答えが与えられるかによって，一般の人々の運命は大きく変わることになるのである。

　リーガル・コンヴェンショナリズムが見失っているのは法の暴力性である。しかも，法においてこの暴力性は二重化される。法律家の共同体はその外部の生活世界に対して，行為における暴力のみならず判断における暴力をも行使するのである。法的問題は第3の問題とは異なり，解決の正しさが最終的には誰もがアクセス可能な自然的事実によって決定される問題ではない。それゆえ，

医者の支配が不完全なものに留まるのに対して、法律家の支配は完全なものになってしまうのである。

しかし、裁判で争われる現実の法的問題について、その解決の正しさは法律家のコンヴェンションによって決まると主張するリーガル・コンヴェンショナリズムは、なぜ日常的な正しさとは異なる仕方で解決するのかと当事者に問われたとき、どのように応答することができるだろうか。先行決定性に対するウィトゲンシュタイン的な批判を承認している以上、法がそう決めているからだと答えることはできない。おそらくは、われわれの言語ゲームなのだからわれわれの内的視点からみて正しいものが定義上正しいのだと答えるのであろう。しかし、質問した相手は法律家ではなく、したがって「われわれの言語ゲーム」の一員ではない。われわれにとって正しいから正しいのだという主張は、内的視点を共有する「われわれ」の間でしか通用しないのである。結局、架空の理論的問題について論じている限りは、法律家のコンヴェンションに合致しているという意味において、特殊法的に正しい仕方で法的問題を解決することを正当化することが可能であるように思われるかもしれないが、現実の実践的問題において、客観的な法的意味による先行決定という仮面によってもはや隠蔽されえない法律家の支配を、対社会的に正当化することは不可能なのである。

Ⅴ——正当性としての合法性

われわれのリーガリズム批判は、法をなくしてしまおうとするものではない。合法性によって正当性を規定するのではなく、逆に正当性によって合法性を規定すべきだと主張しているのである。リーガリズムの呪縛的な磁場から離れるならば、法的な正しさが端的な正しさに優越するという信仰を維持する必然性もなければ、その奇妙な事態を説明するために苦心する必要性もない。端的に正しいこと、これがすなわち法であると考えれば話は簡単なのである。ドイツ語で「法」を意味する「Recht」と「正しい」を意味する「recht」の関係に象徴されるように、正しいこと（正当性）と法であること（合法性）を区別したり、

端的な正しさとは異なる法的正しさなる概念を考案するのは奇妙な努力にほかならないのである。

　したがって，法に従った裁判とは，端的に正しく行われる裁判と同じものになり，悪法論的な問題は消失する。しかし，制定法がまったく意味をなさなくなるわけではなく，法に従った裁判とは制定法に従った裁判であるという観念が空無化してしまうわけでもない。これを理解するための鍵は，制定法が命令ではなく規範であるということにある。[14] 命令も規範も特定の行為を指令するが，命令が理由なく行為を指令するのに対して，規範は自らの正当性を理由に行為を指令するという特徴を有している。すなわち，「Xせよ」という命令は「とにかくXせよ」ということを意味し，「Xすべし」という規範は「Xすることは正しいからXせよ」ということを意味しているのである。ところで，「because」は「if」を含意する。「XすることはしいからXせよ」という指令は，「もしXすることが正しいならばXせよ」という指令と，「Xすることは正しい」という主張の連言なのである。もちろん，現実世界において規範が作用するのは常に特定の状況においてであり，多様な特徴を帯びた無数の状況のすべてについて「Xすることは正しい」とあらかじめ断言することはできない。これを断言するならば，それはもはや規範ではなく命令である。したがって，「Xすべし」という規範は，「任意の状況においてXすることが正しいならばXせよ」という全称的な指令と，「Xすることが正しい状況が存在する」という特称命題の連言として理解されなければならないのである。

　このように考えるならば，Xすることが正しくない状況においてXするのは，「Xすべし」という規範に従ったことにはならず，逆に規範に反したことになる。この場合にはXしないことこそが規範に従ったことになるのである。この視座の転換によって，法理論的なアポリアの1つが消失する。それは，ナチス時代の裁判官はどのように行動すべきかという問題である。彼は不正な法に従うべきであろうか。従わないならば彼は裁判官を辞めなければならない。法に従うからこそ裁判官でありうるのであり，そうでなければただの人だからである。しかし，彼が辞めたら不正な法に喜んで従う邪悪な裁判官が跡を継ぐだけではないのか。それでは，法に従うべきだろうか。しかし，そうすると不正な判決

を下さなければならなくなる。不正な判決を下すことを拒否して裁判官を辞めるか、裁判官を続けて不正な判決を下すか、いずれの選択肢も魅力がない悲劇的な二者択一である。法に従う裁判官として不正な判決を下さなくてすむ第三の道はないのだろうか。これを可能にするのが、法は規範であるという考え方である。法の要求は、その判決を下すことが正しい状況であればその判決を下せというものであるから、その判決を下すことが不正な状況においては、その判決を下さないことこそが法の要求に従ったことになるのである。

規範としての法の理解は、より大きな法理解の転換をもたらす。「任意の状況においてXすることが正しければXせよ」という指令は、Xに何が充填されようとも成立するものであり、端的に「任意の状況において正しいことをなせ」という指令に還元することができる。これが法の本態であり、法が端的な正当性であるということなのであるが、このことは、われわれが実定法として遭遇するものの本質は指令ではないということを意味している。指令的要素はすべて「正しいことをなせ」という定言命法に吸収され、個々の実定法に残る実質は、「Xすることが正しい状況が存在する」という部分だけなのである。これが意味するのは、実定法は特殊法的な正しさを打ち立てるものではなく、問題を端的に正しく解決するための有用な指針ないし手がかりとして機能するということである。制定法や判例を参考に、それらが存在するという事情を含むあらゆる事情を可能な限り考慮し、この問題をどのように解決するのが最善であるかを真剣に考えること、これが法的な問題解決という名にふさわしい営為なのである。

VI——むすびにかえて

こうして合法性と正当性の乖離は解消され、法と社会の分断も同時に解消される。社会とは独立に与えられた法が社会を支配したり、法律家共同体の世界に内閉したりするのではなく、法は社会に内在するものとして理解されなければならない。端的な正しさは必然的に社会内在的である。というのも、限定付

きの特殊な正しさは、ある特殊な領域に内在する正しさであり、それが本当に正しいのかを外部から超越的に論じることが可能であるかもしれないが、端的な正しさとは上位の審級をもたない本当の正しさのことであり、われわれの社会に外部はないからである。形而上学的な顚倒によって、人々は日常生活の外部に規範の根拠を求め、そこから超越的に日常生活を批判することが可能だと考えてしまいがちである。リベラル・リーガリズムをもっともらしく思わせてきたのもこの顚倒であった。しかし、形而上学的な観念遊戯を始めるためにも続けるためにも、われわれは日常生活を必要とする。形而上学であれ何であれ、社会という大地がなければ、いかなるゲームも行うことができないのである。

法は社会に内在する。これは社会の中に法という部分領域があるということではない。法とは端的な正しさであり、法の外部はないのだから、ある意味で、法と社会の外延は一致するのである。法と社会の分断を打破し、この一致を現実のものとすること、これがリーガリズム批判としての法社会学の規範的課題なのである。

1) それぞれフジテレビ系列および日本テレビ系列で放映中である。See http://www.fujitv.co.jp/b_hp/judge/, http://www.ntv.co.jp/horitsu/.
2) 佐藤（1998：33頁）を参照。
3) エヴニン（1996：370頁以下）などを参照。
4) 「リーガリズム」という語は、個々の事案に対する評価をあらかじめ存在する一般的な規則によって決定する立場を指すものとして用いられることが多い。See Shklar（1964:1）. われわれの意味における「リーガリズム」は、アンガーの「形式主義」に近い。See Unger（1986：1ff.）. See also Hutchinson（1988：Ch.2）.
5) See Kennedy（1990:45）.
6) 佐藤（1998：31頁以下）を参照。
7) See e.g., Sandel（1982）.
8) 佐藤（1998）、佐藤（1999）を参照。
9) See e.g., Fiss（1982）, Fish（1984）, Millon（1992）.
10) See e.g., Cunningham（1992）.
11) 佐藤（1999：38頁以下）を参照。
12) たとえば、法における人為的理性の優位を説いたクックは法律家のヒーローである。ホッブズ（2002:11頁）を参照。
13) See Putnam（1975:227）.
14) 井上（2003）などを参照。

第1部　法の理論と法主体

〔引用文献〕

Cunningham, C.D. (1992) "The Lawyer as Translator, Representation as Text: Towards an Ethnography of Legal Discours," 77 *Cornell L.Rev.* 1298.

エヴニン,サイモン（1996）『デイヴィドソン　行為と言語の哲学』（宮島昭二訳）勁草書房.

Fish, Stanley (1984) "Fish v. Fiss," 36 *Stan. L. Rev.* 1325.

Fiss, O.M. (1982) "Objectivity and Interpretation," 34 *Stan. L. Rev.* 739.

ホッブズ（2002）『哲学者と法学徒との対話』（田中浩ほか訳）岩波文庫.

Hutchinson, A.C. (1988) *Dwelling on the Threshold: Critical Essays on Modern Legal Thought*, Carswell.

井上達夫（2003）『法という企て』東京大学出版会.

Kennedy, Duncan (1990) "Legal Education as Training for Hierarchy," in: David Kairys (ed.) *The Politics of Law: A Progressive Critique*, rev. ed., Pantheon Books.

Millon, David (1992) "Objectivity and Democracy," 67 *N. Y. U. L. Rev.* 1.

Putnam, Hilary (1975) *Mind, Language and Reality*, Cambridge UP.

Sandel, M.J. (1982) *Liberalism and the Limits of Justice*, Cambridge UP.

佐藤憲一（1998）「法の不確定性──法理解のパラダイム転換に向けて（一）」法学論叢143巻2号.

──（1999）「法の不確定性──法理解のパラダイム転換に向けて（二・完）」法学論叢144巻6号.

Shklar, Judith (1964) *Legalism*, Harvard UP.

Unger, R.M. (1986) *The Critical Legal Studies Movement*, Harvard UP.

法的推論の批判的現象学・覚書
——D. ケネディの「force field」モデル——

船越資晶

I——はしがき

　法的思考を可能にする前提条件として法律家が共有する間主観的制約のことを法意識と呼ぶならば，批判法学の業績の中には法意識研究として理解し得るものがある。というのは，それらの論考は，法テクストの詳細な読解を通じて，その著者・読者たる法律家が法解釈を行う際に前提としている認識・思考の枠組を解釈主義的に再構成することを目指しているからである（阿部1993：200-204頁；阿部1994：531-535頁）。
　私見では，このような法意識論たる批判法学の最良の成果は，ダンカン・ケ[1)]ネディの業績の中に見出すことができるように思われる。事実，筆者が別所で論じたケネディの法的議論理論は，法的思考の記号学的構造の解明を試みるものであった（Kennedy 1980：pp.3-4，船越2001：175-178頁；船越2003（2）：6-7頁）。だが，ケネディの法意識論には，このような記号学的アプローチをとるもののほかに現象学的アプローチをとるものがあり，後者については十分な紹介・検討がなされているとは言い難い[2)]。そこで本稿では，ケネディの現象学的裁定理論を一貫した法的思考モデルに再構成し，それが法意識研究の新たな地平を開くものであることを示すことにしたい。
　ところで，言うまでもなく，ケネディの裁定理論は，リベラリズム——とり

わけ，既存の法的素材に整合的な法解釈を行うことにより，裁判官はイデオロギー的選好の影響を受けることなく正解を発見し得ると主張するドゥオーキン——のそれに対抗する形で構想されている。予め言っておくと，ケネディの議論はヘラクレスの虚偽意識を暴露するというような消極的なものではない。それは，**裁判官はいかにしてイデオロギー的であり得るか**（Kennedy 1997：p.157）という問いを立て，これに答える形で体系的な法的推論モデルを提出するものであり，それゆえに法意識分析の枠組としての積極的な価値を有するのである。

さらに重要なのは，先の問いにおいて，ケネディが裁判官の2つの戦略を同定しようとしていることである。容易に予想されるように，1つは裁判官が**自分のイデオロギーを裁定に持ち込む戦略**であるが，ケネディ理論の卓抜さを示すのはもう1つのメタ戦略への着目にある。それは，裁判官が**イデオロギーを裁定に持ち込んでいるにもかかわらず，自分は解釈的忠実性に従っているのだという信念を維持するための戦略**である（Kennedy 1997：pp. 157-158）。以下，この2つの戦略を順次組み込んでいく形で，ケネディの裁定理論を法意識モデルとして定式化していくことにしたい。

II——戦略的作業としての法的推論——「場の理論」——

1　ケネディは，特定の状況における特定の裁判官の法的推論について語るのでなければ，現象学的裁定理論の説得性は失われるという。そこでケネディは，自分をモデルにした裁判官を登場させ，彼の**作業経験**に定位する形で議論を展開している（Kennedy 1986：p. 518）。

さて，ケネディ裁判官が次のような事案を担当することになったとしよう。労働組合に加入している運転手が自分達の勤務するバス会社の待遇改善を求めてストライキを起こしたところ，会社側は非組合員を使って運行を再開しようとした。そこで，スト参加者はバスの前に座り込んで発車を妨害したので，これに対して会社側がインジャンクションを請求したというものである。この事案に接したケネディ裁判官は，**ルール**の命じるところによれば，スト期間中の

生産手段の使用権は使用者側にあるので，インジャンクションは認容されるだろうという**第一印象**を持った（Kennedy 1986：pp. 519-520）。

しかしその一方で，彼はこのルールに反対し次のような**帰結を選好する**。争議が収まらないうちに，一方が他方の同意を得ないで生産手段を稼動させることは許されるべきではない。これは，平等主義的・共同体主義的・民主主義的方向への社会変革を志向する，彼の裁判官としての人生設計に根ざした意見である。こうした**イデオロギー的選好**に基づき，彼は，あくまでも法に対する解釈的忠実性を遵守しつつ，労働者による企業支配を促進する判決を志向して法的推論に従事しようとする。彼のような裁判官を制約された**積極主義者**と呼ぶことにしよう（Kennedy 1986：pp. 519-521；Kennedy 1997：p. 157）。

彼はルールを自分のイデオロギー的選好の方向に動かそうと悪戦苦闘する。ピケ（とバスに乗らないよう訴える宣伝活動）が許されるのに，本件での行為が禁止されるのはおかしい。いや，座り込みとピケはまったく異なる。ピケは会社側のバス使用を物理的に妨害するものではないのだから。いやいや，今回の参加者にバスの発車を物理的に止める意図はなかったし（バスは参加者を轢いていけばよかった！），報道関係者が現場を取り巻いていたではないか。よし，本件での労働者の示威行為は，会社側に対する象徴的抗議活動として理解することができるぞ……。こうして彼は，本件インジャンクションは修正第1条の禁止する事前抑制に該当すると判示するのである（Kennedy 1986：pp. 523-524）。

このように第一印象の段階でルールとイデオロギー的選好が対立するように思われるとき，彼のような積極主義者は——すべての裁判官がそうすると言っているわけではない——後者に沿った形で前者を解釈するという**戦略的作業**に従事する。上で見たのは，対抗ルール（表現の自由）を発見しそれによって事実状況を再定義する戦略的な演繹的推論（Kennedy 1997：pp. 164-165）だが，それ以外にも，雇用契約のあら探しをするとか新事実の発見を祈るとか，戦略にはさまざまな選択肢がある（Kennedy 1986：pp. 519-520）。また，今回はたまたま作業がうまく行ったが，採用した戦略が効果的な帰結をもたらさないことや，そもそも失敗してしまうこともあるだろう。推論作業を実際に行っている——**内的視点に立つ**——者にとって，どのような戦略を選択すればどのような結果が

出るかを事前に予測することは不可能であり，彼は物事の成り行きをコンティンジェントなものとして経験するのである（Kennedy 1986：pp. 544-547）。

2 ケネディは，ゲシュタルト心理学を参考にして，以上のような法的推論作業のあり方を**力の場**（force field）モデルとして定式化している。推論を開始する裁判官は，ルール・先例・政策といったさまざまな議論（推論資料）が配置された**場**に直面する。先の例でケネディ裁判官が出会ったのは**固定化された場**と呼ばれる形態のものである。そこでは，当該事案に酷似した事実状況に対して繰り返し適用されてきた法的ルールが存在し，これが**境界線**となり場を合法／不法の2つの領域に分割している。彼は，当初自分の選好する帰結が不法領域に存在するとみなしていたが，対抗ルールを発見することで場自体の組成を変え，これを合法領域に移動させることに成功したわけである（Kennedy 1986：pp. 538-539；Kennedy 1997：pp. 168-169）。

　先例は，境界線（ルール）によって合法／不法の各領域に配置されるが，場合によってはそれ自体が境界線の一部を構成することもある。今ケネディ裁判官は表現の自由が問題となっている場に直面しているわけだが，たとえばここで，集団的ピケは修正第1条によって保護される権利に該当せず，労働者の行為は使用者の生産手段使用権に対する不当な干渉として禁止されるべきであるという先例が存在するとしよう。困ったことに，この先例は本件の事実を不法領域に位置付けるように見える（座り込みはピケよりも妨害が直接的で表現としては間接的だから）。そこで彼は，先例での暴力的要素（代替要員の工場立入りに対する実力阻止等）を強調し，表現的要素（参加者によるスローガンの唱和等）を等閑視する一方，本件の座り込みが先に述べた意味で非暴力的行為であることを強調するだろう。こうした事実の再定義により，集団的ピケを不法（妨害）領域に，本件を合法（表現）領域にそれぞれ位置付け直すわけである。場合によっては，先例の判示にも対処しなくてはならないこともあろう。たとえば，ピケが表現の自由による保護対象に含まれるかどうかに関する議論に替えて，裁判所が禁止したのは説得ではなく代替要員への強制力行使であると判示を読み替えることにより，集団的ピケを不法（強制）領域に，本件を合法（説得）領域に位置付け

る境界線を新たに引き直すわけである (Kennedy 1986：pp. 530-533)。

　ケネディの場においては，**政策**があらゆる事例を反対方向 (**保守⇔リベラル**) に引っ張り合う**引力**として作用している。たとえば，上の事案では，「暴力は蕾のうちに摘み取れ」という断片が不法領域に，「抑圧はより大きな暴力を招く」という対抗断片が合法領域に，本件座り込みをそれぞれ位置付けようとしている。両政策の力は境界線から離れるほど強くなり，境界線付近では**均衡**している。個々の政策的議論の力は場に相関的であり，たとえば今回「蕾のうちに」が否定されたからといって，後続の事例でこの議論が妥当性を失うわけではない。それどころか，同じ裁判官がルール選択の段階で否定した断片をサブルール選択の段階で支持するという現象すら発生し得る[3]。つまり，裁判官は，本件に関してどちらの断片が相対的に重要かを比較衡量することで自分の選好する帰結を正当化するのである。たとえば，ケネディ裁判官は次のような戦略的な政策的議論を提出するだろう。本件の労働者は逮捕されることも覚悟しており，シンボリックな抗議すら許さない (蕾のうちに摘み取る) のであれば，暴力的手段に訴える (より大きな暴力を招く) ことも辞さないであろう云々 (Kennedy 1986：pp. 533-536；Kennedy 1997：pp. 165-166)。

3　このように法的推論を作業と規定するケネディは，それが作業である以上免れることのできない制約条件 (**経済学**) に服していることを指摘する。まず，裁判官がある法的推論作業に投入できる**資源** (時間・労力) には限りがある。上のケネディ裁判官にしても，ルールが不当であるという第一印象を覆すために必要な法的素材について部分的な知識しか有しておらず，調査に乗り出したところでとてもすべての素材を精査することはできない——要するに，自分はヘラクレスではない——ことを理解しているのである (Kennedy 1986：p. 528；Kennedy 1997：pp. 162-163)。

　したがって，裁判官は自分の手持ちの資源を次のような仕方で効率的に利用しようとするだろうとケネディは主張する。座り込み事例のように，ルールと自分の選好する帰結の間に**距離** (**自明性ギャップ**) が存在する事案を複数抱えている場合，まず各事案のイデオロギー的重要性 (距離が大きいほど重要度も大きい)

と作業の成功確率などを考慮して，それぞれの事案に投入する資源量を決定する。次に，各事案における作業戦略の決定においては，少ない作業量で大きな距離を埋めることのできるエレガントな戦略に資源を投入しようとするだろう。そして，特定の方向にある程度作業を進めてしまうと，見返りが小さいことに後で気づいたとしてもこの作業を続けるほかなくなる。最初に戻って一から推論をやり直すのは大きなコストがかかるからである（Kennedy 1997：pp. 166-167)。

裁判官が法的推論の成功から得る見返りのひとつは自らの**正統化権力**の増加であるとケネディは書いている。正統化権力とは，法廷意見によって人々に自分の考えを変えさせる裁判官の特殊な力（**マナ**）のことである。同じ法廷意見であっても，正統化権力を大量に貯蔵している裁判官が書いたものは，そうでない裁判官が書いたものに比べて説得力が大きい[4]。大きな自明性ギャップの存在が人々にも理解されている事案で，裁判官がこの距離を埋める推論に成功すれば正統化権力は増加するが，失敗すれば推論能力のなさが白日の下に晒され正統化権力は減少する。裁判官は，自分が担当するすべての事案でこのような正統化権力の増減について計算し，これを最大化する戦略を選択するのである（Kennedy 1986：pp. 528-530；Kennedy 1997：pp. 167-168)。

4 ここまでは機械的な法的推論モデルを提示してきたが，場が物理的客体でないことは明らかである。それは，受取り手（裁判官）に真剣に応答することを求める**規範的力を備えたメッセージ**である。たとえば諸先例は，単なる事実と結果の記録ではなく，将来の紛争解決方針に関して**古老**（場合によっては受取り手自身も含まれる）が発した声であり，積極主義者もこの声を無視することができないかも知れない（同じ問題を探求している人々の賢慮に逆らうとは，何と恐ろしいことだろう！）。このことを外的視点から不合理だと非難しても始まらない。実際に法的推論に従事している裁判官は，古老のメッセージを聴くときに数学の問題を解くときのように中立的でいることができないだろう（私は古老に賛成したいし，賛成してもらいたい）（Kennedy 1986：pp. 548-550)。

ケネディ裁判官は場を操作し，法が座り込みを正当化するように仕向けよう

としたが，そうするためには法の言説に参入しなくてはならず，その過程で，彼は法＝古老が何を語っているのかを自分が理解している・自分が古老のように思考していることを見出したのである。してみると，場の規範的力とは，彼の自己内対話の相手方（**もうひとりの私**）にほかならないのではないか。ケネディによれば，裁判官は絶えずこうした**アンビヴァレンス**につきまとわれ，自分に抵抗する自分と向き合わなくてはならない（Kennedy 1986：pp. 550-551）。

こうした場の抵抗に直面した裁判官は，当初自分が選好していた帰結を場に合わせて再定義しようとするかもしれない（法は座り込みを一律に禁じているわけではないが，今回の労働者たちの行為は行き過ぎではないか）。さらに極端な場合，裁判官は**転向**することがある。今や，場の声の方が最初から正しかったのだと思うようになり，ルールと自分の選好の対立は最初からなかったことにされる（社会正義に関する私の直観はインジャンクション容認で一貫している）（Kennedy 1986：p. 551）。

上の議論とは反対に，場が規範的力を発揮しないこともある。古老（裁判官の自我の一部）の声をはっきりと聴き取るためには，場がある程度固定化されていなくてはならない。ところが，場の**形態**にはさまざまなものがありうる。たとえば，表現の自由を著しく侵害する事例で使用者側が勝ち，使用者の生産手段使用権を著しく侵害する事例で労働者側が勝つという**矛盾した場**に直面した場合，裁判官は古老たちの不協和音を1つの声に統合することができない。また，法の要求内容をはっきりと理解できるときですら，それはやはり裁判官が対象として解読しなくてはならない，その意味で疎遠なメッセージであり続ける。それは誰のメッセージなのか，それを私は適切に理解しているのか，こういった謎が古老のメッセージには常につきまとう。解釈者と解釈共同体の間には厳然たる距離が存在するのである（Kennedy 1986：pp. 551-552）。

さらに裁判官は**転向に対する恐怖**に怯える存在である。ケネディ裁判官がリベラルな積極主義者として人々からも認知されている場合，自分の選好を曲げて法に従うと，人々は彼を変節者と罵るだろう。イデオロギー的選好の貫徹には話者の社会的アイデンティティも賭けられているのである。その上，万が一，法側の議論に重大な誤りが含まれているとしたらどうであろう。転向が誤りで

あったことに後で気づいたときに耐えねばならない恥辱の大きさを考えると，とても古老の啓蒙を受け入れることはできない（Kennedy 1986：pp. 554-555）。

5 それでは，法＝場と裁判官の個人的選好との相互作用の結果を決定する要因は何か。内的視点からの唯一可能な答えは，**裁判官自身が結果を決定する**ということであるとケネディは述べている。ケネディ裁判官が座り込み事例でインジャンクションに反対する論拠を構築するとき，彼自身が法を再定義しているのであり，他方，ある時点で法のメッセージに聴従し，当初の自分の選好に対する見方を変更するのもまた彼自身なのである。私の考えを変えることのできる私が私の内部にいると想定することは不自然だが，何かが起こる瞬間まで自分の選好する帰結が未決定な状態におかれることこそ，ケネディ自身が法的推論に従事する際に経験してきたことであり，現にゲームの終盤で考えを変えたこともあるとケネディは書いている（Kennedy 1986：pp. 557-558）。しかし，法的推論の批判的現象学が論じてきたのは，裁判官はこのような決断する強い自我であると同時に，つねに転向への恐怖におののき，場の規範的力に引き寄せられる未・非決定の自我でもあるということに注意が必要であろう。

6 以上のように，あくまでも裁判官の作業経験に定位する――内的視点に立つ――現象学的裁定理論にとっては，アンガー的な法の不確定性理論は外的視点に立つものとして退けられる。自らも法的推論主体として，ケネディ自身，あるルールを特定の事実状況に適用するという行為を幾度も繰り返すと共に，このことについて他者とコミュニケーションを行い，作業の意味内容・結果について合意に達するという経験を繰り返してきている。それが何故かを自然科学的な仕方で根拠付けることはできないが，ルールが客観的なものに感じられ，これを動かすことができないと思われることがあるという事実は否定できないのである（Kennedy 1986：pp. 560-561）。

　同じ理由でドゥオーキン的な法の確定性理論も退けられる。確かにわれわれは無自覚的にルールを適用することがあり，そのときには法が結果を決定していると言える。しかし，それはあくまでひとつの経験に過ぎない。作業が違う

仕方でなされた場合や，追加的な作業が投入された場合には別の結果が出ていたかも知れないのである。繰り返すが，法的推論は人為的・主体的な作業なのであり，その結果は時間・知識・技能・戦略などさまざまな要因の函数である。つまり，今ある法は過去の作業の結果であり，これからの作業の開始地点であるに過ぎないのだ——リベラル派／保守派の交戦地点としての法（Kennedy 1997：pp. 169-170）。

　要するに，作業経験とは独立に法の「本質」を語る理論は，それがアンガー的な不確定性理論であれ，ドゥオーキン的な確定性理論であれ，アルキメデスの点＝外的視点に立った空理空論でしかないとされるのである（Kennedy 1986：p. 562）。

Ⅲ——イデオロギー否認のメタ戦略——「自己欺瞞」——

1　前節では，法的推論を戦略的作業と捉える観点から法意識モデルを構築してきたが，本節では，イデオロギー的作業を行う裁判官がそれでもなお解釈的忠実性を遵守しているという信念を形成するためのメタ戦略を現象学的に記述する。ケネディの結論は，裁判官は判決に対するイデオロギーの影響を**否認**（deny）しているというものである。さもないと，裁判官は，自分に課せられる**役割拘束**の矛盾した性格に直面しなくてはならなくなるという大きな**不安**にさいなまれるからである。

　ところで，前節でケネディ裁判官の推論過程を記述する際，あえて強調しなかった点がひとつある。それは彼があくまでも**解釈的忠実性**を遵守する，**制約された積極主義者**であるということである。前節で見たように，リベラルなイデオロギー的選好を有する彼は，保守的（企業寄り）とみなされるルールとは異なる結論（労働者保護）を正当化する作業に多大の資源を意図的に投入する。しかし，この作業に失敗した場合には，彼はその立法者的選好とは異なるルールを選択するだろう。換言すれば，彼が最終的に適用を選択したルールはどれも，彼が法的素材から発見することのできる最良の解釈を表している。彼はあくま

でも(正しい)法解釈を意図しており，リベラル派の勝訴を至上命令としているわけではない(Kennedy 1996：p. 793；訳2頁)。

　ケネディは，アメリカの多くの裁判官がこの制約された積極主義者に該当し，彼らが多数の重要な法創造を行っていると主張している[7]。そして，リベラル派の制約された積極主義者はリベラルな結論に向けて，保守派の制約された積極主義者は保守的な結論に向けて，それぞれ手持ちの資源を配備・投入するので，同じ事案に直面した場合でも両者が到達する結論には大きな差が生じるとされる(Kennedy 1996：p. 794)。

2　さて，制約された積極主義者がイデオロギーの影響を否認するとはどういうことであろうか[8]。イデオロギー使用という事実について無作為な仕方で誤っているのであれば，その裁判官は真実について意識していないし，意図的に嘘をついているのであればこれを意識している。もちろん，否認はこれら2つの精神状態とは異なる。というのは，それはイデオロギー使用という真実の知覚を拒絶するという要素を含んでいるからである(Kennedy 1996：pp. 804-806；訳3頁)。アンナ・フロイトは，エネルギーの大量投入により一挙に葛藤を解消してしまう抑圧とは異なり，否認は衝動が活性化するごとに逐次発動する穏当な自我の**防衛機制**であると位置付けているが(フロイト 1958：61-63頁)，ケネディはこれを転用し，裁判官は，誰かがそれを指摘し・証拠がそれを示唆するたびに自分のイデオロギー的役割を否認しなくてはならないと言うのである(Kennedy 1996：pp. 811-812；訳3頁)。

　とすると，否認に無意識的という形容詞をあてがうのは不自然であろう。というのは，イデオロギー使用という知覚が意識に与えられているにもかかわらず，それを「知らないでおこう」として大量のエネルギーを投入する場合に，こうした心的状態あるいは真実それ自体について無意識的であるというのは奇妙だからである。そこでケネディは，否認を**半意識的**(half-conscious)とされるレベルに位置付け，その具体的な規定をサルトルの**自己欺瞞**(bad-faith)に見出している。ケネディにならって引用しておこう。

たしかに，自己欺瞞をおこなう人にとって，かんじんなことは，好ましくない真実をおおい隠すこと，あるいは好ましい誤りを真実としてあらわすことである。したがって，自己欺瞞は，外見上，虚偽の構造をもっているように見える。ただ，まったく異なる点は，こうである。自己欺瞞においては，私はほかならぬ私自身に対して真実をおおい隠すのである。それゆえ，この場合には，あざむく者とあざむかれる者との二元性は存在しない。反対に，自己欺瞞は，本質上，一つの意識の統一を意味している。(サルトル 1999：120頁)

ここに示されるように，制約された積極主義者の自我は，イデオロギー使用という事実について無意識的であろうとする——したがって，その事実を何らかの意味で知覚していなければならない——状態にあるというわけである (Kennedy 1996: pp. 812-813；訳3頁)。

3 一般に，裁判官がイデオロギーを否認するとき，それは単に当の裁判官が役割拘束に違反しているに過ぎないと解釈されることが多い（意志薄弱／嘘つき）。無論ケネディも，裁判官がテクストによる拘束を経験した後に，あえてこれに逆らって裁定を下す場合があることを否定しない。しかし，司法的判断におけるイデオロギーの否認には単なる逸脱の隠蔽以上の何かが含まれている，制約された積極主義者が拘束に対して応答しているのは明らかではないか。そこで，ケネディは次のように否認の原因を同定する。制約された積極主義者は，彼の役割と彼の不正な欲望の葛藤ではなく，真正な**役割葛藤**に直面しているのである。すなわち，彼は2つの相反する役割規範——**法の下の正義**の実現という一般的要請と**決定過程からのイデオロギーの絶対的排除**という特殊的要請——を同時に遵守するよう命じられており，否認は，役割定義を首尾一貫したものにみせかけることによって，このジレンマとそれがもたらす不安を解消してくれるのである (Kennedy 1996: pp. 815-816；訳4頁)。

制約された積極主義者が法の下の正義と（機械的）法適用を同一視することはあるまい。というのは，第1に，法的問題の裁定とはルール適用ではなくルール解釈の問題であることを彼は十分に自覚しているし，第2に，前節で述べたように，決定過程の最終段階に現れる法は彼が法的素材に対して加える作業の

函数であり，異なる作業戦略からは異なる法が生み出されることを，そして，どの作業戦略が正しいかを指示する統合的な規準も存在しないことを，彼は十分に自覚していると考えられるからである（Kennedy 1996：p. 817；訳4頁）。

　制約された積極主義者は次のように考える。自分がすべきこと・役割定義によって要請されていることは自分の正義の構想を参照することである。しかし，彼は同時に，正義観念を紛争解決に導入するためにはイデオロギーが裁定過程に侵入することも許容しなくてはならないと感じているのだ，とケネディは言う。彼の正義観念は権利・価値・ニーズなどとして具体化されるだろうが，これらの断片がリベラル派／保守派のイデオロギー的プロジェクトと密接に関連している以上，彼の正義観念もまたイデオロギー的であることを免れない[9]——特定の状況で正義が何を要求しているかという問いに対する彼の答えから，観察者が彼をリベラル派／保守派のどちらかに簡単にカテゴライズすることができるという限定的な意味で（彼がイデオロギーの信者でなくても，ケネディは彼の判決をイデオロギー的であると呼ぶことを躊躇わない）（Kennedy 1996：pp. 817, 807-808；訳3-4頁）。

4　ケネディは次のように結論付けている。役割葛藤を経験している裁判官は正しい，というのは，彼の役割には現に葛藤が組み込まれており，否認に替わる選択肢は模範的な仕方では仕事ができないことを認めることだけだからである。また，この葛藤は真正なものである，というのは，既存の（リベラリズムの）裁定理論の中で，ひとたび裁判官が解釈における戦略的行為の可能性に気づいてしまったら，イデオロギーを排除する仕方で裁定することはいかにして可能かを説得的に論証するものは存在しないからである。たとえば，ドゥオーキン理論が裁判官に指示しているのは，ルール選択の正しさを決定する規準は法的議論の外部に存在しないということと，（適合性テストを実施する際，あるいはその後に残存するルールの隙間・矛盾・曖昧性を解決する際に）個人的政治哲学を援用せよということだけであり，一体どのようにすればイデオロギー抜きで正解に到達できるのかはまったく論じられていないのである（Kennedy 1996：pp. 817-818；訳4頁）。

5 これまで見てきたように，ケネディ理論の最大の特徴が法的推論を作業として捉える点にあることは言うまでもない。それは媒体（道具）としての法を裁判官が主体的に操作する，文字通りの実践なのである。もちろん，裁判官が意欲する解釈内容をすべて実現できるわけではなく，さまざまな制約条件が彼に課せられていることもまたケネディが繰返し指摘してきたところである。しかし，それは事物がたとえば因果法則に服している状態ではなく，根底的に自由な在り方をしている裁判官が状況に拘束されている状態であって，この両者を区別することが重要であるように思われる。

自己欺瞞に陥っているとされるのは，この自由から逃避し事物的な在り方をしようとしている裁判官である。それは余りにも有名なサルトルのボーイを彷彿とさせる。

> キャフェのボーイは，インク壺がインク壺であり，コップがコップであるのと同じ意味で，直接的に，キャフェのボーイで〔あろうとする〕……まいあさ五時に起きるか，それともくびを覚悟で朝寝坊をするかが，私の自由な選択に属してはいないかのごとくである。あたかも，私は，私が生活上この役目を維持しているという事実そのものによって，その役目をいずれの方向へ向かっても超越しないかのごとくであ〔る〕。
> （サルトル 1999：137-138頁）

法が結果を規定する様を観相する裁判官もまた，「一つの事実性facticitéであるとともに一つの超越transcendance〔自由〕であるという人間存在の二重の性質」(サルトル1999：132頁) に目をそむけ，自身を役割拘束に従う事実的なもの・機械的なものとみなしたがっているのである——その拘束が戦略的作業に開かれていることを知りながら／知っているが故に (Kennedy 1996：p. 818；訳4頁)。

Ⅳ——あとがき

以上がケネディの現象学的裁定理論の概略である。本文中で簡単に論評した

点以外にも，方法論的前提（実存主義・ゲシュタルト心理学），文化的・歴史的背景（批判的リーガリズム），リベラリズムの裁定理論との異同（結局，ケネディ理論は，意味の確定性の核心部での拘束／不確定性の半影部での自由を説くハート理論と変わらないのではないか？）など論ずべき点は多数残っているが，すでに紙幅も尽きた。本稿に含まれると思われる誤りの補正と共に，これらの点の検討は別稿に譲りたい。

しかし，ケネディ理論を法意識モデルとして定式化するという当初の限定的な目的は十分に達し得たのではないかと思われる。とくに「場のモデル」が法意識研究にとって通文化的な分析枠組を提供し得るものであることは言うまでもなかろう。それは個々の法律家の推論過程を構造的に把握するために必要なデータとそれらの相関関係を示してくれている。のみならず，「場のモデル」は裁判官が法を動かす条件・程度を解釈的に同定するものであるため，法の社会理論（法が裁判官の裁量行使に対する制約としてどれだけ機能しているかの検証）にも接続することが可能である（Kennedy 1986：pp. 559-560）。

とりわけ，わが国の法意識研究は，川島武宜の法意識論に典型的に見られるように，法律家ではなく一般市民の・法を負の道具的対象としてみる意識にその対象・視角を限定してきているので（阿部1994：543-548頁），法律家の・法的思考それ自体の構造を解明するケネディ理論は，わが国の法意識研究の対象・視角の拡大に寄与することができるだろう。その際，戦略性・操作性に力点を置いた主意主義的とも言うべきケネディの法的思考モデルは，わが国の法的思考研究[11]にこれまでにない新たな視点を付け加えることができるのではないだろうか。

これに対して，「自己欺瞞」テーゼそれ自体を基礎として生産的な法意識研究を行うことは難しいかも知れない（概念主義的法言説を「場の理論」で解釈することの正当化理論としてはもちろん機能するけれども）。むしろ，同テーゼにみられるケネディ理論の批判的側面からわれわれが学び得ることは，法的思考を脱物神化＝高度化していこうとする態度ではないだろうか。記号学的法意識論についてではあるが，ケネディは次のように言っている。

〔構造主義的方法〕の前提の1つは，われわれの有する価値の間・世界理解の方法の間に解決不可能な対立が存在するという経験は永続的なものである，ということである。この意味で，それは悲観的であり敗北主義的とすら言い得る。しかし，そのもう1つの前提は，矛盾の感覚の中にすら発見されるべき秩序と意味が存在する，ということである。その上，この秩序と意味を発見する過程は，それ自体善いものであると同時に非常に有用なものである。この意味で，〔構造主義的方法〕は楽観的でありユートピア的ですらある態度を表しているのだ。(Kennedy 1976：pp. 1712-1713)

批判法学の近代法意識批判が批判論者に要請するのは，近代「法外」の意識へ跳躍してしまうことではなく，むしろ近代法内にあってその矛盾・神話性を指摘し続けることであるように思われる。[12] ケネディの現象学的裁定理論もまた，正解志向の法的推論は作業として不十分なものであり，対抗議論にも応答し得る程度にまで自身の法解釈を洗練させる必要がある[13]ということについて，法律家・法学者の自覚を促すものであると言えよう。

1) 本稿で取り上げることのできなかった諸理論を通覧し，より包括的な批判法学の法意識論を提示するものとして，和田 (1996) 第二章参照。
2) 管見の限りでは，ケネディの現象学的裁定理論に言及する邦語文献として，Kennedy (1997) の書評，狩野 (2000) 282-284頁がある。なお，望月清世氏が同理論の重要性を早くから指摘していたことを記しておきたい。Ⅲで取り上げる「自己欺瞞」テーゼに関する筆者の理解は氏の研究会報告に多くを負っており，さらに，氏には研究会報告原稿の参照をお許し頂いている。この場を借りて氏のご厚意に謝意を表させて頂きたい。無論，本稿に含まれるであろう誤りの責任は筆者にある。(※氏の報告原稿は，本文中では「訳」として引用するが，必ずしもその訳語に従っているわけではない。また，同原稿は (Kennedy 1997：ch.8) に対応するものだが，本稿では該当箇所が初出した (Kennedy 1996) の頁数を記す。)
3) このように，「ルール選択」に際して両当事者が定型的な「断片／対抗断片」を援用しあう「結晶構造」を成すものとして法的議論を捉えるケネディの記号学的法的議論理論については，船越 (2001) 181-185頁参照。また，この二系列の議論の矛盾がリベラリズム／共同体主義の「根本的矛盾」ではなく，リベラル派／保守派の政治的対立として解釈されねばならない点については，船越 (2003) (1) 7-12頁参照。
4) このように裁判を大衆による裁判官のマナ争奪戦とみるケネディの冷笑的な視線にかかると，アメリカにおける立憲主義は，神＝人民の意思を聖典＝憲法から解釈を通じて読み取る占いに類比されてしまう。神＝人民に対する信仰を喪失したケネディにとって，多くの僧侶＝裁判官が行っていることは，自身の人為的決定を解釈の必然性と取り違え

る「ナイーヴな操作」でしかない（Kennedy 1995：pp. 918-921）。この「ナイーヴな操作」こそ、Ⅲで取り上げる「自己欺瞞」にほかならない。
5) ケネディの法解釈理論が、「法適用と司法的立法の中間項」に定位し、法的議論の「内在的批判」を志向するものであることにつき、船越（2003）(1) 12-15頁、(2) 2-6頁参照。
6) 裁判官の自己欺瞞の維持については大衆も共犯関係にある——法システム全体が脱正統化される不安を回避するため、大衆も裁判官と同じ神話を共有している——ことをケネディは指摘しているが（Kennedy 1996：pp. 818-825；訳5-7頁）、紙幅の都合上、本稿では取り上げない。
7) その他のイデオロギー的裁判官の類型として、折衷主義者および両極主義者が挙げられているが（Kennedy 1996：pp. 795-797；訳2頁）、紙幅の都合上、本稿では取り上げない。
8) 以下の「否認」に関する記述では、加藤ほか（2001）676-677頁の解説を参考にした。
9) このように法的言説の「客観的」属性を議論に導入するかに見える点は、現象学的理論構成と不整合を来す恐れがあるように思われる。
10) 記号学的法的議論理論から同様の結論（疎外論）へと至る理路に関しては、船越（2003）(5) 39-43頁参照。ただし、そこで提出した主体の解体を説く構造主義的論理は、本稿で提出した裁判官の主体性を強調する実存主義的論理と不整合を来す恐れがある。
11) さしあたり、対象の認知枠組としての法知識（「図式」）の重要性を強調する、その主知主義的性格がケネディ理論と鮮やかな対照を成す、山本（1993）を念頭に置いている。
12) 同旨、中山（2000）150頁。
13) このような法的思考の在り方は「依頼者主権の法的思考」と特徴付けることができるだろう。船越（2003）(5) 39-42頁参照。

〔引用文献〕

阿部昌樹（1993）「裁判過程の非還元主義的認識を目指して——コンヴェンショナリズムと批判法学から法社会学へ——」山下正男編『法的思考の研究』京都大学人文科学研究所.
——（1994）「批判法学と法社会学——法意識研究をめぐって——」大阪市立大学法学雑誌40巻4号.
フロイト，A（1958）『自我と防衛』（外林大作訳）誠信書房.
船越資晶（2001）「法的議論の社会学へ向かって——批判法学の再定位——」法社会学55号.
——（2003）「ダンカン・ケネディの私法理論——依頼者主権の法的思考——」法学論叢153巻2～6号.
狩野道徳（2000）「『侵犯する作品』による現状変革の法理論的試み」アメリカ法.

加藤正明ほか編（2001）『縮刷版　精神医学辞典』弘文堂.
Kennedy, D. (1976), "Form and Substance in Private Law Adjudication", 89 Harvard Law Review, 1685.
—— (1980), "Toward an Historical Understanding of Legal Consciousness: The Case of Classical Legal Thought in America, 1850-1940", Spitzer (ed.) 3 Research in Law and Sociology 3, JAI Press.
—— (1986), "Freedom and Constraint in Adjudication: A Critical Phenomenology", 36 Journal of Legal Education, 518.
—— (1995), "American Constitutionalism as Civil Religion: Notes of an Atheist", 19 Nova Law Review, 909.
—— (1996), "Strategizing Strategic Behavior in Legal Interpretation", Utah Law Review, 785.
—— (1997), A CRITIQUE OF ADJUDICATION |fin de siècle|, Harvard.
望月清世（2000）「研究会報告」（未公表）.
中山竜一（2000）『二十世紀の法思想』岩波書店.
サルトル，J-P（1999）『存在と無——現象学的存在論の試み——（上）』（松浪信三郎訳・新装版）人文書院.
和田仁孝（1996）『法社会学の解体と再生——ポストモダンを超えて——』弘文堂.
山本敬三（1993）「民法における法的思考」田中成明編『現代理論法学入門』法律文化社.

法＝権利の世界とフェミニズムにおける「主体」

岡野八代

Ⅰ——「主体なき」フェミニズムは可能か[1]

　現代の政治を語る場合と同様に，ひとの尊厳に発する各個人の自由・価値を平等に権利として保障することを目的とする現代の法を語るうえで，（自律的な）主体という概念はつねにその議論の中心，あるいは前提に据えられてきた。その一方で，「主体」概念をめぐっては，現代のフェミニズム理論において以下のようにさまざまな観点から，（フェミニズムにとっての）主体という概念を否定的に捉える議論がなされてきた。代表的な批判を3点挙げてみたい。

　①　西洋思想・哲学の歴史を通じて明らかなように，主体は基体 subject という理念を含意している。そのために，行為主体を論じるさいには，人間にとっての本性 nature がつねに男性 man を基準として（同時に，人間本性にとって否定的なものを女性的なものとして構築しながら）追求されざるをえず，その当然の帰結として，人間社会の中心から女性は排除されてきた。したがって，主体の存在を前提とする議論は，つねに女性を排除する。[2]

　②　女性の中の差異という現実に敏感な議論をするならば，大文字の女性，すなわち，女性一般として一括りにされた女性たちが共有しうる運動目標や批判対象——家父長制／人種差別／階級格差／植民地主義の残滓など——は，存在しえない。あたかも，「すべての女性」がフェミニズムの主体として共有しうる価値目標があるように考えるのは，一部特権階級の女性たちの傲慢であり，悪く

すると，女性たちの中でも力無き者たちの声を封殺することになる³⁾。

③　ポスト構造主義以降の議論で明らかにされたように，主体とは「人間の解放」が叫ばれた近代が生み出した新たな支配装置であり，外的規範を内面化し，自ら従属するbeing subject者である。にもかかわらず，主体は自由であると社会的に承認されることによって，ある者が為した行為は，自由意志の帰結・自己選択の結果としてみなされ，そのために，選択に至った文脈，〈わたし〉の中に存在したであろうさまざまな逡巡・葛藤は，存在しなかったかのように扱われてしまう⁴⁾。それは，〈わたし〉の中の差異を認めない自己同一性への強制であり，〈わたし〉に対する「残酷さ」を生む（Butler 1993: 115）。

①②③の批判のなかで，現代の実定法体系を批判的に考察するさい，「主体」をめぐって最も根本的な批判を加えているのは，③であると言える⁵⁾。その批判は，そもそも社会の規範体系である法体系とは相容れない主張として理解されがちだが（cf. Nussbaum 1999），筆者は，③に代表される議論を真剣に受け止めることが，形式的平等が法の上ではde jure確立されてもなお（いやむしろ，確立されたからこそ）⁶⁾，実際にはde facto男女格差が是正されない現実を変革する力を探求することにつながると考える。

小論は，③に代表される現代フェミニズム思想における「主体」批判から，法を媒介としつつ，いかなる社会変革の展望が拓けてくるのかを明らかにする。そのために以下では，法規範が中立で客観的であるためには，そこで扱われる行為者が自由で平等な主体であることが予め前提とされていることを指摘し（II），そうした自律的な主体は，わたしたちが法関係を取り結ぶ際の前提であるだけでなく，法の効果として生み出される価値目的でもあるために，法をめぐる議論からは，「非対称的な依存関係」に対する視点がいっさい捨象されてしまっているという難点を指摘する（III）。最後に，「非対称的な依存関係」から出発する議論を，フェミニズム理論の核心と捉え，社会の基本構造を規定する法に，フェミニズムは何を求めているのかを明らかにする（IV）。

II——女性の「主体」と法＝権利の世界における中立・客観性

　Iで簡単に紹介した主体に対する批判③は，主体とは，社会の，とりわけ言説の構築物であり，したがって社会における支配的な意味づけ・解釈・欲望からは自由になれない，といった批判的考察を含んでいる。したがって，そうした批判は，法は支配階級のイデオロギーにすぎないと批判したマルクスに依りながら，法とは支配者（＝男性）による従属者（＝女性）のセックスの搾取を正当化するイデオロギーである，と批判したマッキノンが直面するパラドクスから逃れられないように思われる（MacKinnon 1989: esp.101-105）[7]。すなわち，主体であるわたしたちを含め「すべての現実」が，男性の・男性的な支配によって構築されているとすれば，女性の自由，男女間の実質的な平等という長年フェミニストたちが求めてきた価値さえも，じつは男性による支配に影響された虚偽意識に過ぎないのではないか，といった問いに直面せざるをえない。

　虚偽意識をめぐる問題は，フェミニズム理論にとって深刻な問いではあるが，ここでは，自由で平等な主体として法の下で承認される結果として，わたしたちはある特定の行為の主体になるということを問題にしたい。なぜなら，後ほど論じるように，「主体」に対する批判は，女性の意志・生の構想・行為が本当に彼女のものなのか，といった問題（も，重要な問題であるが）よりも，むしろ，複雑な政治・社会・文化状況下におけるさまざまな要因が，あるひとを行為媒体（エイジェンシー）としながら，1つの行為へと結実していく経緯・背景に注意を促すことに，その真意があるからである。この真意を見失わない限り，つぎのようなバトラーの言葉が，自由を求めるさまざまな女性たちの希望を裏切る議論でないことは，明らかである。

　　ある意味で主体とは，排除と差異化，そしておそらくは抑圧を通じて構成されている。だが，こうしたことは，その後，自律性の効果によって隠蔽され，見えなくされてしまっている。この意味で，自律性とは，否認された依存 a disavowed dependency

の論理的帰結である．すなわち，自律的主体とは，主体を構成する裂け目/分岐点/切断 the break を隠蔽する限りにおいて，主体の自律性という幻想を保つことができるのである（Butler 1995: 45-46/258. 強調は引用者）。

　たとえば，フェミニズムの自由論を，自由の「主体」をめぐる西洋政治思想史上の議論を経由しつつ模索するハーシュマンは，自由の「主体」に着目せざるをえない理由として，つぎのような米国における例を近著の序論で挙げている。

　ウエスト・ヴァージニア州に住む無職のシングル・マザーであるメグは，デート・レイプで妊娠してしまった。中絶クリニックに対する連邦政府の補助金カットのため，彼女は近くにクリニックを見つけることができず，車で4時間かかるクリニックを見つけた。診断によると，彼女は妊娠17週目だったが，そのクリニックは，妊娠16週までの中絶しか行ってないので，850ドルで19週半までの妊娠中絶を行っているオハイオ州シンシナティ市のクリニックを紹介される。3日後にメグはそこを訪れるが，彼女の妊娠は実際には21週目に入っており，1675ドルで中絶を行っているという同州デイトン市に行くよう勧められる。車のローンを組み直し，ビデオデッキを売り，さらに借金をしてそこに行くが，以前に行った帝王切開が災いし，現状での中絶は彼女の命に関わると知らされる。カンサス州ウィチータ市に行けば，2500ドルかかるが手術してくれるだろう，とのことだった。結局彼女は，生まれてくる子を愛するように努めよう，と決意した。ハーシュマンは問う。「この女性は，母親としての役割を自由に選んだと，はたしてわたしたちは言うことができるだろうか」(Hirschmann 2002: 1)[8]。

　メグが最終的な決断に至った背景には，中絶がプライヴァシィの権利として認められ，30年経過した米国における，中絶に対する市民たちの根強い道徳的躊躇いと一部の宗教グループによる過激な中絶反対運動，連邦議会や州議会で中絶規制をめぐって闘わされる政治的論争とつぎつぎと提出される新たな規制，連邦・州政府による中絶に対する補助金カットといった，米国の文脈がある[9]。さらに，彼女がシングル・マザーであること，デート・レイプの立証が非常に

困難であること，といった彼女の個人的理由（もまた，社会的に構成される理由の1つである）も無視しえない。

たしかに，ウエスト・ヴァージニア州は，低所得者に与えられる健康保険であるメディケイドの中絶手術への適用を認めている数少ない州の1つである。だが，同州のほとんどの大都市には中絶クリニックは存在せず，メグの例が示すように，何十マイル，ときに何百マイルも離れた他州のクリニックを自力で探さなければならない。ハーシュマンの議論からは，メグがいつ中絶しようと決めたのかは明らかではないが，逡巡している間にも時間は経過し，その分だけ手術費も身体への負担もどんどんと高くなっていく。メグは，米国で認められている権利を行使しようとしたが[10]，最後のところで，その子を産むことに決めた。

わたしたちは，権利を語るさい，あたかもその権利が当然に自分に備わる「もの」のように考えがちである。すなわち，権利を主張さえすれば，権利によって保障されている財・サーヴィスを容易に受け取れるかのように。だが，じっさいには，メグの例が示すように，ある者にとって権利の行使は，非常に高い代償を要求する。たとえ彼女が，当初の望み通り手術を受けることができたとしても，彼女の身体への負担，そのためにさらにかかる費用など，その権利行使によってどれだけの代償を支払わねばならないかは，予め明らかではない。権利が保障されることと，権利保障によって実現されるべき善・目的の獲得との間には，架橋しがたい溝が存在する。さらには，「権利」として語られてしまうことで，あたかも中絶こそが，メグ自身が他のどのような選択よりも好ましいpreferred選択であると考えたかのように想定されてしまう[11]。したがって，多くのフェミニストたちは，いわゆる「権利の語りrights talk」に対して懐疑的である[12]。

フェミニストたちは，「権利の語り」に懐疑的である。その理由をさらに考えるために，法＝権利の世界はメグの行為をどのように扱うのかを考えてみたい。

近年，批判法学やポスト構造主義的なテクスト解釈の影響の下，法もまた解釈されるテクストであるという理由で，法規範の決定不可能性・不確実性を指摘する議論が存在する。そうした議論を批判するために，グリーナヴァルトは，

法=権利の世界とフェミニズムにおける「主体」

法規範は客観的でありうるし、かつそうあるべきだ、と論じる。彼の主張は、乱暴に要約すると、法規範は、法的問題に対してある決定的な答えを与えることができ、かつそうでなければならない、というものである。

グリーナヴァルトによれば、法の客観性とは、法が適用されるさいの、すなわち法規範に照らしてひとの行為が判断されるときの5つの基準を意味している。①ひとの内面的価値・思想・良心ではなく、外的行為を規制するものであること、②個人的な基準ではなく、合理的に導かれた客観的な基準であること、③文脈に依存するのではなく、多くの同様の状況を扱いうる基準であること、④自由な裁量を許さず、最終的判断結果を提示しうる基準であること、⑤恣意的ではなく、公正であること、である (Greenawalt 1992: 93)。かれは、その著作において、法の客観性・中立はある集団に対して不利益をもたらす、という批判や[13]、人間の関係性から生まれる関係性や責任といった問題を法は無視している、といった批判に応えており[14]、その応答には興味深い議論が含まれているが、ここではその詳細に立ち入らない。むしろここで注目したいのは、かれが法規範の客観性を証明するために提示する単純な例である。

かれは、法律がある事例に適用されるさいに、いかに1つの客観的な解答が得られるかを、ゴールが1つしかない半面コートで行われるバスケットボールの例で説明している。半面コートという非公式なバスケットボールをプレーするさいでも、わたしたちは、事前に理解したルールに則って試合をする。試合中にルールに対する一定の解釈に異を唱える者がいたとしても、大多数のプレーヤーたちが理解していたルールに則って試合は続行されるだろうし、異論が正しいと認める者が多くいた場合には、試合後にルールの意味を全員で解釈し直し、全員の了解を得た後、新たなゲームを再開するであろう、と (ibid.: 29-33)。

さらに、複雑な人間関係を無視する法、という批判に対しても、かれはスポーツの例を取り上げる。友人同士で水中バレーを楽しんでいる時にその中の一人が足をつったならば、ゲームをうち切り、わたしたちはその者に注意を向けるだろう。しかし、オリンピック・ゲームではどうか。「真剣勝負のスポーツは、仲間内で楽しんでいるゲームよりもずっと、規則に支配されていて思いや

りに欠けている」(ibid.: 157)。オリンピック・ゲームは，厳格なルールの下で行われており，試合中のアクシデントは確かに「不運なこと a misfortune であるが，やり直しはきかない」と (ibid.)。

　グリーナヴァルトのゲームの喩えは，ゲームに参加する者たちは，ルールを理解し，そのゲームに参加する意欲・能力をもった者（参加資格＝権利をもつ者）たちである，ということを端的に示している。そして，ゲームへの参加時には――当然のことだが――予め勝敗が決定されていないからこそ，人々は自らの能力を発揮し，ルールに従いながらも，いや従っている限りで自由なプレーヤーとなることができる。そして，ルールが厳格に適用されればされるほど，各プレーヤーは平等に扱われていることになる。法＝権利の世界においても，同じことがいえる。グリーナヴァルトも注記しているように，（自然法の伝統に依拠することがもはや不可能となった）現代において法に客観性と中立が規範として要請されているのは，法が保障しようとしているのが，一人ひとりの尊厳に発する（選択の）自由を尊重し，恣意的な介入を阻止するためである (ibid.: 7)。したがって，ある権利を認められた個人が，そこからいかなる帰結を生むかについては，その者の選択（と能力）にかかっており，法は選択後の帰結には介入しないことで，その者の自由と，各人の平等を尊重する。

　だがしかし，すべての個人に権利が認められていることが，彼女たちすべてがルールの理解力や能力において等しいことを実際には意味しない点で，法＝権利の世界に生きることとゲームへの参加は，大いに異なっている。特定のゲームの場合とは異なり，各人の能力差は格段に大きく，彼女が置かれている社会的立場によっては，ある権利は存在しないも同然の事態さえ考えられる[15]。実際メグは，現在の合衆国の厳しい規制の下で，高い代償ゆえに中絶の権利の行使を諦めざるをえなかった。にもかかわらず，ある行為が彼女自身の行為として，他者の行為と同等の価値をもつものとして尊重される，つまり自由な選択の結果として扱われることによって，あくまで事後的に（かつ，遡及的に），彼女は尊厳と自由を尊重される平等な権利の主体として存在していたことが，はじめて確認されることになるのだ。

　フェミニストにとっての問題の核心は，つぎのような事態にある。たとえば

「プライヴァシィの権利」として与えられた産む・産まないの選択は，メグが本当のところどちらの選択を望んでいたにせよ，いずれも限りなく不可能に近い選択肢であった。しかし，その選択が「権利」としてメグにも開かれていることで，実情を問わずメグも自律的主体として仮定され，最終的な決断が彼女自身の選択であると扱われることで，そしてその時はじめて，メグは実際に自由な選択を為した者と「なってしまう」。さらに，この自由な選択の帰結は，メグ個人の責任において負うべき結果なのだ。ここに，法＝権利の世界において前提とされていた自律的主体が，現実に存在することとなる。

フェミニストの多くが，「権利の語り」に懐疑的なのは，以上の法＝権利の論理の中で，ある行為の唯一の帰責主体として自律的な主体が生み出されることによって，さまざまに異なる現実を生きる女性個人が，重い負担（や，苦痛・苦悩・葛藤）を背負うことになるからである。では，フェミニズム理論はいかにして，こうした法＝権利の論理と異なる法の論理を提示しうるのだろうか。

Ⅲ──依存関係の排除と自律的存在

メグの困難は，グリーナヴァルトが取り上げる法の客観性が意味する5つの基準に照らすと「不運なこと」である。現行法は，彼女の「不運」については語らない。そして，彼女の「不運」は，法が客観的であることから直接生じているというよりも，法＝権利の世界が前提とする（グリーナヴァルトの例の中のプレーヤーのように）自律的存在であったかのように扱われてしまうことにあった。

たとえば，あらゆる道徳的価値からまったく自由な存在として，国家が中立でありうることは不可能としながらも，どのような個人の選択に対して国家が中立であるべきなのかは，その中立が個人が自律的存在と「なる」ための能力を育むか否かによって決定されなければならないと論じるジルは，つぎのように述べる。「善をめぐる相対立する考え方に対する中立は，リベラルな価値の一要素ではなく，自律への能力を育成するthe development of the capacity for autonomyという目的に資するための二次的・派生的な価値である」(Gill 2001: 17. 強調は引用者)。

　グリーナヴァルトの場合，法＝権利の世界はスポーツの世界のように，互いに能力を競い合える個人を前提としていた。そうであるがゆえに，法はその客観性と中立を維持しえた。だが，ジルの言うように，法は，強制・脅威なしに諸個人が行為でき，抵抗不可能な力によって選択が左右されない自律的存在と「なる」能力を育むためにこそ，存在していると考えるとどうであろうか。「プライヴァシィの権利」として女性に中絶の権利を認めた合衆国の現行法は，メグのような女性にとって，彼女の自律への能力を育成することを目的としているとは言えない。中絶の権利が国家からの自由という消極的自由として考えられていることで，「女性たちは，自分自身の生殖生活において，生の質をより高める決定をするための積極的自由として生殖に関する自由を実現する機会は言うまでもなく，そのような自由の存在を認識するという機会さえ奪われている」(West 1997: 142)。

　実際にはさまざまな位置づけゆえに選択への等しいアクセスに開かれていない者たちは，グリーナヴァルトの法＝権利の世界においては，つねに「不運な者」として特別な扱いを主張するしかないだろう。たしかに，グリーナヴァルトも諸個人の自由を尊重することを法の目的と考えていた。しかし，実現されるべき目的が法の前提とされてしまうとき，逞しいスポーツ選手のような者のみが真の主体として想定されてしまっている。そのために，ある者たちが被る苦痛や不利益は，法＝権利の世界が関知しない私的な領域へと留め置かれることになる。それゆえ，わたしたちはここで，「ある意味で主体とは，排除と差異化，そしておそらくは抑圧を通じて構成されている。だが，こうしたことは，その後，自律性の効果によって隠蔽され，見えなくされてしまっている」というバトラーの主張を，法＝権利の世界の組替えを迫る主張として，真剣に受け止める必要があるのだ。

　そこで今からは，バトラーが言うように，諸個人が自律的な存在として前提されるがゆえに，否認されてしまう「依存」をめぐる議論に焦点をあてることで，法を媒介とした新しい社会変革に向けたフェミニズム理論へと分け入って

みたい。

　「公正としての正義」を基底として社会の基本構造を構想しようとしたロールズを詳細に論じながら，キテイは，いかに自律した諸個人を前提（であると同時に，それは目的でもある）とする議論が，家父長のみが主体である（べき）とする理論から自由でないかを論証しようとしている（Kittay 1999）。彼女が問題として指摘するのも，やはり，正義の諸原理が各人にとって公正な正義であることを確保するための，ロールズ理論の前提である。ロールズにとって，正義の諸原理を定めるためには，「道徳的人格として認められた，秩序ある社会における市民たちが，彼女・かれらの社会のための正義の最初の諸原理を，理想的に選ぶようなやり方」を，モデルとして採用しなければならない（Rawls 1980: 520）。そして，市民たちの合意によって得られる正義の諸原理が公正であるのは，合意に至る手続において，各人は等しい権利と発言力をもっていると認められているからであった（ibid.: 550）。ロールズは，理念としての，こうした市民間の平等を描写するのは容易であると言う。だが，キテイは，たとえロールズが理念としての市民像を描いているのだとしても，その理念型が「人間の本性と社会についての一般的な事実」からかけ離れてしまっていては，人格に対する妥当な考え方とは言えないとロールズ自身が認めているように（cited at Kittay 1999: 81/Rawls 1980: 534），不十分な人格の理念化である，と批判する。なぜならば，社会の関係性において，客観的な事実として存在するひとびとの間の「依存関係」を，道徳的人格を理念化するさい例外的な関係であるとして周辺化してしまっているか，悪くするとまったく無視しているからである。

　ケアの倫理と正義の倫理をめぐる議論から一歩進んでキテイは，一方的に他者からニーズを満たしてもらわなければならない者（幼少者，重度の障害者，高齢者の一部など）と，そうした者たちのケア・ワークに従事する者たちとの関係をも，正義が要請される環境の1つに加えることを提唱する。ケアをめぐる議論は，家庭内の役割分担を各自公平に担うこと（も，もちろん重要な主張であるが），といった主張に短絡されがちである。しかし，キテイの議論は，自由で平等な者たちを前提として社会における協働の公正な条件を決定するならば，必然的に，誰一人として避けられない他者との依存関係を，親密性（あるいは，愛情）

の名の下に社会の関心外へと放逐せざるをえないし，その結果として，他者への依存を必要とする者だけでなく，彼女たちの世話を引き受ける者たちもまた，社会で最も恵まれない者としての位置づけを免れえなくなってしまうという論理を明らかにする点で，注目に値する。

　ギリガン以降のケアの倫理をめぐる議論で明らかなように，世話を引き受ける者たちに要求される気配り，気遣い，責任は，互恵的な関係を求めないことを特徴とする (Kittay 1999: 53-54)。したがって，人格が自由（な市民）であるためには，他者のために行為する社会的役割から離れた自律的存在者として，自分自身に根ざしたself-originating妥当な権利要求を引き出せる主体であることが要求されているかぎり (Rawls 1980: 544)，世話を引き受ける者たちの主張は，世話を受けている者たちのニーズに強く縛られたものであるはずだから，自由な市民たちは，依存関係にある者たち双方，とくに世話を引き受ける者たちを代表しえないことになってしまう。社会の協働条件を決定するさいに，自己に根ざした妥当な権利要求をもちえないがゆえに自由な人格と認められなかった奴隷の存在が現代のリベラルな社会では認められないのと同じように，世話をする者たちの存在もまた，リベラルな社会では認められないのではないか。個人の「自由に対する制約は，こうした［ケア・ワークなどの――引用者］労働形態からはぬぐい去れない。とりわけ，妥当な権利要求が自己に根ざしている，という意味での自由がこれほど高く評価される近代においてはそうである。依存する者たちへの世話dependency workを自然視する（たとえば，女性が子どもや病人や老人によりよく気配りできるのは，自然だと考える）ことによってのみ，イデオローグたちは，彼女たちの自由に対する制約を近代の感受性に抵触しないものにしてきたのである」(Kittay 1999: 95)。

　すでにオッキンらによって批判されてはいるが (Okin 1989)，『正義論』においてロールズが，諸個人ではなく，世帯主を原初状態における当事者（＝市民）と考えていたことは，示唆的である。なぜなら，正義に適った家族内にはすでに世話をする者（＝女性）が存在することが前提とされており，家長である彼はその世帯全体の利益を代表することで，世話をする者のニーズを賄い得る財を一世帯に配分するような，協働社会の条件を決定し得るからである。世帯の構成

員として家庭内で世話を担う者は，ケア・ワークに必要な財を協働社会における労働によって稼ぐことができない。すなわち，『正義論』における原初状態の代表者モデルは，現在の市場経済と産業構造の現実を反映していた。皮肉なことに，自律した人格を前提とした協働社会の構想は，家父長制を前提とすることによってのみ，ケア・ワークに従事する者たちのニーズをその構想内に含めることが可能となるのである。したがって，「世代の繋がりを代表する者，つまり世帯主である当事者という考え方を止めるとき，個人主義の問題はさらに悪化する」(Kittay 1999: 98)。

Ⅳ──法の前へ

　キテイは，人間にとって決して避けることのできない依存関係を社会正義が考慮しなければならない問題として捉えることで（ケアは基本財の1つであり，ケア・ワークは社会において担われるべき協働作業の1つである），世代間を繋ぐ関係性に基づいた個人像を提唱する。「わたしたち各人は，他者の世話から利益を受けてきた一個のひとであり，成人へと成長するとき，丈夫に育つためには言うまでもなく，ただ生存するためだけにも，そうした世話(ケア)と気遣い(アテンション)に値する者として考えられてきた。もし，各人が世話に値するのであれば，世話をする人もまた，彼女が必要とするときには世話に値するだろう。また，わたしが別のひとの世話をしている間でさえ，わたしもまた，世話に値する。これは，一対一関係における公正と互恵関係とは異なる考え方であり，少なくとも第三者を巻き込んだ公正と互恵関係の考え方である。正確を期すならば，その考えは，わたしたちの過去を拾い上げ，未来の世代に投影されるような無限の関係性を視野に含んでいる」(Kittay 2001: 536)。

　しかしまた，以上のように表象された人格は，カント的な自律の概念と相対立する考えなのだろうか。すなわち，一方的なケアを必要とする者たちと彼女たち/彼らの世話を引き受ける者たちもまた，自由な人格を代表しうる市民であるような社会を構想することは可能だろうか。キテイのいう「世話と気遣いに

値する者」たちの人格を，勝負を競うスポーツ選手であるかのように扱うのとは異なる仕方で，それでも自由な人格として尊重するために，社会はどのように構想されるべきなのだろうか。換言すれば，社会の協働条件を決定するさい自律的個人を前提としないでむしろ，個人の自由を育みうるような協働条件とは，どのようなものなのか。そして，そのような社会において，法＝権利の世界はどのような働きを期待されているのだろうか。

　正義論の主題が「社会の基本構造」であるならば，フェミニズムの主題は，「自由な人格」であると論じるコーネルは（Cornell 1998: 20），この困難な問題に答えようとする数少ないフェミニスト理論家である。コーネルが法規範を論じるさいに依拠するのは，道徳は，いかにしてわたしたちは幸福になるかではなく，いかにわたしたちは幸福に値するようになるかのみを扱うとするカントである（カント 2000: 168）。彼女は，精神分析理論における人格形成の知見を援用しながら，法は，いかに人格を表象するべきかを論じている。

　　法は，家父長制によってわたしたちに強要されている［現在の――引用者］もろもろの法的拘束から，わたしたちを解放しうるし，わたしたちすべてを自由で平等な人格として承認しうるのだ。法は，わたしたちに性的な存在として自分自身を表象する権利を与えることができ，わたしたちがジェンダー，セックス，セクシュアリティに付与されてきた意味づけに異議を申し立て，想像し直し，格闘するために必要な空間としての，イマジナリーな領域を守ることもできるのである（Cornell 1998: 24）。

　彼女にとって，現在の法（理論や政治理論）がこうした法のもつ重要な可能性を妨げている理由は，キテイが指摘したように，ひとが一個の人格として自由に行為するために不可欠な個体化inidividuationの過程（と，それに必要とされる重い責任をもったケア・ワーク）に対して，いっさい配慮してこなかったためである。現在の法は，自らの行為が真に自由意志の発露として承認しうるself-authenticating主体が，すでに存在しているとみなしている。すなわち，法＝権利の世界に現れる以前の，個体化の形成過程について関与しない。だが，コーネルによれば，何よりも法に要請されているのは，ひとが一個の人格と「なる」ために必要な最小限の個体化の条件――身体の統合性，自己と他者とを

区別しうるに充分な象徴体系へのアクセス，イマジナリーな領域——を保護することなのだ (see Cornell 1995)。

　個体化の条件という議論を展開するさい，コーネルがラカンの精神分析を援用していることは重要である。ラカンによれば，言語記号・言説を中心に構成される象徴界（＝法・社会制度）でわたしたちが生きる主体となるには，想像界——この領界をコーネルは，イマジナリーな領域として援用する——における鏡像段階を経て自らをひとまとまりの存在として認知し，自分を最初にケアしもっぱらニーズを満たしてくれる他者とは別々の欲望をもつ者となる必要がある。だが，その過程において，この第1の他者の言語を学びながら言語を解する者となるように，他者との関係は自我形成に大きな影響を及ぼし，他者との接近と離別を繰り返しながら，なんとか自己として認識しうる存在となっていく。そして，その過程でひとは，性を帯びた存在，すなわち自分が感じる他への欲望は自分が欲していることなのだと理解しうる存在となる。

　コーネルが精神分析理論から引き出す重要な示唆は，ひとが自らをひとまとまりの個として認知していく過程は，決して鏡像段階だけに留まっておらず，自らの過去を再回収しながら理想の像を未来へと投影していく，人生を通じたプロセスである，という主張である。そのように理解されるならば，ある欲望をもった性的存在としてのひとは，決して固定化された主体や自己をもつのではなく，そのつど自ら想像する自我像のあり方を生き抜く存在である。たとえば，1つの選択をする〈わたし〉は，後にはその選択からもたらされた状況の変化によって，その選択をした〈わたし〉を違う立場から想起し直し，当時の〈わたし〉が気づきもしなかった動機を発見したり，あるいはその当時にはこれが〈わたし〉の希望なのだと思っていたことを諦めたり，時には当時の欲望そのものを否認したりしながら，現在のこれが〈わたし〉なのだと想像できる自己像を未来へと投げかける。コーネルにとっては，〈わたし〉が反復される中で刻々と変化するさいの自己とのかかわりがエージェンシィである。そして，彼女は，このエージェンシィがもっている未来へ開かれた可能性を新生 natality といった用語で説明している。「新生という言葉でわたしが意味しようとしているのは，少なくとも自己にそもそも備わった財といった意味における能力では

ない。それは、自己定義にもかかわる重要な意味において実際に変革をもたらす再生の力を持った相互行為の可能性である」(Cornell 1993: 41. 強調は引用者)。

一見すると、〈わたし〉の中での閉じた反復可能性のように理解される新生も、コーネルは注意深く「相互行為の可能性」だと定義している。なぜなら、〈わたし〉が〈わたし〉となるための意味内容を与えてくれ、〈わたし〉自身を構成してもいるのは、象徴界における表徴であり、それは他者の欲望でもあるからである。その意味で、決して自己再生していくような閉じた自己は存在せず、「わたしたちは、つねに他者性によって挑戦され続けている」(ibid.)。

キテイが、わたしたちを結びつけているのは、他者の「世話や気遣い」を必要とすることを通じた過去と未来の往復であると捉えたように、コーネルにとっては、この〈わたし〉一人の存在もまた、かつて未来へと投影していた過去のイマジネーションを拾い上げ、その上でまた未来を想像する往復運動の結節点である。そうであるがゆえに、ひとまとまりとしての身体であれ、他者の欲望の単なる対象ではない欲望する一個のひとであれ、個としての〈わたし〉は、つねに他者からのさまざまな形での「世話や気遣い」に依存しているし、時に他者からの暴力によって容易に破壊されてしまう。

コーネルはラカンの想像界をイマジナリーな領域として解釈し直すことによって、人格と「なる」過程には、夢見ることさえできなかったことや、過去にはありえなかったことだが、ありえてもよかったのだと思えること、現在の自分とは別様のあり方などを夢想し得ることが不可欠であると訴える。そして、ひとの自由の核心には、自分が何者に「なるのか」に対する開かれた可能性が存在しなければならない。「わたしたちは、つねに他者性によって挑戦され続けている」ために、その可能性は他者に依存した相互行為の中でのみ生まれてくる。コーネルにとっての法とは、エージェンシィとしてつねに〈わたし〉を変化させながらも反復しうる、「あるべき」個体化の過程を保護するために存在している。法が、あらゆるひとを各人が為した選択の源泉であるかのようにas if 扱うことが重要なのは、セクシュアリティのありようも含め、ひとが自由な人格と「なる」領域は決して侵されてはならない領域として、法がすでに保障しているからにほかならないのだ。

だが，わたしたちの現在の経験世界において，ひとが自由な人格と「なる」過程は，すでにつねに存在するジェンダー・ハイアラーキーによって刻印されている。そして，現在の異性愛カップルを中心にする家族法や合衆国における中絶規制法に代表される女性の身体に関わる法は，わたしたちが幸福に値する人格と「なる」ことを保障するのではなく，何がわたしたちにとっての幸福であるかを押しつけ，つねに個人のイマジネーションを規定し，新たな自己を想像し，かつ想像し直していく自由を奪っている。新しい他者との関係性を法が保障することが問題なのではなく（それも，現状においては大切なことだが），新しい他者との関係性を想像しながら，自己を再定義していくエージェンシィの力を，現在の法が奪っていることが問題なのだ。

　最小限の個体化の条件を法が保障しなければならないのは，何ごとにも先だって，性的な存在（＝ある欲望を自分のものとして抱く存在）としてのわたしたちすべてが，まず道徳的人格として認められていなければならないからである。しかし，現在の法は，道徳的人格と「なる」過程における他者との依存関係は，あたかも法＝権利以外の領域で語られるべきこととして，関与してこなかった。あるいは，すでに指摘したように，いかなる人格が自由なのかを予め想定して法が構築されてきた。換言すれば，コーネルは，選択できる人格から出発して法を構想するのではなく，選択ができるために必要なイマジナリーな領域を守る法，つまり既存の法＝権利の世界へと足を踏み入れる以前の〈わたし〉が，免れることのできない他者の欲望から自由に（なることは実際には不可能であるにせよ），未来の〈わたし〉と関わっていける領域を守る法を構想しようとしているのだ。

　コーネルの構想においても，ロールズの言うように，各人がそれぞれの善の構想（＝生のプロジェクト）を抱いており，自らの目的に対して責任をとりうる存在として尊重されなければならない。しかし，以上に述べてきた違いから，法が権利として認めるのは，各人の間の平等な権利equal rightではなく，異なる個人のあいだにおいて，それぞれに同等の意義や価値をもたらすことを保障する，価値平等の権利equivalent rightでなければならない。たとえば，男性にとって中絶の権利は必要がないからといって，女性にのみ中絶の権利が認

められるのは女性に対する特別な権利ではない。むしろ，男性にも権利として認められている身体の自由と健康・福祉の権利が彼らにもたらすであろう同等の意義や価値を，女性にも認めているにすぎない (Cornell 1993: 143-4)。それは，女性に男性のようになれ，と言っているのではない。その逆に，自らの善を構想する人格と「なる」ための最低限の保障を与え，すべての者を幸福に値する存在として扱うことで，個々人がより自由に開かれたエージェンシィでありうることを可能にしようとしているのだ。

フェミニズム理論は，現在の法理論において，ジェンダーやセクシュアリティ，女性の身体等に関わる各論，わたしたちの社会制度のミクロな領域を扱うかのように考えられている。だが，現在の法＝権利の世界の前で立ち止まり，そこで保障されるべき「人格」となる過程を重視し，性的存在者として自らを構成しつつあるひとのあり方に着目し，わたしたちが想像もしえなかった別様のあり方にも開かれた可能態としてのひとの「自由」があるべきであり，だからこそ，わたしたちは法を必要としていると考えてみるとき，法としての妥当性を満たさない法にいかにわたしたちが囲まれてしまっているかが明らかとなる。「［ヘテロ・セクシュアリティの規範化に対する］異議申立ては，しばしば人間存在の背景として当然視されてきた文化の本質，人間の本性といった最もマクロな政治的問題を含まざるをえない。こうした事柄に挑戦することは，多くの者たちにとってはすぐさま，わたしたちの足下を揺るがし始めるように感じられるであろう」(Cornell 1999: xxii)。

現行法の小さな改革でさえフェミニストたちが着手しようとすると非常な困難に見舞われるのは，まさに，その主張の中に，わたしたちがいかなる存在を幸福に値する者として認めるのかという問いについて一般に受け入れられてきた基準に対する異議申立てが含まれているからにほかならない。すべてのひとは，最大限の平等な自由を認められた自由な人格として，同等の価値をもっているような社会を実現しようとするならば，わたしたちは，「どこまでの権利，機会，社会財が，そうした自由と平等を維持するために必要なのか，という問題に取り組まなければならない」(Cornell 1998: 89)。小さな取組みに見えるとしても，フェミニストたちが，法の前でわたしたちはいかなる個体となるべき

かを問題とする限り，現行法を1つ1つ改革していかなければならない程の課題にフェミニズムは挑戦しているのだ。

最後に，メグの例に戻ろう。メグは，男性に認められている自らの身体の自由，不可侵性，健康に対する権利と同等の価値に値する権利を認められていなかった。つまり，自由な人格と「なる」以前，個体化する以前の状態に留め置かれてしまっている。メグは文字通りの意味で，「不運な」存在である。それは，メグ自身が，幸福になり損ねたからではない。そうではなく，現在の合衆国の現行法が，メグを幸福に「値する」者として尊重し損ねているからなのだ。

1) 「主体なきフェミニズムは可能か？」という問いについては，同タイトルで岡野（2000）ですでに論じているので参照されたい。
2) とくに，近代政治思想史における男性／女性＝主体／客体の二項対立を論じるものとして，Pateman（1989）。
3) 多文化社会・グローバル社会におけるフェミニスト間の軋轢については，フェミニズム哲学雑誌（Hypatia 1998）が，2号にわたって特集を組んでいる。
4) この点については，かつて筆者はつぎのように論じた。「主体をめぐってバトラーが批判しているのは，主体は何ものにも先立ち存在していると措定し，主体を構成するその裂け目を「自律性」といった覆いで見えなくすることによって，その構築のあり方を問うことを禁じてしまう点なのだ。じつは，「主体」が主体として現れてくるとき，その一貫性を維持するために，「わたし」が抱え込んでいる複雑さ，自己について決定不能な状態，ときにそれぞれが両立しないかのように見える複数の自己同定化の交錯状態から切断されなければならない。つまり，主体は何ものにも先だって存在しているどころか，「わたし」の他者への依存状態や従属状態，様々な文脈の中に位置づけられ複雑につながっている「わたし」の複数の立場性から引き裂かれることによってのみ，存在するのだ」（岡野 2000: 176-177頁）。
5) というのも，①については，主体に対するジェンダー・バイアスが正されるならば，主体という概念そのものは，フェミニズムにとってむしろ有益な議論である，と論じることができる（cf. Benhabib 1992）。②についても，差異は個人の変更不可能な属性ではなく，「差異は——誰かによって——集団の間に引かれる比較指標の1つである」と考えることによって（Minow 1990: 119），その比較指標の社会的意味づけを法により変革し，平等を保障しようとする議論がフェミニズム内部に存在することを考えれば，社会におけるジェンダー以外のさまざまなカテゴリーの存在が，フェミニストの「主体」を否定することにはならないからである。なお，①②の「主体」批判は，近代法から現代法への展開という文脈の中で，克服されつつある問題を提起したと考えることもできよう。近代法／現代法という区分に関しては，現代憲法の特徴を「社会権の出現」，「行政権中

心の権力分立原則」,「人権保障の拡大と国際化」の3点とし,その課題を「文化相対主義からの人権批判」に対する応答として捉える辻村(2000: esp. 24-29頁)を参照。

6) たとえば,自身がスタンフォード大学ロースクールで性差別を教え始めて20年が経過した90年代後半の深刻なフェミニズムの問題を「「問題なし」という問題the "no problem" problem」と呼ぶRhode (1997)を参照。ロードは,ジェンダー格差がもはや「問題ではない」ように見えるのは,1)不平等の存在の否認,2)不平等が不正であることの否認,3)不平等の是正は社会の責任であることの否認,という3つの否認によってである,と論じている(ibid.: 3-19 and 142-176)。

7) マッキノンは,「虚偽意識」をめぐるパラドクスを免れるためのフェミニストたちの道具としてコンシャスネス・レイジングを活用し得ると主張するが,以下のようにそのパラドクスについて論じている。「女性の現状を理解することによって,女性は被害を受けているとの結論が得られる。もし,この被害が現実であれば,女性は実のところ,男性がそうであると認められているような十全なひとではない。そうだとすると,いったいどのような根拠から,平等な扱いを主張することができるのだろうか。女性は,そのあり方を強要され,決定されているような存在であるならば,新しい条件を創造し,自分自身に関する決定要因についてコントロールできなければならない。だが,いったいどうしたら,こうしたことを分かるようになるのだろうか」(MacKinnon 1989: 103)。マッキノンの戦略は,言説による現実の構築を徹底的に批判することで(ポルノグラフィは,女性に対する物理的暴力を許容する社会を構築する力をもつ),「単なる表現」として暴力とは認められてこなかったさまざまな社会現象を法領域へと引き入れることで規制し,法を最大限に活用することで,社会変革,ひいては女性の真の主体性を確立しようとしているのだと言える。なお,彼女の議論におけるパラドクスについては,岡野(2003)を参照。また,主体概念をめぐるフェミニズム内の論争については,竹村(2003)がわかりやすく説明している。

8) 米国における中絶法は,プライヴァシィの権利として中絶を認めた1973年のロー対ウェイド最高裁判決以後,どのような規制(中絶可能期間,中絶方法,中絶実施前の24時間再考時間や未成年に対する保護者の同意等の要請,公施設の利用可能性,公的な保険の適用等)を設けるかについては,各州によって異なっている。各州の中絶規制に関しては,[http://members.aol.com/abtrbng/stablw.htm]を参照。なお,現在のところ,ウエスト・ヴァージニア州では3箇所のクリニックでのみ中絶が行われており,2000年の統計によると,83パーセントの女性がクリニックのない地域に住んでいる。また,ウエスト・ヴァージニア州は,ほとんどの中絶に公的保険の適用を認める16州のうちの1州である[visited on 20th Nov. 2003 at http://www.guttmacher.org/pubs/sfaa/west virginia.html.]。

9) 米国の中絶論争については,荻野(2001)を参照。中絶規制をめぐる中絶擁護派と反対派の攻防については,同(101-105頁, 127-138頁)に詳しい。

10) 州や公立病院は貧しい女性に対して中絶費用の支払を拒否できる,という1977年連邦最高裁判決の「多数意見によれば,ロウ判決が認めた権利は,「妊娠を中絶するかどう

かを決める自由に対する不当に耐え難い介入」から女性を保護するだけのもので、たとえ州が出産の場合にはメディケイドを支出するが中絶にはしないと決めたとしても、それは「すでにそこにある中絶へのアクセスに制限を科したことにはならない」とし、その結果女性が中絶を受けにくくなったり、不可能になっても、中絶費用をまかなえない彼女の貧しさは州や州法の規制が生み出したものではないから、「基本的権利の侵害にはあたらない」というものであった」（荻野 2001: 102頁）。

11) それゆえ、法は、メグが権利行使において被るであろう危害harmについては、彼女の責任に帰する。フェミニズム法学は個人が被る危害の軽減を第1の目的とすべきであるとして、ヘドニズム的フェミニズムを唱えるウエストは、法は危害に対して沈黙することによって、そうした危害を合法化・正統化していると批判する（West 1997: esp. chap.4）。

12) その意味で、一時期北米で共同体主義として総称された議論とフェミニズムは、批判対象を共にするという意味においてある接点が存在する。「権利の語り」に対する共同体主義者（と呼ばれた）者たちの批判に共通する考えとは、ビーナーによれば以下の考えである。「わたしたちの社会的-政治的取組みのすべてを権利の言説によってのみ分節化しようとすればするほど、わたしたちは、諸個人間・諸集団間のはかなく冷たい関係性によって特徴づけられる道徳的世界に住んでいることに気づくだろう。すなわち、社会の信頼感は減退し、絶対に譲らない要求を主張する傾向や、複雑な社会的問題を単純なスローガンにとって代えてしまう傾向を生み、社会にどれほどのコストを押しつけようとも満たされるべきであると考えられる新しい権利がどんどんと増えていく」（Beiner 2003: 148）。また、ビーナー同様に共同体主義の立場から論じられた「権利主張への違和感」については、棚瀬（2002: 29-35頁）を参照。「権利の語り」が社会の複雑さを隠蔽してしまう、という点についてはフェミニストたちも共同体主義者たちに同意するであろうが、権利の主張は、共同体の共通善や互いの共通理解を妨げるから批判するのか否かにおいて、フェミニストたちの権利批判は、ビーナーが特徴づけた権利批判とは袂を分かつであろう（cf. Kittay: 2001）。

13) グリーナヴァルトが応えている具体的な批判は、刑法上の自己防衛が認められるさいの基準が男性中心的であるという批判である（Greenawalt 1992: 136-137）。

14) ここでの、ギリガンに影響されたフェミニズム法理論による具体的な法批判は、法の支配は、女性の経験から生まれる価値を認めていない、ケースを扱うさいの中立性は、立法段階での政治的判断を排除するのではなく、それを隠蔽している、法は、人間関係に認められる諸価値を排除している、といった批判である（Greenawalt 1992: 154-5）。

15) ある権利が認められている状況で、あるひとにその権利が存在しないというのは、法＝権利の世界の観点からすると、矛盾している。法＝権利の世界では、彼女に権利が存在しないのではなくて、彼女がその権利を行使しなかっただけである。

〔引用文献〕

Beiner, Ronald (2003) *Liberalism, Nationalism, Citizenship: Essays on the Problem of Political Community*, Vancouver: University of British Columbia Press.

Benhabib, Seyla (1992) *Situating the Self: Gender, Community, and Postmodernism in Contemporary Ethics*, NY, London: Routledge.

Butler, Judith (1993) *Bodies that Matter*, NY, London: Routledge.

―― (1995) "Contingent Foundations: Feminism and the Question of "Postmodernism"," in Benhabib, Butler, Corenall & Fraser, *Feminist Contentions*, NY, London: Routledge. 中馬祥子訳「偶発的な基礎付け――フェミニズムと「ポストモダニズム」による問い」『アソシエ』(2000年, 7月号).

Cornell, Drucilla (1993) *Transformations: Recollective Imagination and Sexual Difference*, NY, London: Routledge.

―― (1995) *The Imaginary Domain: Abortion, Pornography & Sexual Harassment*, NY, London: Routledge.

―― (1998) *At the Heart of Freedom: Feminism, Sex & Equality*, Princeton: Princeton University Press. 仲正昌樹ほか訳 (2001)『自由のハートで』情況出版.

Gill, Emily R. (2001) *Becoming Free: Autonomy & Diversity in the Liberal Polity*, Laurence: University Press of Kansas.

Greenawalt, Kent (1992) *Law and Objectivity*, NY, Oxford: Oxford University Press.

Hirschmann, Nancy J. (2002) *The Subject of Liberty: Toward a Feminist Theory of Freedom*, Princeton: Princeton University Press.

Hypatia (1998) *A Journal of Feminist Philosophy: Special Issue of Border Crossing: Multicultural and Postcolonial Feminist Challenges to Philosophy* (Part I and II: Spring and Summer).

カント, イマニュエル (2000)「理論と実践」(北尾宏之訳)『カント全集14 歴史哲学論集』岩波書店.

Kittay, Eva F. (1999) *Love's Labor: Essays on Women, Equality, and Dependency*, NY, London: Routledge.

―― (2001) "A Feminist Public Ethic of Care Meets the New Communitarian Family," *Ethics* 111/ 3 (April).

MacKinnon, Catharine (1989) *Toward a Feminist Theory of the State*, Cambridge: Harvard Univeristy Press.

Minow, Martha (1990) *Making ALL the Difference: Inclusion, Exclusion, and American Law*, Ithaca, NY: Cornell Univeristy Press.

Nussbaum, Martha (1999) "The Professor of Parody, " *The New Republic* (February 22).
荻野美穂 (2001)『中絶論争とアメリカ社会』岩波書店.
岡野八代 (2000)「主体なきフェミニズムは可能か」現代思想28巻14号.
── (2003)「境界のフェミニズム」現代思想31巻1号.
Okin, Susan (1989) *Justice, Gender, and the Family*, NY: Basic Books.
Pateman, Carole (1989) *The Disorder of Woman*, California: Stanford University Press.
Rawls, John (1980) "Kantian Constructivism in Moral Theory: The Dewey Lectures", *The Journal of Philosophy*, LXXVII (September).
Rhode, Deborah L. (1997) *Speaking of Sex: The Denial of Gender Inequality*, MA, London: Harvard University Press.
竹村和子 (2003),「「いまを生きる」"ポスト"フェミニズム理論」竹村和子編『"ポスト"フェミニズム』作品社.
棚瀬孝雄 (2002)『権利の言説──共同体に生きる自由の法』勁草書房.
辻村みよ子 (2000)『憲法』日本評論社.
West, Robin (1997) *Caring for Justice*, NY, London: New York University Press.

第2部

法意識と法行動

集合的アイデンティティの法的構築
——自治基本条例の一解釈——

阿部昌樹

I——わたしたちのまちの憲法

　自治体の行政過程への住民参加の仕組みに関する規定や，自治体の行政組織と住民団体等との協働を促進するための方策に関する規定を中心として，あわせて自治体行政の組織や運営に関する基本的事項や自治体行政に関与する者の責務等を定める条例が，全国各地で制定されはじめている。2000年12月に制定された「ニセコ町まちづくり基本条例」を嚆矢とするそうした条例は，一般に「自治基本条例」と総称されているが，「生野町まちづくり基本条例」，「杉並区自治基本条例」，「柏崎市市民参加のまちづくり基本条例」，「浜北市民基本条例」等，すでに10を超える自治体において制定されており，なかには，「古川町まちづくり基本条例」のように，議員提案によって制定された例もある（橋爪 2004）。また，同種の条例の制定を現在検討中の自治体も多い。自治基本条例の制定は今や，一種のブームの観を呈していると言ってよい。
　各地における自治基本条例の制定に向けての取組みに際してはしばしば，それに，「わたしたちのまちの憲法」（木佐・逢坂編 2003）という位置づけが与えられ，他の条例に上位するその最高法規性が強調されている。しかしながら，厳密に法理論的な観点からは，憲法が有する最高法規性と同種の最高法規性を自治基本条例が有することはありえない。わが国の法体系は，一自治体の条例

相互間に規範構造上の上下関係を想定してはいないからである。自治基本条例が制定された後に，それに反する条例が制定された場合，自治基本条例に反するがゆえに，その後続する条例が無効となることはありえず，後法優先の原則により，自治基本条例の該当部分が無効となる（門山 1997: 97頁，松本 2003: 210頁）。法理論的には，自治基本条例は，他の条例と同格の一条例にすぎないのである。

　さらに，各地でこれまでに制定されている自治基本条例から判断する限り，その条項のほとんどは，自治体の行政過程への住民参加の仕組みや自治体行政に関与する者の責務等を，抽象的かつ一般的に規定するにとどまっており，地域住民に具体的な権利を付与するものではない。したがって，少なくとも現在のわが国の裁判実務を前提とする限り，自治体の行政運営が自治基本条例の特定の条項に違反して行われていることを理由として，地域住民がその行政運営の是正を求めて行政訴訟を提起したとしても，その請求を裁判所が認容することは想定し難い。そもそも，自治基本条例は，将来的に裁判規範として機能することを想定して制定されたものと見なすことは困難であり，そうした意味で，法規性の希薄な条例であると考えざるをえない（鈴木 2001: 163頁）。

　自治基本条例のこうした性格ゆえに，その制定に向けての各地の自治体の取組みは，必ずしも肯定的に受け止められているわけではない。すなわち，自治基本条例を「わたしたちのまちの憲法」と位置づけ，それがあたかも自治体の存立基盤であるかのように語ることに対しては，「日本の地方公共団体は，憲法及び法律によってその存立の基礎，権限等が与えられているものであって，憲法 – 法律以外のものをその存立の基礎としたり，その行使する権限の拠所とするというような制度は採用されていない」という批判がある（松永 1997: 228頁）。また，裁判規範として機能する可能性のない条例を，もっぱら「自治の基本理念とか基本方針を強く打ち出すため」に制定することに対しては，「条例形式の濫用」であり，「条例一般の法規性を希薄にするような事態を招」きかねないという懸念も表明されている（原田 2001: 159頁）。

　こうした批判や懸念にもかかわらず，全国各地の自治体で自治基本条例が制定され，あるいはその制定に向けての取組みが活性化しているのは，いかなる理由によるのであろうか。自治基本条例ブームの背後に，裁判を通して強制的

に実現可能な権利義務関係の創設という，伝統的に立法の機能と見なされてきたものとは異質な，条例が果たしうるもうひとつの機能への期待を読み取ることができないであろうか。この問いに答えることが，本稿の課題である。

　結論を先取りして述べるならば，各地の自治体における自治基本条例の制定は，地域の公共的事柄に積極的に関与していく，住民自治の担い手としての「集合的アイデンティティ（collective identity）」を，地域住民相互の間主観的了解として構築することを企図した，「アイデンティティ・ワーク（identity work）」として理解することができる。

　集合的アイデンティティおよびアイデンティティ・ワークという概念は，「ポスト資源動員論」（片桐1995: 27頁）と総称される，社会運動の社会学の近年における理論展開のなかで彫琢されてきたものであり，本稿における自治基本条例の制定という社会的実践の読解は，そうした社会運動の社会学の近年における理論展開を基盤とするものである。以下においてはまず，本稿が拠って立つこの理論的基盤を明らかにしたうえで，それを踏まえて，最初に制定された自治基本条例である「ニセコ町まちづくり基本条例」について，それがアイデンティティ・ワークとして理解可能であることを示す。そして，そのうえで，条例という法形式がアイデンティティ・ワークのために用いられていることが，法の社会的機能ないしは役割についての理解に対して有する含意に言及することにしたい。

II ── 社会運動と集合的アイデンティティ

　社会運動研究に新たな理論的視角を提供するものとして1970年代に登場した資源動員論は，古典的な集合行動論が，社会運動を，社会環境の急激な変動によって惹起される，人々の心理的緊張や剥奪感の突発的な表出として捉え，選挙制度等の制度化されたチャネルを通しての政治参加とは異質な，その非合理的性格を強調してきたことへの批判を，その前提とするものであった。

　資源動員論によれば，社会運動は，何らかの集合的利益の実現を目指して，

そのために必要な人的および物的な資源を集約し，それを効果的に利用していく目的指向的で合理的な営みであり，その合理性は，制度化されたチャネルを経由した政治参加と本質的に異なるものではない。心理的緊張や剥奪感，あるいは人々が社会の現状や自らの境遇に対して抱くより広い意味での不平や不満は，社会全体に遍在しており，社会運動に結びつく場合もあれば，そうでない場合もある。それゆえ，そうした心理的要因に着目しても，社会運動の発生や成功は説明しえない。むしろ，社会運動の発生や成功の原因は，運動に向けての人的および物的な資源の動員の成否に求められなければならない。

かくして，資源動員論においては，社会内部における人的および物的な資源の付置状況や，それらの資源を効率的かつ効果的に動員するために社会運動組織が用いる組織戦略に，研究の焦点が合わせられることになった。そして，その結果，金銭的ないしは時間的に余裕があり，社会運動が成功したとしても自らは何ら利益を享受することはないにもかかわらず，なお運動に貢献しようとする良心的支持者からの支援を調達することや，すでに同業者組合や友好団体等の社会的ネットワークに組み込まれ，連帯関係にある人々を丸抱え的に社会運動に動員していくことが，有効な組織戦略として析出された。すなわち，資源動員論によれば，生活に余裕のある人々が比較的多数存在し，かつ多くの人々が何らかの社会的ネットワークに組み込まれているという社会構造的条件の下で，その社会構造的条件を有効に利用しえた組織が，社会運動を成功させるのである。豊かな社会における連帯関係を活用する，合理的な組織戦略の産物としてのこうした社会運動のイメージは，既存の社会組織の崩壊によって産み出された多数の孤立した個人の，心理的緊張の暴発としてのそれとは対極的なものである（片桐 1995: 2-9, 13-27頁）。

資源動員論がこのように社会運動のイメージを一新したことは，積極的に評価されねばならない。地域社会に根ざした住民運動から国際的に活動するNGOに至るまで，今日の社会運動組織の多くが，資源動員論の視角から分析可能な諸特性を備えていることは確かである。しかしながら，社会運動組織の組織戦略のレベルに定位し，その合理性を強調した資源動員論が，古典的な集合行動論と自らのアプローチとの相違を鮮明に提示するためとはいえ，運動に参加す

る個々人の心理を軽視しすぎているという批判を浴びたことも、また頷けるところである。生活に余裕のある人々や既存の社会的ネットワークに組み込まれた人々を動員のターゲットとすることが、社会運動組織にとって効率的な組織戦略であることは首肯できるとしても、それらの人々が、個人として、ほかならぬある特定の社会運動組織に動員され、その組織が掲げる集合目的の実現に貢献するに至るのは何故なのかに関しては、資源動員論には説得力のある説明を見出しえないように思われる。

　そうした批判を踏まえたうえで、社会運動の社会学に社会心理学的視角を再度導入し、それと資源動員論の組織論的アプローチとの接合を図ろうとする試みが、ポスト資源動員論と呼ばれる近年の理論展開である。この新たな理論展開においては、当然のことながら、運動に参加する個々人の心理が重視されることになるが、しかしそれは、古典的な集合行動論への単純な回帰ではない。運動に参加する個々人の心理は、古典的な集合行動論においては概して、社会構造もしくは社会階層のなかにおいて個々人が占める位置によって規定される与件として扱われていたのに対して、ポスト資源動員論においては、諸個人間の日常的な社会的相互作用を通して、そしてさらには、社会運動組織からの働きかけや社会運動への参加を通して、絶え間なく新たに構築し直されるものとして捉えられ、その構築のプロセスそのものが解明を要する事象として措定されている (Mueller 1992)。そこには、社会学全般にわたってその影響を強めつつある、構築主義の視角 (キッセ・スペクター 1990, 中河 1999, 平・中河編 2000, 上野編 2001) が取り込まれているのである。

　ポスト資源動員論におけるそうした構築主義的視角の取込みを明瞭に示す概念のひとつが、集合的アイデンティティである。

　集合的アイデンティティとは、「集団成員の共通の利害関心、経験、および連帯から派生する、自らがいかなる集団であるかについての共有された定義」(Taylor & Whittier 1992: 105)、もしくは、「何らかの共同体、範疇、実践、もしくは制度に対して各個人が抱く認知的、道徳的、情緒的な結びつきの感覚」(Polletta & Jasper 2001: 285) を意味する。より端的には、自分たちが、共通の属性によって、たとえ緩やかにではあれ相互に結びついているという感覚を抱い

ている人々の間で間主観的に共有された,「我々はいかなる集団であるか」についての自己定義であると言ってよい。

　ポスト資源動員論の構築主義的な視角からは,そうした集合的アイデンティティは,「自然に発生するものではなく,社会的に構築されるものである」(Eisenstadt & Giesen 1995: 74)。たとえば,都市近郊の集合住宅に住まい,港湾地区の工場に勤務する,1948年生まれの男性は,自らを,「集合住宅居住者」として認識することも,「工場労働者」として認識することも,「団塊の世代」として認識することも,「男性」として認識することも可能である。また,「工場労働者」としての自己認識は,発展途上国からの廉価な輸入品の増加によって,自らの勤務する工場で生産されている製品が売れなくなり,その結果,工場が閉鎖され,職を失うことへの怖れに結びつく可能性もあれば,薄給で長時間労働を強いられていることについての,経営者に対する怨嗟に結びつく可能性もある。「資本主義的生産システムの下で搾取されている労働者」という,戦闘的な労働組合活動に結びつくような集合的アイデンティティは,その者が置かれている社会構造上の位置から必然的に派生するものではなく,その者が潜在的には抱くことが可能な複数の集合的アイデンティティのなかから,何らかの社会的プロセスを経て,意識的に,あるいは無意識のうちに,選択されていくものなのである。

　J. グリーンによれば,こうした集合的アイデンティティと社会運動との関係には,3つのパターンを想定しうる (Green 1999: 154)。第1は,すでにある範囲の人々の間で集合的アイデンティティが共有されており,その共有された集合的アイデンティティが社会運動の源泉となるというパターンであり,特定の教会に集う信者のようなすでに連帯関係にある人々が,何らかのきっかけで,一丸となって政治運動にかかわるようになる場合などがそれに当たる。第2は,社会運動に関与するという経験の共有が,その関与者の間に特定の集合的アイデンティティを醸成するというパターンであり,集団示威行動のプロセスにおいて警察官から粗暴な扱いを受けたことが,その集団示威行動への参加者相互間に国家の権力機構に対する反感の共有をもたらし,ひいては自らを反権力集団として定義するに至る場合などがそれに該当する。第3は,すでに運動参加者

の間では共有されているもの，他の社会成員には認知されていない集合的アイデンティティに対する社会的認知を獲得することが，社会運動の目的となるというパターンである。同性愛者が，自らの性的指向を，矯正すべき逸脱としてではなく，異性愛と等価の，許容されるべき個人的な嗜好として社会に認知させることを求めて展開する運動などがその例である。

ところで，集合的アイデンティティが，社会構造もしくは社会階層のなかにおいて個々人が占める位置によって規定されるものではなく，社会的相互作用を通して構築されるものであるとしたならば，それが，実際のところ，どのようにして構築されていくのかが解明されねばならない。それとともに，いったん構築された集合的アイデンティティが，融解してしまうことなく，ある程度の期間，共有され続けるとしたならば，それはどのようなプロセスを通してなのかも明らかにする必要がある。そうした取組みに際して鍵となる概念が，アイデンティティ・ワークである。

アイデンティティ・ワークという概念を最初に用いたのは，D. スノウとL. アンダーソンである（Snow & Anderson 1987）が，それは，社会運動の分析とはまったく異なるコンテクストにおいてであった。すなわち，彼らは，路上で生活するホームレスの人々が，自らの現在の境遇や過去の経験，あるいはホームレスとなった経緯等について語る，その語りのなかに，社会の底辺に位置しながらも，なお自尊心を維持しようとする意図を読み取り，そうした自尊心の維持を意図した発話実践をアイデンティティ・ワークと名づけたのである。彼らによれば，ホームレスの人々のアイデンティティ・ワークには，自らと他のホームレスの人々との相違をことさらに強調する差異化の発話や，自らが近い将来に社会的に認知された職に就く可能性が高いことについての作り話等が含まれる。ホームレスの人々は，そうした発話実践を繰り返すことを通して自らのイメージを操作し続けることによって，過酷な路上生活のなかで崩れてしまいそうな自尊心を，かろうじて維持しているのである。

スノウとアンダーソンがこのように，個々のホームレスが自らの個としてのアイデンティティ（personal identity）を発話を通して構築していく，その発話実践を指し示す概念としてアイデンティティ・ワークという語を用いたのに対

して，同じ語を，その構築主義的な含意は継承しつつ，集団がその集団としてのアイデンティティを構築し，維持していくための取組みを指し示す語として転用したのがM. シュウォルブとD. メイソン-シュロックである（Schwalbe & Mason-Schrock 1996）。彼らは，人々が共同して，自らがいかなる集団であるかを表象するシンボルや儀式と，それらをどのように用いるべきかについてのルールを形成したうえで，実際に様々な場でそれらを用いるとともに，それらが誤用されることがないよう監視していく集団的実践の総体をアイデンティティ・ワークという語で捉え，その実際を，性転換者の団体の活動等を素材として分析している。

　このシュウォルブとメイソン-シュロックの研究を踏まえ，スノウもまた，アイデンティティ・ワークという語を，集団的実践を示すものとして再定義するとともに，社会運動の社会学にとってのこの概念の有用性を強調するに至っている。すなわち彼は，D. マックアダムとの共著論文（Snow & McAdam 2000）において，アイデンティティ・ワークという語は，社会運動のコンテクストにおいては，第1に，シンボルの創出等を通しての特定の集合的アイデンティティの構築，第2に，その集合的アイデンティティの潜在的な社会運動参加者による受容，そして第3に，構築された集合的アイデンティティそれ自体とそれが社会運動参加者によって受容されている状態との維持という，3種類の集団的実践を包摂するものとして用いるべきであると述べたうえで，第2の，集合的アイデンティティが潜在的な社会運動参加者によって受容されるプロセスの，細かな類型化を試みている。このスノウとマックアダムの共著論文の基底には，集合的アイデンティティの共有が，社会運動の発生およびその継続の可能性を左右するという認識がある。そして，このいわば社会運動の死命を制する集合的アイデンティティの構築，受容，維持にかかわる，そうした意味において社会運動組織にとって避けては通れない課題として，アイデンティティ・ワークが位置づけられているのである。

　以上をまとめるならば，ポスト資源動員論と総称される社会運動の社会学の近年における理論展開から，次の3つの示唆を得ることができる。第1に，ある範囲の人々の間で間主観的に共有された「我々はいかなる集団であるか」に

ついての自己定義，すなわち集合的アイデンティティは，それらの人々が社会構造もしくは社会階層のなかにおいて占める位置を基礎として自然に発生するものではなく，ある種の社会的相互作用を通して構築されるものである。それゆえ第2に，何らかの集合的アイデンティティが構築され，ある範囲の人々に受容され，さらには，そうした状態がある一定期間持続しているとしたならば，そこには，集合的アイデンティティを構築し，その受容を促進し，そしてまた，受容された集合的アイデンティティとそれが受容されている状態とを維持していくための集合的実践が観察されるはずであり，そうした集合的実践の総体を，アイデンティティ・ワークという語で捉えることができる。そして，第3に，このアイデンティティ・ワークの成否が，社会運動の発生およびその継続の可能性を左右する。

　これらの示唆を踏まえて「ニセコ町まちづくり基本条例」の読解を試みることが，次節の課題である。

Ⅲ——条例による集合的アイデンティティの構築

　「ニセコ町まちづくり基本条例」は，1999年2月に，当時北海道大学教授であった木佐茂男が代表を務めていた，北海道内各地の自治体の職員の集まりである「札幌地方自治法研究会」の内部に立ち上げられた，「自治基本条例プロジェクト・チーム」によって，その原型となるものが作成された。この「自治基本条例プロジェクト・チーム」が1年以上の期間をかけて討議を重ねたうえで，2000年6月に最終確定した「自治基本条例試案」がそれである。この試案に，ニセコ町長の諮問機関である「ニセコ町広報広聴検討会議」，ニセコ町職員によって構成された庁内検討チーム，および，この庁内検討チームに町民を加えた町内検討チームにおける検討や，ニセコ町議会議員有志の勉強会，町民向けの「まちづくり基本条例案説明会」等を通して，ニセコ町の条例としてふさわしい内容にするための修正が加えられ，ニセコ町としての条例案が策定された。そして，その条例案が，ニセコ町議会において可決され，「ニセコ町まちづ

くり基本条例」として成立したのは，2000年12月22日のことであった（木佐・逢坂編 2003）。

こうして成立した「ニセコ町まちづくり基本条例」は，前文および全45条からなっている。そして，前文を除く条例本体は，まず第1章（第1条）で「目的」を宣言した後に，第2章（第2条〜第5条）で「情報共有」と「参加」という，条例の核にある2つの理念を提示し，次いで，第3章（第6条〜第9条）で「情報共有」の推進策について，第4章（第10条〜第13条）で「参加」の推進策についてそれぞれ規定し，さらに，第5章以下に，「コミュニティ」，「町の役割と責務」，「まちづくりの協働過程」，「町民投票制度」等についての規定を配するという構成になっている。

この条例の制定を，集合的アイデンティティの構築を企図したアイデンティティ・ワークとして捉えようとする本稿の視点からは，とりわけ重要なのは前文である。前文については，「自治基本条例プロジェクト・チーム」が作成した試案においては，「詳細な文章を示すことは，よそ者が勝手に町の特性をイメージするだけのものであり，条文化作業においてもいい影響を与えない」（木佐・逢坂編 2003: 95頁）という理由で，前文に盛り込むことが考えられる事項として，「制定理由」，「町の特性」，および「町の目指す姿」を列挙したうえで，それぞれについて簡単な文例を掲げるにとどまっていた。そして，ニセコ町は，この文例にこだわることなく，独自の前文を作成した。すなわち，ニセコ町としてのオリジナリティが最も強くあらわれているのが前文なのである。それは，次のようなものである。

> ニセコ町は，先人の労苦の中で歴史を刻み，町を愛する多くの人々の英知に支えられて今日を迎えています。わたしたち町民は，この美しく厳しい自然と相互扶助の中で培われた風土や人の心を守り，育て，「住むことが誇りに思えるまち」をめざします。
> 　まちづくりは，町民一人ひとりが自ら考え，行動することによる「自治」が基本です。わたしたち町民は「情報共有」の実践により，この自治が実現できることを学びました。
> 　わたしたち町民は，ここにニセコ町のまちづくりの理念を明らかにし，日々の暮らしの中でよろこびを実感できるまちをつくるため，この条例を制定します。

この前文の主語は「わたしたち町民」となっているが，当然のことながら，ニセコ町民のすべてが，条例制定に直接にかかわったわけではない。したがって，「わたしたち町民」を主語とするこの前文は，町長の逢坂誠二をはじめとする条例案の作成にかかわった町職員や一部の町民，およびその条例案に賛成票を投じた町議会議員が思い描いた，「町民はこうあって欲しい」という，あるべき町民の集合的アイデンティティを文章化したものとして理解することが妥当である。

　その，あるべき町民の集合的アイデンティティの中心的な要素は，「美しく厳しい自然と相互扶助の中で培われた風土や人の心を守り，育て，『住むことが誇りに思えるまち』」，そしてまた，「日々の暮らしの中でよろこびを実感できるまち」を創ることを目指して，すなわち「まちづくり」のために，「一人ひとりが自ら考え，行動する」ことである。「まちづくり」のため「自ら考え，行動する」とは，地域の公共的課題を自らの問題として受け止め，その公共的課題の解決のために，地域の政治や行政に積極的にかかわっていくことを意味する。すなわち，この前文には，地域の公共的事柄に積極的に関与していく，住民自治の担い手としての町民の集合的アイデンティティが提示されているのである。

　あるべき町民のこうした集合的アイデンティティは，けっして古くからニセコ町民の間で共有されていたわけではない。そのことは，「ニセコ町まちづくり基本条例」を，それが制定される27年前の1973年11月に制定された「ニセコ町民憲章」と対比することによって確認できる。「ニセコ町民憲章」には，次のように記されている。

　　私たちはニセコ町の自然を愛し，恵まれた大地で勤労と生産に励む日々を感謝しながら希望にみちた生活につとめ，より豊かな未来を作るために願いをこめてこの憲章を定めます。
　　一，自然を愛し住みよい環境をつくりましょう。
　　一，きまりを守り明るい社会をつくりましょう。
　　一，力を合わせ豊かな生産にはげみましょう。
　　一，健康で働き楽しい家庭をつくりましょう。
　　一，希望に生きるたくましい町民となりましょう。

この「ニセコ町民憲章」には，1973年の時点で，この憲章の作成に携わった人々が思い描いていた「私たち」すなわちニセコ町民のあるべき姿が，スローガンのかたちで提示されているが，それは，「ニセコ町まちづくり基本条例」の前文において描き出されているあるべき町民の姿とは，明らかに異なっている。すなわち，「ニセコ町民憲章」においては，自然を愛し，ルールを守り，生業に励み，家族を愛し，希望を持って生きることが，町民としてのあるべき姿として奨励されているが，そこには，そうした町民が町の政治や行政にどのようにかかわっていくべきなのかについては，何も示されていない。この何も示されていないという点に，町の政治や行政は町議会議員や町職員に任せておけばよく，一般の町民は，町議会議員や町職員がすることにむやみに容喙するよりもむしろ，各人の職分をまっとうすべきであるという発想を読み取ったとしても，それほど穿った読解とは言えないであろう。これに対して，「ニセコ町まちづくり基本条例」の前文においては，町の政治や行政に積極的にかかわっていこうとする意欲をもち，その意欲を具体的な行動に移していくことが，あるべき町民の姿として提示されている。この違いは，歴然たるものである。

「ニセコ町まちづくり基本条例」において，「自ら考え，行動する」，住民自治の担い手としての町民という集合的アイデンティティが示されているのは，前文のみではない。「自ら考え，行動する」というフレーズは，第2条において，「まちづくりは，自らが考え行動するという自治の理念を実現するため，わたしたち町民がまちづくりに関する情報を共有することを基本に進めなければならない」というかたちで，再び使用されているし，「わたしたち町民は，まちづくりの主体であることを認識し，総合的視点に立ち，まちづくりの活動において自らの発言と行動に責任を持たなければならない」と規定する第12条や，「わたしたち町民は，まちづくりへの参加が自治を守り，進めるものであることを認識し，その拡充に努めるものとする」と規定する第13条は，「自ら考え，行動する」ということの意味を，より詳しく述べたものであると理解することができる。より根本的には，「情報共有」と「参加」という2つの理念が，この条例のなかでは，「自ら考え，行動する」町民という集合的アイデンティティによって統合されている。「情報共有」は「自ら考え，行動する」ための前提条件

であり,「参加」は「自ら考え,行動する」という実践そのものにほかならない。「自治基本条例プロジェクト・チーム」が作成した「自治基本条例試案」は,そこには含まれていなかった「自ら考え,行動する」町民という集合的アイデンティティを基軸として,構成し直されていると言ってよい。

　この条例が,「わたしたちのまちの憲法」(木佐・逢坂編 2003) として町民に受け止められ,様々な場面において参照されるようになったならば,そこに示されている「自ら考え,行動する」町民という集合的アイデンティティは,しだいに町民の多くに受容され,彼らの日常の行動に影響を及ぼしていくであろう。すなわち,町の政治や行政に積極的にかかわっていこうとする意欲をもち,その意欲を具体的な行動に移していくことが自然なことと考えられるようになり,実際,そうした行動が多数現出するようになるであろう。そうした状況を作出することこそが,この条例の制定に際して意図されたことではなかったかと考えられる。この条例の制定が,集合的アイデンティティの構築を企図したアイデンティティ・ワークとして理解可能であるというのは,そうした意味においてである。

　もっとも,この,「自ら考え,行動する」町民という集合的アイデンティティは,「ニセコ町まちづくり基本条例」に突然にあらわれたものではない。1998年9月に制定された「ニセコ町情報公開条例」の前文に,すでに,「まちづくりの基本は,その主体である私たち町民が自ら考え,行動することにあります」と謳われているし,この「ニセコ町情報公開条例」の制定以降,逢坂は,繰り返し,「町民一人ひとりが自ら考え,行動する」ことの重要性を強調している (逢坂・高橋・千田 1999: 5頁; 逢坂 2000: 102頁)。また,いずれも1990年代から実施されている,町民と町職員との懇談のための「まちづくりトーク」や,町職員等が講師となり,町の行政の現状や課題について町民に説明する「まちづくり町民講座」等 (片山 2001: 10-14頁) も,「自ら考え,行動する」ことの大切さを町民に理解してもらうための取組みとして理解することが可能である。そして,「ニセコ町まちづくり基本条例」が制定された後も,逢坂は,様々な場で,「町民一人ひとりが自ら考え,行動する」ことがニセコ町における自治の基本である旨を表明しているし (逢坂 2001: 79頁; 逢坂 2002: 51頁),ニセコ町では,町民に

町の行政にかかわる情報を提供するとともに，町の行政への参加を保障するための取組みが，多彩に展開されている（山本 2001: 75-76頁；木佐・逢坂編 2003: 141-157頁）。それゆえ，「ニセコ町まちづくり基本条例」は，「ニセコ町民憲章」に示されていたそれとは異なる，新たな集合的アイデンティティの構築に向けての第一歩ではなく，また，それ自体が完結した取組みでもなく，1994年に逢坂が町長に就任して以来，そのリーダーシップの下で着々と進められてきた，新たな集合的アイデンティティの構築に向けての複合的な取組みの一環として捉えるべきであろう。

Ⅳ──法の構築作用とその活用

　既述のとおり，自治基本条例は，「ニセコ町まちづくり基本条例」以外にも，次々と制定されている。それゆえ，集合的アイデンティティの構築を企図したアイデンティティ・ワークとして捉えることができるのは，ニセコ町の事例だけなのか，他の自治体の事例も同様に理解することが可能であるのかが問われなければならないが，「ニセコ町まちづくり基本条例」についてこれまで行ってきた読解と同様の読解を，各地の自治体の自治基本条例のすべてについて試みることは，本稿の射程を超える作業である。

　しかしながら，各地の自治体の自治基本条例の前文や条例全体の構成から判断する限り，そのいずれもが，集合的アイデンティティの構築を企図したアイデンティティ・ワークとして捉えることが可能なものであるように思われる。いずれの自治体の自治基本条例も前文をそなえており，その前文には，「町民一人ひとりが自己責任のもとに行動しようとする意識」（生野町まちづくり基本条例），「地域のことは，住民自らが責任を持って決めていく」（杉並区自治基本条例），「自らの責任において主体的に自己決定を行い，自治の主役として積極的に行政に参加する」（柏崎市市民参加のまちづくり基本条例）等の，地方自治の担い手は地域住民であることを確認し，もしくは強調する文言が含まれている。また，条例本体は，自治体の行政過程への住民参加を保障する規定を中心に構成されてい

る。これらのことを踏まえるならば，各地の自治体における自治基本条例の制定はいずれも，「ニセコ町まちづくり基本条例」の制定がそうであったのと同様に，地域の公共的事柄に積極的に関与していく，住民自治の担い手としての新たな集合的アイデンティティを，地域住民相互の間主観的了解として構築することを企図した，アイデンティティ・ワークとして理解することができるのではないかと考えられる。

ところで，条例という法形式が，新たな集合的アイデンティティを構築することを企図したアイデンティティ・ワークのために用いられているということは，すなわち，地方自治の現場において，法の構築作用が意識的に利用されているということにほかならない。

近年，法の構築作用，すなわち，「法が，人びとの世界に対する見方を奥深いところで規定する作用を持つものであること」(佐藤 2003: 2頁) への関心が高まってきている (和田 1996; 棚瀬編 2001)。ところが，法の構築作用について語られる場合，とりわけわが国においては，批判法学 (critical legal studies) の視角を継承し，現状維持的な構築作用を重視する傾向が圧倒的であったように思われる。すなわち，法が，現にある社会秩序を，そこに内在している不平等や抑圧をも含めて，「自然」な，もしくは「必然的」なものとして描き出し，かつ，現にある社会秩序についてのそうした理解を，社会成員の意識のうちに，知らず知らずのうちに植えつけることによって，社会成員が根本的な社会変革の可能性を思い描くことを困難にしていることが，法の構築作用の核心として語られてきたように思われる (阿部 1994)。

法がそうした現状維持的な構築作用を果たしうるものであり，また，現に果たしているであろうことは否定できない。しかしながら，現状維持的な構築作用は，法が果たしうる構築作用のすべてではない。たとえば，M. マッキャンが，合衆国における男女間の賃金格差の是正をめぐる社会運動の研究を通して明らかにしたことのひとつは，社会運動組織が，裁判を通して，新たな権利主張に対する公的な認知を獲得することが，その社会運動に関与した人々がそれまで抱いていた社会や自己についてのイメージに変化をもたらし，そのことがさらなる社会運動の展開へとつながっていくという事実であった (McCann 1994)。

それは，法の変化が，人々が抱く社会や自己についてのイメージの再構築と，その再構築された社会や自己についてのイメージを前提とした，新たな行動の創発を帰結するという，法の現状変革的な構築作用にほかならない。H. シルヴァースティンの動物の権利の確立を目指す社会運動の研究（Silverstein 1996）にも，同様の知見が示されている。

　ニセコ町をはじめとする各地の自治体における自治基本条例の制定の取組みも，それが，そこに示された通りの集合的アイデンティティの構築を帰結したならば，こうした法の現状変革的な構築作用の例証となりうるであろう。しかしながら，自治基本条例の制定の取組みには，マッキャンやシルヴァースティンの研究が示しているものを超えた意味がある。すなわち，自治基本条例の制定の取組みは，法の現状変革的な構築作用が，他の目的を実現することを企図した活動の副次的な結果として生じている事例としてではなく，そうした効果が発揮されることそれ自体を目的として，条例という法形式が用いられている事例として理解可能なものなのである。

　I.コスティナーは，社会運動に関与する人々が法による社会変化の可能性について語るその語りには，「法による社会変化」とは何を意味するかについての3つの異なる理解を読み取ることができるという（Kostiner 2003）。法が，社会的弱者に，仕事，安全な生活，質の高い教育等の具体的な便益をもたらすことを，法による社会変化と見なす「道具的（instrumental）」な理解と，法が，社会的弱者の政治的な発言力ないしは影響力を高めることを，法による社会変化と見なす「政治的（political）」な理解と，法が，社会的弱者のみならず，すべての人々の，それまで自明視されていたものの見方に変化をもたらすことを，法による社会変化と見なす「文化的（cultural）」な理解の3つである。コスティナーは，道具的に理解された法による社会変化よりも，政治的に理解された法による社会変化の方が，そしてそれよりも，文化的に理解された法による社会変化の方が，より実現困難であり，それゆえに，法による社会変化を道具的に理解している者よりも，政治的に理解している者の方が，そしてそれよりも文化的に理解している者の方が，法による社会変化の可能性について懐疑的であることを指摘している。

自治基本条例の制定の取組みが，法の現状変革的な構築作用を意識的に活用しようとするものであるとすれば，それは，このコスティナーの分析に従うならば，法による社会変化の最も険しい道に挑む試みであると言えるであろう。それゆえ，その試みがどの程度まで成功するかは定かではない。しかしながら，本稿における読解が正鵠を射たものであるとしたならば，そうした困難な試みが，全国各地で行われているということになる。それは，地域の公共的課題への対処を，すべて地方議会議員や自治体職員まかせにしていたのでは，地域社会の維持がおぼつかなくなりつつあることが，地方自治の現場で活動している人々の間で，しだいに差し迫った現実として認識されつつあるがゆえにであると推測される。わが国の地方自治にとって，バブル経済の崩壊以降著しく悪化した財政状況が好転する見込みのないままに，急速に少子高齢化時代を迎えつつある現在は，まさにそうした時代なのである。

　なお，改めて付言するまでもないことではあるが，地方自治の現場で活動している人々は，自らの取組みを，「法の現状変革的な構築作用の意識的な活用」という言葉を用いて表現しているわけではない。そうした読解は，社会運動の社会学の近年における理論展開を踏まえて，はじめて可能となるものである。しかしながら，そうした読解を許容するような社会的実践が，全国各地で行われているということは，それ自体として，法の社会的機能ないしは役割にかかわる重要な知見であろう。それとともに，社会運動の分析のために彫琢されてきた理論を，地方自治体の取組みを理解するために用いることが可能であるということもまた，ひとつの重要な知見である。このことは，地方自治を社会運動の一形態として，そしてまた，地方自治体を社会運動組織として捉え，そうした視角から分析することによって，地方自治および地方自治体の現実についての新たな理解が獲得される可能性を含意しているからである。わが国の地方自治および地方自治体には，法社会学的な，あるいは社会学的な研究が新たな洞察へとつながっていく可能性が，いまだ少なからず残されているのである。

〔引用文献〕

阿部昌樹（1994）「批判法学と法社会学」大阪市立大学法学雑誌40巻4号112-138頁．

Eisenstadt, Shmuel N. & Giesen, Bernhard (1995), "The Construction of Collective Identity", 36 *Archives Europeanes de Sociologie* 70-102.

Green, John C. (1999), "The Spirit Willing", in Jo Freeman & Victoria Johnson eds., *Waves of Protest*, Rowman & Littlefield, 153-167.

橋爪法一（2004）「町への思いが議会・行政・町民を動かす」地方自治職員研修37巻1号72-75頁.

原田尚彦（2001）『地方自治の法としくみ〔全訂3版〕』学陽書房.

門山泰明（1997）「条例・規則の効力」猪野積編『新地方自治法講座② 条例と規則（1）』ぎょうせい 91-99頁.

片桐新自（1995）『社会運動の中範囲理論』東京大学出版会.

片山健也（2001）『情報共有と自治体』公人の友社.

木佐茂男・逢坂誠二編（2003）『わたしたちのまちの憲法』日本経済評論社.

キツセ, J. I.・スペクター, M. B.（1990）『社会問題の構築』（村山直之・中河伸俊・鮎川潤・森俊太訳）マルジュ社.

Kostiner, Idit (2003), "Evaluating Legality", 37 *Law & Society Review* 323-368.

松永邦男（1997）「憲章条例」猪野積編『新地方自治法講座② 条例と規則（1）』ぎょうせい 221-231頁.

松本英昭（2003）『要説地方自治法〔第二次改訂版〕』ぎょうせい.

McCann, Michael W. (1994), *Rights at Work*, University of Chicago Press.

Mueller, Carol M. (1992), "Building Social Movement Theory", in Aldon D. Morris & Carol M. Mueller eds., *Frontiers in Social Movement Theory*, Yale University Press, 3-25.

中河伸俊（1990）『社会問題の社会学』世界思想社.

逢坂誠二（2000）「自治の転換期と新たな視点」判例地方自治203号102-105頁.

――（2001）「さよなら，お任せ民主主義」Voice 282号78-81頁.

――（2002）「自治の現場から司法に思うこと」自由と正義53巻6号48-57頁.

逢坂誠二・高橋清・千田謙蔵（1999）「座談会――自治体の政策責任――」年報自治体学12号1-20頁.

Polletta, Francesca & Jasper, James M. (2001), "Collective Identity and Social Movements", 27 *Annual Review of Sociology* 283-305.

佐藤岩夫（2003）「法の構築」法社会学58号1-14頁.

Schwalbe, Michael L. & Mason-Schrock, Douglas (1996), "Identity Work as Group Process", 13 *Advances in Group Processes* 113-147.

Silverstein, Helena (1996), *Unleashing Rights*, University of Michigan Press.

Snow, David A. & Anderson, Leon (1987), "Identity Work among the Homeless", 92 *American Journal of Sociology* 1336-1371.

Snow, David A. & McAdam, Doug (2000), "Identity Work Processes in the Context of Social Movements", in Sheldon Stryker, Timothy J. Owens & Robert W. White eds., *Self, Identity, and Social Movements*, University of Minnesota Press, 41-67.

鈴木庸夫 (2001)「政策法務論の今日的到達点としての『自治基本条例』」日本都市センター編『分権型社会における自治体法務』日本都市センター 158-164頁.

平英美・中河伸俊編 (2000)『構築主義の社会学』世界思想社.

棚瀬孝雄編 (2001)『法の言説分析』ミネルヴァ書房.

Taylor, Verta & Whittier, Nancy E. (1992), "Collective Identity in Social Movement Communities", in Aldon D. Morris & Carol M. Mueller eds., *Frontiers in Social Movement Theory*, Yale University Press, 104-129.

上野千鶴子編 (2001)『構築主義とは何か』勁草書房.

和田仁孝 (1996)『法社会学の解体と再生』弘文堂.

山本契太 (2001)「ニセコ町まちづくり基本条例について」自治総研27巻4号62-77頁.

法律非専門家の法的推論
――ケース研究による分析――

木下麻奈子

I――問題の所在

　本稿の目的は，法律の素人である一般人が，法的問題に対していかなる理解を示すのか，また法律にかかわる問題に対してどのように責任の所在を推論していくのかについて，法律専門家の判断結果である判例と比較することによって明らかにすることである。

　これまで日本人の法に対する認知や推論の過程を，専門家のそれと比較して相対的に捉えた研究は必ずしも多くない。その数少ない研究として，交通事故の事案における賠償額の算定に際し，どのような推論を行うかを研究したもの（波多野ほか1998）が挙げられる。その研究では，逸失利益の男女格差，間接損害等といった法律の推論過程で使用される概念を独立変数として操作して，訴訟当事者の主張を法律の素人，初学者および専門家に評価させるという形式の実験を行っている。そのため，一般の人が，訴訟の枠組みとは別に，そもそも何をもめごととして捉え，どのような事実に着目し，どれほどの比重を置いて判断を行っているかという点には重点がおかれていない。

　本稿では，まず一般の人が何をもってもめごとだと考えるかについて検討し，次にもめごとのどの部分に着目して事態を理解し，責任を帰属するかを明らかにする。具体的には，グループ・インタビューを通して，各自がもめごとと定

義する経験を回顧してもらい，その上で被調査者に具体的な事例を読ませ，それに対する意見や評価を通してその推論過程の構造をケース的に分析した。その分析においては，統合的複雑性の指標（Baker-Brown, Ballard, Bluck, de Vries, Suedfeld, & Tetlock, 1992, スードフェルド2003）を使用した。

II——調査方法

【調査期日】　2003年12月13日
【調査場所】　香川大学の演習室
【被調査者の属性】　香川県在住の男女成人6名。各人の属性は次の通りである。なお本稿では，被調査者6名をそれぞれP1からP6と略称する。

P1：　22歳の男性。職業は飲食店従業員。
P2：　52歳の男性。職業は公務員。
P3：　66歳の男性。無職。民生委員。
P4：　29歳の女性。アルバイトで事務職。
P5：　36歳の女性。専業主婦。
P6：　66歳の女性。専業主婦。

【調査方法】　グループ・インタビュー法。一般に人々の推論過程を調べることは，通常のアンケート調査では難しく，面接を通してその微妙なニュアンスを探ることが最適の方法である。そのため，本研究ではインタビューによるケース研究を選択した。とくに法的な問題に馴染みの薄い人たちから詳しい話を聞きだすために，相互に反応を増幅させることのできるグループ・インタビューを採用した。ただし，少人数で行われたケース研究の結果を一般化するには，限界があることをあらかじめ断っておきたい。

【分析の基準】　この分析で使用した統合的複雑性とは，心理学で人々の認知スタイルについて分析する際に使用される分析枠組みの1つである。概略を述べると，被調査者が対象を識別できているか，それらの間に統合された枠組みをもって理解しているかということについて，その複雑性の度合いを得点に

よって示す内容分析である。統合的複雑性の判定には，マニュアル（Baker-Brown, Ballard, Bluck, de Vries, Suedfeld, & Tetlock, 1992）に従い7つのレベルに分けて判定した。判定基準の概要は次の通りである。

　　レベル1：　単一基準で判定する。他の可能性を考慮しない。
　　レベル2：　条件つきで他の理解の仕方を受容する。原則の例外を認める。
　　レベル3：　複数の選択肢を認める。
　　レベル4：　選択肢間の矛盾を受け入れる。
　　レベル5：　複数の選択肢間の相互作用について考慮する。
　　レベル6：　異なる選択肢から生じる結果を比較する。
　　レベル7：　異なる選択肢から生じる結果を，組織化された原則や大きな視野から比較し，統合的に思考する。

　この判定基準に従えば，法的な問題について統合的複雑性が高いということは，問題を理解し評価する際に，どれほど多くの認知要素を取り上げることができているか，またそれらの要素について，さまざまな観点から体系的に思考しているかということである。その意味からすると，法律専門家の行う推論は，法律解釈学が用意した多くの論点について体系的に推論するため，統合的複雑性のレベルは一般的に高いものであるといえる。ただし本稿では，レベルの高い方を優れているものとして扱うのではなく，あくまで思考の1つの特性を示す指標として使用する。

　認知心理学的な発想でいえば，知識の体系は，認知素子と，その回路をつなぐ認知ネットワークを作っているといえる。これを本論文のテーマに当てはめれば，法に関する知識の体系は，法的思考に必要な認知要素と，その間をつなぐ論理回路からできていることになる。その場合，法律専門家は認知要素も十分あり要素間のネットワークも十分であるのに対して，法律の非専門家は，そのいずれも不足していることが予測される。しかし要素の欠落がより大きいのか，それとも回路の欠落がより大きいのか，またどの要素や回路が欠落しているのかという問題がある。

　本稿では，この法律専門家と非専門家の推論方法の違いを対比するために，統合的複雑性の基準を適用してそのレベルを明らかにした上で，推論に使われ

た要素間の構造を分析する。

III——調査結果の分析

1 法律問題に関する経験

　被調査者が，まず法的な問題にかかわった経験がどれほどあったかを確認する。具体的には，法律家に相談したか否かは別として，各自が主観的に不快であったトラブル経験を述べてもらった。

　このインタビューの目的は，一般人が行う法的問題の推論に，過去の葛藤経験や法的体験がどれほど関係するかを確かめることである。

　この点に関して，たとえばP2は，新聞購読料の支払いについてトラブルが発生した場合，直接相手に文句を述べて，自分で問題を解消している。P2は金銭的な問題が解決した後に，銀行口座からの料金の引き落としについての仕組みに潜む問題点を指摘している。他者には相談をもちかけていない。

　次にP3およびP4は，しつこい勧誘電話を経験しながら，それがそもそもトラブルであるとの認識にいたっていないため，具体的に問題に対処していない。たとえばP3は，自分の個人情報が流出して各種の勧誘の電話がかかってくるが，「トラブル的なことはない」として，特段何の行動も起こさず放置している。行動を起こしていないという点からは，他者と対立したもめごとではないが，被調査者がその内容を想起しているという点では，他者との葛藤を内心に秘めたケースといえよう。

　P1，P5，P6は，トラブルが発生したとき，問題の相手方と直接対決しないが，公的機関に相談をして善後策を講じている。換言すると，上記のP3もP5も個人情報の流出の問題に直面したが，P3の対処方法は放置しているという意味で「放置型」といえるのに対し，P5は消費者センターに電話して対処方法を相談しているので「相談型」といえよう。

　以上をまとめると，被調査者らが主観的にもめごとであると定義した事柄に対して対処する方法には，3つのパターンがみられた。それらは，①基本的に

は，うっとおしいことやトラブルになる可能性があったとしても積極的な行為に出ず放置しておくパターン（放置型），②具体的に金銭が関わる問題になった場合には，公的相談機関に相談するパターン（相談型），③不快感をもたらした問題の相手に直接に問題を主張することがあってもそれ以上の行為には出ていないパターン（直接型），である。これらの対処方法の違いは，被調査者のパーソナリティーなどによる部分もあると考えられるが，今回のインタビューにおいては，問題をどのように認知しているか，金銭的な利害が絡んでいるかどうか，相手と知己であるかどうかといったことがより強く影響していることが示唆された。いずれにせよ，どの被調査者も，法律専門家に接触したり訴訟にかかわった経験はなく，法的な知識も多くない法律問題の素人であった。

2 事案についての分析結果

(1) 一般人の推論方法

これら6人の被調査者が，法的な問題をどのように理解し，原因を推論し評価するかを確かめるために，各自に事案を提示して，それについてどのように考えるかを述べてもらった。

事案は，近所との日常の付き合い上，一般人の多くが経験したことがある，あるいはそれに近い状況を容易に想像できるものとして，三重県の隣人訴訟[2]の事案を題材に作成した。具体的には，「太郎という3歳の子どもの母親が買い物に行く際に，子どもが一緒に遊んでいた近所の子ども（良雄）の親に預けて出かけたが，太郎が池で溺れて死亡した」いう事件について，子どもを預けた側および預かった側それぞれの親の言い分を記してある[3]。詳しい内容は付録を参照してほしい。なお，被調査者はどの人も，事案の基となっている三重県の隣人訴訟については知らなかった。以下に被調査者ごとに6つの回答を分析する。

【P1の推論】
P1： いや，うんと……。
Q： この話を聞いた時にどう思われますか，こんな話聞いて。

P1 : 太郎君の母親のほうが頼んだんですよね。あの，預かったほうの母親，両親ですかね，やっぱり何するかわかんないじゃないですか，子どもは。だから，まあ大掃除もほどほどにして，やっぱちゃんと 2 人の子どもを見ておくべきだったと思います。

Q : じゃあ良雄ちゃんのお母さんたちの責任はかなり重い？

P1 : そうですね。太郎君の母親も悪くないとは言えないですけど。

Q : どういうところが悪いと思われます？

P1 : うーん。「頼みます」って言って，お使いに行くから頼みます，って言ったっきりで，あと何もしなかったのはちょっと悪いと思いますけど。

（中略）

Q : P1 さん，考え込んで。子どもの話してますけど，だいぶ大きい大人でもありえますね。好意で車乗せてあげた。車乗せて事故にあったような，起こりうる話なんですけども。この太郎ちゃんと良雄ちゃんのご家族の話に絞って，どうでしょうか，裁判になった場合などでは。

P1 : うんと，7 対 3 くらいで，良雄ちゃんの親のほうが悪いんじゃないんですかね。

Q : 7 割悪い？

P1 : 悪いと思います。

Q : その 3 割は太郎ちゃんのお母さんが悪い，お母さん達が悪いっていうのはどこらへんが。

P1 : 太郎君のお母さんとかも，近くに，近くか，よくわかんないですけど，この池で水遊びとかしてて，あることは知っているわけじゃないですか。それとあとは「頼みます」って言って，こう全部の責任を取ってもらうのもそうですし。「頼みます」って言って，すべて良雄ちゃんのお母さんが自分の代わりをしてくれるわけではないじゃないですか。だから，「すべてあの人たちは無責任過ぎます」って書いてますけど，やっぱ太郎君のお母さんも無責任だなと思うとこが 3 割ですかね。

被調査者 P1 の思考過程の特徴は，第 1 に，子どもの行動が予見できないことから，その面倒をみる隣人の義務は高いとするが，責任義務がどれほどのものかの言及がない点である。第 2 に，P1 は「預けた親」対「預けられた親」の責任を比較しているが，両者の責任をどのように比較するか基準が不明確であるため，両要素間の関係は統合されていない。

また，P1 の自由な発言においては，金銭的な賠償について述べられなかった

ので，インタビューアーから賠償についての判断を尋ねたところ，P1は預かった方の責任が7割あると答えている。預けた側に責任が3割あるとする理由は，①池が近くにあることを知っていたので，危険を予見できたこと，②相手側に「頼みます」と言ったとしても親としての責任は依然としてあることを挙げている。責任を相対的に捉えているが，預かった側の責任が7割あるとする数字を出した理由にまでは言及がなく，直感で相殺率を決めた可能性もある。

　以上をまとめて，P1の法的推論過程の構造を認知心理学の視点から述べると次のようになる。まず認知要素の側面においては，①頼まれたからには責任があるということと，②預けた側にもいくばくかの責任がある，との2要素から判断を行っている。

　次に要素間の回路の側面においては，預けた側の責任と預けられた側の責任を比較考慮するという回路をもっている。しかし，「子どもを預かった以上はそれに対して大きな責任を負わなければならない」という倫理観・価値観が強く影響しているため，預けた側の責任の比重は希薄である。

　要約すると，P1は2つの要素を比較して責任の重さを決定しているが，基本的には預かった側の責任から責任の有無を判断しており，その思考方法は一方向的である。その統合的複雑性はレベル2であると思われる。

【P2の推論】
P2：　やっぱりそのお母さんっていうだけではないと思うんですけど。良雄ちゃんのお家のほうの，お父さんがまあ預かる，「遊んでるからいいじゃないですか」っていう，預かるっていうことだと思うんで。やっぱり3歳という年齢を考えるとやっぱり，もうちょっとそのきちんと見とく必要があったと思います。もし見れないんだったらやっぱり，もうそのまま連れてってもらうとか。あの，たとえば，私らがよく子どもがスポーツ少年とか何かの時に，あの我々の車よく使うんですけど，それは，あのもし何かがあったらっていうのは，やっぱりある程度は，今までまあなくて幸いですけど，もしあったらという事は，ある程度は覚悟して，車に乗せないかん。そういうような気がしますんで，ちょっとこれ良雄ちゃん側のほうがやっぱり責任があるんじゃないかなという気はしますけど。

　　　（中略）
P2：　私だったら3分の2，3分の1はやっぱり太郎のお母さんにも責任はあるかなと

いう感じがするんですけどね。
Q：　具体的にどんな責任。
P2：　あの，預け方っていいますか。どうしてもそこまで子どもの安全っていうか，生命っていうか，それを考えるのであれば，もっとこう親をしてきちっと，無理矢理でも連れて行くとか。そういうことが必要だったんやないかと思うんで。まあ，あの半分までは責任がないんかな，いう感じがして。あの，ええと，良雄ちゃんのほうは3分の2くらい，預けた太郎のほうが3分の1くらいっていう感じがしますけど。

　P2は，認知の要素の側面において，3つの要素を使用して判断を行っている。第1に，良雄の両親が子どもを預かったかどうかということを「遊んでるからいいじゃないですか」という発言をもとに検討している。第2に，一般論として子どもを監督できる場合とできない場合に分けて述べている。つまり子どもを監督できる場合には，子どもの年齢を根拠に子どもを監督する責任は重いとし，監督できない場合には預かるべきではないと考えている。そしてこの事案自体については，「子どもを預かった以上は，それに伴う非常に大きな責任を負わなければならない」という倫理観・価値観がその判断に強く影響している。第3に，預けた側の責任も3分の1ぐらいとしているが，その数値の根拠は不明である。

　次に要素間の回路の側面に関しては，条件分けを行い，預けた側と預かった側の責任の重さを比較しているが，子どもを預かることは重大であるという価値観が強く影響しているため，他の要素間の回路が閉ざされている。

　以上をまとめると，P2は，①預かった側の発言，②子どもの年齢と親の責任，③預けた側の責任，という3つの要素を挙げている。また回路の側面では，責任を比較考慮しているが，基本的には上記の3つの要素を一方向に一直線に結んだ回路をもっている。ただP2は，これらの要素について，原理原則にまでいたって検討しているわけではない。とくに預かった側の観点から，子どもの生命を預かるということはその状況にかかわらず責任が重いと考えているため，それ以上の状況を考慮する分析を行っていない。これらの推論方法の構造からP2は，レベル4の統合的複雑性を示しているといえる。

【P3の推論】

P3: もしあの,良雄さんのほうで目が届く,目が届く時はそれで良かったけど,まあ遊びに行ったらやっぱし2人のうち1人がね,ついて。一緒に子どもがちょっと他所に行った場合はついていかなんだらいけなかったかぁいう気がします。まあ私のとこも,よう孫が,よう友達がいっぱい集まって。で,親同士は下でわいわい話して「上で子どもは向こうで遊べや」ゆうと,言いよるけど。ちょっとまあそんな時いつも気にはすんですけど。子ども同士が。この頃の子どもは遊びに来ても,こっちはこっちで本読みよる,こっちはこっちで何かほかのことしよる,そういう感じでね。一緒にこう遊びよる感じでなしに。3, 4人来とっても1人は一生懸命本読みよるとかね。こっちのほうでまた好きな玩具も皆それぞれ別で。まあ私んとこ,今年小学校入ったんですけど,4歳,5歳の頃よう来よったんです。やはり小学校入ったら,だいぶもうそういうふうに来ていうんは,あんまり少のうなったんですけど。もう,やはり良雄さんの家が目の届く時はやっぱしそれでええけども,他所へ出たんだからそこはやっぱりついて行くべきやと思うんです。以上ですけど。

(中略)

P3: それとあの,旅行やにね,車に一緒に乗る時に,いつもよっぽど事故が思っても,この頃は皆友達と車で旅行する時は必ず保険に一応入って行くんですけどね。

(中略)

P3: まあ,金ですむんやったら,3000万がどのくらいになったかわかりませんけど,払うてすむんなら,そりゃすぐには出せんけどね,ローンでも組んで払うんかなあ,いう気もするんですけど。私がこっちの良雄さんの立場やったら。もう,こりゃ,ある程度のことはしょうがないなと。やっぱり責任をそれですますんなら,すませたら,それでいいなあという気持ちも。

　P3は「子どもは目が話せないものなので,預かったら責任は重い」という単一の認知要素から推論を行っている。その要素は,子どもを預かった側の立場に立った自分の経験に基づいて派生したものである。

　さらにインタビューアーが賠償額について尋ねたが,その場合においても自分が子どもを預かった場合のみを想定して発言し,「責任があるならしかたがない」という理由で,請求された額全額（インタビューアーが3000万円と提示した）を払うと述べている。

　このようにP3は,子どもを預かったら責任を負うべしという単一要素にだけ

基づいて思考し，まったく分析的な思考をとっていない。また比較考慮したり，条件分けをするという推論方法をとらないため要素間の回路がほとんど成り立っておらず，複雑性はレベル1である。

【P4の推論】
Q： その良雄ちゃんのお母さんがちょっと良くないんじゃないかというようなことをおっしゃってましたけど，P4さんもそう思われます？
P4： 目が届かなかったというのはやっぱり，お願いされたからには，とは思うんですけど。「お願いします」ってひとこと言われただけで，命まで預けられたらたまらんなあと思います。
Q： ああ，まあね。
P4： でも，この事故が起こってからの対処っていうのは，できることは全部やってくれたんじゃないかなと思っています。
（中略）
Q： P4さんはどうですか？
P4： どちらかだけが悪い，ってはっきり言い切れるものでもないと思ったんで，その全額を良雄君のほうのお母さんが太郎君のほうのご両親に支払いする必要はないとは思うんですけど。でも何割かは負担して欲しいなとは思います。
Q： どれくらい？
P4： 金額ですか？
Q： 金額じゃなくても，大体何割くらいとか。
P4： 半分以上。

P4は，①隣人が預かることを口頭で引き受けていること，②事故に対する対処方法，という2つの要素を挙げているが，①の要素に比重をおいて考慮している。損害賠償についてインタビューアーが尋ねたところ，「半分以上」預かった側に責任があると回答した。ただしこちらが質問するまではその判断を避け，また具体的な理由もまったく述べていない。

要素間の回路の側面においては，P4は2つの要素を列挙しているが，要素間の相互関係については言及していない。それゆえP4の統合的複雑性のレベルは1であると考えられる。

なおケースが少ないため一般化することはできないが，事案に対する推論の

複雑性が低いP3もP4も，過去に経験したもめごとに対して放置型である点が興味深い。その理由の1つとして，P3もP4も法的知識を補充してくれる知人や専門家との接点が少ないため推論において考慮する要素が少ない上に，周囲においても紛争が少ないという環境にいるため，対象を「もめごと」と定義づける認知の枠組み自体を形成できずに，結果として放置している可能性が考えられる。

【P5の推論】
P5：　私も良雄ちゃんの両親にかなりの責任があると思うんです。で，お買い物に行く時に，「よろしくお願いします，頼みます」って言ったので，頼まれた限りはやはり責任があるんじゃないかと思うのと。良雄ちゃんのお母さんが「大掃除で目が行き届かないことはよくわかっておられたと思います」というのは，これは良雄ちゃんのお母さんだけ思ってるかもしれないので，その太郎さんのお母さんは気がついてなかったかもしれないので，もしそういうことだったら言葉に出して，忙しい，大掃除で目が行き届かないので，っていうのをやっぱり伝えるべきだとは思うんですけど。

　　　（中略）

P5：　もっと簡単にこう預けたり預けられたりよくしてるので，そこまで真剣に1回ずつのことを考えてるかなあと。私は子どもいないんでわからないんですけど，周りの友人たちを見て考えると，気軽にほんとに預けてるなあっていうのを考えると，この3000万っていうのは大きいなと思うんです，金額的に。さっきも言いましたけど，保育所とか幼稚園とかで責任を100％預けてる間はみてくれるっていうのとは，また別の問題だなあと思います。

Q：　少しは？

P5：　けど，そうですね。3000万は高いけれども，でも負担は何かしらの負担はしてもらいたい。私が太郎君の母親だったら，そう思います。

　P5は，子どもを預かることを頼まれたことを理由に，預かった側の責任が重いと述べている。ここでP5の思考方法で特徴的なのは，①預けた母親が，大掃除で注意が十分行き届かない場合があることを理解していない可能性を指摘していること，②隣人間の無償で預かる場合と，幼稚園等の有償で預かる場合を区別していること，③子どもを預かることを頼んだ側と頼まれた側という両者

の視点から分析していることである。ただし損害賠償については，インタビューアーが喚起してはじめて言及したが，それでも損害賠償の額については具体的に判断を避けている。

認知回路の側面においては，各要素をさまざまな観点から考慮しているが，頼まれたことを基準に要素間を一方向に結合させて判断している。

以上をまとめると，P5は，「頼まれたことに対する責任の認識」という要素を中心に条件分けを行い判断しているので，複雑性のレベルは3であるといえよう。

【P6の推論】
P6： 私は太郎さんの，このお母さんの言い分を読ませていただいて，お買い物に行ってる間にお時間はあると思うんですね。だからその良雄さんとこの，良雄ちゃんとこの家へ太郎さんの様子を，「どんなして遊んでますか」とかいうお電話を1本，途中でお入れしてたら良かったんじゃないかなと思ったりもしました，はい。忙しいとはわかるんですが，大掃除ってことでね。

（中略）

P6： そうですね。やっぱり今皆さんのご意見と同じですけれど，あの預ける以上は「全部任せている」って感じじゃないですか。ご自分は買い物に出られてたから，そのことを忘れたら駄目なんですよね。ただ預けてるから全部責任じゃなくて，自分は買い物に行って，「ちょっと，ショッピング」いう感じでね。そのことを忘れたら駄目というね，お母さん。そういうのは。だから金額的には3000万っておっしゃるけど，3000万ではすまされんですね，このあの。太郎さんのお母さんも責任があるから，3000万もらったからっていう，そういうふうなあれはちょっと納得できません，私では。

Q： ちょっと何割か……。
P6： はい，だから……。
Q： 太郎さんのお母さん何割か責任？
P6： そうですね。半分半分のあれですよね。

P6は，認知の要素として①預かった側に責任があること，そして②預けた側にも責任にあることを挙げている。P6は，細かい状況分析から判断したというよりも，預けた側は買い物中に電話をかけるべきものだといった自分の経験を

基準にして述べている。P6も損害賠償について言及しなかったためインタビューアーが尋ねたところ,「半分半分」と答えている。

認知の回路の側面においては,預けた側の責任にしか明示的に言及しておらず,要素間を構造化していない。そのため統合的複雑性はレベル2である。

以上の6人の被調査者の発言をまとめると,考慮する認知要素の多少にかかわらず,「子どもを預かった場合は重い責任を負うべし」という倫理観を基準に判断を行っている。ただ,認知要素の数に分散があり,自分の経験だけを基準に結論を導いているものもあれば,条件分けをしてさまざまな状況を考慮するものもいる。なお,インタビューの最後に,このような事件で訴訟をすることの是非を尋ねたところ,訴訟に肯定的な回答が多かった。

一方,認知回路の側面においては,要素間を一方向に結んでおり,結果をネガティブ・フィードバックして要素間を結合させている例はない。

(2) 判例における法律専門家の推論方法

本稿では,法律専門家がこの事案においてどのような推論を行うかを明らかにするために,事案の基になった前述の判例を分析した。その判例では,2つの段階に分けて推論が行われている。

第1段階で判例は,預かった側の責任が何に基づくかを判断している。その理由は,準委任契約を認めるか,不法行為責任を認めるかによって要求される注意の水準が異なるためであろう(小島ほか1989)。具体的には,まず準委任契約(民法656条)であるかどうかを検討し,①預けた側と預かった側が隣人であること,②子どもが同じ幼稚園に通っていたこと,③預かる予定の時間が短時間であったことから好意に基づいて子どもを預かったのであるので,善良なる管理者としての注意義務を伴う準委任契約ではないとしている。

次に,預かった側の行為が,不法行為に該当するかを検討した上で,①子どもが池の隣接地で遊んでいるのを認識していること,②遊んでいた場所と池との間には,柵などの設備がないこと,③池に深い部分ができていること,④預かった子ども(事案では太郎)が活発な子どもであることを知っていたこと,⑤預かった子どもが以前に池に入って遊んでいたことを知っていたこと,⑥汗ばむような天候から子どもが水遊びをし,深みに入ってしまう可能性を予見でき

たこと，の点からその注意義務を怠ったとして不法行為上の責任（民法709条および719条）を認めている。

ただしこれらの判例の考え方については，法律専門家においても議論は分かれており，森島のように準委任契約を認めるべきであったという見解（星野編1984）や，加藤（1983）のように不法行為責任を認めた上で，具体的過失によって責任判断を行うべきであるとするものなどがある。

判例は，第2段階として責任の範囲を検討し，①子どもを預かった側が大掃除をしていたこと，②無償で好意から子どもを預かったこと，③預けた側の子どもへのしつけが不足していた，という点から，預かった側の責任を3割であるとしている。

このように判例における法律専門家の観点からは，多数の要素から総合的に責任の有無を判定している。その推論は，第1に，責任があるとすればどのような種類の責任であるか，第2に，責任があるとすれば，その範囲はどれほどか，と2つの段階によって構成されており，各段階においては，事実と絡めながら多くの要素に基づいて責任の内容を認定したのちその範囲を確定している。

要素間の回路の側面においては，法的に導かれる結果を，要求される責任の水準を比較しながら判断している。このように法律専門家の推論過程は，当然ながら統合的複雑性はレベル7と高い。

Ⅳ——総合討論

1 一般人と法律専門家の推論過程の特徴
(1) 認知的要素の側面
【一般人】

一般人の推論過程では，責任の所在を明らかにすることを行動の目的変数としている。一般人においては，比較の対象となる認知要素の種類が少ないうえに個人差が大きい。しかしどの人にも共通するのは，子どもを預かることは重い責任を負うべきであるという倫理観を基準に判断していることである。多く

の場合一般人は，子どもを情緒的な存在として捉えているため，責任の負担範囲が合理的に判断されない。その結果，預かった側が全面的に悪いとするか，あるいは責任の割合を多少減らしたとしても基本的には預かった方の責任が半分以上はあると考えている。

また被調査者は，金銭的な賠償について質問をすれば賠償額を判断するが，自発的な言及を行わない。この理由は，①お金のことを言うのははしたないとする素朴な倫理観・価値観を被調査者が有していること，②被調査者の考える責任の内容が情緒的なものであることから，彼らが法的責任を損害賠償金と結びつけて思考しないためだと考えられる。

【判例（法律専門家）】

法律専門家の推論過程においても，責任の所在を明らかにすることを行動の目的変数としている。そのとき法律専門家は法解釈学の枠組みに従って，事実をさまざまな観点から比較考慮している。ただし実際の判例においては証言や陳述書などから得られる情報の量は，本稿の事案に比べて多いことには留意しなければならない。

本稿の事案は，法律専門家にとっては「常識的に損害賠償を認めるには二通りの方法がある」（星野編1984）として議論される。つまりそれが契約に基づくものか，そうでない場合は不法行為に基づくものかということが，法律学において議論しなければならない周知の要素として存在している。

また子どもを情緒的な対象として捉えるのではなく，子どもを預かることを構成している要素に分解して分析している。たとえば，子どもを預かった場合はどれほどの管理責任を負うのか，子どもを預ける側はしつけを行っていたか，といった要素に分解した上で，各要素を検討して責任の重さを決定している。

(2) 認知回路の側面

【一般人】

一般人は，認知要素の数が少なく，要素間を結ぶことすらできない場合がある。複数の要素がある場合でも，要素間を比較考慮したり，条件分けをしたりすることはあっても，基本的には認知要素で重要な位置を占めている子どもを預かる責任を基準にして，一方向に各要素を結びつけている。被調査者によっ

ては，各自の個人的な経験に基づいてしか事実を理解しないため，体系的に要素間の関係を捉えることができない。

【判例（法律専門家）】

判例においては，より多くの情報が提示されたことも影響しているが，複数の要素が挙げられてそれらを論理的に結びつけている。とくに預かった状況を詳細に検討することによって，契約責任を認めた場合にどれほどの責任を預かった側が負わなければならないか，契約に基づく責任を認めることがこの状況において負担が重過ぎないか，という法的効果からフィードバックして，契約責任を認めることが適切でないとしている。

つまり，要件を認めたときの法的効果を勘案して，その要件を認めることが適切であるかというフィードバックを何度か繰り返し，全体としての合理性を高めるスパイラル構造をもっている。

2 まとめ

インタビューの結果を踏まえて，一般人がどのような推論を経て判断を行っているかを，かれらの倫理観と法的知識に着目して検討した。ここでいう倫理観[4]は，一般人が有する素朴で直感的な価値観である。たとえば事案の文脈でいうと，「子どもを預かることを頼まれて引き受けた以上，責任をもたなければならない」といったものである。次に法的知識とは，一般人が不法行為についての法律要件の内容をどれほど理解しているかということである。一般的にいえば，倫理観と法的知識の2要素は，法的な評価に影響を及ぼす。このほかにも，法的な評価を行う過程には，過去に似たような経験をしたことがあるかといった事実関係と，当該問題について周囲に相談する人がいるかといった対人ネットワークの存在が影響する。

以上のように，一般人の法的な推論過程を決めるのは，倫理観，法的知識という一般人の内的な要素が根底にあり，それに事実関係や相談相手という外的な要素が影響しているといえよう。このとき法的知識が少なくかつ相談相手より新たに法的知識を得る機会がない場合には，個人がもつ素朴な倫理観が判断に影響する程度が高くなり推論過程が極めて単純なものになってしまう。その

ような場合，自分の判断が正しいかどうか自信がもてないために，世間の相場が気になるわけである。ただ，知識が乏しくても自分が問題に直面したときに相談できる相手が周囲にいる場合など，推論をするための新たな価値観や情報などを入手して使用することができれば，高次元の複雑性で主体的に判断を行うことができると思われる。

　一方，法専門家は法的な枠組みで捉えるので，考慮する要素は複雑である。ただ法律専門家の推論方法は，条文や法的概念といった既存の認知要素を使用して，目的に応じてそれらの要素間の回路を構築するという意味で創造的であるが，思考の度にまったく新たな認知要素を創出するといったものではない。なお法律専門家の推論過程でも，判例のように全体のバランスを考慮する場合と，弁護士のように当事者片方の立場から主張する場合では異なる思考構造をもつと推測される。

　本研究においては，限られた事案についてであるが，両者の推論方法の構造的違いをある程度明らかにすることができた。なお本調査において，被調査者の統合的複雑性のレベルの低い方が，実際のトラブルに際して消極的な行動パターンをとる傾向がみられたが，認知と行動間に関与する諸要因をコントロールしていないため，両者の関係は一般化できない。今後は，事案においてこれらの条件をコントロールしたうえで，一般人と法律専門家の推論過程の違いを明らかにすることが課題である。

＊　本研究は，平成15年度科学研究費補助金（基盤研究（C）（2）・課題番号：14520010）の助成に基づくものである。
1) ここでいう認知や推論の過程とは，人々が問題を理解し判断を行う際の価値観や判断基準を意味する。
2) 津地裁昭和58年2月25日民事第一部判決。
3) 本研究では被調査者に対して両当事者の関係を明確にするため便宜上，太郎の親側を預けた側，良雄の親側を預かった側としているが，事案中の両者のやりとりには「預かった」という明確な発言はない。
4) 本調査では明らかにされなかったが，一般人の推論過程には，①デモグラフィック要素，②性格，③倫理観，④法的知識，⑤事実関係，⑥周囲にいる相談相手等の要素が関与していると考えられる。つまり，一般人の学歴，年齢，性別などデモグラフィック要素と，各人の性格が影響して，それぞれの倫理観や法的知識の程度が規定されると思わ

れる（木下2004）。

〔引用文献〕

Baker-Brown, G., Ballard, E.J., Bluck, S., de Vries,B., Suedfeld,P.,& Tetlock, P.E.（1992）The conceptual/integrative complexity scoring manual. In C.P. Smith（Ed.）Motivation and personality. Cambridge: Cambridge University Press.

波多野誼余夫・髙橋惠子・武田真一郎（1998）「交通事故損害賠償額の算定における知識と推論　熟達者と初心者の比較」日本認知科学会テクニカルレポートNo.27.

星野英一編（1984）『隣人訴訟と法の役割』有斐閣.

加藤雅信（1983）「民法判例レビュー（民事責任）隣人訴訟，津市『四ツ葉子ども会』事件訴訟」判例タイムズ507号103-109頁.

木下麻奈子（2004）「弁護士・相談者間における意思決定プロセス――多重債務問題を題材として――」法社会学61号8-23頁.

小島武司・アティアス，C・山口龍之（1989）『隣人訴訟の研究：論議の整理と理論化の試み』日本評論社.

スードフェルド，ピーター（2003）「統合的複雑性」（川野德幸訳）河田潤一・荒木義修編著『ハンドブック政治心理学』北樹出版，53-62頁.

【付録：事案】

1　太郎の母親の言い分

　私たちには3歳になる太郎という子どもがおりました。本当に，あの人たちがもっとちゃんとしていてくれれば，あんなことにはならなかったのにと悔やまれてなりません。

　太郎の親である私たちにとってあの日は最低最悪の日です。生涯忘れることはありません。あの日の3時ごろでしたか私が買い物にでかけるとき，太郎は近所の子どもで3歳の良雄ちゃんとで遊んでおりました。太郎を買い物に連れて行こうとしましたところが，太郎が「もっと遊んでいたい」といやがりました。すると良雄ちゃんのお父さんが「子ども2人が遊んでいるからいいではないですか」と言って太郎を預かってくれることになりました。良雄ちゃんのお母さんに「お使いにいくから頼みます」と言って，私は買い物に1人で行きました。

　後から聞きますと，私が出てからしばらく太郎と良雄ちゃんは，良雄ちゃんの家の周りで遊んでいたようでした。ところが良雄ちゃんの両親がちょっと目を離したすき

に，子ども2人は住宅近くの溜池に遊びに行ってしまったのだそうです。その後に，良雄ちゃんだけが戻ってきて「太郎ちゃんが池に潜りかえって来ない」と言ったため，良雄ちゃんの両親はあわてて池を捜索したのだそうです。その結果，太郎を池底で見つけ，救急車で病院に運んでくれたのですが，太郎はすでに死亡しておりました。

あれだけ頼んでいったのに，あの人たちは無責任過ぎます。太郎のことは悔いても悔やまれません。

2　良雄の母親の言い分

太郎ちゃんのことは本当に可哀想なことになってしまったと思います。うちの良雄とはよいお友達でしたので，ご両親のお気持ちは痛いほどわかります。

あの日，私たちは家族総出で大掃除をしていました。良雄には掃除の邪魔になるからと言って家の外で遊ばせていました。すると近所の太郎ちゃんがやってきたので，2人で家の回りで遊んでいました。あれはおやつの終わった3時ごろだったでしょうか，太郎ちゃんのお母さんがうちに立ち寄られて，太郎ちゃんを買い物に連れて行こうとされたのです。ところが，太郎ちゃんが「もっと遊んでいたい」と駄々をこねたため，太郎ちゃんをそのまま良雄と遊ばせることにされて，お母さんは買い物に行かれました。

その後，ちょっとしてからでしたでしょうか，うちの良雄が「太郎ちゃんが池に潜りかえって来ない」と言ったため，慌てて夫と池に探しに行きました。近所の人にも手伝ってもらって池をさらいましたところ，太郎ちゃんが池底にいるのを見つけました。急いで救急車で病院に運んでくれたのですが，太郎ちゃんはすでに亡くなっておられました。

太郎ちゃんは本当に活発で可愛いお子さんでした。この夏には太郎ちゃんは，お父さんと一緒にあの池で水遊びをするなど，ご両親は大変可愛がっておられました。

太郎ちゃんのご両親は私たちのことを無責任だとおっしゃっておられるようですが，私たちが大掃除で目が行き届かないことはよくわかっておられたと思います。太郎ちゃんをなくされたショックはよくわかりますが，私たちが悪いとおっしゃるのには納得できません。

法意識と法行動の間

藤本　亮

I——はじめに

　法社会学にとって法意識研究は，川島以来の中心的トピックのひとつであったことは言うまでもない。しかしながら，その経験的研究をすすめるにあたっての概念的定義や操作的定義の検討や，経験的調査における道具立ての精緻化は十分になされてきたとは言いがたい。[1]
　「法意識」という用語は，その研究上の歴史的文脈により，少なくとも法学研究においては，いたるところで出現する言葉であるがゆえに，いわば「日常語化」してしまい，かえってその語義についての十分な検討や理論モデル／計測モデルの検討がなされないまま，経験研究が進められてきたという構造があったように思われる。[2]
　意識と行動というのは，法社会学のみならず，社会学全般，あるいは社会科学全般において重要であるが巨大すぎるテーマであるので，そのすべてを論じるのは困難ではあるが，法意識研究を経験的に進める，しかも法行動の決定因子のひとつとしてそれを措定するというモデルの妥当性を問うという問題意識から，重要と考えられるいくつかの論点について検討を試みるのが本稿の課題である。もちろん経験的研究の方法は，とくに90年代に入ってからのポストモダンの思潮を受けた解釈論的転換以降，多様になっているが，本稿では，私自身が主にかかわってきた大規模意識調査という文脈に限定して論じていく。[3]

第2部　法意識と法行動

　このような問題構成は，司法改革の流れを背景に，「国民により開かれた司法」というスローガンのもと，どのようにして，法システムという社会的リソースを適切かつ大規模に利用できるものに改善していくかという，法実務家を中心とする改革志向と関係していることも言うまでもない。マス・メディアで繰り返し報道される「世論調査」という社会認識手法が，その社会自体のアイデンティティ構築過程に組み込まれているから，司法改革審議会答申でも触れられている「国民」の法的素養を高めるという政策的目的に法意識調査は容易に利用されやすい[4]。それゆえに，その概念的，方法的な検討をする意義は小さくないと考えるのである。

Ⅱ——法意識の操作的定義をめぐって

1　法意識と法観念

　六本（1986：189頁以下）は，法意識についての操作的定義を，その対象と観念／意識のレベルの組合せで整理している。法システムの運動の与件のひとつとして「法意識」を取り上げ，「社会の一般構成員が法に対して持っている感じ方・考え方」という語義に出発して，分析的に整序している。このように与件であるとしているが，この「法意識」が法システムによって逆に変化していく可能性も指摘される。

　法意識の対象たる法は，まず具体的な存在と抽象的観念像に分類される。前者は，さらに「全体としての法システム自体」「ここの法規範またはその集合」「個々の法機関またはその集合」の三者に分類される。法機関には，その運営の仕方も含まれる。抽象的観念像としての法は，主観的な法という言葉や，法規範，法機関，法に関連した諸観念像をも含むとしている。

　これらは認識対象としての法を具体から抽象へ分類整理したものである。具体的存在といってもそれ自体が，ある意味で抽象的である。この論点については，法知識の欠如について論じる際に立ち戻ることにして，先に進もう。

　意識の次元は，「認識」「当為表象」「態度」の三次元に分けられる。「認識」

は知識を前提としており，「当為表象」は正義感情に基づき，「態度」が法に対する具体的行動の姿勢と整理される。

この関連で，権利意識と権利観念の峻別の必要性について強調されている。前者が「具体的法律問題に直面した状況において，実定法上自己に与えられている特定の権利について自覚的に意識していること，およびそれを主張する意欲を持っていること」とされ，後者が「権利観念」それ自体の欠如を意味する。「権利観念」があれば，具体的場面で「権利意識」をもちうるが，その逆は真ではない。「権利意識」は法知識の普及とか権利主張の奨励で，「比較的容易に人々の間に広まりうる。」(六本1986：270-1頁)。

図1　法意識と法システムとの関係*

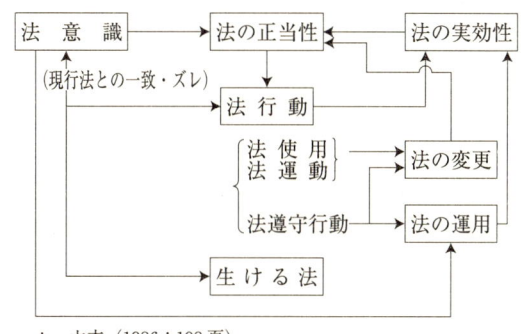

```
法 意 識 ─→ 法の正当性 ←── 法の実効性
    (現行法との一致・ズレ)     ↓           ↑
                         法 行 動
                         ┌ 法 使 用 ┐ ─→ 法の変更
                         └ 法 運 動 ┘
                           法遵守行動 ─→ 法の運用
                         ─→ 生 け る 法
```

* 六本 (1986：198頁).

「権利観念」は，普遍主義的準則の貫徹が，主体間の相互平等を前提に普遍的に妥当するという，すぐれて近代主義的な観念であるが，それは「社会関係の在り方」そのものについての観念である。日本のように「社会関係の維持が不明確・不確定的な規範の下での当事者間の自発的な調整に委ねられている」場合は，法的な言説や手段の選択は，反感を受けると指摘する(六本 1986：271-2頁)。

法意識と法行動との関係については，「人々の法意識は，……直接的に，その人々の法行動の背景となり，また規定因子となる」(六本 1986：197頁)。ここで法意識は，図1にあるように，一般人の法遵守行動および法使用行動を規定する一因子であり，かつ「法の正当性」を媒介変数としても法行動に影響するのである。

法意識はいずれにせよ「ひとつの」因子であるので，その他の因子との関係を整序する必要がある。法行動を，法使用行動というかたちでとらえなおし，まず法使用の局面を，動機づけ，資源利用可能性，主体の環境からの影響と分

析的にとらえた後に，人格因子，資源因子，環境因子，制度因子といったものが法使用行動を規定すると整理される（六本 1986：268頁）。

　ここで確認しておきたいのは，まず「意識」と「観念」の峻別である。これは象徴的なレベルでの法の機能を探求する枠組みと共通するものであり，生活世界と異なる社会システムの動きを記述する際には不可欠な視点である。他方で，「法意識」がシステムの運動の規定因のみならず逆に影響を受けて変容するというリカーシブな因果関係図式を指摘しつつも，基本的には法意識が主に動機づけ局面で法行動に影響するという図式であるといえる。

2　法意識と状況要因

　裁判利用の回避傾向を日本の法システムの動態の重要な一特徴として，直接の実態調査により明らかにしようとした研究は，1970年代にいくつか行われたし，利用行動との関係では80年代にも日弁連が調査をしている[5]。そのうちのひとつとして，京都大学法学部が行った「法意識と紛争処理」研究の中間報告書から，そこで理論モデルとして措定されている法意識と法行動の関係についてみてみよう。

　従来の法意識調査研究の方法論上の難点として，第1に，「法行動と法意識との概念上の不完全な分離」があげられている。不完全に分離しているゆえに，法行動の唯一の規定因として法意識がとらえられがちであり，実際の法行動をより規定していると考えられる状況要因が軽視されているとする。第2に，近代主義的かつ一面的な日本社会認識が問題とされ，伝統的＝前近代的側面を残しつつ，近代化・現代化されてきている側面も有する日本社会の特徴をとらえ，法意識を多様性をもってとらえるべきとする。第3に，司法制度に対する態度自体が，法行動を考える上で重要であるとしている。このような評価を受けて，この調査にあたっては，「法行動の1つの規定要因」として機能的に分析すること，機能領域ごとに刑事司法的側面とかかわる秩序維持機能，民事的な紛争解決機能，政治的色彩も強い人権保障機能に分類している。司法制度への評価と一般的な法意識との関係もユニークな調査課題であるとされている（棚瀬 1978：1-3頁）。

図2にみるように，法意識と，より一般的な政治意識や社会意識の関係，法意識から法行動へつながるベクトルとは独立に作用する状況要因，さらにパーソナリティといった変数群が措定されている。他方で図3では，政治システム論の枠組みを援用した制度要求と支持という二重の対制度態度が分析的に整理されている（棚瀬 1978：5-7頁）。この点については，少額裁判所の利用者調査を通じて，議論がされているので，項を改めてそれをみてみよう。

図2　法意識と法行動との連関[*]

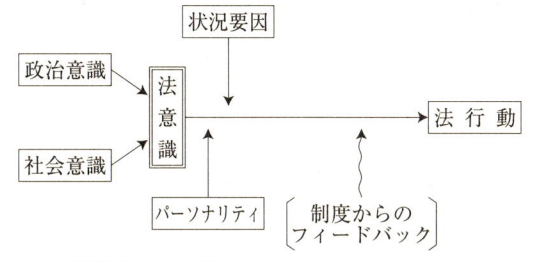

＊　棚瀬（1978：5頁）．

図3　法意識―法行動の連関モデル[**]

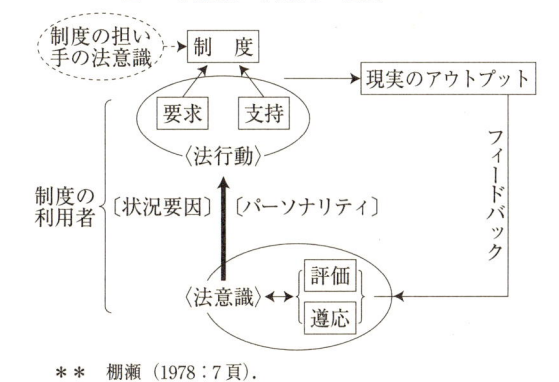

＊＊　棚瀬（1978：7頁）．

3　法行動と法意識

棚瀬（2003）は，裁判への信頼をキー概念として裁判利用行動に影響する「制度に対する態度」の分析を行っている。川島理論に基づく法意識研究の限界として，「紛争を権利の問題として認知することと，その解決手段として裁判を利用することとが，未分化なままに『近代的法意識』という一つの理念型の中に一体化されて」いる点が指摘される。比較法文化論上の文脈におけるこの図式の有効性は認めつつも，裁判制度の機能の仕方についての実証的研究においてはこの枠組み自体が障害だとする。つまり，裁判利用行動という法行動の文脈

において，経験的には，まず「私的な利益の追求」があり，その追求の中で，正当性を高めるために客観的規範が援用されたり，相手の反論に合い利益主張をゆるめたりするし，逆に訴訟という手段選択後に権利追求という性格が姿を表す，あるいは弁護士などの第三者の介在によって権利性の自覚のないまま訴訟を起こす場合もあることが指摘される。したがって，法意識が高い＝権利性が自覚されているから裁判が利用されるというような短絡的な図式は，法行動を経験実証的に明らかにしようとする際にはその妥当性が疑われるのである（棚瀬 2003：24-5頁）。

　政治学における政治参加の議論を参考に，この両者を分離した上でのモデルが提示される。ひとつめは「紛争の認知」である。利益の侵害のみならず特定の相手方に対する要求としての自覚である。次に，「規範性の認知」であり，主張の「客観的規範」による正当性が自覚される段階である。最後が「手段の選択」であり，裁判を利用するかどうかの判断の段階である。この図式は，やはり，80年前後にウィスコンシン大学を中心に行われた民事紛争調査で明らかにされた紛争展開モデル（ウィスコンシン・モデル）とも整合する見解である。ウィスコンシン・モデルでは，侵害の認知という段階が紛争過程の出発点であるという点にそのモデルとしての意義のひとつがあるが，「紛争の認知」の段階は侵害原因が特定され，その上で特定相手に要求するところまで展開した段階を示している点に違いがある[6]。

　ここで注目しておきたいのは，権利としての自覚の程度と裁判利用との間の独立性である。棚瀬（2003：25頁）が正当に主張するように，現実の紛争認知過程は，まずは利益侵害の認知から始まるのであって，権利性についての自覚がその紛争過程の出発点となるのではない。その点からして，裁判利用という，日常人の社会過程としてはすぐれて例外的事象は，社会的規範や日常的な（無自覚な）紛争処理過程で処理しきれない，例外的事例とみることができる。これは紛争が例外的であると言っているのではない。たとえば，ウィスコンシン・モデルに従って記述すれば，もめごとの種は至るところにあるのであって，再請求がされなければ紛争にすらならず，ある場合は紛争となるが裁判は利用されず，裁判を利用するのはごく少数である。日常的な感覚からいうと例外性

はこの裁判という点にあるという意味である。

4 法意識研究への法学的世界観の織込み

日本での法社会学は法学系の研究者がその中心を担ってきたのであるから，法学的世界観が，その研究プログラムに深くかかわっているのはむしろあたりまえといえよう。しかし，これにより大規模な社会調査という方法で物事を明らかにしようとする際にはいささか調査協力者の主観的世界図式からの乖離もみられるように思われる。たとえば，法意識調査でよくみられる事例問題においては，人権の側面，民事紛争の側面，刑事紛争の側面という分類で質問票が設計されることが多い。大阪弁護士会が1975年に行った調査では，自由や権利の侵害について，身体的，精神的，財産的という分類で尋ねている。[7]

このようないわば法学的紛争分類と日常人の主観的紛争分類はずれていてあたりまえではあるし，両者は社会過程として相互に浸透しあっているのでもあるから，その区分が相互に影響し，関連しあっていることも言うまでもないだろう。たとえば法学の専門用語が各人の法にかかわった経験やマスメディアの報道により普及し，それが自己記述の際にも用いられるようになることで，日常人の主観的紛争分類が法学的な分類図式に近づいたりすることは容易に考えられる事態である。だから，必ずしも法学的分類が社会調査において妥当性がないとあたまから決めつけるわけではない。しかし，次節の法知識や法関心の問題を前提とした場合，このような法学的分類を機械的にあてはめることにやや躊躇せざるをえない点があることを指摘しておこう。

Ⅲ——法知識と法関心

1 法知識の断片性

法知識については，六本（1986：200-6頁）が，日欧米の諸研究から，「一般人の法知識の水準が一般に低い」と指摘しているが，これは法的な知識をどう定義するのかという問題と関係していることを忘れてはならない。

第2部 法意識と法行動

表1 法知識の水準＊

	間違い		間違い、たぶん		正しい、たぶん		正しい		わからない	
	度数	行%	度数	行%	度数	行%	度数	行%	度数	行%
Ik01 問5(a)22歳の大学生が家においてある父親の自動車を勝手に運転して交通事故を起こし相手に怪我を負わせた場合、父親には損害賠償を行う法的義務はない	<u>**212**</u>	**24.5%**	<u>269</u>	<u>31.1%</u>	185	21.4%	124	14.4%	74	8.6%
Ik02 問5(b)最高裁判所の裁判官は国民の選挙によって選ばれる	<u>197</u>	<u>22.9%</u>	<u>114</u>	<u>13.2%</u>	121	14.1%	351	40.8%	78	9.1%
Ik03 問5(c)子は親を扶養する法律上の義務がある	161	18.6%	229	26.9%	<u>168</u>	<u>19.4%</u>	<u>234</u>	<u>27.1%</u>	72	8.3%
Ik04 問5(d)破産すると戸籍にそのことが記載される	<u>199</u>	<u>23.2%</u>	<u>211</u>	<u>24.6%</u>	125	14.6%	99	11.5%	224	26.1%
Ik05 問5(e)日本において弁護士に頼まずに裁判を起こすことは法律で認められていない	<u>180</u>	<u>21.1%</u>	<u>206</u>	<u>24.1%</u>	160	18.7%	124	14.5%	184	21.5%
Ik08 問5(f)酔っぱらって前後不覚であったとしても、契約書に署名と捺印をしてしまった以上、契約は有効である	<u>99</u>	<u>11.4%</u>	<u>195</u>	<u>22.5%</u>	241	27.8%	228	26.3%	104	12.0%
Ik19 問5(g)民事裁判に訴えられたのに、裁判所に行かず、反論の書類も出さなかったときには、相手の言い分がそのまま認められて、負けになる	35	4.0%	115	13.3%	<u>306</u>	<u>35.3%</u>	<u>227</u>	<u>26.2%</u>	183	21.1%
Ik20 問5(h)盗み(窃盗事件)で裁判にかけられたとき、お金がなくても弁護士に弁護してもらえる	27	3.1%	46	5.3%	<u>274</u>	<u>31.7%</u>	<u>388</u>	<u>44.9%</u>	130	15.0%
Ik22 問5(i)注文をしていない商品が送られてきても、すぐに返さなければ代金を払う必要がある	<u>239</u>	<u>27.6%</u>	<u>222</u>	<u>25.6%</u>	195	22.5%	121	14.0%	89	10.3%
Ik24 問5(j)隣の人が留守だったので預った宅配便の荷物をうっかりして落としてしまい、中の物を壊してしまったときには、弁償しなければならない	36	4.1%	128	14.7%	<u>334</u>	<u>38.5%</u>	<u>231</u>	<u>26.6%</u>	139	16.0%

質問文：あなたは次のそれぞれの記述は「まちがい」だと思いますか、「正しい」と思いますか。あなたの考えに最も近い数字に○をつけてください。

＊ 「正解」を太字、下線で示した。各記述は法的厳密性に欠けるが、回答者のわかりやすさを優先して表現している。

筆者も関係する最近の調査データでは表1のようなものがある[8]。通常，このような法的知識を問う設問では，「正しいと思うか」と「まちがいと思うか」に「わからない」を加えた選択肢で尋ねることが多いが，この調査では，「たぶん正しい」と「たぶんまちがい」を加えた選択肢になっている。これにより，ランダムに回答しても正解してしまう回答時のバイアスを減ずることが狙いである。設問群は，それなりに正解するであろう質問文を用意した。

正解率そのものをみると，最も低い問5（f）泥酔時の契約で33.9％，もっとも高い問5（h）刑事国選弁護制度で76.5％である。ある程度の確信をもって（つまり「たぶん」の選択肢を選ばずに正解たる「正しい」か「まちがい」を回答した）正解した率は，それぞれ11.4％，44.9％となる。これ以外の各設問では「たぶん」を含めた正解率には差があるにせよ，ある程度の確信をもって正解した率はほぼ25％前後である。

このレベルを高いとみるか，低いとみるかは見解の分かれるところであろうし，ここでも，悲観するほど低くはないし，手放しで喜べるほど高いわけではないという評価をしておこう。

ここで指摘しておかなければならないのは，法知識＜全般＞について，高いとか低いとか論じることの無意味さである。法学部の体系的教育を前提としたような法制度全般の知識とはいわず，いわゆる「身近な法律問題」にかかわる知識であっても，その知識は不均衡に偏在していると考えられるのである。すなわち，なんらかのトラブルを体験して，それに関わる法情報を探索するような行動をとれば，その分野についての法知識は増大するであろうが，それは必ずしも法システム全体に関わる知識をバランスよく獲得することを意味しない。

また，職業生活を通じて，それと密接に関連するような法知識については詳しいが，その他の分野については素人同然ということも十分に考えられるのである。アルフレッド・シュッツは知識社会学の観点から「専門家」「啓蒙された市民」「素人」という区分をしたが，大衆社会において，専門知識というのは過剰なまでに分化して社会内に存在しているのであって，自分の専門分野以外においては素人同然であるというのは一般的にみてもめずらしいことではない。このことは，たとえば大学教員の専門分化のことを考えても容易に理解でき

第2部　法意識と法行動

表2　法関心

	ない		ない，たぶん		ある，たぶん		ある	
	度数	行%	度数	行%	度数	行%	度数	行%
問4(a)条例で路上での喫煙を禁止している地域があることを聞いたことがある	44	5.1%	27	3.1%	97	11.2%	699	80.6%
問4(b)裁判員制度について聞いたことがある	121	14.0%	87	10.1%	185	21.4%	471	54.5%
問4(c)「行列のできる裁判所」「ザ・ジャッジ」のような法律相談テレビ番組を好んでみている	141	16.3%	133	15.4%	309	35.8%	281	32.5%
問4(d)東京都国立市で，すでに完成したマンションが，建築条例違反だとして，建物の一部を取り壊すように命じた判決について聞いたことがある	185	21.4%	109	12.6%	189	21.9%	380	44.0%
問4(e)消費者契約法について聞いたりしたことがある	138	16.0%	134	15.5%	272	31.5%	320	37.0%

だろう。

このようにみると，法知識が「全般的に」高いか低いかは，各人が法的リソースを適切に利用できるかどうかとは，直接は関係ないと考えられる。しかし，断片的であっても法知識が高いということは，法的現象に対する関心を高め，それを通じて法的リソースを利用する蓋然性を高めるのではないかという問いができるだろう。では，そうした法関心と法知識の関係はどうなっているだろうか。

2　法関心と法知識

ここで取り上げている同じ調査では，知識の有無ではなく，見聞きしたことがあるかという尋ね方で，表2にあるような質問をしている。これらの項目は，法関心，少なくとも法関心のある側面を示す項目として考えられている。先の法知識の質問項目と同じように，2択法ではなく，「たぶん」を加えた4択法による質問なのは，ランダムに回答するバイアスを減ずる意図に基づく。

さて，「たぶんある」「ある」を足すと4項目のすべてで6割を大きく越える回答者が見聞経験をもっていることになる。「路上喫煙」は91.8％と突出しており，最も低いのは「国立市マンション」は65.9％である。そのうち，はっきり

と「ある」と回答した比率をみていくと、「路上喫煙」は8割、「裁判員制度」は5割を越えるが、「国立市マンション」は44.0%、「消費者契約法」は4割を切って、37.0%である。いずれにせよ、先の法知識項目で、はっきりと確信をもって正解している比率よりも大きい。

それでは、こうした見聞の程度と法知識の正解の程度の関係をみてみよう。まず、法知識の各質問項目を正解の程度によって値が大きくなるようにして、「わからない」という選択を中間にするようにリコードする。値5がある程度の確信をもっての正解、値4が迷いを示しつつ正解、値3がわからない、値2が迷いを示しつつ不正解、値1がはっきりと不正解となるようにしている。図4は、その項目平均値をY軸にとり、法関心4項目の合計点をX軸にとったグラフである。これをみると法関心の中程度から高程度にかけてやや右上がりの傾向があるが、その傾きは必ずしも大きくない。ある程度の相関はみられるが、法関心が高いからといって顕著に法知識が高まるわけでもないようである[9]。

図4 法関心と法知識の関係

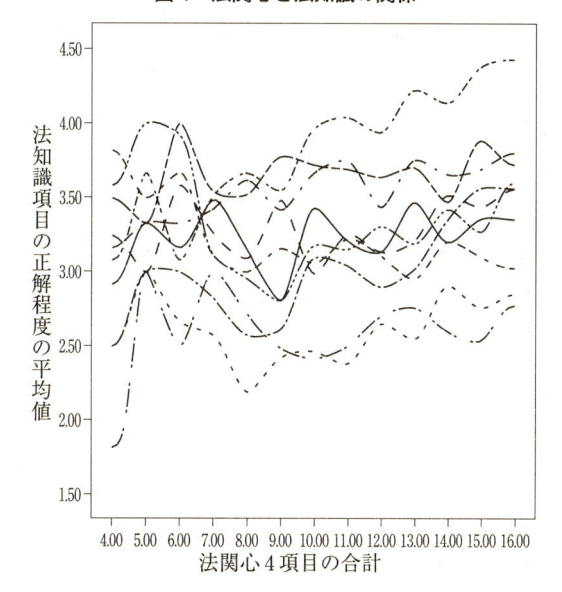

さて、本稿の課題に戻るならば、ここで問題としなければならないのは、法知識や法関心の程度そのものではなく、それが何を計測しているかということである。法関心についてここで取り上げた4項目はトピックに特化した、全国的なニュースでも何度も取り上げられたような事例である。これはむしろ社会的な事件に対する関心とも考えられる事例であり、法関心についてのレベルを

第2部　法意識と法行動

計測する項目としては不適切であるかもしれない。しかし，他方で，社会関心から明確に峻別されるような法関心というものがそれ自体として存在しているかどうかについても考えなければならない。いずれにせよ，法関心も，やはり断片的で偏在的であると考えられるであろう。その結果として，そうした関心対象の問題についての判断を問われれば，その断片性ゆえに，ステレオタイプな見方に引きずられた，紋切り型の反応がみられるのではないかと想定される。

他方において，独特の秩序観が存在することも見落とせない。たとえば，民事的責任と刑事的責任を峻別するのは，法学の世界ではあたりまえであるが，自生的秩序の世界においては，これはかなり無理のある区別ではないのだろうか。少なくとも法律専門家が初歩的なあたりまえの区分として考えるようには区別されていない[10]。

法関心が高いという場合，しかもそれが法行動に影響するというモデルはどのように考えられるのであろうか。もめごとか紛争に展開する中で，情報収集活動を行い，それによって法知識や法関心が断片的に増加していくということが考えられる。したがって，この側面では情報収集行動（自分で検索，人や専門家に相談の両方）をベースにして考える必要があるだろう。そこで増える法知識がどのようなものであるかについてさらに検討が必要である。

他方で，素朴な秩序観というのが法意識研究にとって重要であることも否定できないだろう。この秩序観というのは，それなりの体系性を有しているだろうし，公正な社会観や素朴な道徳感と密接に結びついているであろう。この体系性は，体系であるかぎりでもちろん断片的ではないが，その体系の中の空隙はそれこそ都合のいいように超越論的な説明で穴が埋められてしまっていると考えられるのである。法知識や法関心というよりも，社会的秩序観やルール観といった名前で呼んだ方が適切な領域の問題ではないだろうか。

このような素朴な秩序観は，近代的な法システムの自己認識図式から独立しているわけではなく，回帰的に後者の要素が変形・単純化されながら前者にとりこまれていくという関係にある。さらにいえば体系性それ自体の性質も，体系的であろうとする傾向それ自体も，近代主義的な価値観に影響されていると考えられる[11]。

112

このように考えた場合，素朴な秩序観の一端を明らかにしようとするような法知識を問う質問項目で単純に法学用語を排除すればすむという問題ではなくなる。それぞれの法学用語がどの程度，日常人のもつ素朴な秩序の記述に用いられているのかということを分野ごとに検討する必要があるだろう。こうした研究の方向性は，たとえばナラティヴ・アプローチをとり法意識を探っていく質的経験研究として展開している。そこで得られた知見を大規模調査票調査に生かしていくことも求められる。

Ⅳ——意識とは何か

1　個人意識の社会性

「法意識」の「意識」の側面への検討に移ろう。近年の知覚心理学あるいは認知心理学は，脳科学とのあいだのやり取りを通じて，大いに発展しているといえる。この側面から，法意識研究の対象としての意識について考えてみる。ここでは，認知心理学における意識についての知見を参照することにしよう。先にみたように六本（1986：189頁以下）は，法意識の意識の側面を，「認識」「当為表象」「態度」という下位分類で整序した。これ自体は，規範に対する人間の主観次元の分類であり，ある種の理念型として措定されているのであるからして，妥当性を有していると考える。その一方で，経験的包括的な認知の態様において，少なくとも主観的にはこのような区分はなされていないであろうし，事実と価値判断を分別する態度自体がすぐれて近代的であることもまた確かである。その上，ここでは，これまた近代的主客二分論につながる，認識主体と客体の明確な分別が前提となっている。この点を念頭におきながら認知心理学の成果に目を向けてみよう。[12]

下條（1999：45頁以下）は，認知心理学の枠組みに従い，まず「知覚」と「認知」を区別した上で，[13] この両者の共通点を次のように指摘する。「ともに不十分で曖昧な情報から，外界で起こっているできごとについて，一種の推論をするという点です」（下條1999：46頁）。原理的な知覚・認知レベルにおいても推論過

程が交じり，そこに知覚・認知心理学でよく取り上げられる「錯誤」の原因のひとつがあるのである。

その背景として，「ヒトには元来，秩序や因果を発見しようとする強い認知傾向があるようです」（下條 1999：51頁）と述べ，そこで用いられている推論プロセスについて以下のように述べる。「どうやら人々は日常的に数学的・規範的な解法とは別の，ヒューリスティックを駆使して意思決定をしていて，しかもそれにはそれなりの理由があるらしいのです。」[14]

知覚や認知の場である「脳の記憶は環境世界によるが，環境世界の内容は脳の状態に依存する」（下條 1999：107頁）とするとして，脳と環境世界の相互依存性を強調している。

科学主義的な認知図式を批判して，「意識を意識以外のもので説明することはできない……意識について，行動や物質に逃げることはできません。つまりすべて行動に置き換えてとらえるやり方（いわゆる行動主義）や，単純な生理過程に還元して考えるやり方（還元論）では，意識を説明したことにはなりません」。科学主義的な認知図式は，客観主義という神話にとらわれているという意味にとってよいであろう。視覚との比喩で意識がよく語られるが，それは誤解であるとして，「心の中身を内観しているとき経験される心的内容は，それ自体，中身（絵柄）であると同時に内観という行為（絵柄を見る行為）そのものであります。その二重性の中に，意識のユニークな特性があるのです」（下條 1999：181-3頁）。

こうして，意識の主体たる個人の完結性自律性という前提を批判して，「意識とは，一つの状態または機能の名称ではなく，多数の相互に関連しながらも異質のものの，ゆるやかなまとまりなのではないか」。「意識は見る側の主観の問題でもあり，また見る側の内面の投影でもある。……本人の行動の外からの観察者による認知であり，『帰属』なのです」（下條 1999：185頁）。

自我の存在構造についてそれがすぐれて社会的なものであることは，G・H・ミードなどによって明らかにされてきたところであるが，知覚心理学から意識という側面をみてもやはり同様のことが言えるのである。単純な主客図式ではとらえられない意識の社会的存在をここで確認しておこう。

2　意識の諸特性

　意識の諸性質の中で，下條（1999：190-2頁）がとくに注目するのは，「図」と「地」の構造，中心と周辺の区別，そして内容のオーバーフローの3点である。[15]

　図と地の構造は，エッシャーなどで有名な「だまし絵」に表現されている図の知覚の問題と関係する。「図」を知覚するのに必要なのが「地」であり，そのときそれはそれとして意識されていない。意識された途端に「地」が「図」として認識されて，だまし絵にだまされたことに気がつく。このような知覚のメカニズムは心的経験一般に言えることであるとする。

　中心と周辺の区別は，意識／無意識ではなく「気づき」の問題である。考えに夢中になって，あまり運転しているという自覚なしに運転しているような状態をさす。これは次に扱う意識・無意識の問題と深く関連する。

　内容のオーバーフローは，常に他の思考と結びつき，数え上げればきりがなくなる性向を指す。ややわかりにくいので，下條（1999：193-4頁）が引いている例を引いておこう。ある女性が，暴走族の頭とつきあっているのが無理だと気がついて，「あ，わかった」と言ったのに続き，次々にその経過や理由を話し続ける。その内容について質問されれば，これまた流れるように答えつづける。「最初に声をあげた時点で，すべて彼女の意識の中身としてすでにあったとは考えられません。少なくとも意識の『中心』にはなかったはずです。といってどこまでが意識の中身で，どこから先は意識の外（または気づきの外）と明確に線も引けないのです。この後さらに聞いてくれる相手さえいれば，彼女は果てしなく語りつづけるでしょう。また途中でさえぎって「どうしてそんなことがいえるの」とたずねれば，彼女はまた長い長い答えを返すでしょう。……意識の中心から周辺へ，そして無意識へ，身体の反射へ，という芋づる式の連続体，それも反問されたりすると境界が変わり，無限に枝分かれしていくような融通無碍の連続体」（下條 1999：193-4頁）であるとして，意識のオーバーフローは説明されている。「意識が，その直接的な明示された内容以外のものにどれほど支えられ，その裾野が限りなく地下にまで広がっているということが，あらためて実感されるのです」（下條 1999：194頁）。

　大規模な調査票調査だけに限らず，法意識調査を考えてみると，普段は意識

しないような自分の権利やそれを実現するための手段について，あらためて尋ねられて，それについて次々に回答していく調査協力者というのが想定される。このように考えるならば，法意識調査で明らかにされるような意識とは，外在的にこのような（権利や紛争解決手段についての）気づきを誘発し，そこからある程度の意識の構造を明らかにしようとする作業であると再規定ができるであろう。しかし，他方で，退行催眠により記憶を呼び起こす方法が，後づけの「記憶」を作り出してしまう危険性があるのと同様に，社会調査法でいうところの「誘導質問」の危険性は常に存在することにもこれは関係するであろう。では，節を改めて，意識と無意識の関係をみていこう。

3　無意識と意識

　無意識の発見はフロイトの功によることは言うまでもない。ここでは，フロイトがその後期に議論していた「前意識」と呼ばれる区分を含めた図5を掲げておこう。

　フロイトはこの「前意識」を，「意識」と「無意識」をつなぐ，注意の向け方によっては「意識化」できる領域と措定している（下條 1999：196頁）。

　無意識の特徴として，「二股膏薬的」特性（モノと同じか，心の一部か），認識論的身分の曖昧さを指摘する。無自覚な動機の方が自己にとって深遠な真の動機のように思われるが，しかし無意識は無意識であるがゆえに自己意識としては表面化せず，その無意識の状態は他者の視点によってのみ，つまり友人や心理学者によって明らかにされるのみである（下條 1999：197-8頁）。そのような矛盾を含んだ無意識の特性が「デカルト式の乖離した二元論の破綻する姿が露呈している」と述べる（下條 1999：197頁）。それは，「科学の方法論は，その本質として，脳や認知過程を状況から切り離し孤立させる」が，その前提として「状況から切り離しても，当の脳内過程や認知過程は，基本的に特性や機能を変えない」という考えがあるからである（下條 1999：222頁）。

　では，志向さえすれば意識化できる前意識と意識の関係に目を移そう。「さかさめがね」をかけて，知覚される世界像を倒立させても，知覚の順応・適応能力によって，1週間もすると日常生活に不自由を感じなくなってしまう。これ

は，さかさめがねをか
けることで，それまで
「地」であった身体が
「図化」され，順応後に
ふたたび「地」へ戻っ
ていく過程であるとさ
れる（下條 1999：204-5
頁）。「日常生活では

図5　フロイトの「前意識」*

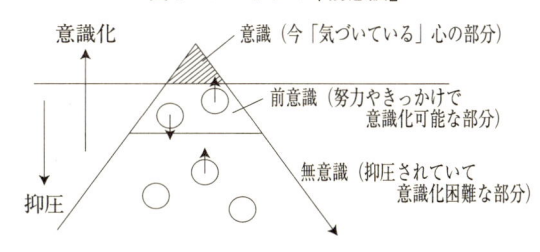

意識化↑　　意識（今「気づいている」心の部分）
　　　　　前意識（努力やきっかけで
　　　　　　　　意識化可能な部分）
抑圧↓　　　無意識（抑圧されていて
　　　　　　　　意識化困難な部分）

＊　下條（1999：196頁）.

あって当たり前で，特にそれとして意識されることもない（意識の周辺にしかない）ものが，さかさめがねという劇的な変換によって，強く意識された，つまり突然意識の中心に座ったのです」（下條 1999：203頁）。

　このように前意識を介在として，意識と無意識の関係が動態的にゆらぎとして把握され，その相補性が推認される（下條 1999：207頁）。意識が生じやすい状態は，「第一に，行動の流れが強制的にストップされたとき」，「第二の例は，一連の行動の成果を評価する場面」，「第三の例として，別の視点から自分を客観的に見ることを強要されたとき」であり，これらのどの事例も「意識」が高まった状態である。この問いは同じく自由を制約されていると感じる状態の答えとしても妥当するのであり，それは「行動が意識され，その原因が外の世界に，誰にも観察できるかたちで見つかったとき」である。すると自由な状態とは没頭し忘我の状態ということになる。他方で自由とは，意識的に追求されたプランどおりにものごとをこなすことというようにも定義されるのであり，そのプラン自体にはすぐれて「意識」が介在している。「自由意志」を認知するためには無意識過程が不可欠であり，「意識のもっとも意識らしい頂点の部分において，心は無意識の領域へ，そして生理，身体，世界へと，際限なく漏れ出すのです」（下條 1999：209-16頁）。

　このように意識と無意識の関係を把握すると，心理学が科学的方法に依存するようになってきた傾向が次のように説明される。「意識は（少なくともその内容に関しては），今のところ主観的にしか調べられないが，……無意識の過程は客観的な方法によってしか調べられない……主観的な内省によって判るのなら，

それは意識であって無意識ではない」からである。「心の無意識的・無自覚的な過程を調べる心理学が、客観的な自然科学的方法に頼るようになった理由も、ここにあります」（下條 1999：221頁）。

大規模調査票調査による「意識」調査は、意識—前意識—無意識の構造を前提とすると、単純なモデルでは不十分であり、それがいったい何をどのように計測しているのか自覚的に追求していくことが求められているのである。

V——法意識の多重構造

1　法意識高揚と司法利用の問題

「国民」の間に法知識を高め、司法システムの利用の頻度を高めようとするときに、そこに措定されている図式は、すぐれて啓蒙主義的で、知識が高まれば自覚的に利用するというものであろう。法知識そのものを計測したわけではなく、学歴によって、それを代替している調査においては、リニアではなく、逆V字型ともいうべき司法システムへの信頼のレベルの変動が指摘されている（棚瀬 2003：50-64頁）。同様の傾向は他の類似調査でも明らかになっている。つまり、法知識の増大は、リアルな内的矛盾や緊張をともなった法システムの認識の深まりであり、それによって、信頼が低下し、行動としては法システムの利用を忌避する傾向が強まる可能性もある。

本稿で検討してきたように、法意識は近代主義的な認識図式によったとしてもかなり複雑な様相を示しているのであり、さらに知覚心理学的な意識のあり方を前提とすればますます複雑である。それでも調査票を用いる大規模調査が、さきにみた意識のオーバーフローなどの特質を考えた上で、十分な成果をあげる可能性はあるだろう。もちろん「誘導」には気をつけなければならない。

法行動との関係ではどうか。これまでの知見などを総合して、法意識のうち、法知識投入で「合理化」されたり「変化」したりするレベルと、変化のないレベルの区別はできるであろう。

また変化のないレベルということでいえば、青年期に形成された政治的価値

観がその後のライフコースを通じて維持されるという合衆国での長期的なパネル調査によって明らかにされた傾向もある (Alwin et al. 1991)。社会総体として，「合理化」できるレベルの意識総量は，変化のないレベルが圧倒的に大きいので，法意識の差異や変化が，法行動に影響する度合が小さく，統計分析すると有意にならない傾向があるというのが，この点についてのとりあえずの仮説的な結論である。

本稿では十分検討できていないが，法行動との関係では，状況規定要因との関係でも考えていく必要があろう。状況規定要因は法行動にも影響するが，情報収集活動を介在して法意識や法知識を高める方向でも影響する。ここで強調しておきたいことは，法知識や法関心に関して検討したことと同じく，状況規定自体がすぐれて社会過程であるということであり，純粋に外在的な要素が直接主体に働きかけるわけではないということである。

2 根強い近代的認知図式

本稿で検討してきた法意識と法行動の理論モデルには，認識論的に色濃く近代的な主客二分論的な要素が含まれていた。したがって，経験的実証研究でそのような方向で理論／計測モデル化すると，その認識図式が社会に広く受入れられているがゆえに，そうした近代的主体図式に基づく法行動モデルは直感的に理解しやすくなる。調査をする立場からすると心理学的モデルに基づくモデル化自体が近代的であるというアポリアを示しているともいえよう。これは心理学的人間観の普及の問題として考えられるのかもしれない。支配的言説としての心理学的人間観があり，それが再帰的に人々の自己認識の図式となっている。心理学的人間観とともに，法学上の固有の枠組みに過剰に引っ張られているという問題もあった。しかし，これも法関心や法知識について検討したとおり，それを排除すればよいという単純な問題ではない。調査票やインタビュー調査という主体的な働きかけの限界は踏まえつつ，その調査モデル自体を検討する必要が大いにある。

知覚心理学の成果を踏まえると，しかし，意識自体の特性から，「客観的」法意識の固定・特定化が困難であるということもかいまみえる。わたしたちの自

己認識の中にも意識して行動する主体というのが暗黙のうちに想定されているわけであるが，私たちの意識化プロセスはある意味で回顧的である。それとは異なるヒューリスティックな推論プロセスを探求する意義はここにあると考える。もちろん，意識化プロセスと法の利用とは，それが日常生活上の経験頻度という点で例外的であるがゆえに，ある意味で，主体性を新たに自ら構築することでありつつ主体の解体プロセスですらありうるのである。

3 調査票調査と法意識研究

本稿の検討で明らかになったことは理論的にはけっして目新しいことではない。ポストモダンの影響を受けて以降，こうした論点は繰り返し議論されてきたし，エスノメソドロジーやナラティブアプローチなどによる実証的な研究もなされてきている。しかしながら，世論調査が私たちの社会的な自己認識の手法として日常化しており，その影響も大きいのであるから，このような理論的検討をすること，そしてそれが大規模な調査票調査の方法にも反映されることは重要である。素朴な「意識－対象」図式ではなく，隣接領域の成果にも目を配りながら，法意識の探求をしていく必要があろう。

1) 川島の近代化仮説は重ねて批判されているし，川島自身もその近代化仮説をある程度は乗り越える方向にあったという評価もみられる（棚瀬 2002：18頁）。
2) いたるところに出現するだけで日常語化するわけではない。法解釈学における「権利/義務」「責任」などという言葉はそれこそいたるところに出現するが，その概念についてくりかえし理論的な検討がされていることは言うまでもない。問題は，経験的研究を行う場合に，そこで十全な操作的定義がなされないまま調査が進行してしまう点にあると考える。
3) この方法自体の妥当性は当然検討すべきであるが，ここではその指摘にとどめておく。また，本稿の問題意識は，筆者がこれまで大規模な法意識調査プロジェクトに追われるように関わってきている中で感じてきた問題点を掘り起こしてみようとするものである。
4) こうした動きのひとつとして，法務省では2003年7月以降「法教育研究会」を組織して検討を進めている。ここには，法実務家，法学者，教育学者などが参加している。
5) 日本文化会議の一連の調査に関連するものとして，日本文化会議（1973），日本文化会議（1974），神島ほか（1978），日本文化会議（1982）がある。この最後のものについての書評として，松村（1983）。また日弁連が行った調査については，日弁連（1986）がある。法意識に焦点をあてて大阪弁護士会が1975年に行った調査については，大阪弁護士

6) ウィスコンシン・モデルについては，Felstiner et al. (1981)，和田安弘 (1994)，など参照。宮澤（1994：143-5頁）は，ウィスコンシン・モデルと具体的な紛争展開過程との関係について，より広範かつ多様な社会規範によって，当事者の紛争過程に対する見方や判断が強く影響を受けていると強調している。和田仁孝（1991）は，このモデルのクレーミング段階に対する主観的過程について詳細な検討をしている。
7) 棚瀬（1978）も機能領域ごとの分類として，刑事的な「秩序維持機能」民事的な「紛争解決機能」，政治的色彩の強い「人権保障機能」を取り上げて調査している。
8) 科学研究費補助金特定領域研究『法化社会における紛争処理と民事司法』計画研究「現代日本人の法意識と司法システムへの信頼」（研究代表者 藤本亮，平成15～20年度）による調査の一部である。これはあくまで本調査のための第1次予備調査であり，質問項目等にはかなりの改善が必要である。データは2004年2月に多段層化ランダムサンプリングにより全国から1500サンプルを選び，868ケースを回収したものである。
9) この両者の相関係数をみた場合，有意な相関がみられる場合が少なくないが，その値は問5（h）の国選弁護についてが最も高くて，すべての法関心項目について.185から.273の範囲でしかない。
10) 例として，復讐という法の本質的機能を考えることができよう。
11) この点につき，次節でみる（下條 1999：51頁）が，知覚・認知の側面から，人間の本質のひとつを，この体系志向として指摘している。
12) こうした最新の認知・知覚心理学の動向については，いささか専門外の分野であるので，本稿では下條（1999）に依拠して議論をすすめることとする。
13) 知覚がより生物的・不随意的であるのに対し，認知はより主観的であるという区別がされる。「知覚の推論は，その場の状況やあらかじめの予見，知識などには比較的左右されないもので，網膜への入力によってだいたい方向が決まっています」。「認知は，知識や予見の影響を強くこうむり，状況しだいで結論が変わります」（下條 1999：45頁）。
14) 「ヒューリスティックは直感的判断で人々が暗黙のうちに用いている簡便な解法，規則のこと」（下條 1999：59頁）。
15) サール（J. Searle）に依拠しつつ下條（1999：190-2頁）が整理する意識の現象的特性は，(1) 様相性（意識は感覚や感情，快不快などの特定の様相であらわれる），(2) 統一性（短時間での水平的統一性－短期記憶と関係すると同時に複数の事象を統一的に理解している垂直の統一性），(3) 志向性（主観的な方向性），(4) 共感性，(5) 図と地の構造，(6) 中心と周辺の区別，(7) 内容のオーバーフロー，(8) 親近性（再認，見覚え，意識は分類を伴う），(9) 境界条件（空間的，時間的，社会的，生物学的な意味での場所への位置づけ），(10) ムード（「志向性の全ての形態にあてはまる，漠然とした気分のこと」），(11) 快不快の次元である。

* 本稿は，科学研究費補助金特定領域研究『法化社会における紛争処理と民事司法』計画研究「現代日本人の法意識と司法システムへの信頼」（研究代表者 藤本亮，平成15～20

年度）の研究成果の一部をなすものである。本稿は，特定領域AOI班研究会での松村良之（北大），木下麻奈子（同大），小林知博（科学技術振興機構），山田裕子（北大），藤田政博（政策研究大学院）の各氏との議論に負うところが大きい。記して心よりの謝意を表したい。

〔引用文献〕

Alwin, Duane F., Ronald L. Cohen, and Theodore M. Newcomb (1991) POLITICAL ATTITUDES OVER THE LIVE SPAN. University of Wisconsin Press.

Felstiner, et al. (1981) "The Emergence and Transformation of Disputes," LAW AND SOCIETY REVIEW Vol. 15, Nos. 3-4.

神島二郎ほか編 (1978)『日本人と法』第一法規.

松村良之 (1983)「書評 日本文化会議（編）現代日本人の法意識 第一法規1982」法律時報55巻5号.

宮澤節生 (1994)『法過程のリアリティ』信山社.

日本弁護士会連合会 (1986)『市民と法律問題：日常の問題処理の実情』日弁連業務対策委員会.

日本文化会議編 (1973)『日本人の法意識:調査分析』至誠堂.

――― (1974)『日本人にとって法とは何か：共同討議』研究社出版.

――― (1982)『現代日本人の法意識』第一法規.

大阪弁護士会編 (1977)『法・裁判・弁護士』ミネルヴァ書房.

六本佳平 (1986)『法社会学』有斐閣.

下條信輔 (1999)『＜意識＞とはなんだろうか』講談社現代新書.

棚瀬孝雄 (1978) (法意識と紛争処理)「調査の目的と構成」京都大学紛争処理研究会『法意識と紛争処理――法意識調査中間報告――』第1章第1節.

――― (2002)『権利の言説――共同体に生きる自由の法』勁草書房.

――― (2003)『訴訟動員と司法参加』岩波書店.

和田安弘 (1994)『法と紛争の社会学』世界思想社.

和田仁孝 (1991)『民事紛争交渉過程論』信山社.

訴訟回避傾向再考
――「文化論的説明」へのレクイエム――

馬場健一

I――なぜ「日本人の法意識」か？

　本稿は，日本における訴訟回避傾向問題を素材に，いわゆる「法意識」をめぐる議論に，その批判を通じて筆者なりの視点と見通しをつけようと試みるものである。

　しかしなぜ今「法意識」なのか？ 訴訟回避にせよ法意識にせよ，これまですでに百万言が費やされてきたのではないのか。多くの論者がさまざまな議論を[1]提供している上に今さら，何を付け加えようというのか，屋上屋を架するの類ではないか。議論の整理や机上の思弁ではなく，今や経験研究・実態調査こそが求められるのではないか。そうした批判の声が聞こえてきそうである。しかしながら筆者には，多くの議論が出されている割には，それらを批判的に吟味するレビューがなお十分になされているとはいえないように思われ，さらに百万言が費やされ，さまざまに論じられてきたがゆえこそ，かえって問題の見通しが悪くなり，単純ながらも本質的な論点，ゆえにいまなお真摯に検討さるべき問題意識が不明確になっていると感じられる。

　またこの問題にそれぞれが独自の知的貢献をすることは，日本で法の社会科学的研究を行おうとする者が必ず一度は通るべき関門であるとの認識が筆者にはある。ひとつにはそれは，相当の知的蓄積を有する重要論点と取り組むこと

は，研究者の知的責務だという認識ゆえでもある。さらにまたこの法意識問題が，日本社会の民主化の一環として近代法と権利意識とを根づかせるという，戦後啓蒙のプロジェクトに属した知的営みであったという点で，その考察は研究者各人の研究スタンスの政治的位置，政治的インプリケーションと呼応せざるをえず，それを否応なく明るみに出してしまう営為であると考えるゆえでもある[2]。しかしこの問題を考察すべきと筆者が考えるもっと単純な理由がある。

この問題は，「先進国の中で日本ではなぜ訴訟が少ないのか」というきわめて単純な，しかし重要な問いに対する解答を迫る点で，日本の法社会学研究者および法社会学研究に対する試金石（むしろ「踏み絵」というべきか）の位置を占めるとはいえないであろうか。「法意識」あるいは「法使用」をめぐる議論に多大な紙数を費やし，あるいはいくら込み入った解説を展開しようとも，「それで，結局日本で訴訟が少ない理由は何なのか？」というかたちでこの問いは，そこから虚飾をはぎ取り，簡明な説明を求める。すなわちそれは，いわば研究者の真価をはかる試薬である。いかに複雑で知的な議論であっても，この問いに明確な解答あるいは一貫した説明枠組みを与えられないのであれば，それは結局のところ有意味な議論とはいえなくなる。またたとえば，「それは複雑かつ困難な問題であり，単純な解答はできない」などと逃避することも許されない。ライト・ミルズが宣言し実際に実行して見せたように，「どんな思想であっても，どんな本であっても，その内容を一つの文章の中に圧縮することもできれば，二十巻にわたって展開することもできる」（ミルズ 1965:42頁）のであるから。

こうした事情ゆえ，真摯な法社会学研究者はすべからくこの問題に取り組むべきであり，また実際にも取り組まれ続けてきたといえるであろう[3]。本稿はこの伝統の末席につながろうとする，やや無謀な試みである。

なおこう啖呵を切った以上，筆者の立場を端的に示さないわけにはいかない。本稿の結論はこうである。「日本で訴訟が少ない理由として第1に挙げられるべきは，制度がそのようなものとして設計・維持されてきたためであるということであり，いわゆる『法観念』や『法文化』といった要因は，考慮に入れる必要はない。」いわゆる「機能不全説」の立場だといって差し支えないと思われるが，以下従来の諸議論を批判的に吟味する中で，そのように考える理由，また

そう考えることが説明モデルとしても説得力が高く，批判的な現象理解の上でも，実践的含意の点でも，より優れた視点を提供することを示していきたい。

II――川島『法意識』における方法論の今日的意義

訴訟回避傾向に関する川島以降の諸議論を吟味するに先立って，そのための予備作業として，川島の著書『日本人の法意識』に立ち返って，その方法論において今日なお評価さるべきと筆者が考える点を以下に略述する。

第1に，本書で川島は，第一義的には法行動に「いちばん近接した次元で問題を観察し説明することに役だつ」ものとして「法意識」を捉えていることに注目したい。彼は「法的意識は，法的社会統制を決定する行動に最も近接した社会現象」であり「決定要因」だと強調・明言している。そしてそれを「明らかにすることは，それぞれの社会の法的社会統制そのものを明らかにするために，まずなされなければならない作業」なのである（川島 1967:12-13頁）。他方，だからといって川島の用語がつねに一貫してこのように心理主義的にのみ用いられていると断言するものではなく，またそこに概念上の不分明さがないというつもりもない。また個人の意識も社会化の過程で形成されるものである以上，言葉において個人レベルの「パロール」（語り）に対して個人を越えた「ラング」（言語）を想定しうると同様，個人の内心の動機に対していわゆる「法文化」なる間主観的・社会的要因を考えることが不当だと断定するものでもない（参照，六本 1986b:281-295頁）。しかしながら一方で川島が，個々人の内面の水準において主意主義的に自己の問題意識を定式化していることもまた事実であり，個別のエピソードの中で語ってみせる「法意識」の具体的ありようも，個々の日本人，とくに事件や紛争場面に関わった当事者の個別的な主観のレベルの価値意識であることもまた事実なのである（同旨，宮澤 1994:58-59頁）[4]。川島はここで，法的社会統制の「観察・説明」のために必要なのは，触知可能な具体性と誰にも感得しうる明晰性・論証性（あるいは反証可能性）を備えた説明因子あるいは経験的説明枠組みであるべきだと述べているのではなかろうか。彼はそれが「法

的意識」だとするのであるが、そのことの是非はさておき[5)]、こうした問題設定の方法的意義は現在なお評価されてしかるべきであろう。

　第2に、この「もっとも『近接した』決定要因」を強調する反面として、そうではない「間接的」な要因、さらに「究極的」な要因について語ることには、川島は禁欲的である。川島はこの「もっとも近接した要因」をこそ第1に明らかにすべきであり、それを「決定する他の要因」については、前者を明らかにした後にはじめて論じうる性質のものであるとしている。またさらにそれを遡って「最後に到達するもの」としての「『究極の』決定要因」などは、「研究者の問題関心、彼の実践的意図、彼の価値観と相関するであろう。それをはなれて、抽象的に何が究極的であるかを論ずることは、一種の教義学的態度であろう」と批判する。また「遠い決定要因と法的行動・法的意識とのあいだには種々の諸要因が介在し、それらの中間の諸要因には種々の諸要因が競合的に干渉し、そうして、より遠い諸要因はそれらの中間の諸要因において種々の屈折を余儀なくされる場合があり得る」と指摘し、「究極的な要因」の強調などよりも、「法的社会統制の現実のメカニズムが具体的にどのようなものであるかを明らかにする」ことこそが、「法的社会統制に対し理論的であれ実践的であれ関心や興味をもつ者にとっては、まず第一次的作業」であると論じる（川島 1967:13-14頁）。いうまでもなくこれは当時のマルクス主義法学の発想を批判する文脈で語られていることであるが、そうした時代的文脈を越えて、現在なお示唆に富む。この部分を、法意識「それ自体を決定する他の、社会経済的な要因が存在し、本来は後者が追求されるべきであるとの立場を暗示している」と読む理解もある（六本 1998:4頁、1972:100頁）が、筆者にはむしろこれは、まず法の作動の直近の規定要因が何であるかに関心を集中すべきであり、ドグマ化しやすい「究極要因」などはもちろんのこと、中間的・間接的要因についても、把握・分析が容易でなく、取り上げるにしても近接要因について十分な検討を加えてからにすべきだと主張しているように読める。そのようなスタンスこそが「法的社会統制の現実のメカニズム」のリアルな理解に資するものであり、「法的社会統制に対し理論的であれ実践的であれ」生産的・有効だと論じているのではなかろうか。究極要因・中間要因の議論を云々していても、理論的な鋭さも実践

的効用も欠いた思弁に陥る危険があり，法の作動の直近の規定要因をこそ鋭くえぐり出し，そこに問題を見いだしてこそ理論的インパクトと制度改革に向けた説得力ある知的営為が可能になる。筆者には川島の記述はそう読めるし，そうした理解こそがなお，現代の法の社会科学的研究において訴える力があるのではなかろうか。川島はここで，先の言語学の比喩でいえば，ラングではなくパロールにこそ着目し，一般的抽象的理論よりも実際の現象の発現形態をこそ重視すべきと論じているのではなかろうか。

　第3に，川島は本書の中で，裁判にかかる時間や費用，また弁護士の少なさといった制度的要因が，訴訟の少なさを説明する主要因であるといえるかどうかを経験主義的考察によってすでに論じている。たとえば「(費用や時間がかかるという)事情が，多くの人々をして訴訟という方法を回避させるのだ，と考えられないわけではない。もちろん，それらは，その原因の一部であろうが，決して重要な決定的な原因，あるいは原因のすべてであるとは考えられない」とし，具体的な論拠を挙げて自己の主張の正当性を論証しようとしている。費用に関しては，それを気にする必要のない大企業や政府でも訴訟回避の傾向が見られること，時間に関しては，実際は短期に終結する事件も多いことを挙げ，これらは低訴訟率の「十分の理由とは考えられない」とし，「私には，むしろ現代の裁判制度と日本人の法意識とのずれということのほうが，この問題にとってはるかに重要であるように思われる」と結論する（川島　1967:137-139頁）。これらがコスト論の反証たりえているか，また自説の補強論拠たりえているかはいささかならず疑問であるが，そうした点よりむしろ，自説と対抗仮説とを経験的に吟味し，どちらがより説得的かを検証しようとする姿勢をこそ評価すべきであろう。なお彼が意識とコスト計算との2つをそれぞれ独立の決定要因と考えていることは，佐々木吉男の民事手続についての意識調査を紹介する中で「右の数字は，伝統的意識を示す回答よりもはるかに多いのであるから，一般的傾向としては，伝統的意識とは別の・訴訟手続の利害の打算による考慮がはたらく程度がつよくなっていることが知られる」とし，後者を「『権利』的考慮」と呼んでいることからも明らかである（川島　1967:185頁）。これと関連して弁護士が少ないことについて，それが「訴訟の数が少ないということの原因である

のか，結果であるのか，或いはまた原因でもあり結果でもあるのか（両方がたがいに作用しあっているのか）簡単には断定できない」としつつ，「訴訟をこのまない，むしろこれを避けたがる，という日本人の気持が，弁護士に相談することを少なくし訴訟を少なくすることの原因の一つだ」（川島 1967:136頁）とも述べており，ここでも近接因子の複数性は前提されている（ちなみにここにあるように弁護士数といった制度要因を「訴訟の少なさの結果」あるいは「相互的規定要因」と考えてしまう思惟の問題性についてはⅤで論じる）。

Ⅲ──川島テーゼの受容と批判

　訴訟回避傾向をめぐる議論の紹介としては，川島テーゼを「文化説」というかたちでその説明理論の嚆矢として示し，次にそれを批判する文脈で提出されてきた，利用コストや法曹人口の少なさ等といった制度的欠陥・環境要因に理由を求める「機能不全説」あるいは「費用説」，さらに訴訟を使わなくとも（もしくは使わないほうが）紛争当事者の満足が得られる仕組みとなっていることを根拠とする「予測可能性説」あるいは「管理モデル」といったものへと論を進めていくことがいわば定石である（棚瀬 1984:14-23頁，Tanase 1990:pp.653-657，ラムザイヤー 1990:15-28頁，和田 1994:190-214頁，宮澤 2000:219-231頁，塩谷 2001:73-85頁，佐藤 2002:204-212頁ほか）[6]。しかし，現在純粋に法文化のみに原因を求める立場は存在せず（上述のとおりの川島の議論からして，もともとそのような立場は存在しなかったともいえる），各論者がこれらの論争を踏まえた上で自説を展開し，あるいは折衷的議論を提示しているという状況である。であるから現状で求められるのは，これら古典的立論のさらなる吟味という屋上屋ではなく，そうした吟味をすでに行ってきた先行者の議論の検討，もしくはその行論のもつ問題性の指摘であって，またそのほうが生産的でもあろう。

　そうした意味での現在の議論の立て方は，とりあえず以下の3パターンに分けうるように思われる。第1は，法使用を規定するさまざまな因子を挙げ，それらを図式化する中に低訴訟率の問題も位置づける，いわば「多元論」。第2は，

上に挙げた「文化説」「機能不全説」「予測可能性説」の3理論の2つないしすべてを統合的に説明し、あるいはそれらは「卵と鶏」の関係だとする「統合・循環論」。最後に、諸説を踏まえつつなお特定の要因を強調する「単一論」である。ただしこれらは必ずしも相互に排他的ではなく、往々にして力点の違いにすぎない（なおこのカテゴリー分けからすると筆者の立場は機能不全を強調する単一論ということになる）。以下この類型をとりあえず踏まえつつ、従来の議論にみられる問題性につき論を進めていきたい。筆者の批判のポイントを先取りすると、「経験性の後退」「政治決定の不可視化」「批判的視座の喪失」ということになる。また煎じ詰めれば問題の本質は、これまでの議論が立場の如何にかかわらず、「法文化」なり「社会構成員の支持・受容」なりといった概念を、十分批判的に吟味することなく安易に参照してきたことに求められ、結局は「法文化」概念に対する批判に行き着く。

　まず多元論から検討していきたい。この立場は、たとえば法使用を規定する諸因子として「人格因子」「資源因子」「環境因子」「法制度因子」といったものを析出し、そうした諸因子の全体の布置の中で問題を考察しようとするスタンスである（六本 1986a:268-284頁）。ただしもちろんこうした図式は、法使用を説明するいわば一般的な説明枠組みであるから、問題はそうした図式において日本の訴訟回避傾向がいかに説明されるかである。多元論からは、法意識、コスト、法曹人口の少なさ等々を含む諸因子がそれぞれ複合的・同時的に訴訟抑止に効果を及ぼしており、またこれらの諸因子はお互いにもまた規定し合って、低訴訟率という均衡状態を作り出している、ということになろう。しかしさらに重要な理論的問題は、これら諸因子のそれぞれが低訴訟率をもたらす寄与率の大きさ、換言すればどれが主要因・決定的要因なのかという点や、各因子間の主従関係や因果系列、また諸因子をさらに規定するよりマクロな社会経済的因子のありよう、などといった点についてのより具体的な議論であろう。ありうる1つの立場は、こうした問題の考察は、理論で先験的・思弁的に措定される問題ではなく、ケースバイケースでもあり、まさに実証研究によって発見・検証さるべき経験的問題だ、とする謙抑的スタンスであろう。しかし実際の多元論は必ずしもそうした立場に徹しておらず、経験的検証性を必ずしも前提せ

ずに，一定の構造性をそこに見いだしているように思われる。たとえば，「(権利観念の欠如が) 日本において法的手段が使用される度合いが総体的に低いことの背景にある根本的な原因であるという，前記の川島の命題の基本的な正しさは，依然として失われていない」として，人格因子として「法観念」を重視し，また人格因子および法制度因子，さらに法的知識や経験，法律家等とのコネクションといった資源因子等をも「基底的」に規定するものとして「法文化」を強調するといった具合である（六本 1986a:272頁，2000:22-26頁）[7]。日本的法観念・法文化は，法制度の現実の作動過程，制度改革過程，改革の成否，さらにコスト計算等，一見合理的な判断の背後にも影響を落とし，さらに法文化は社会構造までにも「基底的な影響を与える」ものとされる（六本 1972:102,107頁，1998:7-9頁）。こうした文化要素は，法制度や法過程の理解，とくに「日本の法と社会の諸問題を解明する上で，欠くことのできない要素」であり，それを学問的論議の外に置いたのでは「事象の性質に即した正確な認識がえられず，元も子もなくな」り，「法現象の真の理解への道をはじめからふさぐ」ことになるとされる（六本 1995:183,187頁，1998:7頁）。さらに近年では，文化要素は「社会が環境の変化に対処する際の資源となり，またその連続性を保障する」「核のようなもの」と位置づけられるに至っている（六本 2003:349-352頁）。逆に文化に他の要因が作用することや，文化の長期的可変性が認められないわけではない（六本 1986a:217-218頁，2000:89頁）が，法文化やそのパロールともいうべき法観念・権利観念に大きな比重が置かれていることは否定しがたい。それゆえこうした議論は，多元論的に見えながらむしろ汎文化論的単一論というべきかもしれない。

Ⅳ——経験性の後退

こうした立論はしかし，経験性の後退という意味で川島の問題提起からの退行であるように筆者には感じられる。第1に，先に見たとおり川島はあくまでもまず，「法的社会統制を決定する行動にもっとも近接した社会現象」であり

「決定要因」といえるものが何かをこそ探るべきであり，それらが複数考えられる場合でも，そのうち最も重要なものは何かを資料に基づいて経験的に論証するべきであり，それこそが「法的社会統制の現実のメカニズム」を具体的に明らかにする科学的作業であると考えている。とすれば裁判利用の低さを規定する近接した決定要因として，「日本的法観念」(文化説)「制度のありよう」(機能不全説)「合理的計算」(予測可能性説) が示された場合，行われるべきは，どれを主軸とした説明が最も説得的か，どの要因が最も重要かを具体的論拠・経験的データを示して論じることであって，制度や合理計算の背後にも「法文化」が基底的に作用しているなどと断じることではないはずである。また文化説批判論者の基本的含意が，合理的計算や制度設計のあり方そのものが，文化や観念をもちださなくともそれ自体で「最も近接的な規定要因」「決定的な規定要因」であるとするものであり，それを補強・立証するとする経験的データをとりあえず示している (ヘイリー 1978，ラムザイヤー 1990:28-45頁。両説の有用なサマリーとして，宮澤 2000:224-228頁，和田 1994:195-198, 204-214頁) 以上，それを受ける文化説論者の反論は，経験科学的にいえばまず，合理計算や制度のありよう以上に「法観念・権利観念」が「決定的な規定要因」であり，または法文化が制度のありようや合理計算を決定的・第一次的に規定し，それらを規定する主たる独立変数であることを，対抗仮説と少なくとも同程度の説得力をもった具体的データによって示さねばならないはずである[8]。それができないとすれば，この水準においては，文化説が社会科学の仮説としては劣後していることを認めるべきであろう。対立仮説が採用したデータに弱さがあるとしても，自ら同程度の説得力ある対抗データを示すことなく，相手方を「問題の単純化」「背景因子の無視」「概念の無理解」「データに問題がある」等と切って捨てたところで，十分な反論とはいえず，法文化説の優位性を何ら保障するものでもない[9]。なお上記Ⅱで示したとおり，川島自身は，コスト問題という制度要因や「訴訟手続の利害の打算」が「伝統的意識とは別」であると明言した上で，自説の優位性を立証しようと努力しており，また弁護士の数が法意識問題とは独立の「訴訟の数が少ないということの原因」たりうることも示唆している。『日本人の法意識』がいかに不明確さや不完全さを含む著作であれ，こうした方法論的姿勢を

こそ，なお評価すべきであると考える。

　第2に，人格因子，法制度因子，資源因子等をも「基底的」に規定する要因としての「法文化」なるものは，これも先にⅡで見た川島の議論に即していえば，「もっとも近接した要因」を「決定する他の要因」の話であって，それについて論じることは，「それぞれの社会の法的社会統制そのものを明らかにするために，まずなされなければならない作業」ではなく，「最も近接した社会現象」が明らかにされた後にはじめて具体的に明らかになるべき，「中間の諸要因」のひとつというべきではなかろうか。しかし法文化説は「基底性」なる先験的想定をもちこむことで，こうした帰納的思考と対立する。もちろん帰納的積み上げばかりが社会科学の方法論ではないが，「個人や制度は社会の所産である」との社会学の全体論的アプローチにも似て，この法文化テーゼは真偽値をとりえず，反証も立証もできない。さらに文化要素を，社会変化の資源を提供しその連続性を保障する「核のようなもの」と位置づけるに至っては，それは二次的規定要因からさらに「究極要因」へと近づく階統を遡っていくことを意味しないだろうか。それはまた，「このような意味で何が『究極的』であるかは，研究者の問題関心，彼の実践的意図，彼の価値観と相関するであろう。それをはなれて，抽象的に何が究極的であるかを論ずることは，一種の教義学的態度であろう」とした，川島の批判の向かう位置に近づくことではないだろうか。

　この立場の最大の問題点は，文化の経験的把握が難しいとか，伝統文化といっても近代以降の産物ではないかといった点（宮澤　2000:229-230頁，高橋2002:56-57頁）よりもむしろ，結局のところどうして文化や観念の要素がそこまで重要な理論的位置を占めねばならないのか，それを考察の外に置いて日本の法の問題性は本当に十分に論じえないのか，等々についての説明が依然として不十分なことであろう。文化や観念が制度のありようを規定する上で重要な寄与因であることを，やはり文化説論者は経験的データに基づいて説得的に論証すべきなのである。[10]

　この点に関わって，ブランケンバーグの近年の論考が興味ある素材を提供している。彼はオランダと，隣接するドイツのノルトライン＝ヴェストファリア州について，両者が言語的・文化的・経済的・社会構造的にきわめて似通って

おり（その間の差異は，後者と，同じドイツ内のプロシアやババリアとの間の差異より小さい，とする），さらに実体法的にも手続法的にも類似の法体系を有するにもかかわらず，前者の訴訟率は欧州最低レベル，後者は最高レベルなのはどう説明されるべきか，という問題の立て方をしている（Blankenburg 1997）。そして法律家の数やADRの発達程度，裁判制度の利用のしやすさ等の差異といった制度的要因にその原因を求めている。いうまでもなく日本はオランダよりさらに訴訟率が低いのであるから，これだけでは日本の状況についての文化説的説明を覆す反証にはならないが，制度要因だけでもたらされうるバリエーションの大きさを示す例証にはなりえよう。同一文化間でも相当の訴訟率の差異がもたらされうるとすれば，異文化間の訴訟率の差異の説明も，文化的差異をもちだすことなく，法曹人口，ADRの発達，裁判制度の使いにくさといったもののみで，十分説明しうるかもしれない。試みに民事事件（家事，行政，労働，社会保障事件等を含む）第一審新受件数を弁護士人口あたりで比較すると，日本を1として，ドイツは1.14，フランス1.68，イギリス1.00，アメリカ0.69，オランダ1.35となり，日本の数字は先進国中何ら特異なものではなくなってしまう。同じ計算を裁判官人口あたりで行った結果も興味深い。この場合，日本を1として，ドイツは1.04，フランス1.41，イギリス3.74，アメリカ2.98，オランダ1.00となり，大陸法系と英米法系とで分かれ，日本は前者の特質をはっきりと示しそこに属することが明らかである。[11]法曹の数を統制したときに見せるこうした日本の「普通の顔」は，司法制度がいわば丸ごとミニチュアであり，訴訟が少ないのはその一側面にすぎないのであり，司法の容量に比べて訴訟数が相対的に少ないといったことが問題なのではないことを示しており，訴訟率において制度的要因がもつ規定力の大きさを示唆しているといえるのではなかろうか。

　さらに機能不全説や予測可能性説を批判し，法文化の影響を再評価したともされるヴォルシュレーガーの議論についても触れておく。彼は複数の国の司法機関利用率と日本のそれとを通時的・共時的に比較検討し，日本におけるその低さとその近代以前からの連続性の原因は，伝統的な社会構造の安定性・継続性に求めるほかなく，変化の兆しは見られるものの，今後も欧米との差は残り続けるだろうと結論する。そしていくつかの修正と留保をつけつつ，川島説を

原則的に支持している（ヴォルシュレーガー 2001）。

　しかし筆者のみるところ，彼の議論で最も評価すべきは，それが法文化説を支持しているといったことではなく，むしろ逆に法文化といった経験的に検証困難な間主観的要因を強調せず，伝統的「社会構造」といった，より触知しやすく社会学的に了解しやすい一般概念を使って現象を説明した点にある。彼の立場は，特殊日本的特質を強調する文化説ではなく，いわば社会構造説とでもいうべきもので，そこで示された現象は，濃密な人間関係をある程度温存しつつ経済発展に成功したような非西欧型産業社会ならどこでも，歴史のある時点までは当てはまりうるような発展のパターンを示唆しているのかもしれない。しかし他方で彼のいう「社会構造」なるものは，「本質的に農業的な性格」「家父長的な社会構造」「終身雇用制度」「安定した近隣関係」「裁判外処理メカニズムの継続性」「数世紀にわたって安定的に継続してきた，規範の執行とインフォーマルな紛争処理の社会構造」等とされるものの，その実質はなお十分明らかでない（同 750-756頁）。仮にそれが意味するものが，川島の論じたような伝統的農村共同体であるなら，都市化した現代日本社会のもとではその存続はきわめて疑わしい。終身雇用制度は別に伝統的なものではないが，それはともかくとしてもこの日本の「伝統」でさえ大きく変わりつつある。結局彼のいうところの「社会構造」「歴史的基盤」「伝統主義的説明」といったものは，曖昧なままである。

　思うにヴォルシュレーガーの議論の根本的な問題点は，日本では前近代から一貫して訴訟率が低いことから，伝統的社会構造がその原因であると一足飛びに断定している点にある。いわゆる「機能不全説」のインプリケーションが，前近代の政治体制は訴訟抑止的であり，近代以降も同様の「小さい司法」維持政策がとられ続けてきた，ということだとすると，ヴォルシュレーガーの以上の議論はこれと矛盾しないどころか，それを補強するものとも読みうるのではなかろうか。「社会構成員が訴訟を起こそうにも，社会構造も司法制度もそれに対して抑止的である」とする理解と，「人間関係や紛争に関する考え方が近代司法の原理と齟齬するから，訴訟は起こされない」という説明とは，別物というべきであって，ヴォルシュレーガーの議論は前者とは矛盾せず，後者について

は否定も肯定もしていない（参照，同761-762頁，大木1983:5章）。

V――政治決定の不可視化

　多元論が実際にはこのように文化要素を強調するものだとすると，統合・循環論は文化も制度も相互規定的あるいはコインの両面であるとし，もしくはどちらが先ともいえず循環論法なので説明になりえないと考えるものである。文化を強調する立場も，上述のように制度のありようの背後に「基底的因子」として文化を見，他方で文化も，長期的には制度の変革その他各種要因によって徐々に変動していくことを認めるかぎりで，同じ発想を共有しているといってよい。この論法は，訴訟回避問題を扱う際の常套句というべきほど広く見られる。たとえば，「日本人が裁判に訴えて『権利のための闘争』を展開しようとしないのは裁判制度の不備によると指摘できるのと同様に，裁判制度が不備であるのは日本人が強い権利意識をもたないからだ，とも考えられる。鶏と卵とどちらが先か，というような話」（村上1983:274頁），「法曹人口が少ないことも……すべて，さらにその背後に日本的な何か（文化・意識）があって，その従属変数としてもろもろの『行為状況』が存在するという関係になっていることを否定しきれない」（和田1994:198頁），「日本社会の弁護士の少なさ……などが交通事故の紛争解決における訴訟利用の少なさを説明するとしても，そのもっと背後に……特殊日本的な何ものかがそこにあると考えるのは，きわめて合理的な推論であります。その意味では，状況規定モデル（馬場注：≒機能不全説）が独立変数として措定したもの自体が，実は本当の意味で独立ではなく，暗黙のうちに当該社会の人々自身によって選択されたもの，あるいは少なくともその意識にとって違和感を持たれない適合度の高いものとしてふるいにかけられた，そうしたまさに法意識の従属変数であります」（棚瀬　1984:18-19頁），「日本人の法的実践を，もっぱら文化あるいは構造の産物として考えるのではなく，文化と構造の影響が織りなす複雑な網の一部として考えるところから出発しなくてはならない」（フェルドマン2003:149頁）[13]等々（六本2000:29,89頁，加藤1995:193頁，塩谷

2001:84頁なども参照)。文化と制度との関係ではないが，川島も弁護士の少なさと訴訟の少なさとの先後関係につき同じような発想をしていることは，Ⅱの末尾で指摘したとおりである。

　これらは，訴訟回避文化と制度の貧困とのどちらが独立変数でどちらが従属変数であるとは簡単に決められない，あるいは制度のありようは法意識の従属変数とも見うるとする発想に立つ点で共通している。またこれらは，司法制度の改革だけでいわゆる日本人の訴訟回避行動等が改善されるものとはいえないとか，文化的伝統を無視した制度改革は成功しえないとの議論に結びつくこともある（六本 1998:9頁，村上 1983:285頁）。[14]

　こうした議論の根本的な問題点は，特定の社会制度の存在保障を，文化的伝統や人々の意識や選択と結びつけているところにある。しかるに社会制度は，必ずしも多数の社会構成員の明示黙示の支持がなければ存続しえない，というものではない。たとえばある社会制度の存在が，平穏な社会生活を送りえている限り多くの人にとってとくに意識する必要のないものであれば，それは無関心によって，あるいは漠然と無批判に，存続を保障されうる。またある社会制度が有力な既得権と結びついている場合，それは変革に対して相当の抵抗を示すものであり，とくにそれが一般構成員にもたらしうる不利益が拡散的あるいは不特定的なものである場合，そもそも変革のモメントさえ生じにくい。社会制度の安定的存在がどのよう保障されているかは，探求されるべき問題であり，前提されるべき問題ではない。

　日本における「小さな司法」が，社会意識や構成員の支持と相関的あるいは従属的関係にあるとする議論は，一見もっともらしいが，子細に見ていくとその前提はきわめて疑わしい。司法制度が「小さい」とか「使いにくい」とかということは，要は法曹人口が少ない，法律扶助制度が貧困である，司法予算が低い，手続が旧態依然等々といったことがらの総称にすぎない。そうしてこのように個々に分析的に見ていけばいくほど，それは「法意識」や「社会構成員の支持」の問題ではなく，その時々の政策決定者・制度管理者の意思決定の問題であり，具体的・歴史的な政治過程・政策選択の問題であることが了解される。たとえば日本に法曹人口が少ないことは，第一次的には司法試験合格者が

少なく維持されてきたことの歴史的蓄積の結果であって，それが長期にわたって毎年500人に押さえられてきたことが，「法意識」や「社会的支持」に間接的にであれ規定されているとするのは，かなり疑わしい想定，あるいはあまりに雑な想定である。その原因はむしろ，法曹人口を少数の現状のままで維持し，増員に抵抗しようとする法曹界等の既得権の存在にこそ求めるべきである。または法曹人口増加といった拡散的かつ専門的な利益に関わる改革運動が組織されにくいこと，それゆえまた長期にわたり法律家を増やすよう求める圧力にさらされず，変化へのインセンティヴをもたなかった政策決定者および政策過程といったものに求めるべきである。あるいはまた，明治期以来の行政国家のありようや，他の先進国では法曹人口増加が目指された1970年頃の日本の政治状況・法曹内部の対立状況が，増員政策を遠のかせた一要因となったという歴史的事情に求めるべきである。[15] 同じことは少額な司法予算，司法手続の使いにくさ，法律扶助の貧困等々，他の問題についていえる。交通事故紛争処理のためなどのADRの発達にしても，第一義的には「小さな司法」政策を所与とせざるをえない中での適応的な政策選択の結果とみるべきであろう。[16] 以上のことは，近年の司法改革が複雑な政治過程の産物であり，単純に法意識・法文化や社会的支持の変化の帰結とはいいえないという，あまりにも明白な事態に照らしても明らかである。[17] すなわち制度のありようは，意識・文化の従属変数であるとは簡単にはいえないのであって，両者の間の相関さえ高いと想定することは必ずしもいえず，また意識・文化以上に決定的な制度の規定要因はいくつも考えられるのである（大木 1983:220頁）。

　それゆえこれら政治状況・歴史状況の規定要因，あるいは政策決定者や法曹の政策選択の背後の規定要因として，「法意識」「社会の支持」をもちだすことは，荒唐無稽とまではいわないとしても，きわめて恣意的な想定なのである。ある政策が維持されるのは，「意識」「文化」の問題であるというよりも，各種の利益衡量や政治的力関係の布置，係争利益の特性や歴史的条件に規定される問題というべきだからである。「文化は制度を規定する」などという主張は，「国民はそれに相応した政府しかもちえない」といった類のアフォリズム程度の意味しかもたない。日本の司法の現実は日本人の法意識・法文化に規定されて

いるといった議論は，日本の政治の現実，経済の現実が日本人の政治文化，経済観念によって規定されているなどとするのと同レベルのレトリックであり，まったく意味がないとはいわないにせよ，個々の政治過程，政策決定，歴史的条件の具体的検討に比べて，その理解に資するところが多い議論とはいえない。またそもそもマクロな歴史的視点から見れば，近現代の政治権力が既存の文化的伝統に抗して大きな社会変革や制度構築をなしとげようとし，その結果大きな意識変化・社会変化がもたらされることはむしろ通常の事態というべきである。制度の背後にはその歴史性と政治性とをこそ見るべきであり，「法意識」「社会の支持」をもちだす議論は，制度が歴史的，政治的存在であることを不可視化してしまい，制度が維持されることが第一義的には政治過程の問題であることを後景に追いやり，それを日本人一般に帰責させることで曖昧化するイデオロギー機能をももちうるように思われる（参照，高橋 2002:17-22,39-41,64-66頁，宮澤 1994:59-65頁）[18]。

Ⅵ──批判的視座の再興──川島法意識論の何を捨て，何を救うべきか──

　訴訟回避傾向を軸としたこれまでの「法意識論」をめぐる語りの第3の問題性は，そこでは原点たる川島法意識論が法と社会の現状に対してもちえていた，批判的視座が失われがちであることである。繰り返すまでもないが，川島が近代法の日本への定着の必要を訴えたのは，その定着が近代市民社会の確立と同値であると位置づけられ，それゆえ自由や人権，主体的個人の確立・尊重，理性と人間性の重視といった近代市民社会の諸理念を日本社会に根づかせることに等しいことと捉えられたからにほかならない。また日本の伝統的な法観念・法文化を批判的に捉えたのは，それがこれら諸々の理念性をもちえず，むしろそれと敵対的な規範秩序であって，抑圧や支配，搾取に適合的で，自由で民主的な社会を構築するには逆機能的であると捉えたがゆえである。しかしこうした戦後啓蒙は，日本社会が経済的に発展し，政治的にも安定し，また消費社会化・大衆社会化が進展するに及んで，その社会的基盤を失うことになる。憧憬

とともに参照された西欧先進国も，その実態が知られるとともに是々非々で論じられるようになり，反面として非西欧世界や日本の伝統的価値あるいは固有の価値の意義も見直され，文化相対主義的見方が，成長至上主義の限界の認識とも共鳴しつつ，浸透していく。思想面においても，ポストモダンが近代主義をやり玉に挙げるに及び，自由や人権，主体的自我や自律や理性を称揚することは，何かそれ自体抑圧に荷担することであるかのごとき言説まで登場する。

　こうした社会的・知的環境の中では，川島の批判性が骨抜きとなることは避けがたい。西欧近代の理念が絶対的でなく，それゆえ近代法や近代司法の価値も相対的なものであるならば，どうしてその定着をことさらに唱道する必要があるのか。日本人の法観念や法文化，契約慣行も一概に否定の対象とするばかりでなく，それなりに評価すべきものを含むとしたら，ことさらにその否定面ばかりを強調するのは一面的ではないか。西欧と日本のそれぞれの長所の取入れと調和をこそ目指すべきではないか。日本の司法制度の現状が，そのような法意識や法文化，また社会構成員の支持に支えられているならば，なぜそれをあえて変える必要があるのか。それなりに機能的に作動している制度の現状の何が問題なのか。文化や意識が徐々にしか変わらない以上，ことさら変革を求める実践的・啓蒙的議論など，不純な政治性を研究にもちこむものであって，むしろ求められるのは実践性とは距離を置いた地道な経験研究や理論構築であるべきではないか，等々。このような見解が率直に吐露されることはあまりないにせよ，筆者には川島テーゼの法社会学・法学におけるその後の受容と承継の基本は，政治的スタンスからいえば，少数の例外を除いてこうしたものであったというほかないのではないかと感じられる。しかしそうした「緩い」スタンスが，既存の法実践，法制度，法律学へ鋭い問題提起と自らの生きる社会の現実に対する批判的認識とを有し続けてきた，法社会学の知的伝統からしてはたして評価しうるものといえるのであろうか。またこうした相対主義的思考が，社会科学としての法社会学から知的興奮と問題喚起力を奪っている可能性にも，目を向けてみる必要性がありはしないだろうか。

　以上「日本で訴訟が少ない理由として第一に挙げられるべきは，制度がそのようなものとして設計・維持されてきたためであるということであり，いわゆ

る『法観念』や『法文化』といった要因は，考慮に入れる必要はない」と筆者が考える理由，そう考えることが説明モデルとしても説得力が高く，批判的な現象理解の上でも，実践的含意の点でも，より優れた視点を提供することを論じた。最後に要約すると以下のとおりである。

制度の存立は意識・文化とは独立に保障されうるし，意識・文化がそれを規定しているなどという議論には経験的に十分な根拠もない。とすれば司法制度が小さく使いにくいという動かしがたい事情がある以上，機能不全説の優位は動かしがたいというべきである。なおヴォルシュレーガーのいうように，訴訟抑止の要因は司法制度の側だけでなく，伝統的共同体であれ日本型企業組織であれ，社会構造の側にも存在している可能性もあるが，それは機能不全説と両立する議論であって，司法制度も社会構造もさらに意識・文化に規定されているなどといった観念的思弁とは異なる問題把握であって，それなりの具体性と説得力を備えている。またこうした理解は，批判さるべき対象として理論的にも実践的にも，具体的な司法制度や社会構造を措定することができ，「意識」「文化」などといった曖昧で批判的議論の俎上に乗せにくい観念を対象とする議論よりも生産的であり，法と社会のありようにつねに批判的な視座を保ち続ける法社会学の知的伝統からいっても望ましいものというべきである。

日本における訴訟回避傾向についての説明として機能不全論が否定されるとすれば，法曹人口が大幅に増え，また司法が誰の目にも十分使いやすいものへと改革されたもかかわらず，なお多くの人が他者の目や社会的圧力を恐れてそれを利用しない場合，あるいは司法的処理が望ましい事件までいたずらにADRによる解決にもちこんでそれ以上を望まないといった場合であろう。しかしその場合立ち返るべきは川島の批判的視線でこそあれ，文化相対主義的な弛緩したそれであってはならないはずである。[20]

1) 「法文化」をめぐる内外の議論のレビューとしては，フェルドマン（2003:7章）が包括的かつ興味深い視点を提供している。また法意識概念の分析的検討とそれに関わる議論の整理については，いうまでもなく六本（1986:5章）が詳細である。
2) 社会科学研究の政治的ポジションを指摘する意義につき，馬場（2002）参照。
3) その近年の最も洗練された試みとして棚瀬（2001）がある。ただしここでは，提訴さ

れながら審理が開かれなかったか1度だけしか開かれなかった事件を除いたものを「実質的争訟事件」とし，それが戦後50年大きな変化を見ていないことをもって，「日本社会に固有の構造が繰り返すという構造化仮説も否定できない」(同320頁)ことの大きな根拠とするが，疑問なしとしない。ここで除かれたような事件の増加が各種訴訟類型で見られるならば，それはやはり裁判利用の活性化と見るべきものだと考えられるからである。六本(2000:215-220頁)の議論などと合わせると，近年こうした意味での活性化はやはり進みつつあると感じられ，「日本社会に固有の構造が繰り返す」という想定は，少なくとも訴訟率の変化からは簡単には取りえないと考える。それゆえそこでのヘイリーの機能不全説に対する批判(棚瀬2001:299-300頁)にも同意しえない(この点についてはさらに本文Vも参照)。なおここでいわれる「日本社会に固有の構造」とか「社会の基底的な意識」(同290頁)とはどういうものか，筆者には不明である。

4) なおこのように法意識を個人の内面のレベルでいわば意思主義的に捉える姿勢の中には，封建的・後進的な国民の価値意識を批判する戦後啓蒙の旗手川島の姿に加えて，民法学者川島の姿を見いだすことも可能かもしれない。

5) 樫村志郎は，川島のこうした個人の内面に照準した問題設定の問題点を，多面的に指摘する(樫村1994:239-265頁)。とくにそうしたアプローチが，法行為に「『制度的な条件』が寄与している事実を見えにくくしてしまうおそれがある」ことを指摘している点は本稿の問題意識と通じる(同261頁)。ただしここでは日本の低訴訟率の原因については論じられていない。

6) 本稿では日本における訴訟選択率が低いことは議論の前提である。この点についての検討は，本稿で引用した多くの文献の記述に譲る。

7) 他方初期に書かれたもの(六本1972:102-107頁)においては，コスト要因に比較的独立した位置づけが与えられている。

8) 和田(1994:212-213頁)では，「文化説」は「(法的権利を)"追求しにくい心情がある"といった，行動以前の次元に焦点を当てたものとして理解されねばならないと思われる」として，ラムザイヤーの取り上げる交通事故の事例は，なんら「人の目」に照らしても「恥ずかしい」ものではないから権利実現行動が十分に行われることは，文化説と矛盾せず，問題なのはこうした「人の目」に照らして「恥ずかしい」と感じられる場合なのだと反論する。しかしそうすると文化説は権利追求行動のうちの「恥ずかしい」事例のみに当てはまる特殊な説明枠組みだということになり，川島の予定した法行動の一般的説明理論ではなくなることになる。また一体どのような紛争類型がそうした「恥ずかしい」ものといえるのかという厄介な問題を抱え込む。なおここでも「『文化説』自体を直接に行動の次元で検証することには多少の無理がある」(同213頁)として，経験的検証の道ははじめから塞がれてしまっている。

9) 文化説を基本的に支持する六本佳平は，日本的特殊性を強調することがかえって現代的な共通状況を理解する妨げになるとの内田貴の指摘に対して，「これは……経験的資料によって文化因子が実際に重要でないことを論証するものではない」(六本1995:187頁)と論じつつ，別の文脈では「法文化の因子の作用は，経験的なデータによって捉えるこ

とが難しい」からといって「法文化の因子を学問的議論の外においてしまうことは，法現象の真の理解への道をはじめからふさぐことにつながるのではなかろうか」（六本 1998:7頁）と述べる。また戦前戦後の訴訟率のありようが法意識論と矛盾するとのヘイリーの指摘に対して，「訴訟件数の消長は……多種多様な因子を反映するものと考えられるのであり，それを法意識の消長の指標として用いることは困難であろう」（六本 1986b:300頁）としつつ，他方で「この70年代後半以降の民事訴訟件数は，人口比訴訟率で見ると，はじめて欧米先進国に似た水準に達したことを示すものであるとはいえ，それに達する速度がはるかに遅く，またその水準も低いものであるところから，法文化の影響が否定できない」（六本 2000:218頁）とも論じる。控え目にいってきわめてわかりにくい主張というほかない。

10) コトレルは，フリードマンの用いる「法文化」概念につき，それが曖昧・多義的であるとして，経験科学の分析概念としての使用には否定的である（Cotterrell 1997）。

11) オランダを除く諸外国のデータは，広渡編（2003）の巻末資料（415-432頁）の数字を利用。統計数字は2000年前後のものがほとんどである。オランダについてはBlankenburg（1997:pp.48-49）掲載のデータ（1990年）を利用。日本の数字は1999年のもので，林屋・菅原編（2001:178,182,204頁）を用いた。なお裁判官は簡裁判事を含み，事件数は地簡裁の合計である。

12) 訳者の佐藤岩夫による解説も参照（ヴォルシュレーガー 2001:773-775頁）。また井上達夫も，現代日本の病理として「中間団体の専制」による個人（と国家）の無力化を挙げ，その根絶と「毅然たる法治国家」「強い司法」の実現を提唱する（井上 2001:285-295頁）。

13) ただしフェルドマンは，法や権利の研究を訴訟提起数や法律学的概念枠組みにとらわれず，もっと広い社会的文脈の中で検討する重要性を強調しており，訴訟提起数の多寡は問題としていない。それゆえ訴訟回避傾向の経験的な説明をしているわけではないが，それでもそこにこのような視角を持ち込む限りで，本稿で述べた批判を免れない。

14) こうした文化的伝統の影響を強調する議論に対しては逆に，近代的装置や権力の規定力をあまりに軽視した議論だと同じ論法で批判しえよう。

15) ヘイリーは以上のことを「日本が，より多くの裁判官・弁護士を生みださないという怠慢は，明らかに政府の政策の結果である」と簡明に述べる（ヘイリー 1978:（下）16頁）。おそらく彼は，こうした司法政策の背後に「法文化による基底的規定」や「社会成員の支持」がある云々の議論が出てこようとは予想しなかったに違いない。なお機能不全説の含意を，そうした制度を「エリートが意図的に導入した」「操作・コントロールしている」とみる議論がある（フェルドマン 2003:147-148頁，Tanase 1990: pp.655-657）。「エリートの意図」を目的と手段を明確に意識した実体的集合的なものとみるなら，それはいわゆる陰謀理論的なものに近づこう。他方本稿で述べたような，歴史的政治的構造に規定された政策担当者，制度管理者の無関心や無批判な現状肯定，既得権保持意識をも含めて「エリートの意図」と呼ぶことができるなら，日本の司法制度の現状はそうした意図によって支えられてきたといって差し支えないであろう。

16) いわゆる「予測可能性説」や「管理モデル」においては，日本の紛争処理における ADR の発達の背後にあるこうしたマクロな歴史的政治的背景についての議論が弱く，それを利用者の「満足」「意思」「文化的伝統」あるいはその巧妙な「管理」等と結びつけて論じている点に問題を感じる。Tanase（1990）の議論も，エリートの意図をかなり実体的なものとして捉えているように感じられ，その点疑問である。なお交通事故という研究対象からの結論の一般化可能性については，議論の余地があることはよく論じられるとおりである（フット 1995:198-200 頁。なお宮澤 2000:228 頁も参照）。なお「予測可能性説」として取り上げられることの多いラムザイヤーだが，日本における独禁法違反訴訟の障害を論じた議論（Ramseyer 1985）など，「機能不全説」そのものであるといっても過言でない。

17) 司法制度を強化するなどの改革で「現在存在する社会構造は必然的に掘り崩されるだろう。徳川幕府が日本に対してなしたことは，一人のヘンリー二世がひっくり返すことができるであろう」とするヘイリーの記述に対して，六本は，「この驚くべき非歴史的な想定はレトリックとして論外とするとしても，問題は，かれがそのような改革もその『社会構造』を通じてなされるほかないということを無視していることであろう」とする（六本 1986b:302 頁）。中間勢力を押さえ，中央権力と地方住民との接触面を広げ，陪審や巡回裁判を制度化して法を合理化し，今日のコモンロー体制の礎を築いたとされる，司法改革で知られるこの国王（参照，青山・今井編 1982:53-54 頁）を，現代日本の法制度の改革可能性を論じる文脈で持ち出すことがなぜ「驚くべき非歴史的な想定」なのか理解に苦しむが，それはともかく，問題は，そのような改革は政治権力によってなされるほかなく，その結果社会構造をも変えうるものであることが，ここでは無視されていることであろう。なお六本の最近の著書では，「法制度因子は，政治的な条件が成熟すれば，人為的に変更することが可能である。その意味で，理論上はともかく，実践的には，法制度因子の重要性がより大きいと言える」とされる（六本 2000:89 頁）。しかし筆者には，なぜ法制度因子が，「理論上」文化因子より「重要性が大きい」といえないのか一向に不明である。

18) 筆者は，従来の日本の法社会学における「（法）文化」の理解が，社会成層の差異や状況定義の権力性・政治性を視野の外に置きがちないわば統合理論的説明になりがちであることを批判し，「『文化』による説明というのは……安易に行われた場合には他の分析対象を見失わせる危険性がある」として，「文化」のもつイデオロギー機能を指摘し，法過程を検討する上での文化の強調に消極的立場をとる宮澤節生の立場を基本的に支持するものである（宮澤 1994:59-65 頁）。ただし，日本人の訴訟回避文化を「認知的不協和」理論を援用して，「自己の客観的利益に反するにもかかわらず」支持されているものと説明したうえで機能不全説と統合するその立論は支持できない（宮澤 2000:228-230 頁）。訴訟回避傾向を，下位カーストや奴隷身分なみの被抑圧者の諦念と同一視するのは無理であり，そもそも法使用のコストと独立に「自己の客観的利益」を論じうるのかどうかも素朴に疑問である。一定レベル以上であれば欲求水準は相対的なものであり，社会成層の低位の者の間にあっても，法使用のチャネルが貧困であることで極端な不利益を受

ける者がこれまた相対的に少数であって，さらにその不利益が拡散的であるため，認知的不協和なども（研究者の思惟の中を除いては）起こすことなく漫然と日常を生きている多数者によって，司法を使わざるをえない少数者が不利益を強いられている，という構図のほうが，現状をよりよく説明する社会学的リアリズムというものであろう。本稿で論じたとおり制度の維持が必ずしも一般社会構成員の支持にも虚偽意識にも支えられる必要がないのと同様，その改革も「一般国民の多くが……自己の利益が損なわれていることを明確に自覚するとともに……既存の法制度が人為的・可変的であることを理解」（同230頁）することを待たずに進行しうることは，12世紀のヘンリー２世の治世でも現代日本にあっても同様である。せいぜい言いうるとすれば，改革が一般に支持されえないようなものであれば，それは定着しえないであろうといった程度のことであろう。訴訟選択率の社会学的説明のためには，文化論的説明は棄却すればよいだけの話であり，無理矢理統合して説明の説得力を失わせてしまうことはない。虚偽意識論や「真理への覚醒」などは，訴訟選択などという地味な問題にではなく，よりスリリングな現代社会の一般理論のためにとっておくべきものである。

19) 他方でこうした衰退の原因の一部は，川島自身あるいは川島理論自身の二面性にも求めうるように思われる。戦後啓蒙の旗手としての川島には，政治権力・支配被支配の権力関係へのリアルな視線が感じられる一方，民法学者としての川島には，社会関係を構成員の内心に着眼して分析していく方法論的個人主義や，直接的な政治性・権力性とは距離をとった社会観が現れる。前者の批判的姿勢は，マルクス主義法学に受け継がれていくものの大きな流れとはならず，結局民事法的オリエンテーションが強い研究者集団の姿勢と時代状況とが重なる中で，後者の側面が権力性・政治性を排した法意識論・法文化論へと展開していったのではなかろうか。なお高橋（2002:37-42頁）は，川島の議論の批判力が低下した事情を，旧家族制度復活阻止という当時の政治問題との関わりで論じている。ちなみに高橋の本著第１章は，本稿の問題意識と通じるところが多い。

20) なおいうまでもないが，筆者は日本的な法観念や法文化，あるいは日本社会の固有の特性といったものが存在しないとか，そのようなものをそれ自体として研究することに意義がないとか主張しているわけではない。あくまで低訴訟率の説明要因としてそういうものをもちだすことは説得的でないといっているに過ぎない。また批判的姿勢を強調することが，戦後啓蒙や近代主義に単純に回帰することを意味するものでないこともいうまでもない。なお棚瀬（2001:319-320頁）は，現実の権利意識の伸長が，川島の理念的なそれとはずれうるもの，場合によっては危うさを孕むものであることを指摘する。そのとおりかもしれないが，日本の司法の機能不全の存在やその改革の必要を否定する趣旨ではないであろう。実際ここでは，弁護士の数といった制度的要因が訴訟数と大きく関連していることが，強く示唆されている（同296-296,310頁）。

〔引用文献〕

青山吉信・今井宏編（1982）『概説イギリス史〔新版〕』有斐閣．

馬場健一（2002）「『科学的』調査と研究者の政治責任」法社会学57号170-190頁.
Blankenburg, Erhard（1997）, "Civil Litigation Rates as Indicators for Legal Cultures," in Nelken, David（ed.）, *Comparing Legal Cultures*, Dartmouth, pp.41-68.
Cotterrell, Roger（1997）, "The Concept of Legal Culture," in Nelken, David（ed.）, *Comparing Legal Cultures*, Dartmouth, pp.13-31.
フェルドマン，エリック・A（2003）『日本における権利のかたち』（山下篤子訳）現代人文社.
フット，ダニエル（1995）「日本における交通事故紛争の解決と司法積極主義」（芹澤英明訳）石井紫郎・樋口範雄編『外から見た日本法』東京大学出版会，183-214頁.
林屋礼二・菅原郁夫編著（2001）『データムック民事訴訟〔第2版〕』有斐閣.
ヘイリー，ジョン・O（1978）「裁判嫌いの神話（上）（下）」（加藤新太郎訳）判例時報902号14-22頁，907号13-20頁.
広渡清吾編（2003）『法曹の比較法社会学』東京大学出版会.
井上達夫（2001）「何のための司法改革か」井上達夫・河合幹雄編『体制変革としての司法改革』信山社，285-322頁.
樫村志郎（1994）「権利意識と法行為」棚瀬孝雄編『現代法社会学入門』法律文化社，239-265頁.
加藤雅信（1995）「日本人の法意識」法社会学47号190-195頁.
川島武宜（1967）『日本人の法意識』岩波書店.
ミルズ，C. W.（1965）『社会学的想像力』（鈴木広訳）紀伊國屋書店.
宮澤節生（1994）『法過程のリアリティ』信山社.
——（2000）「訴訟嫌い（？）の日本人」渡部・宮澤・木佐・吉野・佐藤『テキストブック現代司法〔第4版〕』日本評論社，219-231頁.
村上淳一（1983）『「権利のための闘争」を読む』岩波書店.
大木雅夫（1983）『日本人の法観念』東京大学出版会.
Ramseyer, J. Mark（1985）, "The Costs of the Consensual Myth : Antitrust Enforcement and Institutional Barriers to Litigation in Japan," 94 *The Yale Law Journal*, pp.604-645.
ラムザイヤー，マーク（1990）『法と経済学』弘文堂.
六本佳平（1972）「裁判所外の紛争解決」川島武宜編『法社会学講座6』岩波書店，91-114頁.
——（1986a）『法社会学』有斐閣.
——（1986b）「日本人の法意識再訪」望月礼二郎・樋口陽一・安藤次男編『法と法過程』創文社，279-305頁.

―― (1995)「法社会学研究における法文化」法社会学47号183-189頁.
―― (1998)「日本の法社会学と法文化」日本法社会学会編『法社会学の新地平』有斐閣2-10頁.
―― (2000)『日本の法システム』放送大学教材.
―― (2003)『日本法文化の形成』放送大学教材.
佐藤岩夫 (2002)「＜司法と法＞を考える」西谷敏・笹倉秀夫編『新現代法学入門』法律文化社, 204-225頁.
塩谷弘康 (2001)「法意識と法文化」大橋・奥山・塩谷・鈴木・林・前川・森本著『レクチャー法社会学』法律文化社, 73-95頁.
高橋眞 (2002)『日本的法意識論再考』ミネルヴァ書房.
棚瀬孝雄 (1984)「法意識研究のモデル」法社会学36号14-23頁.
―― (2001)「訴訟利用と近代化仮説」青山・伊藤・高橋・高見・高田・長谷部編『民事訴訟法理論の新たな構築（上）』有斐閣, 288-321頁.
Tanase, Takao (1990), "The Management of Disputes: Automobile Accident Compensation in Japan," 24 *Law and Society Review*, pp.651-691.
ヴォルシュレーガー，クリスチャン (2001)「民事訴訟の比較歴史分析」（佐藤岩夫訳）法学雑誌48巻2号502-540頁，3号731-776頁.
和田安弘 (1994)『法と紛争の社会学』世界思想社.

〔付記〕　棚瀬孝雄先生の還暦を謹んでお祝い申し上げる。先生の門下でなければ自分のような問題児が研究者として生きていくことはできなかったであろう。このような論考も，棚瀬シューレの自由さの証としてきっと寛容に受け止めていただけることと思う。

第 3 部

法の語りと法技法

技法としての法

和田仁孝

I——法のアンビバレンスと技法論の欠落

　法はアンビバレントな存在である。
　それは一方で，あらゆる状況に一般的に適用される普遍性，客観性，体系性をともなった規範ルールのシステムとして理解されている。法専門家は，その細部の細やかな矛盾の存在や現実的適合性の不完全さを知悉しつつ，なお，あり得べき法の理念，理想として，この一般性・普遍性を，その本質的特性として標榜しようとする。一般の人々もまた，法が一般性・普遍性をもつ中立公平なルールのシステムであることに期待を寄せている。実際の司法の作動状況が批判される際にも，そこでは中立公平で普遍的なルール体系としての法という理想が，批判の準拠点として援用されることになる。
　しかし，法は他方で，そもそも，この普遍性・一般性といった特質を自ら脅かす側面を，理論的にも制度的にも内包している。それは端的に，法律家というものの存在と，それが「専門家」たり得る本質的要素に表現されている。法が一般的，普遍的に固定された明晰な規範体系であるとすれば，とくに専門家の介在を必要とせず，人々にその意義を正確に伝達することが可能であるし，それにしたがって争うことも個々人のレベルで可能なはずだからである。もちろん，知識・情報としての量や複雑さが，一般の人々が予め知悉し得る限度を超えているということはできるだろう。しかし，それだけなら，辞書的なソー

スから知識調達することで対応可能な範囲も広いはずであるし，法律家の役割も単なる知識情報の伝達に過ぎなくなってしまう。このことは，法が，単純な知識の体系であるという以上に，何か異なる要素を必須の要件として内在させていることを示唆している。

法が，その制度的表現の中に，必然的に「法律家」という存在を内包している理由は，まさにこの法律家の現実に果たしている役割を見れば理解できる。すなわち，法律家の役割は，単に法規範ルールの意味の一義的伝達やそれに従った判断提供ではなく，それを超えて「解釈」という実践が常にその主要な部分を占めているという点である。弁護士は，その固有の正義観念や社会的理念，依頼人の固有の利害といった多様な観点を統合的に把握しながら，当該ケースに適切な法論理を解釈的に構成していくのであり，裁判官も，同様に固有の法論理を解釈を通じて構成し判断形成していくのである。この「解釈の技法」こそ，一般の人々と法律専門職とを分かつ決定的な要素であって，法律家と一般の人々との差異は，法についての知識の量などによって決定されるのでないことは指摘するまでもない。

しかしながら，ここで「解釈の技法」が，法制度の作動にとって必須の要素であり，法律家のレーゾンデートルにほかならないという事実それ自体が，法に逆説的な困難をもたらすことになる。法が，固有の複雑な解釈の技法を要求し，かつそこに個別状況的な要素に基づく創造的要素をも内包するということは，とりもなおさず，先にみた，法の普遍的客観性，一般性，体系性といった要素を，内部から掘り崩すことを意味しているからである[1]。

この2つの要素のうち，前者の普遍性，体系性にコミットすれば，その極は，概念法学的な理論に至ることになる。他方，後者の解釈の多元性にコミットし，その思考を極度に突き詰めれば，それはポストモダン的なそのとき，その場の法の構築という議論へと至る。そして，この両極の間で，なお，この法のアンビバレントな2つの性格を調整的に理解しようとする試みも可能であるし，実際，そうした理解が現在では一般的でもあろう。

すなわち，概念法学的意味における普遍的・一般的・体系的な「完全なる法体系」というのは現実には存立不能であるとしても，第1に，それを理念とし

て維持することに独自の意味があり，第2に，多くの問題を内包しているにせよ，それに近似したものとしての現代実定法の体系が，一般的・普遍的・体系的特性を相当程度まで実現しているという理解である。他方で，それと同時に，なお個別具体的な状況との相互作用で，末端的，先端的な場面での調整は必要であり，この点が法律家の解釈によってなされることになるという理解も広く承認されている。こうして，法の普遍性・一般性という特性と，法の解釈の必然性という特性の，アンビバレントな関係は，一応の調整がなされ，自然なものとして理解されているのである。

　もちろん，こうした常識的理解は，理論的に突き詰めれば矛盾を解決しているわけではない。法は，常に解釈によるゆらぎと普遍性理念の矛盾調整という作業を，あたかもそれが法という制度の本質的作業であるかのように強いられているからである。

　しかし，この常識的理解のもとで，原則ないし基盤としての一般的・普遍的実定法の知識体系を前提に，その上でそれを素材としてなされる法解釈とが，いわば「原則」と「調整的適用」というイメージで結合されているのである。そして法曹養成の現場も，法学研究の現場も，この常識的理解を前提に，基本的には構造化されているように思われる。具体的には，法学研究は，体系的・普遍的・一般的法規範の創造的認識と解釈による再構築を目的とし，法曹養成は，そうした実定法知識体系と，ある程度抽象化された標準的な解釈論理の学習を目的として構造化されることになる。

　筆者自身は，こうした常識的理解に与せず，法の普遍性，一般性，体系性といった理念をひとつの神話的イデオロギーに過ぎないと考え，個々の具体的現場での創造的法解釈の中に立ち現れる法以外に法はないと見る視点に立つものである。普遍性や一般性が言及され，志向される時，それも実は，それが語られる個別具体的状況の中で，普遍・一般の意味さえもが状況的に構築されているに過ぎないと考えている。[2]

　その視点から見れば，法に内在するアンビバレンスのなし崩しの折衷的調整に過ぎない常識的理解は，法学ならびに法曹養成において，実は決定的な欠落をもたらしてきたように思われる。すなわち，法の現場で，法律家と当事者を

含む個別的状況との相互作用の中で実践される「法解釈構築の技法」ないし端的に「技法としての法」の側面への関心の不在という現象である。実定法の体系的知識，実定法を前提とする標準的解釈論理とは異なる，現場の具体的状況の中で，標準化がきわめて困難な多様な状況の中で法解釈を構築していくという技法への関心の欠落である。

　これには，直ちに，現在の実定法解釈技術の教育・研究も，まさにこの現場の多様性の中で作動すべき法技法の標準的技術を対象とするものであり，すでに，そうした点は射程に含まれているのではないかとの批判が提起されるかもしれない。しかし，ここで強調したいのは，法学教育・研究によって抽象的に習得され考察される法解釈技法という独立に構成された「範例的技術」と，実践における個別具体的な状況要因への「調整的適用」という二分法的構図をア・プリオリに前提する仕方自体，常識的理解に侵された発想ではないかという点である。現場の法の技法はもっと異なる機制によって構造化されているのではないかという疑問自体がそこでは封殺されてしまっている。

　もちろん，このことは，実定法に基盤を置く法解釈技術の意義の否定を意味するのではない。ただ，それとは異なる機制によって現場の具体的な法の技法が構築されているとすれば，それはまた独自の法学の研究対象であり，教育領域として捉えるべきではないかというのである。

　実は法律家にとっても現場において最も重要な技法であるにもかかわらず，法のアンビバレンスをめぐる折衷的理解のために法学教育・研究の中で封殺され欠落してきたこの側面を，正面から捉えなおすことは，法科大学院という新たな法曹養成のシステムが出発しようとする今，重要な意義を有していると思われる。

　ここでは，こうした領域を「技法としての法」と呼び，検討を加えていくことにしよう。

Ⅱ——スーパーマーケットの数学——日常的実践の認知心理学から

さて、「技法としての法」のあり方を検討する場合、やはり抽象的知識体系の学習とその日常的実践場面への展開の関係につき、経験的な研究を重ねてきている認知心理学の研究が参考となる。本節では、「技法としての法」の構築機制の理解へのヒントを提供してくれるものとして、数学と日常的実践の関係を素材として、抽象化された体系的知の理解・学習と実践的な場におけるその構造化との比較検討を行った研究を、やや詳細にみておくことにしよう。

認知心理学の領域では、学習された知識、たとえば数学が、日常的な実践でどのように用いられているかについて、いくつかの研究がなされてきている。たとえばアメリカの労働者が日常用いている数学的計算の研究、ブラジルの市場で子どもの売り子が価格交渉の際に用いている計算の研究、スーパーマーケットでの買い物やダイエット実践における計算の研究など、多くの検討がなされてきている[3]。

こうした研究の結果、教室で学ぶ数学、すなわち、脱文脈化され、明晰なルールによって構成された知識と技術の学習における熟練度と、日常的な実践における計算の精度には、ほぼ関係がないという事実が明らかになっている。学校数学における熟練度（学歴等）は、研究の中で行われる学校式テストの結果とは相関するものの、エスノグラフィックな日常実践における計算とは連関しているとはいえなかったのである。学校数学の成績がすこぶる悪い生徒が、ボーリング場でのアルバイトにおいて7レーン分のスコア計算を、同時に間違いなくこなすような例はいくつも存在する[4]。

このことは、日常的な実践の中では、学校で学習する一般的な数学とは別種の、計算技法の構造化の可能性が存在することを示唆している。学校の教室で学んだ数学知識の体系が、日常実践の場へ、「転移」し、発揮されているというのでなく、日常の現場固有の要素の中から、いわば現場数学が構築されていると思われるのである。

ジーン・レイヴは，こうした点を，「活動構造源」という概念によって説明しようとしている。レイヴによれば，われわれの日常的実践は，常にひとつのことに限定的に集中してなされているのでなく，いくつかの過程が同時進行していくような特性をもつものであるとする。たとえば，わかりやすい例でいうと，テレビを見ながら編物をしているような場合，テレビの場面進行によって，編物のスピードが影響され，また編物の進行によってテレビへの集中度が影響されるような場合である。そこでは編物とテレビの視聴が，相互に相互を構築する形で過程が進行している。こうした同時進行的過程は，スーパーでの買い物と数学の関係にも見られる。商品のさまざまな観点からの選択と，価格やお買い得度を算定する計算的要素の混在という形でそれは見られる。

　こうした関係において，ある具体的な進行中の活動を構造的に構成している要素を，レイヴは「活動構造源」と呼ぶ。この概念を導入することで，スーパーでの買い物実践と，模擬的な買い物計算問題との，構造そのものの相違が明らかとなる。すなわち，学校の教室で，「トムは10ドル持ってスーパーマーケットに買い物に行き，りんごとオレンジを買おうとしているが，りんごはオレンジの個数の半分以上でなければならない。りんごの価格は……」といった問題に向き合うとき，生徒は誰もそれを現実のスーパーでの買い物に関わる計算と考えることはしない。抽象的な知識体系としての数学の論理にかかわる修飾としてしか理解しないのは当然である。ここでは，「問題を解く」実践の活動構造源は，あくまで学校数学と学校というシステムである。逆に，スーパーマーケットでの実際の買い物では，こうした数学論理は，そのものとしてはあまり意識されない。

　レイヴの研究に先立ち，ケーポンとクーンによるお買い得計算の研究が行われている[6]。この研究では，スーパーマーケットの外にテーブルを置き，買い物しようとする人を呼びとめ，ガーリックパウダーおよび芳香剤を素材として，異なる分量と価格の商品のどちらがお買い得かを説明させている。その際，紙と鉛筆を渡し，必要であれば計算をさせている。問題になっているのは，量と価格の間の比をいかに日常的に判断するかという点である。その結果，ケーポンとクーンは，学校経験と彼らの調査で被験者が示した方略とにある程度の関

係があったことを示している。

　しかし，レイヴは，こうした調査方法それ自体を構造化しているのが，抽象的数学知識であり，認知発達理論であって，被験者も，それにそのようなものとして反応した結果にほかならないとしている。すなわち，学校での数学学習は，学校式の数学知識判定実験では相関を示すものの，日常的実践とは結びつかないという知見を前提に考えれば，ケーポンとクーンの調査は，スーパーマーケットの入口でガーリックパウダーと芳香剤を用いてなされたとしても，なお，学校数学的試験として被験者に捉えられ，対応されているのだというわけである。

　そこでレイヴ自身は，学校式数学テストや被験者の自宅でのお買い得模擬実験に加えて，もっとも主要な調査方法として，被験者の実際の買い物に同行し対話を交わすというエスノグラフィックな方法をとる。その結果，日常的実践における計算のあり方が，より個別的コンテクストとの関係で構造化されていることがわかったのである。

　実際のスーパーマーケットでの買い物では，当然のことながら，自宅の冷蔵庫の中身，広告の内容，家族の人数や状況，その他さまざまな要素との関わりの中で商品選択がなされていく。もちろん，そこで数学計算も，ひとつの選択活動の中に織り込まれ実践されることになる。たとえば，同種商品に関する分量と価格の比の計算は頻繁になされるが，多くの場合，純粋に数学的な意味では計算は複雑である。25オンスで8.98ドルの商品と30オンス11.55ドルの商品を比較するとき，多く採られるのは，「丸め」や「切捨て」などにより比の数値を単純化することである。しかし，それでも複雑な場合，「家族が少ないから使い切れないといけないから」とか，「いつもこっちを使ってるから」などという説明で選択をなすことになる。

　また，計算がなされる場合，それによって選択を導くというよりも，なんらかの別の観点からなされた選択を正当化するために計算が持ち出されることが多いことも指摘されている。

　またレイヴが行ったダイエットに関する調査では，当初ダイエットのために要求された食品材料の正確な計量と調合が，しだいに，たとえば，「ミルクは青

いコップの花柄のところまで」といったように，個々人の固有の単位に変換され実践されていくことも示されている。

こうした買い物やダイエットという日常的実践においては，数学はそのまま，準拠すべき知識や用具として使用されているのではなく，それ自体が，日常的コンテクストによって構造化され，その中に織り合わされるように変換されていっているのである。日常的実践における活動構造源は，抽象的数学知識が支配的重要性をもつ数学テストや実験とは異なり，家族の日常や，スーパーマーケットの商品配置，個人の嗜好など，文脈に溶け込んだ多元的な構造化要素から成り立っているのである。ちなみにレイヴは，こうした文脈の構造的要素を抽出するために，「舞台＝文脈の背景にある構造」と，「場面＝個々の文脈的特性」という概念を用いている。[7]

＊

さて，以上，日常的実践をめぐる認知心理学の研究について見てきた。言うまでもなく，ここで「学校数学の知識体系」を「大学で教育・研究される法律学」に，スーパーマーケットやキッチンを法律事務所や法廷に読み換えてみれば，重要な示唆が得られるのではないだろうか。

法ルールの体系的知識や範例的解釈の技法が，大学で研究・教育され，それが法の現場での法律家の法技法・法実践を形作ることになるという見方は，間違いではないが不十分である。スーパーマーケットでの買い物が学校数学によって構造化されているというだけでは不適切であったのと同様に，法実践や法の技法が，体系的法学知識や範例的解釈技術によって構造化されているというだけでは，やはり不十分である。法の現場を構成する多元的な「活動構造源」との関わりの中で，法の技法それ自体も変容され異なる形に構造化されていると考えられるからである。

数学と同様，法律知識に関しても，そこでは現場の技法論が，これまで十分検討されてこなかったのである。

III——「技法としての法」の現場——教室と法律事務所

1　法学部教室の構造化

　法が語られ実践に関わる場として，まず，大学の教室を考えてみよう。そこでは，必要に応じて判例や具体的な事例が用いられ，講義の中で分析されたり，ゼミの議論の素材になったりする。しかし，そこでは，あくまでも事例の中に埋め込まれた法的にレリバントな要素を抽出し，法的規範の体系的・論理的解釈と適用を試みることが主題であることは，教授する側にも，される側にも当然の了解事項として共有されている。実際の判例が分析される際にも，通常は判決において認定された事実が前提とされ，そこに含まれる当事者に固有の問題やイレリバントで曖昧な事実関係は捨象されることになる。また学期末に行われる試験でも，そこで評価されるのは，その問題事例が現実に生じた場合に，実際にどのように行動することが実践的に適切かということではなく，あくまでも，そこに含まれる規範的問題の発見と理解，解釈と判断構築の手際にほかならない。

　こうした学習を通じて，一般的・普遍的な法規範構造の知識とその推論・解釈技術を獲得することが，将来の法の実践現場で，個別具体的な事件に向き合いながらも，法律家としての固有の一般的視角からそれを分析し，適切な判断を構成することを可能にするのであり，またそれが必須であると信じられているのである。それこそが法律学習の目的であり，存在理由にほかならない。それはあたかも，抽象的数学の知識体系の習得が，日常生活における数学的技術の応用や論理的思考能力の涵養に貢献するとの理屈と，ほとんど重なるものと言ってよい。

　さらに，カリキュラムの構成も，学習成果の一般的応用可能性という観点から，序列化されている。ひとつの法律科目における標準的・判例的な解釈技術への習熟は，他の法律分野での学習に「転移」され，その習得を容易にするといった見解，すなわち，より抽象度の高い次元での一般的知識応用能力も，学

157

習を通して涵養されると考えられている。そのため，年次を追った学習の効果的なカリキュラムが，応用範囲の広い基礎的科目から，特殊なより専門的科目へと段階的に構成されるのが効果的であると考えられているのである。しかし，この点についても，認知心理学の領域では，初等・中等教育で学ぶ科目間の関係についてではあるが，いまだ肯定的な結果を見出せない命題とされている。

もちろん，法学教育の現場においても，さまざまな形で具体的な要素を取り込みながら実践的な法的技法の練磨へと結びつけようとする試みはなされている。法科大学院における法学教育の質的転換への要請も，こうした点と密接に関係している。しかしながら，それでも，やはり法規範の構造的理解と範例的解釈技術の習得と，その一般的適用能力の涵養という観点は，変わることのない課題として維持され続けている。

言うまでもなく，ここでは，個々の法分野における法規範の体系的構造と範例的な解釈の技術こそが学習の対象であり，当事者（教授と学生）の活動は，主としてその観点から構造化されているのである。

法学部，法科大学院という法学教育の現場も，法学教師と学生の活動によって構成される，ある固有の特性をもった実践の場であることに変わりはない。それは，多くの教育機関と同様，普遍的・一般的知識体系と範例的技術の習得が至上命題とされる形で構造化された特殊な実践の場であるにほかならない。

2　法律事務所の構造化

さて，法実践の直接の現場，たとえば法律事務所における法の技法はどのように構造化されているのだろうか。

ここで，大学院で学位取得のために学ぶある若い弁護士が書いた暴力団組長の損害賠償責任をめぐる論文についての議論という例を取り上げたい。この若い弁護士にとっての問題は，暴力団の抗争に巻き込まれ銃弾を受けて死亡した被害者をいかに救済できるかというものであった。そのために，有益な法的実践戦略は何か，使用者責任としての構成や，共同不法行為としての構成などのいずれが，裁判所でもっとも有効に機能するかが，一貫してこの論文の課題であった。これに対し，法学者のコメントは終始，学説，法理論としての整合性

を問題とし，両者の議論が噛み合うことはなかった。

　さて，この例で，この若い弁護士の印象は次のようなものであったと推測される。すなわち，法理論としての整合性をめぐる議論は，大学の教室では有益かもしれないが，実践の場ではほとんど役に立たないと。弁護士の観点は，もちろん結果がよければどのような理屈でもよいということでは決してなく，法理論的な整合性を極力重視しつつ，そこから不当に逸脱しない範囲で，現場のニーズに即して，より実践的な戦略を組み立てるというものであったことは言うまでもない。

　ここで指摘したいのは，法学教育が欠陥に満ちているということではない。上記のような観点を習得することも，数学を学ぶことに一定の意義があるのと同様，重要な意味をもっている。しかし，現場の弁護士が用いる法の技法は，それだけでは終わらないより多元的な要素に彩られており，そのことを考慮に入れた実践の中での「技法としての法」の検討が必要であるということである。

　言うまでもなく，ここでの弁護士の実践的戦略の組立て，いわばスーパーマーケットでの数学にあたる，実務の中での法律学は，理論的・体系的整合性を超えた複雑な要素によって構造化されている。この弁護士にとって，ひとつの重要な課題は，被害者の救済である。さらには，暴力団のような違法な集団への決然とした対応と制裁という観点も含まれていたかもしれない。そしてまたそのことは，この若い弁護士の社会正義の実現者たる法律家としてのアイデンティティの構築とも関わっていただろう。また，被害者の損害賠償請求の成功は自身の報酬獲得にもつながっていたかもしれない。いずれにせよ，そこには，法律事務所という法実践の現場を構築する多元的な活動構造源の交錯が見られるのである。

　すなわち，学位取得のための論文という大学に典型的な，したがって法規範の一般的構造と範例的解釈の解析と深化という観点によって主に構造化された「法教育研究実践」の場に，この若い弁護士は，「法実務実践」の場という異なる活動構造源によって構造化された「実践法学」の要素を持ち込もうとし，そこに議論の食い違いが生まれたのだということができる。

　さて，では法律事務所における法実践の構造化はどのような形で展開してい

るのだろうか。

　第1に，この若い弁護士の例に即して先に述べたようにさまざまな現場の固有の状況の中で生じてくる多元的な文脈的要素が，法実践の構造化に関わっている。クライアントとの関係とそこから発生する要求や活動，事務所の経営や他の弁護士との関係などの職場の構造，弁護士制度や裁判所の作動状況など一般的な制度構造，法律家・弁護士としての理念的イメージと行動の調整，個人としての弁護士の私的なニーズ，扱う個別事案にともなう社会的な制度の状況や問題固有の諸条件などなど，さまざまな要素によって，現場の法実務は構成されている。そこでは，大学で支配的重要性をもった法の一般的・定型的な理解や範例的解釈の技法は，ワンノブゼムとして重要だが限定的な意義を有するに留まるであろう。

　第2に，法の技法それ自体が，それら多元的な文脈的要素によって構造化され変容を遂げていると考えられる。ちょうど，スーパーマーケットでの計算が，学校数学から離れて個別具体的な状況を反映する形で，「丸め」，「切捨て」，「計算の放棄（学校では許されない）」「自前の単位の創造」などの方略を採って，そのとき，その場でオーダーメード的に構成されていたのと同様に，実務実践の中での法の技法は，より実践的な課題に見合う形で，簡略化されたり，目分量的な判断の準拠枠が構成されていたりすると考えられる。この法律事務所における実践的法技法，いわば現場における「法のやりくり」ないし「実務的カン」の検討こそ，法実務の中核をなす法の技法として，重要な意義を有している。

　第3に，法律事務所における法の技法の特徴として，問題と解答の相互変容という関係が見出される。すなわち，学校数学や大学法学教育では，基本的に問題が固定化され，それへの解答を求める形式で課題＝手段関係が構造化されているのと対照的に，課題自体が手段的解答との関係で変容していく可能性を有しているのである。そもそも法律事務所では，クライアントが大学の教師のように明確な課題を用意し，解答を要求するということはない。コミュニケーションをとる中で，課題と手段が相互的に徐々に姿を明らかにしてくるのが実際のところであろう。法の技法は，まさにそれを通じて「課題」自体を創造的に構築していくところにある。法による課題構築の技法という場合でも，純粋

な法論理によって課題が定まるというのではなく，多様な要素の交錯する中で，とりわけクライアントとのコミュニケーションの中で，それを構築していく複合的な技法として捉えられる必要がある。こうした点は，スーパーマーケットでの買い物客が，予め何を買うかを完全に定めているわけではなく，陳列棚の内容を見ながら，お買い得な商品を選び，何を買うかを決めていくのと同様である。この単純な買い物実践の中にも，冷蔵庫の中身，財布の中身，家族の嗜好やスーパーマーケットの販売戦略など，実はきわめて多元的な構造化要素が関わっているのである。

第4に，スーパーマーケットでの計算が，しばしば商品選択を導くというよりも，自分が行った選択の正当化に使用されているのと相似する特徴が見られる点である。法律事務所で弁護士は，クライアントとのコミュニケーションを行いつつ課題と手段を組み立てていくが，その際，ベテランであればあるほど，自身がこれまで構築してきた事案処理の判断準拠枠組みに沿って判断を構成すると考えられ，いちいち大学の教室的な法論理の演繹的推論を繰り返してはいないだろうということである。もちろん，大枠としての法論理の参照は思考の中で行われるにせよ，大局的な判断と戦略的可能性を構成した後に，その正当化ないし根拠づけとして，法論理の確定的な構築を準備書面の執筆などの機会に際して行うのではないだろうか。換言すれば，すでに信頼するに足る実践的な法の技法が体得されており，それが瞬時の的確な判断構成を可能にしていると考えられるのである。言うまでもなく，その場合，単に法論理のみならず，クライアントの事情や特性なども，その判断の枠組みの中に，取り込まれているものと思われる。そしてこのように熟成された実践的法技法こそが，クライアントのニーズに応答的な，的確で有益な弁護士活動を生み出していると考えられるのである。

このように法律事務所における法の技法は，大学での教育研究が志向する法の規範的理論体系の理解と範例的解釈技法の習得，ならびにその実務への応用，という発想では捉えきれない複雑な構造をもつ。多元的な構造化要素との交錯の中で，それはまったく異なる形で構造化され，異種の実践的な「法の技法」を生み出していると考えられるのである。

Ⅳ——おわりに——技法論の領野

　こうした現場の法の技法をめぐる教育・研究は，判例研究や準備書面における弁護士の主張の分析を通して一定程度なされているとの反論もありえよう。しかし，そこには二重の制約がある。

　第1に，今述べたように，判決はもちろん，準備書面でさえ，そこで展開される論理は，法律家が当事者と向き合う中で実践する法の技法そのものを直接的に反映するものではなく，その正当化ないし根拠づけの論理として構成したものにほかならないという点である。法の実践的技法は，それら論理が構築される前に，法律事務所の中で，法律家の思考の中で行われる実践（プラクティス）そのものの中にあるからである。

　第2に，いかに弁護士の主張構成が対象として検討されるとしても，ほとんどの場合，教育の現場では，そこに含まれる法規範の論理と解釈の構造が一般化されつつ主題とされるのであって，そこにかすかに痕跡を残す弁護士の実務実践の技法は，ほとんど注目されないと思われるからである。

　また他方，法社会学的な研究は，これまでも実務における弁護士の活動を多様な構造的，文脈的要因との関連で分析してきたではないか，との反論もありえよう。しかし，この場合でも，一般的・体系的な法知識・法技術は，それ自体，独立の知識・技術として常識的理解のまま捉えた上で，それが他の要因に影響されるとの観点が採られることが多かった。ここで必要なのは，そうではなく，実践における「技法としての法」が，多元的な構造の交錯の中で相互構築的に構成されていること，そしてそこで構成された法の技法の把握が，問題とされねばならないということである。あらかじめ独立して存立する法技術という前提そのものを，実践の現場での法技法を見ていく際には，廃棄しなければならないのである。

　このように，これまでの法学研究・教育の中では，この実践の場における法の技法は実質的には，ほとんど不可視のままに置かれてきたのである。この

「技法としての法」への関心の不在は，法律学をめぐるイデオロギーの強固な存在と関連している。

　学校数学（数学に限らずほとんどの科目）は，その教える内容を超えて，それを教えるということ自体，それがカリキュラムに含まれ成績という位階に連結されているということ自体で，大きな意味を社会的にはもつ。スーパーマーケット調査の被験者が，ともすれば与えられた課題を「数学の問題」として理解し対応するような姿勢をみせることも，その深い影響力の証拠である。すなわち，カリキュラム構成自体が，「隠れたカリキュラム」として，教育機関で学ぶべき価値のあること，すなわち知的位階と連結された重視すべき知識とは何かについてのメッセージを発し，それ以外の知のありようを見えなくしているのである。

　法学部における，また新たに設置される法科大学院におけるカリキュラムも，この隠されたカリキュラムの次元を通して，同様の作用を及ぼすことになる[8]。本稿の冒頭で見た，近似的に一般的・普遍的・体系的法規範構造を実現した現代実定法と，それを原則としつつ末端，先端部分における実務的応用・調整の許容という，われわれの常識的な法知識・技術およびその転移可能性についての理解にもその強固な影響が及んでいる。そのイデオロギー作用のために，法実務も，せいぜい一般的・体系的法知識・法技術の応用的調整としてしか捉えられず，その実践現場での独自の自律的な機制は見えないまま主題化されることがなかったのである。

　いまや，これまで不可視のままに置かれてきた「技法としての法」の領野をめぐって，その複雑な構造化機制を研究対象として解析し，理解したうえで，さらに実践的な教育につなげていくことは，法科大学院が動き始めた現在，喫緊の課題というべきではないだろうか。

1) しかも法の解釈の視点自体，きわめて多様な広がりを見せている。こうした法解釈の視点について，棚瀬孝雄教授の最近の論稿が非常に有益である。棚瀬（2002, 2003a, 2003b）。
2) 和田（1996）。
3) Scribner（1984），J. Lave（1988）〔邦訳，レイヴ（1995）〕など。
4) レイヴ（1995：96頁）参照。

5) レイヴ（1995：145頁）参照。
6) Capon, N. and D. Kuhn（1979）．
7) レイヴ（1995：221頁）参照。
8) この点に関して，和田（2000）。

〔引用文献〕

Capon, N. and D. Kuhn（1979）, "Logical Reasoning in the Supermarket: Adult Females' Use of a Proportional Reasoning Strategy in an Everyday Life" *Developmental Psychology* 15（4）.

J. Lave（1988）, *Cognition in Practice: Mind, Mathematics and Culture in Everyday Life*, Cambridge Univ. Press. 1988,〔邦訳，ジーン・レイヴ（1995）『日常生活の認知行動――ひとは日常生活でどう計算し，実践するか』（無藤隆ほか訳）新曜社〕．

Scribner, S（1984），. "Studying Working Intelligence" in B. Rogoff and J. Lave（eds.）*Everyday Cognition: its Development in Social Context*. Harvard University Press, 1984.

棚瀬孝雄（2002）「現代法理論と法の解釈」法学教室267号72頁．

―― （2003a）「批判法学と脱構築」法学教室268号73頁．

―― （2003b）「解釈の地平性」法学教室269号146頁．

和田仁孝（1996）『法社会学の解体と再生――ポストモダンを超えて』弘文堂．

―― （2000）「弁護士像の転換と法曹養成教育」法社会学53号（司法改革の視点）56頁．

非援助の支援と民事法学
―― 法・コンテクスト・技法 ――

山本顕治

Ⅰ ―― 序

　本稿は,『本人訴訟の研究』[1]の公表以来,棚瀬孝雄が一貫して追及してきた主題の1つが「紛争当事者の主体性・自律性のあり方」であるとの理解に立ち,この棚瀬の問題提起に共感を覚えながら,現代民事法学における当事者の自律性・自己決定のありように関する若干の考察を試みようとするものである。
　周知の通り,80年代の契約法学における1つの重要な関心事は,当事者の「自己決定」の尊重と,「契約正義」の観点からする後見的介入との関係をどのように原理的に理解するのか,またそれが個別解釈論のなかで具体的にどのような意味をもつのかを探求するところにあったといってよい。この「自己決定」対「正義」という対立軸に対して,90年代以降の現代契約法理論は対案の提示を模索しつつ,いくつもの新たな視点を切り開くこととなっている。たとえば,ある者は,自己決定とは裸の自由の行使を認める原理ではなく,自ら規律に服そうとすることこそが自己決定を価値あるものとすると示唆し,これに対してある者は,規律からの逸脱を許さない自己決定は自己決定とはいえないのではないかと反問する。他方,ある者は「正義」の内実そのものがきわめて多元化・流動化している現代の状況を正視するならば,もはや「正義」に基づく司法的介入の正当化という考え方は,その前提の妥当性自体が問われることに

なっているのではないかという。またある者は，80年代の「自己決定」対「契約正義」という対立軸においては，「自己決定」や「正義」自体がその基盤をなす「共同体」の存立を前提としてはじめて可能となっていることが理解されていなかったとする。そしてますますアトミスティックな個人主義化が進行する現代においては，社会的紐帯，信頼，相互依存，徳等々の共同体的諸価値を尊重，再生しようとする契約法学の構築こそが今最も求められているものではないかと問いかける。また，ある者は，「自己決定」の現実を見るならば，それは「真空のなかにいる個人が確固とした内実を持った決定を意識的になす」というものとはとうていいえず，むしろ，相手方とのかかわりあいのなかで，相互に影響を受けつつ，漸次的に繰り返し形成されてくるものであることを直視すべきではないかとする。これらに対してある者は，「自己決定」や「正義」が法律学で論じられる以上は，あくまでも「法制度」の問題として受け止めるべきであるとし，自己決定や正義の実現のための，憲法を頂点とする「整合的な法体系」の枠内での原理策定・ルール策定こそが現代契約法の課題であるとする。

　また，このように民事実体法論において当事者本人の自己決定の尊重と，正義に基づく第三者による後見的介入の必要性とを重要な法理論的・法解釈論的課題として意識することは，さらに進んで，契約紛争が処理される具体的な場である裁判においては，この自己決定と正義との関係はどのように理解されることになるのかという問いかけを不可避的に生み出すことになる。この問いかけによって，自己決定と正義の問題は，民事実体法論にとどまらず，民事手続法論にも広がる問題であることが広く意識されることになり，ここに至って実体法的局面と手続法的局面との双方をにらみながら，当事者の自己決定と正義との緊張関係に応答してゆくことが契約法学の1つの課題とされることとなった。

　さらに，紛争処理の局面における当事者の自己決定の尊重というこの問題提起は，これまでの契約法学が紛争処理の場として裁判にのみ焦点を当ててきたことに疑問を呈し，それは当事者が自律性をより発揮しうる紛争処理制度である，仲裁・調停の場における自己決定と正義との関係如何，という問いかけにもつながることとなった。また，紛争処理の場面における当事者の自己決定と

正義の関係を問題にすることは，裁判・仲裁・調停という各紛争処理制度の内外において法専門家と当事者が接する場合の，当事者の自己決定に対する法専門家のかかわり方を問題にすることの重要性を認識させることにもなっている。

90年代に入ってからのこれらの新たな契約法理論の動向をどのように個別的に評価すべきかについては本稿の直接の課題とするところではない。しかし，これらの議論はいずれも，自己決定と正義との関係をめぐる80年代の議論を継承・発展・克服しようとし，自己決定と正義との緊張関係に対する現在の問題意識に基づいた応答を試みようとするものであることにおいては共通しているといってよい。本稿は，この自己決定と正義との双方に対する現代的な問いかけという状況を背景に，とくに，自己決定をなそうとする本人を前にした，相手方・関与者の応答のあり方を問いかけることで，現在における「自己決定」のありように関するささやかな考察を試みようとするものである。これはまた，90年代に入ってからの主張の1つとしての，「自己決定とは常に相手方とのかかわりあいのなかで，漸次的に形成されるものである」との立場から自然に出てくる視点でもある。つまり，従来の自己決定論をめぐる議論においては，そのほとんどが，自己決定をなす主体そのものに焦点を当て，その者の自己決定のあり方を論じるものであった。これに対して，本稿は「自己決定をなそうとする本人」と，その眼前にいる「相手方」「関与者」との関係のあり方に焦点を当てることで，自己決定の尊重と正義の関係についての現段階における1つの考察を試みようとするものである。

II──三つの光景

具体的なイメージをつかむために，まず3つの光景を眺めることから始めよう。

第1の光景は，ある夏の終わりに交わされた父親と高校3年生の娘の会話である。

娘「ねえ，お父さん。ちょっと話があるの。進路のことなんだけど。」

父「進路かい。このまま頑張れば大丈夫と担任の先生は仰っていたけどね。」

娘「うん。そのことなんだけど。私色々考えたんだ。」

父「考えたって，何を？」

娘「私ね，社会に出て，自分のやりたいことを思いきりやった方が，色々な人と交わることが出来ていいんじゃないかって思うんだ。」

父「そんなこと，大学出てからでも遅くはないだろう？ それにやりたいことって今なにかあるのかい？」

娘「うーん……。演劇なんだけど……。」

父「演劇だって？ そういえばお前は中学以来ずっと演劇部に入っていたけれど。でも演劇の道なんて大学に入ってから考えたらいいじゃないか。」

娘「ううん。高校でたら東京にゆきたいの。東京に有名な劇団があるの。そこが夏休みに練習生を募集していたの。それに応募したら合格したんだ，私。」

父「練習生って，お前……。東京で一人暮らしして，練習生で食べてゆけるわけないじゃないか。」

娘「大丈夫。私バイトでもなんでも頑張るから。」

父「なにいってるんだ。練習生なんてなんの将来の保証もないじゃないか。それにそもそも演劇ってなんだ？ 将来女優にでもなるつもりかい？ 成功するのは一握りの人たちだけなんだ。そんなものは夢物語だよ。」

娘「でも，私は本当に演劇の道に進みたいんだ。それが一番やりたいことなんだもの，本当よ！」

父「なにバカなことをいっているんだ。高校生のお前にはまだわからないだろうけれど，大学で学ぶということはとても大切なことなんだ。まずしっかりと勉強してから，自分の進路を考えなさい。お父さんはお前のためを思っていっているんだから。」

娘「私のためですって？ そんなの，ウソよ。お父さんのためじゃない！」

父「まだわからないのか！ そもそもなんのために高い授業料を払ってまで私立高校にお前を行かせていると思っているんだ。大学を卒業して，立派な社会人になるためだろう。お父さんは演劇なんかをやらせるためにお前をここまで育ててきたんじゃない！」

娘「……。」

　第2の光景はある研究会の一場面である。この研究会は肉親を少年の犯罪行為によって失った経験をもつ当事者（甲，乙）の現実の声を聴くことを主旨とす

るものであった。事件の経緯，子どもを失った親の気持ち，現在の心境等々，会の出席者からの問いかけに対して1つ1つ言葉を選ぶように応える当事者の声に全員が静かに耳を傾けていた。場の空気が一変したのは出席者の一人である法律家Ａの質問がきっかけだった。

A（法律家）「ところで，加害者の処罰についてはいかがお考えですか？ 厳罰を望んでおられるのでしょうか？」
甲（当事者）「そうですね……。厳罰，ですか……。それよりも私はね，受け止めて欲しいのです。自分の行ったことの意味を正面から受け止めて，その上で私たちに向き合って欲しいのです。」
乙（当事者）「いや，私は厳罰を求めたいと思います。自分の行った罪に向き合わせるためにも死刑を求めたいのです。」
A「死刑ですか。しかし，将来ある少年達にとって，死刑をもって臨むということが本当にあるべき処罰のありかたなのでしょうか？」
乙「彼らの将来ですって？ 私の子どもはすでに将来を奪われているのですよ！ どうして彼らの将来を考えねばならないのですか？」
B（法律家）「でもね，乙さん。加害者の少年に対して本当に死刑判決が下されることをあなたはお望みですか？ 死刑が執行されることが本当にあなたの望まれることなのですか？」
乙「もちろんです。事件が起きてから今この時まで私は加害者達を一瞬たりとも許したことはありません。私の気持ちは加害者が死刑に処せられることをもってしか満たされることはありません。しかも，このような悲しい，とりかえしのつかない事件は二度と起きてはなりません。そのためには厳罰をもって臨むべきなのです。」
C（識者）「いや，乙さん。死刑をもって犯罪の予防がはかれるのかという点については異論も多いことをご存じですか？」
D（法律家）「それに犯罪者の人権というものも考慮されるべきですし，さらには死刑廃止ということが先進諸国の潮流でもあるということを理解すべきではないかと思うのですが。」
E（識者）「私もＣさんやＤさんに賛成です。可塑性という言葉がありますが，少年たちはまだまだ大きく変わる可能性をいっぱい持った存在です。そのことを乙さんにはもっと理解していただきたいと思うのです。」
乙「……。」

第三の光景は医療者である徳永進が描くある外来風景からの抜粋である。[3)]

「加藤さん，どぉぞ」
「どうされました？」
「あのもんです」
「どうぞ，お座り下さい。どうされましたか」
「さあ……あのもんですが……」
「あのもんじゃ，わからないんですけど。いつからですか」
「ええ，あのもんですなぁ，大分です」
「大分って，どれぐらいですか」
「さあ，大分ですわァ。あのもんでしてなあ」
「二，三日とか？」
「そ，そんなことじゃないですゥ」
「十日ぐらいですか」
「いや，十日とかそんなんじゃない。もう大分ですわァ。あのもんでしてなぁ……」

徳永は続けていう。

「患者さん喋っているんです，一生懸命ね。もちろん自分の気持ちが何かあって，いつからというのがあるんですけれども，本人もわからないんですね。そんな患者さん達が，外来に時々ありますね。ぼくは，すごくむつかしいなと思いますね。患者さんの言葉を聞くって。──中略──本当に患者さんの言葉ってむつかしい。誰も嘘は言ってないけど，こちらが用意している常識のようなものとは違う言葉の世界で語ってくるんですね」

これら3つの光景は，一見バラバラではあるが，いずれも法律学にとって根本的な問題を含んでいる。それはいずれの事例もなにかを決め・求めようとする人に相対する者はいかなる態度をとるべきなのかということを問いかけるものであるからであり，さらにそのことは人が「自分で事を決めようとする」ことを尊重するとはどういうことなのかという法律学も無関心ではいられないはずのことがらを含むものだからである。

ところで，いずれの例に対してもまずもって「制度化されたルール」を探求

し，適用することで問題の解決を図ろうとする人がいるかもしれない。なるほど，これらの例においては，ルールを探求しようとしても父親の期待を担って私立高校に通っている娘が卒業後いかなる進路をとるべきかについての制度化されたルールというものはそもそも存在せず，土地の訛で体調不良を訴えてくる患者に対する医者のとるべき態度について制度的に確立したルールというものも存在するとはいい難いために，このようなルールの適用による解決という方法は最初から採りえないのだといえなくもない。

　しかしよく考えてみるならば，ルールの適用による解決という思考方法は日常的なわれわれの問題解決にあたっての態度に広く見られるものである。たとえば，「わが家は代々医者になることになっている」という「先例」を持ち出して父親が娘を説得しようとするならば，それは当該家族内で歴史的に確立し，妥当してきた一種のルールに則り問題の解決を図ろうとする態度であると見ることもできる。このようなルールに則った問題解決という思考様式こそが法律学にとって本質的であると見る立場からは，家族内のルールを持ち出すことで問題解決を図ろうとする態度は法律学的な思考様式をもって高校生の娘とのもめごとに臨もうとする態度であるといえなくもない。この場合，法解釈学において広く受け入れられているところによれば，かかる思考様式は，ルールの形式的論理的適用をその内実とするものではなく，むしろルールの適用とは，当該ルールの目的，当該ルールが妥当してきた社会的条件，当該ルールを適用した場合の帰結等々を考慮にいれた実質的な判断を内実とするものである。この例でいえば，父親は「わが家は代々医者になることになっている」というルールがなにを目的としてきたのか，いかなる状況でこのルールは成立したのか，またいかなる条件でこのルールは代々妥当してきたのか，それは現在の状況にも妥当するのか，またこのルールを今適用するならばその帰結は望ましいものとなるのか等々を論じ，諭すことによって，高校生の娘にそのルールが目の前の問題にも妥当することを示し，進路問題の解決を図ろうとすることになる。娘は娘の側で，このルールが妥当してきた条件，目的，また適用された場合の帰結等々に関して反論をなすことをもって当該ルールはもはや妥当しないことを示すべきことになるだろう。ここでは，かかる法律学的思考様式とは「論証」

や「議論」，そして「説得」によって問題解決を図ろうとする思考様式を意味することになる。

このような法律学的思考様式は，第2の例においても顕著である。被害者側の当事者が加害者に対する処罰の厳罰化を主張したのに対して，会の参加者がとった態度が論証や議論，説得である。加害少年の可塑性や，人権，また国際的潮流等々，「厳罰化」の主張を反駁するために参加者のなした反論に対して，被害者側当事者の再反論が成功せねば，死刑反対論をもってこの場では被害者側当事者は「説得」されるべきことになる。

しかし，このような「論証」と「説得」をもって臨む態度が，本当に上記の例において望まれた態度なのだろうか？　それによって進路問題は解決するのだろうか？　厳罰化を主張する犯罪被害者は本当に「説得」されたのだろうか？　むしろ「あなたは論証に失敗し，議論に敗れたのだから，説得され，従うべきだ」と「命じている」に過ぎないのではないだろうか？　そして，このような「論証」と「説得」を旨とする態度は，進路をめぐる自己決定を前にして迷い・悩む娘が求めていたものなのだろうか？　それに第2の例においては，そもそも会の主旨は犯罪被害者の「声を聴く」というところにあったのではなかっただろうか？

Ⅲ──「声を聴く」という「支援」

上に述べたようにルールに基づく思考様式は，論証と説得に親和的である。しかし，すでに見たように上記の例において，相手方当事者（父親，会の参加者）がとるべきであった態度とは，本当に論証や説得だったのだろうか。自己決定を前にして悩みながら「相談」を持ちかけてきた娘に対し「説教」に転じてしまった父親。当事者を「説得する会」にいつのまにか変わっていた「声を聴く」会の参加者。いずれの場合にも「論証と説得」をもって臨むことに対してわれわれがある違和感を感じているとするならば，それはいったい何なのだろうか？

本稿はこの違和感への1つの答えが第3の例における徳永進の態度に存しているのではないか，と考える。それは徳永のいう「言葉を聞くこと」であり，「そのむつかしさ」を受け止めようとすることである。進路をめぐる自己決定に悩む高校生の娘が求めていたのは論証や説得ではなく，進路に悩む自分の話を「聴いてもらう」ことだったのではないか。子どもを理不尽にも奪われた肉親を前にしてなされるべきだったのは，「加害者の人権」や「可塑性」を持ち出し説得しようとすることではなく，肉親のやり場のない怒りと悲しみの「声を聴く」[4]ということだったのではないか。そして，これらの例において「声を聴く」という態度がなぜ望ましいものと感じられるのかを思案するならば，それはおそらく当事者の求めていたものが，第三者による「解答」ではなく，ましてや「論駁」でもなく，当事者自身に対する「支援」にあったのではないか，と気づかされる。ここで「支援」とは，広い意味で「本人の自己解釈・自己決定・自己実現を傍らから手助けすること」であると定義しておきたい。「論証や説得」が，相手方に対するなんらかの「必然さ」，「有無のいわせなさ」といった含意をもつものであるのに対して，「支援」とは，あくまでも本人が自分でなす自己解釈・自己決定を尊重しつつ，それを傍らから支え，援助するという意味合いをもつものであり，よってこの「支援」という言葉は，論証や説得といった言葉のもつ「必然さ」や「有無のいわせなさ」といった含意からは距離を置くものとなっている。またこのことから「耳を傾けること」や「声を聴くこと」といった態度がなぜ「支援」という言葉と親近性をもっているように感じられるのかということも理解できるように思われる。

　ところで，この「支援」という概念は，近時，主に看護学や医学，教育社会学，カウンセリング論，倫理学，介護・福祉学等々，きわめて多様な領域において中心的な役割を果たしている概念である[5]。また「支援」以外にも，「ケア」や「エンパワーメント」「コミットメント」といった言葉も同様の意味合いをもって用いられることが多い。ここではいずれの言葉も，「強制」や「有無のいわせなさ」といった言葉とは対極にあるものとして用いられているということに留意されるべきである。さらに「支援」にせよ，「ケア」にせよ，いずれの言葉も，いわゆるパターナリズムの思想と明確に一線を画するために意識して選

びとられた言葉である，ということも看過されてはならない。「支援」や「ケア」という言葉は，「あくまでも本人の自己解釈・自己決定を尊重しつつ，それを傍らから支え・援助する」という考え方を根幹としており，これは「相手のためによかれと思うからこその干渉」とは発想を異にするからである。しかしいずれの考え方も相手方に対するなんらかの働きかけを含むものであるがゆえに，実践的には両者は境界を接している。それがために「支援」や「ケア」あるいは「エンパワーメント」という言葉は，パターナリズムによってきわめて都合よく利用される危険が常にあることになる。根本的に発想を異にするにもかかわらず，都合よく利用される危険が大きいだけに，「支援」の思想はパターナリズムの臭いには敏感である。この危険性は「相手のためによかれと思うからこそ行っているのであって，もし行き過ぎがあったならば，控えめに関わることとすればよいだけだ」といった言葉遣いがパターナリストの言い回しに頻繁に見いだされることに典型的に現れている。少なくともここで確認されるべきは，「支援」や「コミットメント」の思想はパターナリズムの思想に対し，隣り合わせに同居しているからこそ，最も警戒心を抱いているという点である。[6]

Ⅳ——民事法領域における「支援」の思想

ところで，この「支援」という発想は，民事法学においてもすでにいくつかの領域で注目を集めていた。たとえば，民事訴訟法学の領域においては，井上正三，水谷暢，井上治典などのいわゆる「手続保障の第三の波」と呼ばれる論者達が，早くからこのような支援の思想とパターナリズムの思想との根本的差異を見据えることの重要性を指摘していたことは特筆されるべきである。[7] 彼らは，紛争解決手続を当事者自身の手に取り戻すことの重要性を指摘し，それは当事者の「ため」になされる手続運営とは根本的に異なることを主張する。その基本テーゼは井上治典による，「第三期派の理論は『人間（紛争主体）の自律的行動を軸にした訴訟法理論』を目指すもの」であり，「それは第二期の理論が目指した『当事者のための手続』から，『当事者による手続』への転換を意味す

る」という言葉に集約されているといえよう。その後，第三の波論自体は，訴訟手続内での役割分担ルールを探求する初期の理論から，紛争プロセスの動態をより強調する傾向を強め，紛争当事者間での個々の具体的なやりとりのありよう，またかかるありようをふまえた第三者の関与のあり方を問題にする方向へと展開していったように思われる。さらに，このような展開のなかから現れた1つの方向が，第三者関与のあり方としての「当事者支援」という考え方であり，さらにかかる支援のなされる「手続」を設営することを通じての「具体的コンテクストにおける当事者の自発性の活性化」という考えであった。

　他方，法社会学の領域においては，和田仁孝が，従来のわが国の紛争処理理論において無意識的に前提とされてきた紛争観，つまり「客観的に特定可能な利害対立として紛争を捉える」考え方を転換し，紛争を当事者の視点から捉えなおすことを通じて，紛争とは何よりも紛争当事者の主体的な状況認知の流動化する過程であることを明らかにしたことが注目される。和田は，紛争を当事者の状況認知・解釈枠組みのゆらぎ，不安定な流動化として見ることに続け，さらに第三者の関与のあり方についても次のような重要な指摘を行っている。つまり，紛争当事者は，紛争という非日常的な状況のなかで自律的かつ安定的な状況認知を構成することができなくなり，そこに不安を感じ，情緒的・心理的な平衡回復を必要とする「困惑した」存在として登場する。かかる状況は当事者にとり主体性の危機を感じさせるものなのであって，このような個人にとっての特異な危機状況に由来する不安を解消するためには，他者の「共感」，すなわち体験の擬似的共有ないし「了解」可能性の呈示による状況特異性の解消が必要となる，と。このような和田の理解からすれば，紛争当事者に関与する第三者の役割は，主体性の危機に瀕した当事者の抱く危機感を希薄化し，再び問題像を自律的に構成する可能性を獲得することができるように「共感」を付与し，当事者の抱く依存欲求の適切な充足をはかることにあることになる。その上で，和田はこのための具体的方策は「当事者に話させ，かつ関心を持って聞くこと」であるとする。つまり当事者は「話をする」ということによって，第1に「自らの問題像を——しばしば矛盾したり，破綻しながらであれ——整理・認識することが可能」となり，第2に，「自分が話し，相手が関心をもって

それを聞いているという事実」によって「自己の状況主体性の再確認」がはかられるというのである。[10]

　また民法学の領域においても，すでに述べたとおり80年代まではいわゆる「意思主義復権論」と「契約正義論」との間でかわされた議論が1つの重要な理論枠組みを形成していたところ，80年代末から90年代に入り，上記の民事訴訟法学や，法社会学における動向とも呼応しつつ，新たな理論的提言がなされることとなった。これにより，契約正義論の介入主義的な性格が明らかにされるとともに，契約正義論と一見対極的位置にあるかに見えた意思主義復権論についても以下のような問題点があることが明らかにされることになった。すなわち，80年代における意思主義復権論とは，第1に，自己決定のみならずその結果としての自己責任を表裏一体のものとして強調するものであり，そこでは「自己決定」とは，「自己責任」を導き，正当化するための「枕詞」以上の意味を与えられなくなってしまいかねないこと[11]，第2に，この理論はその前提として「当事者は自己決定の結果としての自己責任を担うことができるだけの確固たる主体性を確立すべきである」という，個人に対する強い自律性・強固な主体性を要求する理論であったということ，第3に，この理論は未だかかる主体性を当事者が確立していない場合における第三者の保護的干渉を批判する論理を内包していないがゆえに，このような場合にはパターナリスティックな保護的干渉を許容する理論にきわめて容易に転化することになる，ということである。[12] 90年代に入ってからのこのような批判的観点からすれば，契約正義論とは「正義」の観点からする保護的干渉論であり，意思主義復権論は「確固たる主体性の確立」を当事者に要求するという形を通じての保護的干渉論（あるべき主体性の押しつけ）であることになる。[13]この結果，一見対極的に見えた2つの理論も，その実はきわめて似通った相貌をもつ理論であったと評価されることになる。そしていずれの保護的干渉論も批判しつつ提言されたのが，「悩み，揺らぐ弱い当事者」という当事者像に基づく契約法理論であり，また，あるべき第三者関与の仕方としての，当事者間のかかわりあいのプロセスを「支援する」という考え方であった。[14]そこではまた，規範やルールの役割も，中立的第三者にとっての裁断基準として把握される考え方からの転換が企図され，当事者が紛争状

況のなかで自身を再解釈し、もう一度相手方と向かい合い、かかわりあうための重要な1つの手がかりとして捉え直されることになっている。[15]

　かかる規範の捉え方に関して若干付言すれば、われわれは日常的にはさまざまな規範を自身の中に内在化したり、あるいは規範に自分の思考・行動を照らしてみることで、自分自身を構成していることがきわめて多い。たとえば「嘘はつくべきではない」という規範が社会的に妥当しているとき、「滅多に嘘をつかない人間である」と自分を解釈することのできる人は自尊心とともに、自己解釈の安定化を得ることができる。またなんらかの他者を欺く行動をとった者は、「嘘をつくべきではない」との規範に照らして自分の行動を顧みることで、自己解釈の流動化を生じ、自己解釈の安定化を得るために「本来あるべき自分に生まれ変わらねば」と考えるかもしれない。他方、このような規範に照らした自己解釈のプロセスの過程で、場合によっては規範の受け止め方を変容させることで自己解釈の安定を図ろうとする場合もある。たとえば状況に応じて人は「嘘も方便」という規範を持ち出すことで自身の行動を正当化し、自己解釈を安定させることもできる。いずれにせよ、規範の受容と受容過程のなかでの規範の変容も循環的な関係にあり、それを繰り返すなかで当事者はいつ流動化するかはわからないが、それなりに安定した自己理解を得ることができることになる。ここでは、紛争状況とは、かかる自己解釈の再流動化・不安定化が生じた状況として理解され、他方紛争のとりあえずの終結とは、かかる自己解釈の流動化・不安定化が再び安定状態に移行することを意味することになる。第三の波論のなかでもとくに水谷暢の論稿や、法社会学における和田仁孝の論稿、さらに本稿の立場は、いずれもこのような当事者の認知枠組みの変容や自己解釈のプロセスに焦点を当てることで、かかる自己解釈の安定化のために規範はいかに当事者自身にとり援用されるのか、また援用されやすい規範とはいかなるものなのかということを考察しようとするものであり、この点において共通点をもっているということができる。[16][17]

　さらに近時、民法学において「支援された自律」という観点を用いて興味深い分析を試みているのが森田修である。[18] 上記の見解がいずれも具体的個別的状況性のなかでの「当事者支援」を主題化しようとする傾向が強かったのに対し、

森田は「支援」という観点をまずは「法制度」を評価する際の思想，あるいは「法技術的思想」として取り上げようとする。森田によれば，90年代末に活発化した民事個別立法の基礎には以下の3つの異なった思想が存しているという。第1は旧来よりみられる社会法的特別法の基礎に典型的に見られる考え方であって，それは民法典の意思自律の原理が妥当することを断念し，一定類型の当事者の「保護」を実現しようとするものである[19]。第2が，成年後見諸法に典型的に見られる，「支援された自律」という基本思想である。森田によればこの思想は，形式抽象的に自律的意思主体性を措定するのではなく，市場参加者間の情報・判断力に格差のあることを具体的に承認し，法の適用にあたっても個別・具体的な判断がなされ，さらに司法的規律が行政的規律と連続し，その規律も実質的個別具体的な規制へと進化したものとなるという特色をもつとする。そして，ここでは意思自律・契約自由の原理が，再建されるべき価値理念として積極的に位置づけられることになる[20]，とする。もっとも，ここでは一方では意思自律の原理を「実質的に」判断することで個々の当事者の「意思自律の再建」が志向され，法適用の判断基準は個別的・実質的・裁量的かつ未来志向的となっていると指摘されるが，他方では，支援の内容はパターナリスティックなものともなっているとも指摘される[21]。第3が，「自律への回帰」を基礎とした立法群であり，いわば「支援なき自己責任」をその基本思想とするものである[22]。その上で，森田はこの第2の「支援された自律」という思想は次のような具体的な立法論・解釈論的観点として機能することになるとする。つまり「市場における当事者の意思決定の抽象的形式的な外枠の設定にすぎないものとして意思自律の原理を捉えるのではなく，その実質的前提を問題にし，個々の当事者の情報格差・判断力格差の状況を測定して，それに応じた多段階的な（あるいは連続関数的な）法的保護を設計しなければならない。それによって当事者が自由な意思決定によって法律関係を自発的に形成するという本来の理想を再建すべきである」（傍点森田）という規範的理念として機能することになるというのである。

しかし，本稿がこの森田の論稿に注目するのは，森田が「支援された自律」の抱えるディレンマに次のように自覚的であるからである。つまり，森田によ

れば「支援された自律」は一方で「支援」が形式的になればなるほど「支援なき自己責任」に近づくものとなり，結果として保護を否定される当事者の領域が広くなる。しかし他方では「支援」を実質化しようとするならば第1の「自律なき保護」の思想に転化することとなり，「意思の自律の再建」の自己否定となるというのである[23]。つまり，少なくともここで確認されるべきは「支援された自律」の思想とは「自律なき保護」と「支援なき自律」のどちらかに傾く契機を常に内包しているということである。

V――「コンテクスト」と「技法」

ところで興味深いのは以上のように，当事者の具体的状況という観点からみて「支援」を論じようとする見解のみならず，制度に内在する「支援」の思想を取り上げようとする見解においてさえ，「支援」の実質性や，状況性・個別性，また支援者の裁量といった，いわば「判断の文脈性」「コンテクスト依存性」が避けがたいものとして取り上げられているという点である。つまり「支援」とは制度レベルだけで論じているのでは限界があり，どうしても現場の具体的状況のなかに立ち入ってゆかねばその内実はつかめないという性格をもつ。また，「支援」の思想とは元来が「臨床の現場」から立ち上がってきたものであり，もともとが「臨床」と不可分の関係にあるものといってもよい。よって，森田の指摘するように，「支援」の思想を規範的理念としつつ制度設計や解釈論の展開を試みることは重要であるにしても，その制度や解釈論が「臨床」や「現場」，あるいは現実の「コンテクスト」にどれだけセンシティブであるのかという問題意識が常に維持されねばならないこともまた忘れられてはならない点である。このような実践・コンテクストとのつながりをきわめて強く前面に押し出したものとして，上述の水谷暢の著作『呪・法・ゲーム』や和田仁孝の著作『民事紛争交渉過程論』が改めて注目されるべきである。しかし，このような水谷や和田の立場に対しては，直ちに次のような問題が提起されることになる。というのは，水谷や和田のように支援の文脈性を徹底する立場を受け入れてしまう

と，そもそも「支援」は臨床や実践として以外でありうるのか，という問題が生ずるのである。支援が臨床・実践と不可分のものであるとするならば，その支援についてそもそも文脈から離れて語ることは無意味ではないか，という問題である。「支援と臨床とは不可分である」と「語り・書く」こと自体は可能である。しかし，そこから「後は具体的文脈のなかでの実践に委ねられる」とし，いわば「文脈に放り投げる」だけでよいのか，さらに一歩進んで，この文脈・コンテクストに法律学として取り組む方法はないのか，が問われることになるのである。

　しかし，このような問題意識から現実のコンテクストに取り組む場合には，さらに次のような難問に直面することになる。第1にコンテクストといってもそれ自体実はきわめて多層的である。状況に関する一定の「厚い記述」から，「より厚い記述」さらには「いま・ここ」でしかありえない現前の状況そのものとしてのコンテクストまで，相当の「厚みの差」があることは否めない。よって，そもそも「コンテクスト依存性」といっても，それはどの程度のコンテクストをいうのかという問題があるのである。第2に，そもそもコンテクストを記述したり，コンテクストについて語ったりすることは可能なのかという問題がある。コンテクストについて語った瞬間に，それはもはやコンテクストを離れ始めているともいえるからである。ルールや制度の非コンテクスト性を批判し，それに代えてコンテクストを厚く記述してみたところで，実はすでにそれ自体コンテクストを離れ始めているという点において，ルールや制度をもって語ることとの差異はしょせん程度問題ではないのか，との疑問が生ずるのである。逆に現前の状況のコンテクスト性そのものを維持しようとすれば，そもそもコンテクストとはその場限りの実践以外にはありえず，それ以外にコンテクストについて語るすべはない，ということにもなりかねない。つまり「支援の思想」とはやはり「臨床における実践」以外の形はとりえない，とも考えられそうなのである。

　他方，たとえば判断のコンテクスト性を強調する考え方には，法律学内部において（法律学以外の領域ではそのいくつかはもはや陳腐化しつつあるともいえるが）次のような批判も繰り返されてきた。曰く，(a) 判断のコンテクスト依存性を

強調することは，当該判断の普遍性，一般化可能性を失わせることになる，(b) コンテクストを強調することは判断者の恣意と権力性を隠蔽する，(c) コンテクスト依存の判断に長けた者が仮にいたとしても，それは所詮「個人的能力」「個性」の問題であり，学問的対象とはならない，(d)「個性」に止まる限り，所詮その人の「一人一芸」に過ぎないのであって，かかる「芸」は伝達可能ではない（「それは○○さんだからこそできることで……」というよく耳にする言い訳？に典型的に現れる），(e) コンテクスト依存的な判断は制度の議論にならず，したがって法律学の問題ではない，等々。

いずれも理由なき批判ではない。しかしそれらの批判ゆえに，法律学において「状況的判断」の重要性についての研究が，隣接他分野に比べて大きく立ち後れてしまったこともまた事実である（というよりこの点に関する法律学の蓄積は人文・社会科学諸領域のなかである意味，孤立状態にある，ということもできる）。またそこには「判断の停止・思考の停止」や「法解釈学になり難そうだからこれ以上考えるのをやめよう」という態度が見え隠れすることも事実である。加えて「この判断は一般化できないから無理だ」といいながら，実は単に「先例がないので自分は最初に判断する人間にはなりたくない」，「穏当に収めたいから，既存のルールによることにしよう」ということの隠蔽に過ぎない場合もある。このことを考えるならば，むしろわれわれの「状況的判断能力の彫琢」へと考察を進めることが今われわれの取り組まねばならない喫緊の課題なのではなかろうか。[24] コンテクストを強調することは権力を隠蔽するとの批判についても，むしろルール適用という形をとった判断のほうが，その基礎にある権力性・権威性が見えにくくなるだけに問題の根は深いのではないかとの疑問も呈されうる。[25] むしろ権力性や恣意性をいうならば，その抑制のための手段として「ルール」以外の何ものをも開拓してこなかった法律学のアイデアの貧困さを見直すことの方がはるかに生産的である。

これらの批判に比べて，文脈的判断の「一人一芸性」からする批判は，文脈的判断の重要性を基本的に認めた上で，なお「自分には真似できない」という悩みを（少し歪んだ形ではあるが）吐露するものであると見ることもできる。確かに判断におけるコンテクストの重要性をいかに強調してみたところで，「後は

判断者の経験と創意工夫である」というだけでは「ポイントはついているが,一番知りたい肝心のところはなにも示してくれない」ということになりかねない。そして,この点では「ルールの解釈・適用」という形をとった従来の「法的思考の彫琢方法」も限界があるにせよ,実は重要な「状況的判断力の彫琢・伝達方法」であったということができ,かかる伝達方法は決して過少評価されてはならない多くの実績を積み上げてきたということも事実である。しかし,それ以外の適当な方法が今は見あたらないとの理由によって,われわれはルールを中核とした判断力の伝達方法にのみ依然として止まらねばならないものなのだろうか。ルールと個性の中間にあり,具体的な状況性を汲み上げることのできる方法はないのか。さらにルールほどではないにせよ,ある程度の一般化が可能で,かつ伝達可能な手法はないのか。コンテクストをある程度操作可能なものとし,言語化する道具立ては存在しないのか。

　本稿は,これらの疑問に応えるための手がかりとして「技法」という考え方の重要性を提唱したい。これは紛争当事者あるいは関与者が,経験のなかで各人各様に練り上げてきた「ノウハウ」や「コツ」「工夫」であるといってもよい。ルールとまではいえないものの,しかし単なる個人の思いつきや,「一芸」を超えた,ある程度の伝達可能性をもったものとしてこの「技法」は理解される。もっともこの「技法」にも一定の幅があり,一方では整合性や一貫性をもたず,常に具体的状況との関連において理解されることではじめて意味をもつものから,他方では,ある程度の一般性をもち,具体的状況から切断されてもなお有用性をもつと理解されうるものまで多様である。しかしいずれにせよ,本稿で主題化してきた「支援」という観点をさらに一歩前に進める上できわめて重要な意味をもつものが,この「支援の技法」という考え方なのである。そこで最後に,この技法の内容について若干の例を見ることとしよう。

Ⅵ──支援の技法

　冒頭に掲げた例の検討を通じて明らかにしたように,本稿では紛争状況にあ

る当事者に対する「支援」の1つのあり方として「声を聴くこと」[26]の重要性に着眼してきた。しかし「声を聴くこと」の重要性に着眼するとしても，直ちに「では『声を聴く』ためにはどうすればよいのか」という問いが発せられることになるであろうことも上に見た通りである。しかも「声を聴く」ことの条件やその実施方法はルールの形では定式化されえない。とりあえず定式化されたとしても，「文脈依存的な判断」が「支援」にとっては不可欠であることを想起するならば，ルールの命ずるところに従って「声を聴いた」としても，それはたとえば「聞き置いた」ことに容易に転化し，決して当事者の声を聴いたことにはならないことも想像がつく。他方「聴くことにおいて優れた人」がいたとしても，それがその人の「一人一芸」以上に出ないものであるとするならば，われわれは「声を聴け」といわれても指標のない海原に一人放り出されるままになることになろう。

　そこで本稿では，ルールに還元されない，といって個人の個性に終わるのでもない，しかもコンテクストのなかに切り込むことを可能とする道具立てとして「聴くことの技法」に着眼しようとするのであった。かかる技法の具体例としては，たとえば以下のようなものがある。[27]

　＊「相手の話に耳を傾ける」

　本稿で支援の内容とするのは，あくまでも「聴くこと」であって，「訊くこと」ではない。しかしたいていの場合，法律家とはまずもって「聴くこと」よりも，「自分の訊きたいことを訊きだす」ことに熱心であることの方が多い。あるいは「論じ，説得し，訊きだす」ことに長けているあまり，相手の話したいことに耳を傾けることにこれほど下手な人々はいない，といってもよいほどである。[28]

　＊「相手を受容するために聴く」

　話を聴くのは「問題解決のため」にまず聴くのではない。「問題の解決」は結果であって，聴くことが重要なのは，和田仁孝の指摘するごとく，まずもってそれが自己解釈の再安定化のプロセスにかかわるからである。よって，聴くとはまず「相手を受容する」ためである。

　＊「話し手の言葉を遮らない」

「聴くことによる支援」とは，当事者本人が自分で「言葉探し」をしようとすることを尊重することでもある。にもかかわらず，相手の話の途中で言いたいことに気づき，「あなたの仰りたいことは結局……なのですね」と言葉を先取りすることは避けられるべきである。「聴くこと」においては，話の「結論」が大切なのではなく，その結論に当事者本人が到達するまでのプロセスにつきあうことが大切だからである。[29]

＊「沈黙を大切にする」

徳永進はこの点につき「話し言葉というものは，沈黙を含んでおります。間（ま）が大切だと言われております。老人と面接しておりますと，特にこの間をたっぷりとることが大切です。こっちが待っているということですね。患者は，その間のあいだに息を吹き返す」という。[30]

＊「ただ黙っているということではない」

ただ黙っていることは「沈黙を大切にしている」ことにはならない。聴くこととは，あくまでも相手に主導権をわたしながら，その人が言葉を見つけることを会話のなかで援助することである。そのためには相手の話に対して「関心を持って聴くこと」が重要な要素となる。[31]

＊「会話のなかに曖昧な言葉の網目をつくる」

これは「直線的な推論」を関与者自身が行うことを避けるということでもある。直線的な推論を行ってしまうと，最初のとっかかりを得たと感じた瞬間，関与者の頭のなかだけで結論に到達してしまうことが往々にして生ずる。「直線的な推論は一人歩きする」のであって，この結果，関与者は当事者に先んじて独りよがりな解決策に達することで得心し，自己満足に耽るということになる。これに対して「曖昧な網目」は相手方に対して常にオープンである。この言葉の網目は曖昧であること自体に意味があり，また関与者（例，法律家，調停人等）にとって意味があることかどうかということは大切ではない。自己決定を模索する本人が何かを感じ，自分で言葉を続けるための手がかりとして使用しやすいものであればよい。言葉の網目のどこに当事者本人が手がかりを見いだすかは，われわれには決められないのである。

＊「『ちぐはぐさ』や『話の矛盾』を受け止める」

「聴くこと」においては、当事者本人が迷いながら言葉選びをすることが尊重されるべきであり、当事者が「矛盾していたり」「言葉を濁し」たり、また話の「歯切れが悪かった」り、あるいは「曖昧な言葉尻」が端々に出るとしても、そういった当事者の態度こそが尊重されるべきである。一見威勢の良い当事者の言葉の最後に来る曖昧な物言い、たとえば「私は断固〇〇と思います!……もっとも、実際にはそこまでいうかどうかはわからないのですけれど」といった言い回しや、「相手を絶対に許せません。……でも、相手の出方にもよりますが」という物言いにセンシティブであることが聴き手には求められる。

*「因果的発想にとらわれない」

この点を早くから指摘してきた廣田尚久は、心理学者の河合隼雄を参照しつつ以下のように述べる。つまり廣田によれば「紛争をとりまくさまざまな事象のなかには、他の事象の原因にも結果にもなっていない、一見偶然と思われるような事象」、つまり「偶然にしては、あまりにも意味の深い偶然」というものがあり、「しかも、それが紛争にも、解決にも重要な意味を持っていることがある」というのである[32]。

*「相手の問題を自分の問題にしない」

当事者の抱える紛争はあくまで当事者のものである。相談に乗り、話を聴く過程でいつしか関与者自身の問題として引き取ってしまうことがある。結果として当事者そっちのけで関与者自身が紛争処理に躍起となり、いつのまにか関与者自身が紛争の当事者となっている場合もきわめて多く見られる。いわば、支援が転じて当事者の置き去りに転化することも多いのである。

*「『聴くこと』は『説得すること』ではない」

当事者の抱える紛争を、相談にのっている関与者が真剣に受け止めた結果しばしば生ずることとして、「当事者のため、よかれと思って」解決策を関与者自身が提示したくなることがある。そして、当事者がその解決策に難色を示したとき、こんどは関与者が自分の提示した解決策に固執しはじめることがある。いわば「私のいうとおりにすればきっとうまく行くのに、この当事者はどうして理解しないのだ」というわけである。場合によっては「私のいうことを聞かなければ、どんな結果になっても知らないよ」と関与者が内心で呟くことにさ

えなりかねない。ここにいたっては関与者は当事者の話を「聴く」どころか，すでに当事者と関与者の間で「小さなもめごと」が勃発しているのである。冒頭の話を聴いてもらいに来た高校生の娘に対し，父親のとった態度がこれであり，結果として進路問題はいつしか，父親と娘の間のもめごとに変容してしまっているのである。

＊「当事者の言葉は言葉としてのみ受け止める」

相手の怒り，不満，感情の表出は関与者に向けられたものというよりも，当事者自身の整理のつかない気持ちが表現方法を失って噴出したものであることが大半である。心の内部にたまった高圧ガスを噴出させることは当事者が自己解釈を取り戻す上できわめて重要である。人は誰に対しても，心のガスを噴出させるわけではない。関与者に対して噴出してくれたということは，本人が自己解釈を再獲得するための重要な手がかりとして関与者を使ってくれたと受け止めればそれでよいということが多い。

＊「本人とともに異なった物語を語ってゆく」

自己決定を前にして悩む本人は，しばしば，自分のなかで完結した物語にとらわれていることが多い。問題を理解し，把握しようとするとき，人はなによりもそれぞれの事象を一貫して説明してくれる手近な物語に依拠しようとする傾向がある。しかし，このような物語は目前の問題を解釈する1つの仕方に過ぎないことが多い。しかし，いったん依拠してしまうと，以後，その物語と整合するように物事を捉えようとする一種の「慣性の法則」が働き，今度は人はその物語にとらわれてしまうこととなる。そこで関与者は本人がどのような物語に依拠しているのかを見つけ，異なった物語の可能性を本人とともに模索してゆく態度をとることが求められる。[33]

＊「別れてからの時間を尊重する」

人はその場を去って，自分一人になってからもう一度その場面を反芻するものである。よって，実際に話を聴いている時間だけでなく，その後当事者本人が一人で考える時間を尊重しつつ当事者の話に耳を傾けることがその人の支援につながる。人は「あのときああ言ったけれども今になって考えたならば失敗だった」ということも数多くあるからである。よって，実際に当事者と接して

いる時間で一定の「結論」に出たかどうかにこだわる必要はない。もちろんのことながら「結論」を出そうとして話を進めるべきでもない。

Ⅶ——おわりに——非援助の支援——

　当事者支援のための「技法」は上記以外にもきわめて多数のものがあり，それぞれの分野に応じてさまざまな展開を見ているものである。このような例として，介護や看護の現場[34]，精神医療の現場，学校教育の現場，医療の現場，その他さまざまな領域でのカウンセリングの現場等々，とりわけ人間の生と死をめぐる「自己決定」に直接的にかかわらざるをえない社会の現場における実践がある。そこでは，精神障害者の「社会復帰」という視点の貧困さを指摘し，「安心してさぼれることの大切さ」，「なおさない，ということの生き方」，「弱いことの強さ」等々に基づいた障害者自身の手による「べてるの家」の実践[35]，また介護の現場から主張されている「老人が自分の身体と生活の主人公になるため」に私たちが老人の「杖」となるという，三好春樹の「自己媒介化の技術」としての介護論，医療の現場で「沈黙，間」というもの，「言葉でないもの」の大切さを描く谷川俊太郎・浜田晋・徳永進[36]，さらに「都会のなかに田舎をつくる『宅老所よりあい』」の実践[37]，そして「なにもしてくれなくていい，じっとでもうろちょろでもいい，黙っていてもただ待ってくれているだけでもいい，とにかくただだれかが傍らに，あるいは辺りにいるだけで，こまごまと懸命に，適切に，『世話』をしてもらうよりも深いケアを享けたと感じるときがある」とする鷲田清一の立場[38]，また母親の看護体験から発した，介護者の「立ち入らず，立ち去らず」という，相手方との距離の取り方の大切さについて述べる川本隆史の立場[39]等々，枚挙にいとまがないほどの具体的な実践が存している。これらはいずれも「実践・臨床の現場」からの言葉であり，「当事者自身による問題の解決に，傍らからかかわってゆくこと」のありようを主題化しようとする点において共通しているのである。[40]

　これらの実践を今ここで個別的に紹介・検討することは本稿の目的ではない。

ただ，いずれの見方も，問題の解決を最後になしうるのは当事者自身であり，かかる当事者は何よりも自己解釈の安定を求めてもがいている存在であること，そしてそのような当事者に対して関与者がとるべき態度とは「当事者本人の自己解釈・自己決定・自己実現を傍らから手助けすること」にあるとしていることにおいては共通している。そして，本稿は民事法学・民事紛争処理論における当事者の「自律性」や「自己決定論」をめぐるいくつかの動向は，このような隣接諸分野の現代的展開と共通した志向性を有するものであると考えるものである。

しかし，このような支援の思想は，森田修の指摘するように，一方では積極的に支援に乗り出そうとすれば容易にパターナリズムに陥り，他方干渉を控えようとすると傍観者になってしまうという危うさを内包するものでもあった。また，本稿で検討した「当事者支援論」の立場自体がはたして権力性から免れているのか，ということも決して看過されてはならない大きな問題である。しかし，本稿はこの権力性の契機と，「干渉と放任」の間で揺れ動く不安定さが自身に内包されていることの双方に常に自覚的であるからこそ，この「支援の思想」は「自己決定・自己理解を求めてもがく人」への支えとなる実践，理論の基盤を提供することができるのではないかと考える。そして，このような一義的に割り切れないもの，不定形なもの，ルールにはのりがたいものへと「触れる」ことのできる法理論・法解釈・法実践こそが，現代の不安定な自我を抱いたまま紛争状態に陥っている当事者の求めているものではないかと本稿は考える。この時足下を照らし導く灯火には，「非援助の支援」という言葉が記されている。最後には当事者本人が自分の生を選び取ってゆくことを尊重するほかないのであり，それは一方では「援助」という考え方をどこかで当事者が拒絶することにおいて成り立つものであること，しかし他方では，紛争状況の中で悩み，苦しむ当事者は傍観者以上，保護者以下の「伴走者」を必要としており，それは「支援者」とでも呼ぶほかない存在であること，この2つの意味を込めて本稿の基本的な主張をまとめれば，それは「非援助の支援」とでも名づけるほかないと思われるからである。[41]

もちろんこの「非援助の支援」という思想をコンテクストと制度の間に存す

る技法という次元を介して，さらにどのように「法の技法」として具体化してゆくのかということは今後にゆだねられた課題である。また技法の具体化のみならず，自己決定をめぐる諸問題においては，文脈における判断力をどのように彫琢するのか，その際，制度・ルールの役割をどのようなものと見るのか，その上でいかなる制度・ルールを構想することが望ましいのか，等々残された問題は多い。しかし，いずれも法律学の既存の道具立てでは納得のゆく応答の得られない問題でもあろう。本稿のささやかな試みが，法解釈学と法社会学のみならず，より広く分野を超えた支援の思想の共同実践の流れに少しなりとも棹さすものとなることを願いつつ，稿を閉じることとしたい。

1) 棚瀬 (1983)。
2) なお，以下の文章は現実のやりとりを素材とした創作であり，個々の発言は実際の発言に対応するものではない。
3) 谷川・浜田・德永 (1993) 23頁。
4) この意味で，少年犯罪被害当事者による手記集の題名が『話を聞いてください』というものであることに留意されるべきである。参照，少年犯罪被害当事者の会 (2002)。
5) きわめて多くの文献があるが，代表的なものとして，ヴァージニア・ヘンダーソン (1994)，キャロル・ギリガン (1986)，ミルトン・メイヤロフ (2002)，ネル・ノディングス (1997) がある。
6) しかし，このことはパターナリズムはきわめて巧妙に「支援」や「コミットメント」の形をとって現れてくることが多いということでもある。70年代〜80年代初期のような「あからさまなパターナリズム」が喧伝されることの少なくなってきた今日，問題は「支援」や「コミットメント」の外套をまとったパターナリズムにいかに注意深くあるかという点に移ってきているようにも思われる。あるいはよりミクロ的な状況におけるパターナリズムが検討の俎上に載せられるに至っているといってもよい。
7) 「手続保障の第三の波」については，たとえば，井上正三ほか (1993)，井上治典 (1993a)，水谷暢 (1991)，井上・髙橋・井上編 (1996) 等参照。最近のものとしては，井上・佐藤編 (1999)，および井上正三を迎えた座談会 (2002) および佐藤彰一による解題 (佐藤 (2002)) も参照。
8) 井上治典 (1993a) 64頁。また井上治典は，昭和40年代を中心とする「当事者のための理論」としての民事訴訟法理論について，そこには「裁判所の側からのサーヴィスという思考のパターン」が見られるのであって，それは場合によっては「当事者の紛争行動に対する干渉のしすぎであり，押しつけの親切かもしれないという疑念」（傍点井上）が当時の理論にはなかったと指摘する。井上治典 (1993a) 33-34頁。井上治典のいう「当事者のための民事訴訟法理論から，当事者による民事訴訟法理論へ」の転換という問題

意識は第三の波論に一貫した問題意識であるが，周知の通り，第三の波論におけるこの「当事者による手続」の内実については深化・変遷がある。最初期の井上正三による問題提起から始まり，井上治典による「第三の波」綱領論文の公表，そして水谷（1984）における当事者の手続的役割内容に関する「折伏論と誘発論」という画期的問題提起による議論の転換，そして，その後の水谷（1991）の公刊，さらに井上・佐藤編（1999）が企画・実現されるにいたるまでの井上正三を中核とする三期派の思想的変遷から，本稿は大きな影響を受けている。

9) 和田（1991）。
10) 参照，和田（1991）77-78頁，89頁。また91頁注4を参照。
11) 「なぜ私は責任を負わねばならないのですか？」という問いかけに対して，「それはあなたが自分で決めたことの結果だからです」とはよく耳にする言い回しである。しかし，現実の当事者からすれば，「一体どの点をとらえて，『自分で決めた』といわれるのか到底腑に落ちない」ということも多い。そして，よくよく聞いてみると，「自己決定をなした」と相手方が主張する理由は，実は「これこれの態度は自己決定があったと看なしうる・看なすべきだ」ということである場合もある。いわば，ここでは「自己決定」とは「自己責任」を導くために「規範的に見て，あったことにする」ものとして事後的かつ第三者的に構成されているのである。
12) 80年代の意思主義復権論，契約自由論に対して，このような観点からの疑問を呈示したものとして，たとえば，山本（1993），山本（1996）（たとえば，11頁注（4））がある。
13) いわば，80年代の「自己決定と自己責任」を強調する諸理論は，当事者に自己決定権を認めつつ，他方ではその結果は自己責任であるとし，そのことこそが当事者の主体性を尊重することであると暗黙裡に想定していたといえる。しかし，現実問題として，当事者が自己決定を行えるだけの確固とした主体性を確立していない場合には，この理論においては，自己決定は，自己責任を導くためのものでしかないことになりかねない。周知の通り，村上淳一の一連の研究が明らかにしたように，西欧近代法の成立期における「自己決定」の担い手とは，あくまでも「財産と教養ある家長」が前提であった。この点からすれば，近代法的諸価値の尊重を喧伝し，その1つの具体化として「自己決定の尊重」が主張される場合には，当事者をこのような「強い自律的主体」と看なし，またたかかる強い自律的主体性の確立を当事者に求めることは，望ましいことであり，またそれこそが個人の尊厳や主体性を尊重することになるのだと説明されることになるのかもしれない。しかし，このことは自己決定論が「まずは自己責任の担い手たる主体性を確立せよ。ならば自己決定を認めよう」という形での押しつけになぜ陥りやすいのかを示している。また本文で述べたように，他方で自己決定論は「あなたの自己決定を実質的に保障するためだから」という理由を掲げて，現実の当事者に大手を振って干渉するという方向にも陥りやすい。ここでは「自己決定の保障」という言葉が法的干渉の「免罪符」として用いられることになる（最近の契約法理論にはこの傾向が顕著である）。といって干渉を恐れるあまり，「それがあなたの自己決定なのですね。わかりました。では私はこれ以上関知しません」という自己決定の尊重（？）の仕方もまた一種の「突き放

し」ないし「逃避」の論理である。これもまた「傍らで，当事者の自己決定を，支え・援助する」態度からは遠いものであることは明らかである。

14) たとえば，山本（1996）12頁は「契約法とは，各人の良き生（善）に対して中立的な，正義（正）を司る「リベラルなルールの束」として捉えられるのではなく，正と善とが不可分に織り合わさった具体的な関係性のただ中において，各人が各様の生き様を迷いながらも形成して行くことを「支援」し，またその中で自身も構造化されていくという実践的活動の「工夫」の総体を意味する」とする。

15) たとえば，山本（1996）106頁注（12）は「当事者が交渉プロセス・紛争プロセスの中で自らを「解釈」し，「新たな選択肢を創出」するという契機を，はたしてこれまでの契約法解釈学はどこまで支援しようと試みてきたのであろうか」とする。また山本（1996）87-88頁も参照。

16) 繰り返しになるが，80年代の「強い主体たるべし」との要請を伴った強い自己決定論は，いわば論者にとっての「あるべき主体」が所与のものとされており，このような「あるべき自己決定の主体」たることを要求される当の現実の当事者にとっては，場合によっては外在的なものでしかない，ということが不問に付されていたといえよう。これに対して，本稿では当事者に対する関与者の立場とはまずもって，「悩み，迷う当事者」を受容し，その当事者のなす自己解釈のやりなおしの傍らで「つきあう」ことにあると理解されることになる。その意味で，本稿における「自己解釈・自己決定・自己実現を傍らで援助すること」という場合の自己決定の尊重と，80年代に喧伝された自己決定論とはその基礎となる主体の理解において出発点を異にするものである。

17) この点，本文に述べた民事訴訟法，法社会学，契約法学におけるそれぞれの理論動向に内在する当事者像を析出し，かかる当事者像を前提としてそれぞれの論者がどのように第三者関与のあり方を構築しようとしているのかにつき，その異同にいたるまで明晰な分析をなすものとして，松田（1999）が注目される。

18) 森田（1998）。

19) 森田は第1群に属する立法例として，「借地借家法28条の法定更新制度」，「旧訪問販売法6条のクーリングオフ制度」，さらに「割賦販売法30条の4の抗弁の接続規定」を掲げる。参照，森田（1998）117-120頁。また，この分類からするならば，投資取引に関し展開されてきた「適合性の原則」もこの第1群に属する法理であるといえよう。たとえば，潮見佳男は「この原則を通して，国家による投資取引への後見的介入がなされているのである」とし，「そもそも自己決定原則を語る前に，取引からの排除の論理として機能している」と指摘する。参照，潮見（1995）107-108頁。

20) 森田（1998）114-115頁。

21) 森田（1998）126-132頁。森田はこの第2群に属するものには3つの下位類型があるとし，第1に依然として市場参加者に形式的・抽象的な自律性が存在することを前提としている立法類型（例，製造物責任法），第2に自律性確保の必要性が承認されつつも，なお，そこでは意思自律の原理が抽象的形式的に理解されていることにより，その支援の形式が「著しく形式的」なものとなっている立法類型（森田は貸金業法43条を掲げる），

そして最後の類型として，成年後見諸法があるとする。これは「一方で意思自律の再建を志向し，自己責任の論理を堅持しつつ」，他方でより「具体化・個別化された支援を与えようとする点」において，支援された自律の思想を典型的に示すものであるとする。

22) 森田 (1998) 133頁。森田はこの第3群に属するものとして，「定期借家法案 (当時)」(現，借地借家法38条。また22条も参照) を掲げていた。

23) 森田 (1998) 132頁。この点に関し注目される法理論として，「説明義務」の問題を1つの例として掲げることができよう。ここでは一方ではより個別具体的な当事者の状況に合わせた「説明」が求められるとの見解が唱えられつつ，他方ではむしろ「定型的・類型的」な説明をもって十分であると考えるべきこともまた主張されている。説明義務論は，「自律なき保護」と「支援なき自律」との間で揺れる「支援された自律」の思想の真価が問われる重要問題であるように思われるが，この点の検討は別稿の課題としたい。

24) このような判断のコンテクスト性は現代の法解釈論の1つの重要な特徴となっていることはわが国においても次第に明らかになって来つつあると思われる。かかる法解釈論の近時の展開を如実に反映している現代契約法理論の領域において，判断のコンテクスト依存性・状況的判断力の重要性を指摘するものとしては，たとえば内田 (1993) 40頁注 (23) や，山本 (1996) たとえば59頁注 (41)，71頁注 (57)，75頁注 (67)，99頁以下がある。

25) 周知の通り，この点については，来栖 (1954) においてすでに指摘されていたところである。

26) この点についてはすでに井上治典が，ミヒャエル・エンデ (1976) を引用しつつ，「「きく」ことと第三者の役割」について述べており，興味深い。参照，井上治典 (1993b) 60頁以下。また法専門家にとっての「声を聴くこと」の重要性，その内実，さらには「技法」という観点等については，すでに中村芳彦が以下の指摘をなしている。中村によれば「これまで，法専門家は，基本的に規範を基準として，問題を発見し，それを整理し，これに従って説得を試みるという技法を愛用し，この結果，理解できないものはないものとして扱ってきたといえる。しかし，そもそもこのような理解モデルが有効でない紛争も多く，この場合には理解とは別の関わり合いの技法が必要である。私たちが出会う他者は，常に私たちの理解の技法が辿り着けない領域を持っている。むしろ，わからないけれども，そのような領域を尊重しながら，付き合えるための具体的技法が求められている」とする。参照，中村 (1999) 461頁所収。また，中村によれば「クライエント達は，本当は何を求めているのか，どうしたいのかということが，自分でも分からないという状態は意外と多い。それだけに，法専門家が，自分が問題を解決したというときには，単に既存の解決規範に基づいて，そう誘導したということだけかもしれない。法専門家が，日々の生活の中で，ごく当然のこととしている判断基準をフェイドアウトしていくこと，その上で，自らの視野の狭さに身震いしつつ，垣間見えた世界を手がかりに，もう一度再構成していくことはできないか」とされるが，この問題提起には本稿も共感を覚えるものである。また，伊藤 (1997)，伊藤 (1998)，さらに井上治典 (1993a) 23-24頁も参照。

27) いずれも未整理のままであることは否めず，またここで掲げたものに止まらない，より広い法における「技法の具体内容」についてのより立ち入った検討は今後の課題としたい。
28) 中村（1999）461頁以下は，「一番やっかいなことは，人の話を聴こうとすれば，すぐに自分の声が出てきてしまうということであろう。法専門家の場合であれば，法的規範や法的思考で，目の前に展開される話を整理し，一定の評価や判断を行い，その方向にクライエントを誘導していく。それが法専門家の役割だという意見もあろう」とし，続けてこのような伝統的な法専門家の役割に対して疑問を提起している。
29) この場合，「要は，あなたの仰りたいことは……なんですね」と「飲み込みの早い自分」を有能であると誤解している関与者が多いことも問題である。いわば「法律家とはすぐ結果を求めたがる」人々である，とでもいえようか。
30) 谷川・浜田・徳永（1993）87頁。
31) たとえば，和田（1991）89頁は「法専門家による第三者関与」を実効的な支持として当事者に認知してもらうためには，「当事者に話させ，かつ関心をもって聞くことである」（傍点和田）とする。
32) 廣田（2002）219頁。廣田はこれを河合に倣って「共時性の原理」と呼ぶ。さらに，かかる「共時性の原理」を用いて廣田が紛争を解決した実例として，廣田（2002）220頁以下参照。

また，異なった文脈ではあるが同じく，因果的発想の限界を指摘するものとして，三好（1997）17頁がある。三好は「近代科学の方法論というのは，原因を1つに求めようとします。それが「診断」です。原因は1つのはずだというふうに考えますから，診断がつかないと何もできないというのが医療のやりかたです。」「だけど，それにこだわらないでください。人間というのはもっと複雑ですから，原因は色々あるんだと考えてください。あるいは，最初は1つの原因でも，それから他のものがまた原因になってつくりだされていって，相乗効果で1つの実態ができ上がっているというふうに考えればいいわけですから，1つに絞る必要はありません。だから対応策も1つとは限りません。」という。

さらにまた臨床社会学者の野口裕二は，「遺糞症」の子どもに対する有名なセラピー実践（スニーキー・プーのケース）を例に取り，これまでの近代主義的因果発想は「病」の「原因」を探求しようとするものであると指摘し，そして「親のせい」，「他人のせい」，「社会のせい」といった「問題の真の原因」を探求しようとすることが，ますます問題を複雑化することを鮮やかに描いている。参照，野口（2002）73頁。
33) 参照，野口（2002）はまさにこのような実践を描いている。また，このような観点から重要なものとして，棚瀬（1994）（1995）がある。たとえば，棚瀬は弁護士・依頼者の紛争解決過程における関係が心理療法に似たところがあると指摘した上で，「依頼者が，自分と相手方との間にある紛争という事実に正面から向き合って，そこから妥当する意味づけを得るまでくり返し語り直していく過程が，法の援用においても本質的なものとしてあることは否定できない」とし，「道徳を語らせない一般的な法文化の抑圧があるが

ゆえに，意識的に依頼者に現実に直面させながら物語を語らせていくことが必要となるのである」という。参照，棚瀬（1995）893-894頁。
34) 「看護倫理」につき，法哲学の領域では，参照，服部（2000）。
35) 浦河べてるの家（2002）。
36) 三好（1986）。
37) 谷川・浜田・徳永（1993）87頁。また谷川・浜田・徳永（1993）178頁で，詩人の谷川俊太郎は，言葉の「意味」とは異なり，言葉を発する時の，話し手の「居方」の大切さについて述べている。谷川は「問題なのは，その時の言葉でもあるんだけれど，同時にその居方というのが一番大切だと思うんですね。その時に，患者さんのそばにどういう形ですわっていて，どういうふうに手を握っていたか。それが何かというと，その時のその看護婦さんの心のあり方がそこに表現として出てくるわけだから，その心のあり方の表現というのは，その言葉の意味内容とはちょっと違うものだと思うんですよね。やっぱり，体の動きとか，居方というようにしか言えないものだと思うんだけれども」という。
38) 下村（2001），村瀬（2001）。
39) 鷲田（2001）10頁。
40) 川本（2001）。
41) もちろんのことながら，この「非援助の支援」という言葉は，「浦河べてるの家」の実践のなかからはじめて生み出された言葉である。参照，浦河べてるの家（2002）。
42) 当然のことながら，このような技法は本文に述べたものにはとどまらず，たとえば「契約の交渉・締結の際の技法」，「契約条項策定の技法」，「履行促進の技法」，また「損害賠償・強制執行における技法」等々，契約過程におけるさまざまな局面において見いだすことができる。このような「法の技法」は，契約に関する「ルール」とならんで，あるいは場合によってはルール以上に重要な役割を契約過程において果たしていると考えられる。契約過程におけるこのような「法の技法」の具体的検討については別稿の課題としたい。

〔引用文献〕

エンデ，ミヒャエル（1976）『モモ』（大島かおり訳）岩波書店．

ギリガン，キャロル（1986）『もう一つの声』（岩男寿美子監訳，生田久美子・並木美智子訳）川島書店．

服部高宏（2000）「法システムと『思い遣りの倫理』――看護倫理をめぐる論議を手がかりに――」三島淑臣・稲垣良典・初宿正典編『人間の尊厳と現代法理論　ホセ・ヨンパルト教授古稀祝賀論文集』成文堂．

ヘンダーソン，ヴァージニア（1994）『看護論』（湯槇ます・小玉香津子訳）日本看護協会出版会．

廣田尚久（2002）『紛争解決学（新版）』信山社.
井上治典（1993a）『民事手続論』有斐閣.
── (1993b)『講&Q　紛争と手続き──民事裁判とその周辺──』放送大学出版会.
井上治典・佐藤彰一編（1999）『現代調停の技法──司法の未来──』判例タイムズ社.
井上正三ほか（1993）『裁判活性論──井上正三ディベート集1──』信山社.
井上正三・高橋宏志・井上治典編（1996）．『対話型審理　「人間の顔」の見える民事裁判』信山社.
伊藤博（1997）「リーガル・カウンセリングの基礎技術」判例時報1596号.
── (1998)「法務サービスにおける面談面接の基礎技術」法律時報1650号.
川本隆史（2001）「均衡・義務・介護──現代正義論の方法と課題」日本哲学会編『哲学』No.52法政大学出版局.
来栖三郎（1954）「法の解釈と法律家」私法11号.
松田恵美子（1999）「現代中国大陸民事裁判理論の課題と伝統中国法の視角」名城法学49巻1号.
メイヤロフ，ミルトン（2002）『ケアの本質』（田村真・向野宣之訳）ゆみる出版.
三好春樹（1986）『老人のケア──＜生活障害＞への新しい看護の視点』医学書院.
── (1997)『関係障害論』雲母書房.
水谷暢（1984）「紛争当事者の役割」新堂幸司他編『講座民事訴訟3』弘文堂.
── (1991)『呪・法・ゲーム──私的紛争の手引き──』信山社.
森田修（1998）「民法典と個別政策立法──＜支援された自律＞の概念によるエスキース」岩波講座『現代の法4　政策と法』岩波書店.
村瀬孝生（2001）『おしっこの放物線──老いと折り合う居場所づくり──』雲母書房.
中村芳彦（1999）「声を聴く法専門家」井上・佐藤編『現代調停の技法』判例タイムズ社.
ノディングス，ネル（1997）『ケアリング』（立山善康・林泰成・清水重樹・宮崎宏志・新茂之訳）晃洋書房.
野口裕二（2002）『物語としてのケア──ナラティブ・アプローチの世界へ──』医学書院.
佐藤彰一（2002）「民事訴訟法の新しい波」加藤新太郎編『民事司法展望』判例タイムズ社.
下村恵美子（2001）『98歳の妊娠──宅老所よりあい物語──』雲母書房.
潮見佳男（1995）「変額保険の募集における説明義務」『民法の基本判例　第二版』有斐閣.
少年犯罪被害当事者の会（2002）『話を聞いてください──少年犯罪被害当事者手記集』

サンマーク出版.
棚瀬孝雄（1983）『本人訴訟の研究』弘文堂.
――（1994）「語りとしての法援用（1）」民商法雑誌111巻4・5号.
――（1995）「語りとしての法援用（2）」民商法雑誌111巻6号.
谷川俊太郎・浜田晋・徳永進（1993）『医療と言葉』ゆみる出版.
浦河べてるの家（2002）『べてるの家の「非」援助論――そのままでいいと思えるための25章』医学書院.
内田貴（1993）「現代契約法の新たな展開と一般条項（4）」NBL517号.
和田仁孝（1991）『民事紛争交渉過程論』信山社.
鷲田清一（2001）『＜弱さ＞の力』講談社.
山本顯治（1993）「契約と交渉」田中成明編『現代理論法学入門』法律文化社.
――（1996）「再交渉義務論について――交渉理論と契約法理論の交錯――（1）」法政研究63巻1号.
座談会（2002）「民事紛争システムの展望」加藤新太郎編『民事司法展望』判例タイムズ社.

身構えとしての声
——交渉秩序の反照的生成——

西田英一

Ⅰ——声に現れる日常と法

　本章は，ある医療過誤訴訟を素材に，苦痛や問題を感じる人びとの声がどのように法と出会うのか，法はその声をどのように聞くのかについて，当事者間の交渉過程の分析を通して検討しようとするものである。

　ここで"人びとの声"というとき，それを法以前，法以外の語りの住処としての日常世界に結びつけたり同一視したりする必要はない。同様に，たとえば法廷を法的推論だけが支配する場所と考える必要もない。そうしないと，日常のなかに法的なものが，法のなかに日常的な何かが潜り込んでいる事態を理解することができなくなる。[1]

　これまで行われてきた紛争過程の言説分析において，たとえばルール志向／関係志向，普遍・脱文脈的／状況・文脈的といった対照によって法と非法の性質や対抗関係が論じられてきた。しかしこうした特徴づけから，法の外にあらかじめ人びとの日常的な言語実践空間があるとか，日常世界とは切れたところに法の言説空間があるといったイメージを引き出すとしたら，大きな混乱を生むように思われる。とくに，法と非法との相互依存ないし相互制御関係を分析するためには，法も日常も，あらかじめどこかにあるのではなく，人びとの声の活動のなかに現れるものと見なすところから出発するのが適切に思われる。[2]

こうした前提に立って和田は，医療過誤訴訟の言説分析を通して，法と日常の関わりを動態的に分析する際の新しい視角を提供する（和田2001）。一般に法廷では，法言説が日常的言説を一方的に支配・抑圧し，素人当事者の声は法的な語り構造に吸収しうるもの（として）しか取り扱われないとする見方がある。しかし，日常的な語りは，法の語り様式に強く規制されながらも，「密かに法的評価のなかに浸透し」（和田2001：44頁），法的判断に強い影響を与えていく。そこでは，子どもを失った両親の訴えが，たとえば「不慮の死をめぐる苦悩」あるいは「母と子」といったアレゴリーを喚起することで，固有の位置をもった当事者の迫力ある声として聞かれ理解される可能性が説得力をもって示される。ここから和田は，アレゴリー作用によって，日常的言説と法言説が支配や対抗関係を超えて架橋される可能性の示唆へと論を展開する。

このアレゴリー論のおもしろさの中心は，個別的な体験や痛みが，抽象化や脱文脈化によって加工・回収されることなく，アレゴリー作用を通してそのままの形で「理解」される可能性を提示する点にある。もっとも，ここでの理解にはさまざまな位相があり得るのであって，それが明快なアレゴリー喚起力によって「理解可能な話」としてきれいに了解されればされるほど，逆に語りの迫力が薄れてしまうという矛盾に陥る危険性もあるように思われる。こうした危険は，苦悩や痛みをめぐる当事者の語りが，苦痛のもととなった出来事に関わりをもつ者の目の前で展開されるときにとくに重大なものになりうる。

和田が考察した医療過誤訴訟に現れた母親の語りが一定の迫力をもって理解されたとすれば，それはアレゴリーの単独作用というよりも，別の隠れた語りの力によってもたらされたのではないかと推測する。結論を先取りしていえば，それは，アレゴリー作用の媒介なしで，出来事を直接知覚させる声の力だったのではないかと考える。

以下では，和田が考察したのと同じ事件を素材とし，とくに過去に起こった出来事をどう記述するかをめぐるやりとりの分析に焦点を当て，迫力をもって他者に働きかけるもうひとつの声の可能性を示してみたい。そして，この語り口が日常世界から「持ち込まれた」のではなく，まさに法的な語り口との接触を通して現れてくるさまも同時に示してみたい。

Ⅱ——記述される事実

1 法の記述様式

　まず，事件の概略について簡単に説明する。高校2年生の少年M君は，交通事故で腹部，頭部など全身を強く打ち救急病院に搬送された。入院時から激しい腹痛を訴え，翌朝，膿盆2杯の吐血をした[3]。同日のX線とCTの検査では異常所見なしと診断された。腹痛が続いていたが，打撲との見立てのもと，食事の指示も出された。入院9日目に行われた造影検査で十二指腸後腹膜破裂が疑われ緊急手術を受けたが，すでに治療困難な状態に陥っていた。その4日後，両親はM君を別の病院に転院させたが，MRSA感染もあり，播種性血管内凝固症を併発し亡くなった。以上が入院から死亡までの概略である。

　両親は，「葬儀をすませたあと，まき込まれた混乱のうちに過ぎた状況をじっくりと見つめなおし，整理を始め」，「どうしてあんな死に至ることになったのか。真実が知りたい。」「考えれば考えるほど，不可解なことが多すぎる。」「提訴することで，息子の死の原因はいったいどこにあったのか，その真相を法廷の場で明らかにすること」（佐々木孝子 2000：26-28頁）を決断した。その後，図書館や書店を回り医学書を独学する過程で医療裁判に詳しい弁護士を見つけ，証拠保全手続，提訴へと進む。

　どうして亡くなったのか。死に至るまでの事実経過を記述することは，起こった出来事の一切合切をただ時系列的に並べることではあり得ない。そもそも，すべての事実というものが存在しない以上，どの事実を重要事実として切り取りつなぎ合わせていくかは，一定の見通し，目論見（plot）によって初めて導かれる[4]。この見通しなしでは，出来事は記述されえない。さらにいえば，一定の想定解決策に沿って出来事（事実）が定義・構成されるのであって，歴然とした事実がまずあって，その後に解決策が探られるわけではない[5]。

　さて，この真相の究明が，たとえば病院側との示談交渉の場ではなく医療過誤訴訟として法廷で行われることとなった時点において，出来事の記述を導き

制御する見通しとは，具体的には医師の「過失」の立証，そしてそれと死亡との「因果関係」の立証に焦点化される。事実関係は，いわゆる要件事実的な出来事記述，すなわち過失と因果関係を明らかにするのに必要な情報としてのみ述べられることが期待される。

医療ミスを見つけ出し立証する作業が，弁護士も含めた医学の素人にとっていかに重い負担かということは改めて述べるまでもないが，過失と因果関係の立証という出来事記述の初期条件が，両親のもやもやした疑念を解きほぐし，不可解な2週間を明らかにするときの1つの導き手になったことは確かであろう。もちろんそれが，法によって問うことのできる責任でしかないとしても。

いずれにせよ，過失と因果関係の立証という着地点をめざし，事実は組織化され記述されていく。

2　語る資格

まず訴状において，病院の過失とその死亡との因果関係に関わる事実が，被告の過失と混じり合う形で述べられる。これに対し被告側は，入院から転院までの治療経過と医学的な解説を交えて反論する。すなわち，「後腹膜部の十二指腸穿孔を疑うことができなかった」が，その「診断の困難性が指摘されている」とし，「過失とともに結果回避可能性の有無・程度も争う」（答弁書）と。

病院側は，2つの法的争点「過失」「因果関係」にきちんと押さえをする一方，原告が呈示するのとは別のプロットを呈示した。M君は自動二輪で走行中，駐車中のトラックに接触して転倒したのであるが，被告側は，「本件の不幸な結果」の原因は交通事故であり，衝突したトラックが違法駐車であるなら，そちらに対して責任を追及すべきと主張する。つまり，事件の始点を病院への搬送から交通事故に，終点を死亡ではなく「特殊な十二指腸損傷」へとそれぞれ時間的に遡及させ，その中間に「困難な傷害を発生させたこととはまったく無関係」な者としてたまたま介在したという位置づけを示す。

こうした出来事構成と同時に，答弁書以降の書面に一貫する病院側のもう1つの言説戦略が，「専門家／素人」軸の設定である。たとえば，見落としのあった病名として原告側があげた腹腔内損傷について病院側は，「原告の主張には，

本件十二指腸損傷についての誤解があるようである。この損傷についての基礎的な文献を提出するが，本件のそれは腹腔内破裂（損傷）ではなく，後腹膜（腔内）破裂である。」（答弁書）と述べる。事実の訂正というしぐさで行う教示であり，これから始まる攻防における「語る者の資格の違い」の宣言である。これは，言っていることの信憑性を根底から否定するための戦略であるが，と同時に，何がしか動かしがたい「正しさ」（たとえば2の3乗＝8のような）があること，そしてそれを知る者のみがものをいうことが許されるとする交渉ルールの一方的設定でもある。これ以降も，被告病院側は医学上の資料とその説明に頁を費やしながら，専門知というハードルを次々と原告の前に立てていく。

　原告側は，要件事実的出来事記述という初期条件に加え，このハードル越えの挑戦に応じる形で，医師の協力も求めながら過失を明らかにしようとする。しかし，どの時期にどんな落ち度があったのかを特定することは並大抵のことではない。

　こうした手詰まり状態のなか，専門家のミスを専門家の知見で明らかにする作業とは別に，入院中13日間ずっと母親がつけていた日記をもとに，事実関係を整理し直すことを思いついた。日記というのは，M君の容態，体温から医師の診断や薬剤名，食事，分量，医師・看護婦の動きややりとり，そして母親のそのときどきの思いや願いが詳細に綴られたものである。これらを時間と項目のマトリクス表に分類し，その横に証拠保全したカルテや看護記録を並べて貼り付けてみると，「一枚ごとの紙の上で，その日一日の様子がはっきりと把握できるように浮かび上がってきた」（佐々木孝子2000：52頁）という。そしてここから，新たな見通しを得て，それを裏付ける証拠を求めて全国を歩き回り，決定的となる証拠にたどり着く。それは入院翌日の単純X線写真に写し出された気腫像で，十二指腸破裂を疑うべき像であった。

　日記をもとにした事実の見直しによって，おそらく両親は要件事実や専門知の縛りからいったんほどかれ，初期段階での医師の落ち度を見つけるための，ある直観のようなものを得たように思われる。被告病院側の準備書面を埋め尽くす専門知識とそれによる素人（考え）の排除は，専門家に対抗するための専門知識の必要を認識させるに十分であったが，被告側が原告に押しつける素人

としての主体像が，いわば反照的に，入院中ずっとそばに付き添って見守った素人たる自分（とくに母親）こそ，息子の容態を最もよく知る立場にあることの気づきを導いたように思われる。

3 要件事実に乗らない事実

　この気腫像発見はさっそく弁護士に伝えられ，第4準備書面として提出された。病院側は，気腫像があることは認めたものの，このＸ線写真の読影から十二指腸破裂を疑うことの困難性を主張し過失を否定する。決定的証拠だと確信する両親は，すかさず陳述書を書いて提出を弁護士に依頼する。その前半では，「医療過誤立証の困難」「気腫像」に関する意見が述べられているが，後半部分にはこうした過失の立証に直接関連しない，その意味でこれまでの準備書面では表明できなかった重要事実と意見が明かされている。

　なかでも，「3.ベテラン医師について」の部分には，担当医師の能力に対する不信が強く表明されている。

>　被告側書面によれば，「老練の外科医と中堅の外科医が誠実に診療を担当している」とか「両名とも十分の経験を積んだ外科専門医」だとベテランぶりを主張している反面で，「初めて経験する症例であった」とか「能力を超えた症例だった」と医師として恥ずかしい言い逃れをし（中略）ている。
>　それであれば，失礼ながら老練というのは，ただ年がいっているというだけで，中堅とは中途半端な外科医ということになります。（陳述書その1）。

　過失否定のための専門家＝優秀な医師像のディスプレイが，逆に，専門家であればなおのこと見落とすはずのないミスを犯した，つまり優秀でない専門家という批判を導くことになった。
　さらに後段では，吐血後の母親と医師とのやりとりが，具体的な会話として呈示される。

>　急性腹症の症状を呈し，吐血をしたので医師には内臓破裂と違いますかと何度も尋ねましたが，「心配せんでいいですよ，打撲やから」と言われ内心安堵もしました。だ

から，湿布やビオフェルミンの投与等，今にして思えばマンガチックにさえ思われる施療にも何の抵抗もありませんでした。(原告陳述書その1)

　ベテラン医師の内実を嗤う前段に続くこの会話事実の言及は，医師の能力不足，さらにその先の過失を照らし出すための傍証なのだろうか。おそらくそれだけではあるまい。過失立証という点では，吐血の原因究明を怠ったことよりもX線写真の気腫像の看過のほうがずっと有効だったのだから。
　じつは，提訴前の証拠保全手続申立ての疎明資料として添付された陳述書，つまり最初期にすでに，「吐血については鼻血を飲んだせいだと言い」として，部分的にではあるが具体的な会話として触れられていた。ところが，訴状以降弁護士によって作成された準備書面では，いくつかの注意義務違反の1つとして触れられるに留まり，過失立証の上では二次的なものとなり，さらに有力証拠発見後は吐血事実そのものが後景化していった。しかし，もはや補助的なものとなったかに見えた吐血の出来事は，両親自身の手になる陳述書において，しかも専門家／素人の過剰なまでの強調への返歌という文脈のなかで，吐血自体ではなくそれを取り囲む具体的な会話事実として呼び戻され再び前景化することになった。

Ⅲ──出来事を出来事以外で語ること

1　証人尋問

　皮肉にも，X線写真という有力証拠の発見は，両親の予想に反し，判決に向けた訴訟進行の加速ではなく，逆に和解による解決へと大きく軌道をそらす方向に働いた。事件の全貌がほぼ見えてきたと判断したのだろう，有力証拠提出の2か月後，裁判官から和解の勧告があった。両親はこれを断固拒否し，さらに，同じく和解を勧める弁護士をも解任することになった。
　両親があくまで判決にこだわった理由は，解任された弁護士の次の言葉によって確かめることができる。

第3部　法の語りと法技法

「お医者さんを法廷に呼んで，自ら尋問を直接することによって，彼女（母親）の気が少しでもおさまる，気が済む。」「たとえ判決の場合でも，（中略）普通の弁護士がやる証人尋問，見落としを立証していく，あるいは過失を立証していくということを，普通に，というか私たちの進め方で進めていったのでは，彼女にとっては，きれい事になってしまって，それでは気が済まなかったんだろうと思います。」（毎日放送 1997）

本人訴訟となって以降，両親は手作りの準備書面を2か月半の間に10通というペースで提出した後，医師を直接尋問する日を迎える。尋問は，X線の気腫像の見落としの追及のあと，吐血をめぐる会話の再生へと展開する。

（母親）　そのときに本当に苦しんでおりまして，これは急性腹症だ，大変だということを本当は考えて診てほしかったんですね。そして明くる日，朝ですけれども7時50分，吐血をしました。膿盆に二杯ほどの黒褐色の吐血をしたんですけれども。
（A医師）　看護日誌によりますと，膿盆に二分の一ということなんですが。
（母親）　二回取ったんです，私が。そのときにいらしたんですけれども，そのときに私が，これは内臓破裂と違うかなと言ったら，先生はどうおっしゃったんですか。
（A医師）　そのことは私自身今記憶ないんですけれども，（中略）今後の経過によってまた違った状態になることがあるということはお話ししたと思います。
（母親）　だけど，鼻血を飲み込んだもんだ，お母さん，大丈夫ですよとおっしゃいませんでしたか。
（A医師）　私自身は大丈夫だとは言った記憶はないです。私自身，そういう腹部外傷に関してはいろいろつらい経験もしてますので，大丈夫ですという表現は一切使わなかったと思います。（証人調書1）

具体的な会話再生は，1か月後のB医師に対する証人尋問でも聞かれた。

（母親）　だけど先生は，私が先生大丈夫ですかと聞くと，いつも打撲だから大丈夫とおっしゃいましたけれども，何を根拠に打撲だと思われたんですか。
（B医師）　お母さんが私に聞きにこられたのは，21日の昼前に，ほかの病室を回診しているときにどうですかと。それで大丈夫なように思いますよと，とにかくそう申し上げたと思うんですが，たんなる打撲やから大丈夫という言い方をした覚えはありません。
（母親）　大丈夫っておっしゃいました。そのとき私は医学を信じたんじゃなくて，医

者，しかもあなたを信じたんです。(証人調書2)

　もはや吐血問題が，単なる過失特定のための主要事実などでないことは明らかであろう。ここに現れたのは，要件事実的な出来事記述には収まりきらない，しかし両親にとっての真実究明作業に欠かすことのできない声であり，誰によっても何によっても代理することのできない当事者の声である。

　それまで，被告側からは医療の素人として語る資格を否定され，裁判官・弁護士からは法実務で「普通に」行われる解決としての和解を何度か勧められたことが，法と医療という2つの専門(家)への見切りと，逆に素人としての両親のアイデンティティ再構築を刺激したように思われる。

　この事件における母親の位置は，医療事故で子どもを失った母親一般でもなければ，知らぬ間に子どもを失った親でもない。入院した深夜から一睡もせず，激しい腹痛で苦しむ息子を見かねて3度のナースコールをし，朝には膿盆をあてがって2回に分けて吐血を受け，駆けつけた医師に内臓破裂ではないかと確かめた限りで，母親はもはや看護だけでなく救命にさえ関わった素人，しかし医師よりも息子の容態をよく知る素人であった。このことが，「膿盆に2分の1ということなんですが」という発言によって反照的に明らかにされたのである。

　病気のことは医者にしかわからないというわけではまったくない。顔色，表情，動作，痛みの訴え，吐血等，異常を知らせるしるしをわれわれは日常的に理解・経験している。おそらく，要件事実という記述条件と医学的知識による立証という与件に従って進めてきた訴訟が手詰まりに見えたとき，そこで整理し直した13日分の紙は，M君の容態変化だけでなく，それを見守る母親自身の位置と軌跡をも映し出していたに違いない。

2　出来事の陳腐化への抵抗

　証人尋問において，要件事実志向の記述方法からも医学的知見に裏づけられた記述からも離れ，やりとりされた会話を何度も再生しようとしたことにはどんな意味合いがあるだろうか。

　私はそれを，出来事が陳腐化されることへの抵抗であったと考える。息子の

死のいきさつを知ること，そしてそれを担当医師に知らしめること。おそらく，有力証拠発見までの事実関係の究明は，過失を法的・医学的に証明することで達成されるはずのものであり，実際それは結果においてほぼ達成された。

しかしこうした「知り方」は，それが因果論的で必然的な出来事として説明されればされるほど，出来事を陳腐化してしまう。『ショアー』を撮るにあたってランズマンがこだわったのも，この出来事の陳腐化をどうやって排除するかであった。ランズマンは，「ホロコーストをとりあげようとしたすべての作品は，歴史と年代記の助けを借りて，この出来事が自然のうちに出現したかのように描く」試みだと批判する。「まず，1933年，ナチの権力掌握から話をはじめる。（中略）年を追い，段階を追って，いわばほとんど予定調和的に絶滅政策まで行き着こうと試みるのだ。あたかも，600万の男女と子供たちの殲滅が，これほどの大量殺戮が自然に生み落とされることが可能だとでもいうように。」（ランズマン1995a：3頁）。出来事を出来事以外の何かで語ることは，いかにそれが誠実に行われたとしても，出来事を言語的表象のなかで再構成し神話化することである。

ランズマンは，再構成ではなく，ホロコーストという出来事を実物大に復元するための「新しい形式」をつくり出した（ランズマン1995b：122頁）。たとえば，絶滅収容所の稀有な生存者スレブニクに対し，当時を回想して語ることではなく，あのときと同じ身構えを回復させるべく，当時と同じ川を小舟で上りながらあのときと同じ歌を歌うことを求める。「『歌』という身ぶりの反復を求めることで，場とスレブニクの間に想起が侵入することを制止」し，そこに蘇ったスレブニクの身構えを通して，「ホロコーストを直接知覚可能なものとして示すこと」が目指される（高木1996：230頁）。

ことばのやりとりを声によって再生（recite）すること，すなわち証人尋問の場で医師との会話を自ら復唱し，また医師にも復唱させようとした母親の声は，出来事を表象なしで呈示するスレブニクの歌として聞くことができる。

これに対し，要件事実的な出来事記述は，事故から死までの16日間の出来事を「わかりやすいもの」にすることと引き替えに，出来事の一回性，固有性を切り捨ててしまう。たとえば，「バイクを運転中転倒して十二指腸後腹膜を破裂

した者が後腹膜膿症を発生，憎悪させ死亡した場合につき，担当医師に適切な診断治療を怠った過失が認められた事例」(判例時報1620号：104頁)といった記述は，法が現実をつかみ取るときの手つきを最も純粋に示している。

　もちろん，要件事実的な出来事記述に規律された法廷において，固有の位置を占める当事者の声が聞かれないわけではない。Iで見たように，当事者の個人的な体験の語りが「アレゴリー的位相を通して我々に普遍的な「理解」をもたらす」(和田：67頁)可能性は十分にある。しかしながらそこには，「不慮の事故で子を失った母親」といったアレゴリーも，場合によっては「わかりやすい話」として受け取られてしまう危険性もあるように思われる。

　この陳腐化の危険から語りの迫真性を救出したものこそ，母親による過去の声の再生であった。何よりもまず声の復唱は，聞く者に，位置づけられた主体間の1回の出来事を直接知覚させる。くわえて，その出来事に関わった者に当時と同じ身構えを回復することを迫る。もちろん，ここで声によって関わりの現場を再現することは，単なる復元作業に留まらないことはいうまでもない。「しかもあなたを信じたんです」という声によって，母親と医師との関わりが，まさに今なお重なりながら継続するものとして問い直され確かめられているのである。こうして，裁判官をはじめとする聞き手も，「子を失った母」というアレゴリー理解に留まらず，「子を失った母とあなたとの関係」として，母親の声を聞くことになるのである。

Ⅳ——交渉秩序の反照的生成

　声という身振りによって出来事を直接知覚させること，何もこれはM君の母親の独創ではなく，むしろ人びとが日常的にしていることなのかもしれない。しかし重要なことは，この会話の復唱が，法廷でなされたことの意義といきさつであろう。

　まず，いきさつのほうから述べる。この声がどこから来たかについては，いくつかの見方が可能である。たとえば，法の外の世界にあらかじめあった言説

が法廷に「持ち込まれた」と見る仮説もあるかもしれない。しかしながら，この見方は，法と日常を予定調和的に対比対置させる以上の意味をもたないように思われる。

　そうではなく，法廷で聞かれるあらゆる声は，法の外や日常からでなく，法廷なら法廷という場を通して展開される交渉活動のなかから生まれてきたものである。両親が医学の素人であることは，裁判以前からの一般的知識である。しかし，被告から繰り出される専門医学的知識からする素人定義，そして語る資格を否定された素人イメージは，まぎれもなくこの交渉の展開のなかから現れたものである。そしてこの，被告による素人排除，誠実で優秀な医師像ディスプレイによる専門家言説の特権化から，いわば反照的に，能力不足の医師という逆定義→吐血をめぐるやりとりの再前景化→会話の復唱による関与現場への呼戻しへと展開していったことが重要なのである。

　紛争や葛藤の解決がたとえば法廷を通して進められるときも，その展開は，法廷の約束事や専門家の「普通の進め方」だけで規律されているわけではない。法廷の約束事や常識は，人びとの語りを抑圧することで同時に誘導もしているのである。このややこしい言い方も，たとえば「医学を信じたんじゃなくて，医者，しかもあなたを信じたんです。」とのことばが，要件事実志向の記述と医学的知見に裏付けられた記述に倦み，専門家の過剰強調から逆に担当医師の能力不足を確信しえた末にはじめて現れたことを考えれば理解されるであろう。

　そこで問題は，医師との関わりという出来事をその会話によってリサイトしたことを法（廷）がどう受け止めようとしたかである。

　被告医師らがどこまで出来事を直接知覚したかはわからないが，担当医師は証人尋問の場ではじめて，救命が可能であった初期段階で十二指腸損傷を見抜けなかったことを認めた。

　じつは，第1準備書面から証人尋問までの間，被告側の言説は，「結果論からはどのようにでもいえるが」（被告第2準備書面）といった，過失からでなく出来事そのものから自己を切り離す物言いに終始していた。それは，今の私が何の関与もしていないかのように，あの時のあなたと私の関わりのみならず，あの時の私と今の私さえも切断してしまう。

これは被告側が思いついた言説戦略というよりも，法と裁判がもつ「事実の取扱い方」に由来しているように思われる。すなわち，裁判においては，起こったことは「終わったこと」である。法廷における事実に関する語りは，すでに終わっている出来事について語る活動としてのみ聞かれ，それを語ることで当事者の関係づけが断続的に更新されているという点に法はほとんど関心がないように見える。

　自らを過去からも他者からも切り離そうとする者を現場に呼び戻し，裁判官や傍聴者にも出来事の現場を直接知覚させる声は，強い当事者性，あるいは「語りの迫真性（narrative truth）」（Mink : pp.143-144）をもって聞こえたはずであるが，裁判所はそれをどう受け止めたのか。

　証人尋問から半年後，この裁判は原告勝訴の形で終わった。[8] もちろん，母親の声の復唱によって予定調和的に勝訴にたどり着いたというつもりはない。むしろ，裁判所の受け止め方という点で注目されるのが下記の一文である。入院から死亡に至る出来事を時間の順序に従って詳細に事実認定しているなかで，次の一文だけはなぜか時間軸からはずれた場所に置かれている。

　　なお，原告は，Mが吐血したことから，内臓破裂があったのではないかと心配したが，被告担当医らは，原告に対し，打撲であるから大丈夫，嘔吐物は鼻血を嚥下したものである旨の説明をした。

　本来であれば，20日午前7時50分の嘔吐の次におかれるべきこのくだりは，翌21日の認定事実，「……1日3回，1回1錠のボルタレンが経口投薬された。」の後にただぽんと置かれている。捨ておくには意義深く，さりとてきちんと収まる場所のないこの記述は，配置場所と同時に，「」（カギ括弧）ではなく"旨の"形式による会話の記述方法という点でも，不自然な印象を与える。ここには，人びとの声をどう取り扱ってよいのかについての，現在の法と裁判の迷いのようなものが示唆されているように感じられる。声を再生する声は，法の身構えをも変えうるだろうか。この小さな謎から始まる探索は本稿の問題設定と紙幅を超えるものであり，今後の検討課題としておきたい。

1) 法と日常の相互依存関係について，本稿は，教育サービスをめぐる障害児童と両親の生活実践を分析する（Engel 1993）と基本的立場を共有する。
2) 法廷ではなく日常的交渉場面における法の現れ方を分析するものとして，（西田英一2003）参照。
3) 裁判所の事実認定では，「Mは，黒茶色の液体を，膿盆に2回に分けて嘔吐した」として，吐血ではなく嘔吐としているが，原告がたどった経験にそって一連の交渉を分析するという関心から，証拠保全手続申立ての疎明資料として添付された陳述書および訴状の記述に従って，あえて吐血として取り扱う。なお，本稿執筆に当たって，原告両親から膨大な裁判資料の閲覧をさせていただいた。そのご厚意にこの場を借りて謝意を表したい。
4) 棚瀬は，事実認定の物語性を論じるなかで，日常の語りのなかで出来事の記述と規範的な評価とが「不可分なものとして同時に存在している」ことを指摘している（棚瀬1995：868頁）（棚瀬2002：159頁）。
5) 土井は「事件の定義がされた後に，しかるべき解決策が模索されるわけではない」（土井2001：139頁）と述べる。もっとも，本稿の事件における解決策を，医療過誤に基づく損害賠償の請求と限定的に解した場合，これをもって，原告両親の事件定義活動を導いた見通しと即断することはできない。むしろ，ここでは医療者の「過失を明らかにする」という位相での解決策ととらえるのが適切に思われる。
6) 言語を社会・文化的コンテクストから研究するワーチは，文化的道具（cultural tools）としての言語には，行為を可能化し力を与える側面と制約・制限する側面とが共在することを強調し（ワーチ2002：42-47頁），前者の行為の可能化について，ギブソンのアフォーダンス概念と結びつけて説明する。もっとも，アフォーダンスは，行為の可能化と制約の両方を含んだものとして，行為制御するものと考えるべきであろう。ギブソンのアフォーダンス概念については（ギブソン1986）を，またその紹介と応用の入門書としては（佐々木正人2000）参照。
7) ここでの反照化という機制のイメージは，別役実の次の舞台論から示唆を得た。「上手側に立っているAが，上手奥を向いてうずくまり，下手側に立っているBが，『どうしたんだい』というように体をそちらに向けると，『閉じた存在』であるAと，その『照り返し』としてのBとの間に，ある『関係』が生じ，空間に奥行きと重奏間が生まれる。」（別役実2002：39頁）。
8) じつはその後，被告側は控訴し2年間争った後に訴訟を取り下げ，原告と和解している。

〔引用文献〕

別役実（2002）『舞台を遊ぶ』白水社．

土井隆義（2001）「ある『暴力事件』をめぐる記述のミクロポリティクス」中河伸俊・北沢毅・土井隆義編『社会構築主義のスペクトラム——パースペクティブの現在と

可能性』ナカニシヤ出版.

Engel, David M. (1993) "Law in the Domain of Everyday Life: The Construction of Community and Difference" in Sarat, Austin and Kearns, T. R. eds., *Law in Everyday Life*, University of Michigan Press.

ギブソン, J.J. (1986)『生態学的視覚論——ヒトの知覚世界を探る』(古崎敬ほか訳) サイエンス社.

判例時報1620号 (1998), 104-111頁.

ランズマン, C (1995a)『SHOAH』(高橋武智訳) 作品社.

──(1995b)「ホロコースト, 不可能な表象」(高橋哲哉訳) 鵜飼哲・高橋哲哉編『「ショアー」の衝撃』未来社.

毎日放送 (1997)「映像'90 本人訴訟」.

Mink, Louis (1978), "Narrative Form as a Cognitive Instrument," in *The Writing of History: literary form and historical understanding*, eds. Robert H. Canary and Henry Kozicki, University of Wisconsin Press.

西田英一 (2003)「日常的交渉場面に現れる法」法社会学58号45-55頁.

佐々木正人 (2000)『知覚は終わらない——アフォーダンスへの招待』青土社.

佐々木孝子 (2000)『悲しき勝訴』医療過誤を考える会.

高木光太郎 (1996)「身構えの回復」佐々木正人編『想起のフィールド——現在のなかの過去』新曜社.

棚瀬孝雄 (1995)「語りとしての法援用」民商法雑誌111巻4・5号, 6号.

──(2002)『権利の言説——共同体に生きる自由の法』勁草書房.

鵜飼哲・高橋哲哉編 (1995)『ショアーの衝撃』未来社.

和田仁孝 (2001)「法廷における法言説と日常的言説の交錯」棚瀬孝雄編『法の言説分析』ミネルヴァ書房.

ワーチ, J.V. (2002)『行為としての心』(佐藤公治ほか訳) 北大路書房.

「相談の語り」とその多様性

樫村志郎

I――「相談の語り」の構造

1 「相談の開始」のメカニズム

　筆者は，市民法律相談のコミュニケーション過程を分析し，その最初の展開のあり方について，これまでに次の知見を整理し得た（樫村2001）。

　(1) 相談の意欲・必要の提示と承認について

　大多数の市民法律相談の開始において，次のいずれかが起こる。(A) 一方の会話者が相談の意欲と必要を提示する，または，(B) 一方の会話者が相談事の語りの開始を他方の会話者に対して促す。(A) の場合，その発話に引き続いて，他方の会話者が (B) を行うことが多い。

　(2) 相談の語りの予告と承認

　多くの市民法律相談において，(B) に引き続いて，(C) 相談事の語りを予告する発話が行われる。その予告は，たいていの場合は，短い発話で成り立ち，それに引き続き，(D) 他の会話者がその相談事の語りの開始を承認する発話が起こる。(D) は，継続承認語，質問，あいづち等の形式をとる。

　(3) 相談の語りの不承認

　いくつかの市民法律相談においては，(C) に引き続いて，(E) 他の会話者がその相談事の語りに異議を述べる発話が起こる。これには，単純な不承認でなく，質問，要請，批判，反論等の発話が利用される。それらが，このタイミン

グで発話される場合，相談事の開始発話を標的とする批判，異議，指導等を開始する。

　以上をまとめると，法律相談の最初の展開における会話者間の発話交換を通じて，次のことが達成されると言える。
・相談者（相談事を語る者）と助言者（相談事を聞く者）の役割を確認しあうこと
・相談者には，語り手資格が割り当てられること
・助言者には，聞き手資格が割り当てられること
・相談者による語りは，聞き手である助言者によって承認されることによって，継続していくこと
・相談者による語りは，聞き手である助言者によって不承認されたり，批判されたりすることがあること

　これらの展開の結果として，法律相談の会話システムは，助言者による促しと相談者による相談事の語りが発話対となり，バラエティをもって反復される[1]という形式に落ち着いていく。相談の語りの基本的構築要素である発話対を「[促し／相談]対」または単に「相談対」とよぶことにする。

2　「相談の語り」の多様性

　われわれは，通常，相談事は，全体として，ある方法で表現され，その表現が，2人の会話者の間で，継続的に交渉されると感じる。また，市民法律相談においては，相談者は，助言を求める人であって，与えられるべき助言の基礎となる専門性をもたない素人であると言えると感じる。これらは，われわれが法律相談を理解する際に，非常に根本的な次元で了解されているものである。それは以上のような会話メカニズムによって実現されている。

　以上の意味了解は，法律相談の構造的要素を実現するものである。そこで，これらの意味了解が達成されるとき，われわれは，「相談の開始」という会話部門が終了したと見ることができよう。

　さて，本稿でとりあげたい主題は，「相談の開始」部門に引き続く部門の展開である。これを「相談の語り」部門と名づけることにする。

　「相談の語り」には，ある明瞭な仕方で，トラブルを含む状況を要約的に記述

する形式の使用による状況記述が含まれている。たとえば,「複数の選択肢があるが,選ぶのが困難である」という形式があり,また,「時系列にしたがい,困難な状況の発生を説明する」という形式がある(樫村1996b:218-219頁)。この形式に従う記述を「問題定式」とよぶ。

ところで,筆者の手元にあるデータで検討すると,「相談の語り」部門には,注目に値する多様性が見られる。とりわけ,相談事の語りに対する,助言者の承認と不承認,それに対する相談者の対応は,「相談の語り」にバラエティを生み出す源泉となるように思われる。

本稿では,「相談の語り」部門における多様性のいくつかの例をとりあげて分析を加え,その多様性を生み出す源泉についての上記の推測を検証する。また,「相談の語り」に影響をもつ制度的規範性のあり方について考察し,弁護士による法律相談と家族内における日常生活上の相談のあり方と若干の対比を試みる。

II──「相談の語り」の促しの基本的手段

1 聞くこと

#1では,助言者Lは相談者Cによる語りを承認しつつ,とくに介入せずに聞くことを行っている。「はい」や「うん」以外のLによる発話は5行めであるが,それは,Cの発話の中の情報の繰返しであって,LがCの語りに興味を感じていることを示す方法である(以下の会話データの表記法については,樫村(1996a),サーサス(1998)を参照せよ)。

#1 (a)
1C : それでですね
2L : はい
3C : あの:従業員があの:女の子3人ほど含めて*じゅう]-しごにんの会社なんです?
4L :   *うん]
5L : 従業員が14, 5人
6C : はえ
7L : はい (0.8) はい=

```
 8C  :  =女の子を含めましてね=
 9L  :  =はい=
10C  :  =せ:で私取締役営業部長になっておりますけれども
11L  :    はい
```

　このような非介入的聴取は，Ｃの語りが，「相談事の語り」としての通常性の枠内にとどまっている場合には，助言者や状況によっては，好まれる聞き取り方である。この例の場合には，会社の従業員数の情報に始まり，その中での相談者の地位に関する情報が与えられているが，これは，相談の始まりとしては普通のことであると思われる。[2]

2　質　問

　相談の語りは，助言者に，助言の基礎を与えるものであると推測できる（樫村：1997）。そこで，相談の語りが十分な情報を含まないとき，Ｌは，相談の語りへと介入しようとする。

　#2は，Ｃによる相談の意欲と必要の提示とＬによる承認に引き続いて，Ｃが語りを始めた後，その語りがはじめて終了する可能性が現れた場面である。ここで注目されるのは，10行と11行における「はい」の交換である。

```
#2
 8C  :  その保険でまかなう=もう当然リース物件は向こうにお渡しするんですけれども=そうっと
 9       いうふうなことを:耳にしたもんですからそこらあたりはどうなのか,
10L  :  はい=
11C  :  =はい=
12L  :  =((咳))まず,あの:,会社の販売不振っていうのはいつご*ろからのことですか,
13C  :                                                          *あの:　もう3月から
```

　9行で終わるＣの発話に引き続くＬの発話がもつと期待される意味には，会話系列上，2つの可能性がある。第1には，Ｃの発話が，質問の形式で終了しているため，それに引き続くＬの発話は，回答となることが期待される。この場合，少なくとも一時的には，Ｌは助言の開始を期待されるから，（助言の）語り手の地位を与えられることになる。第2にしかし，Ｌは，その相談の語りを継続さ

せるためにこの機会を利用することができる。10行でのLの「はい」に対して，11行のCの発話は，Cが，Lの「はい」を促しではなく，語りの最終的受容であるとみなしたことを示している。しかし，Lは，12行において，助言の開始を行うことなく，質問を行うことで，より明示的な促しを行っていると見られる。Lは，Cの語りの終了を承認しなかったのである。Cは，その促しに対応して，相談事の語りを開始している（樫村1996b：219-220頁）。

3 指 示

聞くこと，質問，言い直しのいずれにも，「相談の語り」をいかに行うべきかについての暗黙の指示が含まれている。しかし，そのような指示が明示的になされることもある。

#3（a）
14C： ＝はじめから：：あのゆわないと：ちょっとわかりませんのですけど＊も：：］
15L：   ＊は：い］ はい＝
16L： ＝結構ですけど＊ね：］＝一応ね時間40分ほどなってますん＊　で　ね：］
17C：   ＊はい］   ＊あ：そ：です］か
18L： 時間はまあちょっと-お-
19   （0.4）
20C： はい＝
21L： ＝ご考慮のうえね＝
22C： ＝はい＝
23L： ＝あのちょっと要領よ＊HoHo］く，お願いし＊ますね］
24C：   ＊はい］   ＊と要領］よくHaHaHa
25C： ちょっと＊あたま悪い］から難しいけど　hhhhhh　あの：，はじめにね，

#3（a）では，助言者の承認のもとで14行に相談者Cが話し始めた場面であるが，その話し始めの発話が不適切なものとして，「時間を考えて」「要領よく」との指示が行われている。また，その前提として，相談時間が「一応時間40分ほど」であるとの情報が提供されている。15行から24行までの指示のやりとりの後，25行「あの：，はじめにね」は，14行の「相談の語り」の再開である。

#3 (b)
5C ：　借金で，首が，まわらHなHくHな＊っHHた　（って　いう）］(0.5) ことな
6L ：　　　　　　　　　　　　　　＊あ：あ：あ：あ：あ：なるほど］
7C ：　んです
8L ：　は：は：は：は：
9C ：　（はい）
10L ：　で：あ：の：(1.5) その：(0.5) 負債のね (1.0) 具体的な内容，どこから，
11C ：　はい
12L ：　え：どれ-どれくらいの負債があるかということのリストかなんかお持＊ちです
13C ：　　　　　　　　　　　　　　　　　　　　　　　　　　　　　　　＊はいあ
14L ：　か？］
15C ：　りま］す

　#3 (b) の10,12行のLの発話は，「借金」から「負債」への暗黙の言い換えを含んでいるが，「相談の語り」をいかに行うべきかについての，暗黙の指示である。#3 (c) の10行の質問も指示の意味を含んでいる。

#3 (c)
6L ：　交通事故-加害者：被害者どち＊ら（で）
7C ：　　　　　　　　　　　　　＊えと：：，被害者です
8L ：　被害者
9C ：　はい
10L ：　交通事故，＊はい，どういう事故：ですか
11　　　　　　　＊（（ボ　ー　ル　ペ　ン　の　筆記音））
12　　（（以下，断続的にボールペンの筆記音））
13C ：　Tchhhえと東京で，＊えと］，平成5年に：1月X日に：事故起こしたんだけど：

　次の#3 (d) 65行にみられるように，相談者は「相談の語り」の方法に問題があると指摘されると認識する場合には，すすんでその問題を解決しようとする。

#3 (d)
58C ：　　　　＊今日は：］，それ：い＊確かめに］来たんですよ
59L ：　　　　　　　　　　　　　　＊ssssその］
60L ：　あ：そ：
61C ：　はい

217

62L： あの：示談のね
63C： はい
64L： その：：, *けいや（く）-] しょるい,
65C：   *しょるい]
66L： もってきてますか？

4 訂　正

　ある会話者の発話を他の会話者が別の表現で言い直すこと（言い換え rephrasing）は，紛争解決過程での介入方法として有効であると言われる。だが，それがいかにして紛争解決に寄与するのかは，必ずしも明確ではない。会話分析によれば，言い換えは，「相談の語り」に対する，批判や指示として用いられる場合，相談者が語るものとしての「問題」の記述に影響を与えるものであることがわかる。こうした発話は会話分析では一般に「訂正 correction」とよばれるものである（Schegloff, Jefferson & Sacks 1977）。「訂正」は，標的発話を特定して訂正の必要を指摘する「訂正開始」行為と，その訂正を実現する「訂正実施」行為とから成り立つ。それは，発話の内容や方式が何らかの正しい基準に照らして「誤り」であるという意味を含む点で，聞き取りや理解の上での困難に関わる「修復　repair」と区別される。「訂正」を構成する2つの行為は，標的発話の発話者が行う場合と，標的発話の聴取者が行う場合とがあり，あわせて4つの形式的可能性がある。会話者は，この4つの可能性を利用して，会話にさまざまなニュアンスを与えるが，とりわけ，訂正の概念が「誤り」を含意することから，さまざまな正当性に関する理解を会話において表示する意義が大きい。

　こうして「訂正」の概念は，助言者による言い換えが紛争解決に寄与する仕方の1つに説明を与える。以下のデータ#4（a）によると，「相談の語り」において「敷金を一応向こうも戻してくれと」（20行）と記述された状況について，助言者は，「敷金が入っている」こと，「返してくれっていうわけ」という2つの事実に分解した「訂正」を提案している。これは，聴取者開始（「他者開始」といわれる）の例であり，それが質問という言語形式をもつために，発話者自身の発話順番において訂正が実現される，「自己訂正（実施）」が行われる方向へと，会話を導く。また，開始発話において，訂正の内容が提案されている。この記

述は,「返してくれ」(25行) という言葉のまま,Cに全面的に受け入れられ (26行),「相談の語り」の再施行が実現する (「自己訂正」)。

#4 (a)
14C : そういったあの::にゅうきょおSSしゃ:が:
15L : はい
16C : ん:::さんがつですか*:の] 末に退去しましてね?
17L :   *はい]
18L : はい
19C : SHHHHそれで::え:::その:SHHH:な ん て んかま::あんジャンガラにして
20C : 出とるもんで::*それで] しききんを一応向こうも戻してくれと:
21L :   *うん]
22C : *(こ):]
23L : *敷金 は] 入ってん*の
24C :   *しききん=
25L : =返してくれっていうわ*け]
26C :   *ん]:::返してくれ*ということや] から:
27L :   *はいはいはい]
28L : はい

　この場合のLの発話は,単なる言葉の変更ではなく,語り手による語りへの介入であり,語り手による誤りの自己承認,訂正の受容,語りの再施行をもたらしている。
　次の例の20行のように,発話者が介入を促すこともある (「他者訂正の自己開始 self-initiation of other-correction」とよばれるものである (Schegloff, Jefferson & Sacks 1977)。

#4 (b)
20C : *え:::, なんていいますか, あの:::, 裁判所:ですかね, それとも, 法務局ですかね=
21L : =はい
22C : そこに,
23 (0.2)
24C : あの:::家賃をこういたく, といいますか* (あれなんに)] 供託ですか=
25L :   *きょうたく]
26L : =はい

219

第3部　法の語りと法技法

次の例#4（c）では，やや複雑な「訂正」行為が見られる。

#4（c）
28C： あの：，土地を：お借りしてたんですよね＊（土地）で］担保につけて，お金を
29L：　　　　　　　　　　　　　　　　　　＊はいはい］
30　（1.2）
31L： あ土地をたん＊ぽ：］
32C：　　　　　＊はい］，たんぽでおかねをか＊りてたんです，　はい］
33L：　　　　　　　　　　　　　　　　　＊おかねをかりてたはい］
34C： そしてそれを1600万お借りしてたわけです＝
35L： ＝でどういうところからですか？
36C： あの（(XY会社名)）ゆうてね　hhhh
37L： XY
38C： はいYというところからね，あの，お借りしたんです？それがね，
39　（0.5）

28行前半で，Cにより「土地を借りた」という表現が行われるが，これがCとLによる「訂正」の標的となる表現である。まず，相談者自身が途中からそれを言い換えて「お借りしてたんですよね，土地で担保につけて，お金を」という表現を作り出している。この発話は，「自己訂正の自己開始 self-initiation of self-correction」とよばれるものであって，訂正の対象となる発話を行った者自身（「自己」）による「正しい表現」の供給を予期させる。それに対して，助言者Lは，いったん前者の表現を受領する（29行の「はいはい」）が，自己訂正の開始の直後に，沈黙し，次に予期しないことについての気づきの印「あ」を発話する。「あ土地をたんぽ：」は，「自己訂正の他者開始 other-initiation of self-correction」であって，訂正されるべき発話（ここでは28行）の発話者自身（C）による「正しい表現」の供給（32行で予期される発話）を，承認し促すことで，可能にする。この時点で，CとLは「訂正」の開始を競合して行いながらその開始されるべき「訂正」への同じ指向性を示し合っている。Cは，「（土地を）担保」，「お金を借りてた」の2点について，改めて言い換える（32行）のは，そのようにして開始された訂正を，「自己」たる相談者が受け取って「訂正」を完了しようとする行為である。しかし，その後半には，Lが，その「訂正」を受け入れ，「他者訂正」として同じ表現を繰り返す（33行）。このように，「訂正」の

完了においても，CとLは，競合しつつ同じ指向性を示し合っている。結局，貸し手の特定の質問の後，Cは「訂正」を再受容する（38行）。これは，34行のCによる「訂正」の拡張が，Lに明示的に受け入れられなかったということと，33行のLの「訂正」がCに明示的に受け入れられなかったことの帰結であると思われる。結局，Cは，全体を「Yから借りた」と自己訂正の形でまとめる（38行）。このように，相談においては，促しと語りが逐次に作用して，会話者が共同してある表現を作り上げるという過程が見られる。ここに見られる頻繁な「訂正」の反復は，CとLの間で，「訂正」内容が，少なくとも表現の上では共有されているという事実を，双方（CとL）が観察できるという状態を作り出している。そして，Cが最終的な訂正者となったという事実（38行）は，Cが「相談の語り」における「語り手」であること，したがってその「語り」の「訂正権」の優先性をもつこと（Schegloff, Jefferson & Sacks 1977）の共通認識を確認するものである。

5 敵 対

前項では，助言者により開始される「訂正」が，「相談の語り」における，誤りの自己承認，訂正された記述の受容，相談事の語りの再施行をもたらすことを見た。助言者は，単なる表現の訂正にとどまらず，さらに進んで，語られなかったものごとを語るように提案することができる。これは，言葉自体についてではなく，相談事の語りの基礎をなすことがらに関わる問題の指摘であり，「批判 criticism」ないし「貶価 discrediting」とよぶことができる。このことから，相談には敵対（antagonism）の様相が現れてくる。

```
#5 (a)
12C： え：っとですね：：とりあえず：飲 酒 検 問 で：あの：, つかまったん
13C： ですけど：
14    (0.8)
15L： 飲酒運転されてたの
16    (0.4)
17C： というのは：
18L： うん
```

事例#5 (a) は，12行の発話を標的としている。12行は，相談事を「飲酒検問でつかまった」と記述している。これに対して，助言者は，短い間 (14行) に引き続く質問ないし推断（質問の通例的特徴である上昇イントネーションは見られない）を行っている。まず，この発話は，相談事の語りを承認しつつ継続するよう促すというものではなく，否定的評価を含んでいる。また，「飲酒検問」と「つかまった」の間には文法的齟齬はないから，この発話が指摘する「問題」は，「飲酒運転」と「飲酒検問」との間の語の選択の誤りではなく，事実の記述の仕方に対する批判であると言える。その批判の基礎には，「飲酒検問で捕まるときには，その捕まった人は飲酒運転をしている」という専門的であるとともに常識的である知識が存在する。この知識に基づくと，いま語られた事実には語られない部分が存在することになる。さらに，「飲酒運転でつかまった」と表現されるトラブルと，「飲酒運転をした」と表現されるトラブルは，助言上，異なった基礎を必要とする。たとえば，前者は「通常のトラブル」とは言えないこと，また，「つかまえた」側の当否の判断を行うための基礎を必要とすること，等の特徴がある。この批判は，その語られない部分を語るのがより正しいということを意味している。そこで，この批判は，発話者に対して，なぜそのような発話をするかの説明を求めることが正当だ，という意味合いを呈示している。17行においては，Cは，そのような説明を行おうとしている。

#5 (b)
25C： それで僕は，1日：：丸1日：：（乗）らずに：
26L： うん
27C： それで：：1日経ったあ- ぐらいの時に乗ったんですけど
28　 (0.2)
((中略))
41L： *午前] 0時はい
42C： *から]
43C： あさがたにかけて
44L： 何時頃まで？
45C： え：：だいたい8時前ご-くらいですわ
46L： 午前8時前，8時頃やね＝
47C： ＝はい
48L： まで：，のかん，ずっ：と飲み続けてたわけ？

49C : ん::そうです, わ- 飲み続けるかこあの
50L : ん
51C : ずHHっとHHじゃないんですけど:
52L : うん
53C : なんぼか:, あいだは置くんですけど,
54C : ＊それだけのあいだのんでっ] たと
55L : ＊で:（ん-な:ほど)]
56L : ほで, 仲間と一緒にわあわあ言いながら＝
57C : ＝ssそうです
58L : ふ::ん。仲間, 数人と
59C : はい
60 (1.0)
61L : で::どれくらいの分量のまれたの？
62C : ん::と::みんなでボトル1本と:お酒:にご::, ビール2本, くらいですか＝
63L : ＝ボトルというのはウィスキー
64C : ウィスキーです, ブランデーですね
65L : あブランデー
66C : はい
67 (1.0)
68L : ブラン, デー, ボトル, 何本？
69C : 1本ですね,
70L : 一人で1本ゆ:意味？
71C : いやっみんなでい＊っぽんです] けど:
72L :   ＊やみんなで]
73L : おたくはどのくらいの分量のまれたが？あの,
74 (1.2)
75C : ん::そこまで詳しくは分からないんで＊すけど] ::だいたい3分の1ぐらいは
76L :   ＊あそ:]
77C : まあ確実には飲んでます
78L : ボトル1本の3分の1, そのボトル1本ゆ:のは分量どれくらいあるの
79 (3.0)
80C : いやっよくは知らないですけどね
81L : ボトルゆ:たっていろいろな大きさがあるでしょう
82 (0.8)

　#5（b）は，#5（a）の後に来るやりとりであり，話題は，つかまった原因となった飲酒の態様へと移っている。すなわち，ここでは，「いつからいつまで飲んでいたか」（41〜46行），「連続的に飲んでいたか」（48〜54行），「何人ぐらい

で，あるいはどんな状況で飲んでいたか」(56〜59行)，「どれくらいの分量を飲んだか」(61〜81行) が明確にされようとしているが，これらの事情は，丸一日たっても飲酒の影響が残るか，という問題に答えるために関連するものと見られる。

また，このやりとりにおいては，ある主張の当否を判定するという関心によって限定された関連性領域（これを「ケース」（樫村2003）とよぶことが適当である）に属する事実を明確化しようという助言者の関心が見られる。このやりとりにおいては，意図的にせよ，そうでないにせよ，いわば楽観主義的に，事実を記述しようとする傾向が見られており，それは，助言者の悲観主義と対比されて，会話に視角上の対立を生み出している。[5]「他者開始の他者訂正」(46行)，質問に対して留保をつけるよう後方に拡張された応答 (49〜54行)，助言者側からの記述の提案 (56行)，曖昧な記述 (62行)，記憶の曖昧さの主張 (75行) があるのはその例である。最後に，ボトルの大きさに関する知識の欠如の主張 (80行) に対しては，明示的な反論 (81行) が行われているが，ここでは，相談者の楽観主義が真正のものかそれとも事実を偽ろうとする関心の現れなのかという，より基礎的な論点が示唆されようとしていると見られる。

6 「相談の語り」の終了

「相談の語り」は，相談対，すなわち助言者による促しを行う第一発話と相談者による「相談事の語り」である第二発話から成り立つと言える。1つの相談対が終結すると，次の発話順番は，その相談対の第一発話を行った会話者に移行する傾向がある。この会話者は，その機会を用いて，次の相談対の第一発話を行うことができる。こうして，「相談の語り」を維持し継続することへの権利と影響力は，第一発話者である助言者にあると考えられる。「語り手性」や「訂正権」等への微妙な考慮と調整をはらみつつ，相談対が積み重なることで，「相談の語り」部門が構成されていく。この構造から，この部門全体が終了する場合には，助言者たる会話者から，それが提案されると予想される。

実際に，「相談の語り」部門の終了を観察すると，次のことに気づく。それは，聞き手である助言者が，助言を開始するための行為を開始する時点で，その部

門は終了するということである。ただし，助言者が，助言を開始するための行為を開始するためには，相談者の「相談の語り」が終了しなければならない。また，助言者の助言の開始が行われるためには，相談者による承認を得る必要もある。[6)]

　以上の事情は，次の例で把握できる。

#6（a）
31C　：　保証人だからお金を払ってくれいうことを言っていくもんなんですか，どうなんですか，
32C　：　いうことが，わかりません。
33L　：　((咳)) 大体，概略わかりました＝
34C　：　＝はい＝
35L　：　＝まだ，Aと＊そのBの間がわ＊かりませんので，＊そのこれはどうもなんとも言えないん
36C　：　　　　　　　　＊はい　　　　＊はい　　　　　＊はい

　Cの発話は，複数の順番構成単位[7)]からなる「相談の語り」の最終部分である[8)]。31行を見ると，それは，「時系列による問題の提示」の方式に従うものであり，その帰結として，相談者が直面している問題を問いの形で述べるものである。問いは，隣接対の第一発話部分であるために，次の順番を，相手方に渡すものであり，Cの発話を終結に導く現実的可能性をもつ[9)]。先に述べたように，Lはこの機会を，相談対の第一発話たる「促し」を行うために用いてきたが，ここ33行では，その機会を，部門に終結をもたらすために用いている。33行では，Lは，「大体，概略わかった」と述べており，それは，Lには，これ以上「相談の語り」を促して聞く理由がないことを主張するものである。実際には，Lが知らない事実は数多くあり，35行でL自身がそのことに言及している。だから，33行の主張は，単純な事実の報告ではなく，Lにとって，Cの語りを継続させる必要がなくなったことを暗示するものである。34行では，Cが，この暗示を了承して，相談の語りの継続を中止することで，「相談の語り」部門の終結がもたらされている。

　35行は，あらたな会話部門の開始である。「語り手」と「聞き手」の役割が交替していることが明瞭にわかるが，それは，Lが語りを行い，Cが促しを行うという会話的事実に現れている。Lの発話は，留保条件の主張をともない，

ある種の専門性をもつ「助言の始まり」という特徴をもっている。Lの助言は，少なくとも部分的には，Cによる「相談の語り」に基礎をおくものであることも了解できる。

#6（b）
59C： しとったらまあこうHeHeゆう
60　　（0.5）
61C： 裁判所のもとへのね？
62L： 調停ですか？
63C： えっHHへHeHeHeん：：来たもんだから初めてなんです私も。へhHhHhHん：
64C： (.) 来たも　ん　やからこれを，いや：：　相談せないかんな：：と
65　　（1.0）
66C： ゆ：ことで，相談にきたわけなんです？
67　　（3.0）
68L： これ見ますと

　この事例#6（b）においても，63-64行では，相談の意図（「相談せないかんな：」）と必要（「初めてなんです私も」）が明示され，「相談の語り」の意図が要約されて提示されている。65行で，沈黙があり，「相談の語り」の終了がCから提案されるが，Lからの承認がなく，66行で，さらに終了が行われる。観察によれば，この付近で，Lの発話が欠けているのは，59行で提出された書類をLが読んでいるからである。この場面では，68行のLの発話は，助言への移行の意図をまだ明確にしていない。

#6（c）
100L： ご主人が保証人になってるようなの：はありますか
101C： いえ，ありません。
102L： ふ：：んじゃ○○さんばっかり＝
103C： ＝はいそうです＝
104L： ＝あ：：
105　　（4.0）
106L： あの，自己破産：について知りたいということですけど，
107C： はい

　この事例#6（c）では，100行，102行の質問／促しの後，104行で，Lは促し

を行わず,言葉探し(「あ::」)に引き続き,沈黙(4秒)が生じている。106行において,Lは,相談の語りを「自己破産について知りたいということ」だと要約する。これは,「相談の語り」をすでに終了したものとして扱い,また,自己の発話の継続を投影する(「ということですけど,」との言いさし)ことで,助言の開始部分として作用する。107行でCはそれを承認して聞き手の役割(「はい」)へと移行する。

以上の分析からすると,相談事を要約する発話が行われると,その終了の提案が行われやすくなることが分かる。しかし,シェグロフとサックス(1973)が分析しているように,こうした要約発話は,つねに会話の終了をもたらすわけではないが,語られていなかったことを切り出す機会を提供することにより,会話の終了へと移行することが可能かどうかを判定するための役にたつのである[10]。したがって,その種の要約発話は,終了か継続かの選択装置とみなすことができるわけである。

次の例#6(d)は,LがCの「相談の語り」の内容を把握することに困難があった例であって,要約発話が行われている(111～120行)が,121行においてCが「訂正」を行っている。これは,Lの120行の発話部分を標的とする,「他者訂正の他者開始 other-initiation of other-correction」の形式をとっている。ここでは,Lが多くの発話を行い,例外的に「語り手」の資格をもってもいるが,「語りの主体」が依然としてCであることが,この訂正形式に現れている。結果として,Lは,さらに「相談の語り」の継続を選択している(128行)。

#6(d)
111L: ちょ-ちょっとね,もういっぺんくりかえし,なりますけどね hhhh ちょっとわかりにくいので
112L: 土地を担保でY いうところから1600万円かりられた:
113C: はい
114L: でYは,とにかくまあ返せとゆ:てきたんやけど
115C: はいはい
116L: ね::あなたとしては土地を売って返すことにしたけども::
117C: はい
118L: 番頭さんがゆ:には:20年で返済してくれてもいい
119C: はい

120L： で月1万円でもいいか え し て く れ と：*（　　　　）]
121C：　　　　　　　　　　　　　　　　　　　　　*いえ返してくれ] ってそのお利子の中
　　　からね
122L： は,
123　　(0.2)
124L： ちょっとまって
125C： はい
126L： (よこ-) そこまでいま分かりました20年でそれから＝
127C： ＝はい＝
128L： ＝月1万円ゆうのは何ですか利子ですか
129C： あの：利子の中からね
130L： うん

Ⅲ——法律相談の社会構造的バリエーション

1　社会構造と会話的相互行為

　筆者の手元のデータによれば，市民法律相談の語りは，ほとんどの場合，課題指向性を提示している。すなわち，会話者は，「相談の開始」部門において，共通了解として設定された，助言者と相談者のアイデンティティ，法的知識の関連性，もめごとへの実践的対処の欲求と必要性等の構造的要素をほとんどつねに「状況の定義」の重要特徴と見なしていることが，会話上共通に了解可能になっている。

　ある市民法律相談センターで次のような出来事があった。相談者が，たいへん深刻な村八分に類するような，地域社会での問題を相談に来た。助言者は，少なくとも表面上，この相談に誠意をもって対応した。その後，事情を知る人から，その相談者は，反復的にこのセンターを利用しており，同じ問題を繰り返し持ち込む人であることが知らされた。相談担当者は，いくつかの事実や証拠が欠けていたり齟齬があったりしたことに気づいており，この情報によって，その相談には事実的基礎が欠けているかもしれないことを了解した。しかし，このことは，法律相談のやり方には，まったく影響がないと述べた。法律相談では，どのような人であれ，真正な問題をかかえている人として扱われなけれ

ばならないという理由からである。

　このように，法律相談においては，ある程度，現実のある部分がどうであるかと切り離された約束事としていくつかの行動ルールが存在しているのである。現実の一部は，正当に無視することができ，また無視することが規範的に要請されている。これは，法律相談の会話が，一定の仕方で定義された課題の達成をつねに指向していることを意味している。

　このことは，しかし，助言者や相談者の社会的アイデンティティが，会話のあり方に目に見える影響をもたないということではない。助言者も相談者も，会話の「外」において，一定の社会集団の成員であり，その地位や役割に従った規範への指向性を身につけている。性，年齢，職業等に付随する，威信，権威等は，どのような相互行為にも目に見える作用をもつ。会話もその例外ではない。たとえば，司法書士と依頼人との間の社会的関係は，弁護士と依頼人との間の社会的関係よりも，平等的である。司法書士の提供するサービスは弁護士のサービスと概括的に異なっている。これらの事情は，司法書士が行う法律相談を，弁護士の法律相談と，概略的に異なったものにしている。[11] 最後に，それぞれの地域や相談センターには，特有の事情や規範がある。会話には，こうして，社会構造的バリエーションが見いだされる。

　しかし，もちろん，個々具体的な法律相談では，1つ1つのその相談のために，会話に固有のアイデンティティや会話のルールがその会話の中で呈示され，確立されなければならない。社会構造は，会話の中に再産出されなければならないのである。人々はそのような仕方で社会構造に関する知識をもち，利用している。弁護士も司法書士も，それぞれの依頼人も，驚くべき細密さで，社会構造的に異なった会話を動的に組み立てる感覚を身につけている。通常の社会学的指標は，人々のもつこのような感覚，知識内容や応用形式を理解する上で，有益であるとはとうてい言えない。エスノメソドロジー的会話分析は，まさにその感覚，知識内容，応用形式を解明しようとするのである。

2　日常の中での相談

　日常会話の中で，相談が行われることがある。日常会話もまた，家族，友人

等の制度的特徴を示している。このことを簡単に見ておこう。

筆者は，2002年から2003年にかけて行った講義で，学生に日常生活とTVにおける相談の会話を収集させた。#7（a）は，大学生の姉Aと高校生の弟Bの会話であり#7（b）は母親Aと娘Bの会話である。

#7（a）
1B　：　俺な：：なんかな：：
2　　　(0.5)
3B　：　一学期までは良かってんけど：：○○○部《課外クラブ活動》やめたやろ：：？
4A　：　うん。
5B　：　で：：ま：：その (0,5) 他の○○○部員とは：：別に仲良くつきあってんねんけど：：＊：
6A　：　　　　　　　　　　　　　　　　　　　　　　　　　　　　　　　＊うん：：
7B　：　一人とまったくしゃべってないねん。＝その前までめちゃめちゃ仲良かってんけど：：：
8　　　(1.0)
9A　：　え：：だ＊れ：：？]
10B　：　　　　＊え,] Cって奴やねんけど：：＊：：]
11A　：　　　　　　　　　　　　　　　　＊あ] C殿とかゆってた子か＊：：：]
12B　：　　　　　　　　　　　　　　　　　　　　　　　　　　　　＊そう：]
13　　　(2.0)
14B　：　まったくしゃべらへんねん。
15　　　(1.0)
16A　：　え，クラス一緒？＝
17B　：　＝一緒や。
18　　　(1.0)
19A　：　きま＊ず-]
20B　：　　　＊き] まずいで：：：＊hへへへ
21A　：　　　　　　　　　　　　＊hははは：：きまずいな：：，かなり。
　　　((中略))
22B　：　ま：俺が悪いと思うねん。それは。
23　　　(0,5)
24B　：　俺が悪いと思ってんねん。それはな。仲悪なった原因は俺やから：：：
25A　：　○○○関係？
26B　：　○○○部関係で：：，あいつが一番心配してくれよってん，俺がこ：へんくなったん。
27A　：　あ；；あんたけっこうあれやんな，メールくれてたけど＊：：]
28B　：　　　　　　　　　　　　　　　　　　　　　　　　　　＊そ：]：俺がもう，そ：，そういうのんは：：

#7（a）では，1行めのBの発話には，次の特徴がある。第1に，姉に対して

「相談の語り」とその多様性

自己を呈示する語である「俺」を用いていることである。第2に，ためらいの前置きをおき，さらに沈黙をおいていることである。これは，相談の始まりを予期させ，Aによる継続の承認を促す相談開始連鎖の開始部分であると言える。相談の語りは，第3行において，より明確になる。また，第3行においては，Bは，「○○○部をやめた」ことに言及しているが，これは，姉弟の間では，すでに知られている事実という意味をもっている。第4行ではAは再び継続語を発してそれを承認している。第9行におけるAの促し（質問）は，「だれ？」という単純な形式をもっており，単純な答えへの優先性を設定している[12]。したがって，問題の「一人」が既知の人物であることを前提にした質問に聞こえるが，これは，先の「俺」，「○○○部をやめた」等と同様に姉弟という社会関係を会話的に表示するものである。このように，日常会話においては，独特の仕方で，事実を省略することが行われるが，それは，日常的生活における親密さと生活情報の共有という制度的様相を会話の中で再生産するものである[13]。

#7（b）
1B ： あんな：：今日な：：
2A ： うん？
3B ： コンビニにね：：
4A ： うん
5B ： ビューラー売ってないかな：：と思ってね
6A ： うん
7B ： 行ってんよ：：
8A ： うん
9B ： 無かった
10A ： 無かった？
11B ： う：：＊ん
12A ： 　　＊明日D-D（（スーパーマーケット名））行くから D見てきたろか？
13B ： う：：：ん　どこに売ってるの：：？
14A ： なに　Dで？
15B ： ビューラー
16A ： 化粧品屋さんやん
17　　（1.5）
18A ： 明日なんやったら学校行く前に　あっこでも売ってるで
19B ： どこ？
20A ： S（（店の名））でも売ってるしさ：：

231

21B： そ：：お？
22A： あっこ あの：：ほら R（（最寄りの駅））のとこのさあ＊え：：：：と：：：：
23B：   ＊うん
24B： K（（店の名））？
25A： うん ドラッグストアあるやろ？
26B： うん　　K
27A： あっこでも売ってるよ
28B： そ：：：お？
29A： うん
30　（1.0）
31A： Sはね, 化粧品のとこ
32B： 化粧品の奥んとこ？　奥っていうか　こう入って＊：：：こっち側の奥の方
33A：   ＊入って　えっと　シャンプーとかがあって
34A： ず：：っと行ったとこらへんの　こっち側かな, この＊こっちが棚じゃなくって, 壁やろ？
35B：   ＊壁
36B： うん＊壁
37A：   ＊この棚のとこらへんかな
38B： 棚んとこ？
39A： うん あるはずやで. 明日, Dでも売ってるけど
40B： なんて？
41A： Dでも売ってるけど　明日朝のうちに接骨院いってこよっかな：：：やっぱちょっと続けていった方が

　#7（b）では,「相談の語り」は, 時系列に従うトラブルの記述の形式をとっている（「今日, コンビニにビューラーを買いにいったら, 無かった」）。驚きが共有されることで, 問題のポイントの受領が行われる（10〜11行）が, ただちに, 助言が与えられる。

　この助言は, 家族の間では, 小さな買い物は代行し合うという規範に裏づけられている。会話の後半は, 誰が買うかという対立を潜在させつつ, 助言の妥当性が交渉されている。[14]

Ⅳ── 結　論

　本稿では,「相談の語り」部門が,次のような特徴をもつことを明らかにした。この部門は,基本的には,Ⅰに定義した意味での「相談対」の反復によって構成されている。すなわち,一方の会話者は,聞き手として,他方の会話者が相談事を語るように促しつつ,その促しの機会において,相談事の語りに対して,承認や不承認の態度を提示する。

　「相談の語り」の部門においては,一方の会話者が「相談の促し」のために発話を一貫して行い,それに応じて,他方の会話者が「相談事の語り」のための発話を一貫して行っている。このことは,会話の制度的特徴の一例である。[15]会話の制度的特徴の産出と維持は,会話者による相互行為を通じてのみなされる。通常の場合,会話者は,その必要性,その内容について,現実的で実効的な理解をもっており,共同して,その相互行為の実現に寄与する。[16]しかし,会話者は,会話において産出・維持されるべき特徴について,部分的に,または一時的に,異なった理解をもつこともあり,また,会話の制度的特徴や,それを超えた個人的な,あるいは制度にとって偶然的な目的,関心等によって,共同行為から逸脱しようとすることもある。[17]

1) 発話対は,異なる会話者によって,隣接して,発話される2つの発話であって,第一発話部分と第二発話部分という相対的順序関係にある,発話の型を意味する。詳しくは,樫村（1996a）154頁。
2) 相談の語りにおける自己の記述の分析例について,樫村（1996b）213-215頁。
3) この発話は,「土地を,担保につけて,お金を,お借りしてた」という文の順序が乱れたものかもしれない。
4) 多重債務事件では,債務者が,債権者を正確に記憶できないという事情や,一部の債権者からの負債を隠すことがあるという事情があるために,語られない部分を推測できると専門的助言者は考える。このような推測に基づく助言者の発話について,詳しくは,樫村（2001a）参照。
5) 樫村（2001）93-97頁では,この種の展開を相談会話の「敵対的バリエーション」とよんで詳しく分析している。また,相談制度のもとで行われない相談（家族や友人関係の

中での相談）等については，それが容易に敵対的様相にいたることが観察されている。樫村（1989）では，Jeffersonらのトラブル・トークの分析にしたがい，その原因を，助言の語りと相談の語りにおいては，語り手が誰かが異なるため，語り手性の争奪が起こると説明している。

6) より正確に言うと，「相談の語りの終了」を担う会話部門が存在し，その開始と終了が議論できるが，本文では，「相談の語り」部門の終了として簡易に扱っている。会話の終了部門の分析については，Schegloff & Sacks（1973）参照。

7) 順番構成単位とは，1つの発話順番を構成する最小限度の意味のまとまりとみなされるフレーズ，文，単語を言う。詳しくは，樫村（1996a）151頁。

8) この語りを用いた分析は，樫村（1997）59-60頁にある。

9) 会話分析においては，会話の展開におけるこのような場所（時期）を，一般に「順番移行関連場 transition relevance place」とよぶ。詳しくは，樫村（1996a）151頁参照。

10) Schegloff & Sacks（1973）（訳：197頁）．

11) この点の分析のためには，別稿を予定している。

12) 優先性とは，隣接対において，より単純で円滑な発話として期待されるという発話型の性質を意味する。たとえば，単純な誘いは，受諾という応答に優先性を与えるので，受諾の応答は単純なもので足りることになる。非優先的な応答である拒絶の場合には，ためらい，拒絶の理由等が，前置きされる等の複雑な形式をとることになる。詳しくは，樫村（1996a）155頁，サーサス（1998）参照。

13) 助言者と相談者が共有すると想定し合う社会的情報の役割について，さらに，樫村（1989）第6章を参照。

14) 本文で用いたデータでは，敵対はほとんど現れていない。しかし，複数の学生が，日常的会話における相談が結局敵対的会話になってしまうため，データ収集や分析が困難だったと報告した。また，TVの相談番組では，敵対的発話がしばしば用いられることもわかった。

15) このことから，一方の会話者は「助言者」として振る舞っており，他方の会話者は「相談者」として振る舞っていると言えるのであり，逆ではないことに注意したい。本文のような語りが維持継続されている限りにおいて，会話者の特定のアイデンティティについて，現実的かつ実効的に語ることができる。これは，会話の制度的特徴の一例である。ここで「制度」とよばれているのは，社会学的な意味であり，法律学や日常用語における意味よりも広く，一定の規範的パターンに指向する相互行為を意味する。公式組織や部分集団ないし専門職業場面における会話が典型である。

16) 経済学の一分野としてのゲーム理論は，一定の共通知識たるゲーム構造のもとでの，合理的な相互行為を分析しようとする。金子（2003）参照。そうだとすると，会話分析で観察される会話の基本的特徴は，制度的なものにせよ，一般的（非制度的）なものにせよ，それをゲームとみなすならば，ゲームの共通に知られた構造に対応するであろう。会話の順番取りシステムが，市場取引に似ていることはよく知られているが，それをゲームとみなすことは，相互行為をゲームに還元するという素朴な誤りを避ける限り，可能

な解釈であるように思う。もっとも、会話の分析可能な展開過程そのものは前もって共有されている知識にとどまるものではないという点でゲームの構造とは異なる。

17) 敵対的会話場面の典型に法廷尋問がある。樫村（1991）参照。

〔引用文献〕

樫村志郎（1989）『「もめごと」の法社会学』弘文堂.
―― （1991）「労働仲裁の社会学的秩序」三ヶ月章先生古稀祝賀『民事手続法学の革新（上）』有斐閣，649-680頁.
―― （1996a）「会話分析の課題と方法」実験社会心理学研究36巻1号148-159頁.
―― （1996b）「法律相談における協調と対抗」棚瀬孝雄編『紛争処理と合意』ミネルヴァ書房，209-233頁.
―― （1997）「裁判外紛争処理における弁護士の関与」法社会学49号52-62頁。
―― （2001a）「法的トークの制度的特徴――法律相談場面の会話分析――」語用論研究3号86-100頁.
―― （2001b）「相談先行連鎖」新堂幸司先生古稀祝賀『民事訴訟法理論の新たな構築（上）』有斐閣，163-192頁.
―― （2002）「法律相談の会話分析――制度的アイデンティティの呈示とトピック生成」『現代のエスプリ・21世紀の法律相談』至文堂，92-100頁.
―― （2003）「法の実践的基盤――『事案（ケース）』という概念をてがかりとして――」http://www.cdams.kobe-u.ac.jp/archive/2003.htm
金子守（2003）『ゲーム理論と蒟蒻問答』日本評論社.
サーサス，ジョージ（1998）『会話分析の手法』（北沢裕・小松栄一訳）マルジュ社.
Schegloff, Emanuel A., Jefferson, Gail, & Sacks, Harvey（1977）The preference for self-correction in the organisation of repair in conversation. Language, 3(2): 361-382.
Schegloff, Emanuel A. & Sacks, Harvey（1973）Opening up closings. Semiotica, 7:289-327, 1973.（シェグロフ＆サックス「会話はいかに終了されるか」西阪仰・北沢裕編訳『日常性の解剖学』マルジュ社，1989年）.

第 4 部

現代民事司法の構図

現代社会における裁判の意義
――専門訴訟における情報収集と証拠開示を中心として――

伊藤　眞

I――はじめに――「訴訟は生き物」か

　裁判の目的は，法による正義の実現である[1]。そこでの含意は，裁判の主体である裁判所が，当該紛争について適切な法を発見し，解釈し，適用することであろう。この中で，法の適用にあたっては，その前提となる事実を確定することが必要であり，事実認定が裁判官の主要な職責とされるのも[2]，このことを意味している。事実認定が適正になされるための基本原理として現行法が用意しているのは，弁論主義と自由心証主義であるといってよい。すなわち，訴訟物たる権利義務について最も密接な利害関係をもつ訴訟当事者が，自らの主張を基礎づけるための事実および証拠を収集し，それが口頭弁論に上程され，裁判体を構成する裁判官は，自らの良心，知見，経験などを総合して，双方当事者から提出された事実および証拠を評価し，法適用の前提となる事実の存否について判断する[3]。

　他方，裁判についての理想として，しばしば「勝つべき者が勝ち，負けるべき者が負ける。」と説かれることがある[4]。抽象的にいえば，この理想に異を唱える余地はないように思われる。しかし，一歩立ち入って考えたとき，勝つべきか負けるべきかが何を基準として決まるのかが問われなければならない。おそらく論者の前提は，争いある事実について客観的真実があり，それを基準とし

て勝敗があらかじめ定まっており，裁判は，その客観的真実を現実のものとして顕出する手続として機能するというものであろう。しかし，裁判が真実顕出手続として機能するための条件としては，争いある事実に関わる事実および証拠（ここでは，事実資料と総称する）が，裁判官による自由心証の評価対象として漏れなく提出されることが必要である。民事訴訟の当事者は，基本的には，公益の代表者ではなく，それぞれの権利や利益を主張する立場にあるので，自らに不利な事実資料を進んで提出することは期待できない。そこで，事実資料が漏れなく提出されることを確保しようとすれば，双方当事者が支配する，自らに不利な事実資料を相手方に対して開示させ，それを有利に援用しようとする相手方からこれを提出させる仕組みを設ける以外にない。[5] 本論文の中で取り上げる開示手続の意義がそこにある。

今度は，現実の訴訟運営に目を転じてみよう。「訴訟は生き物である。」とは，練達の実務家や一部の研究者の口からときとして洩れる感慨であり，また訴訟手続のあり方をめぐる議論に際して，自らの主張を根拠づけるための言明として用いられることがある。ところで，この感慨や言明がどのような場で用いられるかを注意してみると，多くの場合，手続法の改革に対して消極的ないし否定的文脈で登場することに気づかれるであろう。たとえば，争点は流動的で可変的なものであるから，[6] 訴訟の初期の段階から争点を整理し，確定しようとする試みは，訴訟本来のあり方に反するとか，審理計画を立てることは，ややもすれば，硬直的な訴訟運営につながりがちであるとか，争点整理や審理計画に付随して攻撃防御方法の提出について何らかの失権効を設けることは行き過ぎであるとか，集中証拠調べを実施することは，拙速な訴訟運営になりやすいとかなどの主張を根拠づけるために，この言明が用いられることが多い。それでは，訴訟は生き物であるという言明は，いかなる意味をもっているのであろうか。

生き物という言葉から一般に連想される意味は，変化，成長あるいは予測不可能な行動などであろう。したがって，生き物に譬えるとき，論者の含意は，訴訟とは，進行の過程において変幻自在にその姿を変えるものであり，争点も相手方の事実の主張や証拠の提出によって次々と変化する，そうであるとすれ

ば，訴訟の進行について厳格な規律を設けるべきではなく，審理の初期段階において争点を固定し，それについて集中的に証拠調べをするなどは好ましくない，また仮にそのような方策を受け容れる場合であっても，事実主張や証拠提出について失権効を課することは，訴訟の本質に反する，いわゆる角を矯めて牛を殺す結果となるというものであろう。このような考え方を仮に訴訟不可知論と呼ぶことにしよう。そして，この考え方は，しばしば，わが国における伝統的な訴訟運営，すなわち1か月に一度の口頭弁論期日を重ね，適当な時期に書証や当事者本人尋問などの証拠調べを実施し，それを踏まえて，さらに裁判所による和解勧試などをまちながら口頭弁論期日や和解期日を重ねる，そして事件の全貌や争点の概要がほぼ明らかになった段階で，証人尋問を実施し，さらに和解勧試などを挟んで，和解成立に至らなかった事件については，弁論を終結の上，一定期間後に判決言渡しを予定するという形の訴訟運営と結びつき，それを側面から支える役割を果たしてきた。

　しかし，近年，少なくとも制度の面では，このような考え方は急速に姿を消しつつある。理念としては，事実や証拠を含む情報をできる限り当事者間で交換し，それを共有しあうことを通じて，争点を最小限の範囲に凝縮し，それについて集中的な証拠調べを実施した上で，和解や判決に至ることが，民事司法のあり方からみても，また当事者の利益からみても望ましいとする認識が一般化し，近時の司法制度改革中の民事司法に関わる立法には，その認識が端的に表れている。[7]平成15年における民事訴訟法改正によって制度化された計画審理や提訴前の証拠収集に関する規定は，それを具体化したものである。さらに，証拠が偏在しがちであり，争点の確定が容易ではない専門訴訟については，適正，かつ，迅速な審理を実現するために，従来の訴訟不可知論からの訣別の必要が強く意識され，実務上の工夫としても，また立法についても様々な試みがなされ，実現されつつある。しかし，未だ改革は緒に就いたばかりであり，新しい制度にどのように実務を定着させるか，またいっそうの制度改革の目標をどこに定めるかなど，課題は山積している。本論文においては，専門訴訟の運営を意識しながら，こうした課題について筆者の考え方を示してみたい。

Ⅱ——事実資料の収集と共有化に向けた近時の立法の動向と今後の行方

　民事訴訟の基本原則である弁論主義の下では，訴訟物について審判を行うために不可欠な事実と証拠を収集し，審理に上程する権限と責任は，基本的には訴訟当事者に属する。もちろん，事実資料自体は，訴訟当事者以外の第三者が所持することも少なくはないが，やはり民事訴訟の性質上，主要な事実資料は当事者の支配圏内にあることが多い。そして，争点を明確にし，それについて適切な審理を実現するためには，双方当事者がたがいの支配下にある事実資料を交換し，それを裁判所との間で共有することが不可欠である。そのための方策の1つとして，英米法におけるディスカヴァリーの導入が考えられることは，つとに指摘されていたところであるが，わが国における立法課題としてこれが自覚的に取り上げられたのは，平成民事訴訟法改正作業の段階であるといってよい。平成3年12月に公表された「民事訴訟手続に関する検討事項」に含まれるいくつかの事項は，ディスカヴァリーの理念とかかわりがあるとの指摘が当時からなされており，訴状や答弁書の記載事項の充実，同じく添付書面の提出要求，文書提出義務の拡大，文書に関する情報の開示制度，あるいは当事者照会制度などの項目の背景には，ディスカヴァリーの理念の投影を読みとることができる。また，「新争点整理手続」の構想が提示されたことは，収集された事実資料を共有化するための争点整理手続を強化する方向での検討として評価できる。

　その後の立案過程において多少の変遷がみられたが，基本的な考え方には変化がなく，平成8年に成立した現行民事訴訟法および民事訴訟規則の中では，訴状における請求を理由づける事実の記載要求（民訴規53条1項），準備書面の記載事項（民訴161条2項，民訴規79条2項～4項・80条1項・81条など），当事者照会（民訴163条）および文書についての一般的提出義務（民訴220条4号）などの規定の中に，このような考え方が具体化されている。平成15年改正は，この考え方をさらに進め，提訴前の予告通知者等照会（民訴132条の2第1項本文・132条の3

第1項前段，民訴規52条の4第1項・2項・4項・5項）や訴え提起前における証拠収集の処分（民訴132条の4）などの新たな制度を設けるに至った。[13]

　しかし，事実資料の収集と共有化という目的に照らしたとき，現行民事訴訟法および平成15年改正の立案過程において検討課題とされながら，結局は実現されなかった事項も少なくはない。その1つの例は，当事者照会制度の実効性担保のための方策である。提訴後の当事者照会は，当事者の訴訟上の権能の1つであり，相手方はこれに対する回答義務を負うこと自体は争いがないところであるが，回答義務の懈怠に対しては，格別の制裁が設けられていない。その理由としては，裁判所からの嘱託（民訴186条）についても格別の制裁が設けられていないこととの均衡，あるいは制裁をめぐる紛争誘発のおそれなどがあげられる。[14] しかし，伝統的なわが国の実務慣行の中で，制裁のない制度が機能するかどうかについては当初から懸念されていたところであり，制度発足の当初こそ，実務家の間にかなりの関心の高まりがみられたが[15]，その後の利用状況は低調であり，多くの弁護士は制度利用についての熱意を失っているといわれる。[16] 上に述べたように，平成15年改正においては，提訴後の当事者照会に対応するものとして，提訴前の予告通知者等照会の制度が設けられたが，理由のない回答拒絶に対する明示的な制裁が設けられなかったことは，当事者照会の場合と同様であり，このことが，同制度の今後の機能について懸念を感じさせる。

　また，当事者本人や証人たるべき者の証言内容をあらかじめ両当事者が共有化する方策として，英米法のディスカヴァリーにおいては，証言録取（deposition）の制度が存在するが，これについては，現行民事訴訟法立案過程においても，また平成15年改正法立案過程においても，検討の対象とされたにもかかわらず，結局制度化されていない。[18] しかし，重要な事実資料となるべき証言内容をあらかじめ両当事者が共有し，争点整理などに役立てる必要は大きい。これが存在しないことは，事案の解明の上でも，また証拠調べの時間を節約する上でも大きな制約となる。

III——専門訴訟の特質と適正な審理実現のための方策

　専門訴訟とは，「審判の対象としている事象の理解に専門的知見を必要とする訴訟」と定義されるが，その審理にとっての課題としては，専門的知見獲得の必要と，事件の複雑性および証拠の偏在があげられる。この3つの課題のうち，専門的知見の獲得については，従来の制度の中では，裁判官自身の努力による獲得，裁判所調査官という補助者による裁判官への専門的知見の供給，釈明処分としての鑑定，証拠調べとしての鑑定など，いくつかの方法が存在した。しかし鑑定については，争いの対象となる経験則については有効な手段であっても，すべての専門的知見獲得をこれに依存することは，費用の面などからも無理があること，また裁判所調査官による専門的知見の供給は，裁判所の常勤職員としての裁判所調査官の地位を考えると，自ずから限界があり，また訴訟当事者に対する透明性の面でも問題が指摘されていたところである。

　平成15年民事訴訟法改正においては，専門的知見獲得の手段として，新たに専門委員の制度を設けた（民訴92条の2以下）。専門委員は，民事調停委員などと同じく裁判所の非常勤職員であり，医事関係訴訟，知的財産関係訴訟あるいは建築関係訴訟など，多くの類型の専門訴訟において専門的知見の供給源として機能することが予定される。また，専門委員の訴訟関与の場面としては，第1に争点整理，第2に証拠調べ，第3に和解の勧試が分けられるが，供給される専門的知見について透明性を確保し，当事者に対する手続保障を図るために，それぞれの場面の性質に応じて，専門委員の関与について当事者の意思を尊重し，また，専門委員の意見に対して当事者が意見を述べる機会などが保障されている。

　さらに特許訴訟などの知財訴訟においては，裁判所調査官制度についても改革が行われようとしている。平成15年12月15日に開催された司法制度改革推進本部知的財産訴訟検討会においては，「知的財産訴訟における専門的知見の導入——特に裁判所調査官の権限の拡大・明確化等——について」と題され，以

下の事項が検討の対象となっている。

　従来は，裁判所調査官は，裁判所の職員として，専ら裁判体に対する内部的補助機関として位置づけられ，訴訟手続の中において裁判体と独立にその権限を行使することは予定されなかった[22]。しかし，知財訴訟において裁判所調査官の専門的知見をより有効に活用し，適正な審理を実現するためには，裁判長の命を受けることは前提としつつも，訴訟手続の中で裁判所調査官が独立の手続主体としてその権限を行使することが必要であるとの認識が高まり，訴訟関係を明瞭にするため，口頭弁論等の期日において当事者に対して問いを発し，または立証を促すこと，証拠調べの期日において，証人，当事者本人または鑑定人に対して直接に発問することなどが検討課題とされ，検討会においては，異論なく承認されている[23]。裁判所調査官の権限をこのように拡大するのであれば，その反面として，その中立性の確保などについても裁判官とは独立に規律を設けることが要請されるし，裁判所調査官によって供給される専門的知見の内容についても，当事者に対する透明性を確保することが求められる[24]。その後，以上の検討内容を踏まえた裁判所法および民事訴訟法改正案が立案され，国会審議を経て改正が実現した。

　また，争いある専門的知見に関する証拠調べである鑑定についても，平成15年民事訴訟法改正によって，証拠調べの方法等についてかなりの改善が図られ，従来に比較すると，当事者に対する手続保障を充実させつつ，鑑定人から信頼できる専門的知見の提供を受けるという面で，格段の充実がみられる[25]。

　専門訴訟に関してあげた3つの課題のうち，第1の課題である専門的知見の獲得については，このように専門委員制度の創設，裁判所調査官制度の拡充および鑑定手続の改革によって大きな改革がなされ，またなされようとしている。第2の課題である事件の複雑性についても，平成15年民事訴訟法改正によって計画的進行主義の原則が確立され（民訴147条の2），併せて複雑な事件について審理計画の定めを要求し（民訴147条の3），これに付随して懈怠された攻撃防御方法の提出に関する特別の規定を設けたことによって（民訴157条の2本文），適正な進行の実現が期待しうる。第3の課題である証拠の偏在についても，訴え提起前の証拠収集の処分等に関する規定（民訴132条の2以下）が設けられたこと

によって，一応の対応がされている。さらに，知的財産関係訴訟については，事実資料の審理への顕出を容易にするための措置として，当事者等に対する秘密保持命令，営業秘密が問題となる訴訟の公開停止およびイン・カメラ審理手続の整備が検討され，特許法改正案として法改正が実現した。[26]

Ⅳ——実効性確保のための措置としての制裁の必要性

　以上にみたように，民事訴訟の一般手続においても，適正，かつ，迅速な審理実現という目標が共有化され，かつての「訴訟スポーツ観」，「争点浮動説」そして「訴訟不可知論」と訣別し，事実資料収集についての手段を拡充した上で，それを両当事者と裁判所との間で共有し，争点を整理圧縮し，計画的，かつ，集中的に証拠調べを実施し，紛争の解決を図るという考え方が定着しつつあるように思われる。専門訴訟においては，さらにこれを進め，専門的知見獲得の手段を拡充し，また秘密保持命令，公開停止あるいはイン・カメラ手続の整備にみられるように，当事者などが所持する事実資料の審理への顕出を容易にするための措置が講じられようとしている。その意味では，わが国の民事訴訟運営の基本方針は定まりつつあるといえる。しかし，先に当事者照会についてみたように，その実効性が十分に担保されていないのは，訴訟法上の義務違反に対する制裁の考え方が十分確立されていないためにほかならない。

1 制裁としての失権——現行民事訴訟法制定前後

　事実資料提出に関わる訴訟法上の義務を当事者が懈怠したときに，それに対する制裁としてまず考えられるのは，当該資料提出の制限，いわゆる失権効の定めである。しかし，失権効が制裁として有効に働くか否かについては，現行民事訴訟法制定前から主として，旧準備手続をめぐって，多くの議論がなされてきた。準備手続は，争点整理などを目的として，大正15年改正によって旧民事訴訟法典（平成8年改正前の民事訴訟法典を旧民事訴訟法典と呼ぶ）中に取り入れられたものであるが，十分にはその機能を発揮し得なかったといわれる。[27]その

原因としてしばしばいわれるものの1つとして，旧255条1項本文にいう失権効がある。すなわち，失権効が存在するために当事者は，失権をおそれて仮定的主張を行ったり，とりあえずは必要と思われない証拠を提出したりして，かえって争点の整理が妨げられる結果になったというものである。したがって，争点整理にとっては，失権効はかえって有害なものであり，時機に後れた攻撃防御方法提出の制限（民訴157条1項，旧139条）の一般規定に委ねれば足りるというのが，当時の共通認識であり，現在でも一部には根強く残っている。

平成8年改正においては，旧準備手続に代えて，争点整理の手続として，弁論準備手続（民訴168条以下），準備的口頭弁論（民訴164条以下）および書面による準備手続（民訴175条）の3つを設けることとされたが，その際にもこれらの手続終結の効果として，失権効の制裁を設けるべきかどうかが大きな争点となった。しかし，結論としては，積極および消極の相対立する立場を折衷するものとして，争点整理手続終結後に新たな攻撃防御方法を提出する当事者は，相手方の求めに応じてその理由を説明しなければならないとの規定を設けることとなった（民訴174条・167条・178条）。

現行民事訴訟法制定後においては，平成15年改正によって審理計画についてこそ緩やかな失権効が設けられたが（民訴157条の2），当事者照会や平成15年改正によって設けられた予告通知者等照会に関する義務懈怠について，失権効など何らかの制裁を設けるべきかどうかが議論されたときにも，争点整理の場面とは異なるが，失権効に対する警戒感が強く働き，現在のような規定にとどまっている。

2 制裁の種類と役割

訴訟法上の義務懈怠や違背に対する制裁としては，科料のような刑事罰，過料のような行政罰，訴訟費用の負担や失権のような訴訟手続上の制裁など，様々なものが考えられるが，本案の判断との関係からすると，2種類の類型が分けられる。1つは，過料であれ，訴訟費用の負担であれ，その制裁が本案の判断に直接影響しないものである。たとえば，裁判所は，法62条に基づいて，不必要な事実主張などを行った勝訴当事者に対して訴訟費用の全部または一部

を負担させることができ,これは一種の制裁と考えられるが,この種の制裁は,本案に関する裁判所の判断に何ら影響を及ぼすものではない。これと比較して,攻撃防御方法の却下や提出制限のような制裁は,仮に当該攻撃防御方法が本案の判断にとって関連性をもつものであるとすれば,重大な影響を及ぼす可能性がある。したがって,裁判所としては,その発動について慎重にならざるをえない。

　論者は,「我が国の裁判官の多くは,裁判は実体的正義を実現すべきであるとの観念が強く,代理人等の訴訟活動の巧拙により結論が左右されるのを嫌い,公平な第三者としての立場に明白に抵触しない限り,後見的に振る舞い,的確な争点整理をし,真相解明のための立証を促す対応を志向するといわれている。」と指摘するが,このような志向性を前提とすれば,関連性が薄いとみられる攻撃防御方法はともかく,本案判断にとって重要な攻撃防御方法であれば,制裁発動に消極的にならざるをえないことは自然の成り行きといえよう。もっとも,論者自身は,制裁型スキームを導入して,それを背景として裁判官が訴訟指揮を行うことによって,実体的正義がよりよく実現されるとし,審理計画に伴う失権効の強化などを提言するが,やはり失権効そのものの発動については,裁判所として慎重にならざるをえないことは当然であろう。もっとも,当事者にとっては,本案での敗訴が制裁として最大の不利益であるから,重大な懈怠に対しては,攻撃防御方法の却下による本案上の不利益も予定することが合理的である。

　これに対して提出期間を懈怠した攻撃防御方法の提出や,当事者照会や提訴予告者等照会に対する回答を理由なく拒否し,相手方に主張立証準備のための負担を生じさせたと認められる当事者や代理人に対して,弁護士費用を含む訴訟費用の全部または一部の負担を命じることは,それ自体本案の判断に影響するところはなく,制裁を課すことが実体的正義の実現と背馳するという問題を生じさせない。弁護士費用の敗訴者負担については,司法制度改革推進本部司法アクセス検討会において検討が進められており,現段階では,訴え提起後に訴訟当事者の共同の申立てがある場合に限定して,敗訴者負担を導入すべきであるとの議論が有力になっている。それ自体については,本論文での検討の対

象としないが，勝訴と敗訴という訴訟の結果に着目して，弁護士費用の負担のあり方が問題とされているところに，考え方が正面から対立する原因の1つがある。すなわち，訴訟の勝敗は，代理人による訴訟追行の巧拙はもちろん，裁判所による証拠の評価，法律解釈など，様々な要素を基礎として総合的に決定されるものであり，敗訴を敗訴当事者の責任に帰すべき理由が存在するとは限られない[36]。これと比較すれば，攻撃防御方法提出期間の懈怠や当事者照会等に対する回答拒絶の場合には，懈怠や拒絶について合理的理由が存在するかどうかも，専ら当該当事者の行為に着目すれば足りるのであるから，それほど困難な判断とは考えられない。

以上のように考えると，少なくとも当分の間は，制裁の種類としては，本案に関する判断に影響可能性のない，訴訟費用や弁護士費用の負担を中心として検討すべきものと思われる[37]。

V──開示手続の意義──証言録取書の役割

訴訟当事者がそれぞれの支配下にある事実資料を相手方に開示する意義は，事実資料の共有化とその固定化にある。第1の共有化についていえば，訴訟当事者が認識している事実が互いに交換されることによって，その違いが鮮明になり，争点の形成が促進される。また，それぞれの支配下にある証拠の存在および内容が交換されることによって，それぞれの主張の強弱が認識できるようになり，中心とすべき事実主張や逆に撤回すべき事実主張の区別が可能になる。提訴予告者等照会や当事者照会には，主としてこの共有化の機能が期待される。

次に，第2の固定化についていえば，当事者本人や証人の証言内容を証人尋問前に書面に固定化し，1つには，不必要な証人尋問の省略を可能にし，また必要な証人尋問において実効的な反対尋問を可能にすることが中心になる。なぜならば，文書の場合と異なって，証言は，それが人の記憶に基づいているという性質上，時間の経過とともに劣化しやすいという特性をもつから，できる限り早期にその内容を書面に固定化することが望まれるからである。そして，

固定化された証言内容が両当事者に共有されることによって，主張の整理や争点の圧縮につながる。

　現行法下の実務においてこの機能を担っているものとして陳述書がある。陳述書の機能として，証言予定事項を相手方や裁判所に予告する予告機能，尋問対象とされている事項について関係者の理解を促進する理解補完機能，効果的な人証調べを可能にする尋問補完機能などがいわれるのは[38]，こうした理由によるものである。しかし，陳述書は，当事者本人が自らの記憶内容を，または代理人が本人や証人から聴取した内容を記載したものであり，いずれにしても，相手方当事者の立会機会もなく，その信頼性には，自ずから限界がある[39]。そこで，陳述書の果たしている役割を積極的に評価しながら，その信頼性をより向上させ，証言内容の固定化を実現するための方策として提案されたのが，陳述録取書の制度である。これは，アメリカ連邦民事訴訟規則における証言録取（deposition）の制度を参考にしたものであるが，現行民事訴訟法立案過程で検討の対象とされた[40]。しかし，弁護士会などからの反対論もあり，結局は立法化されることなく終わったが，平成15年改正の立案作業に際して，再びこの課題が取り上げられるに至った[41]。その際には，現行法立案作業の場合と異なって，これを提訴前の証拠収集制度の1つとして位置づけ，かつ，相手方の立会いおよび発問権を認めることによって，事実資料の固定化の手段としての位置づけ，およびその内容についての信頼性の確保がより強く意識された[42]。また，現行法立案時と比較すると，実務の側でも，少なくとも裁判所側からは，この制度の導入に積極的意見も発表された[43]。それにもかかわらず，部会委員の間で十分な合意が形成されなかったという理由から，この制度の立法化は実現しなかった。しかし，現在多用されている陳述書の問題点と限界を踏まえ，証言録取書が事実資料の固定化および共有化のためにもつ意義を考えたとき，とくに提訴前の証拠収集手段としての証言録取書については，近い将来その立法化が検討されるべきである[44]。

Ⅵ——おわりに

　これまで検討の対象とした問題のほかに，事実資料の収集とその共有化という視点からみると，なお検討しなければならない問題は多い。その1つは，現行法が文書提出義務の範囲を拡大したことに伴って，創設した「専ら文書の所持者の利用に供するための文書」（自己使用文書，自己利用文書または自己専利用文書などと呼ばれる）概念である。文書提出命令は，提訴後の証拠収集にかかるものであり，訴え提起前の証拠収集処分には含まれないものであるが（民訴132条の4第1項参照），提訴後に証拠収集手段が確保されているかどうかは，提訴予告者等照会に対して回答する際にも（民訴132条の2・132条の3），また文書送付の嘱託に応じるかどうかを決定する際にも（民訴132条の4第1項1号），決定的な判断要素とならざるをえない。

　自己使用文書の概念は，現行民事訴訟法220条4号を設けて，文書提出義務を一般義務化する際に，その反対論との均衡をとるために採用されたともいわれるが，文書の記載内容そのものではなく，その作成目的や所持目的を判断の対象とするところから，その判断基準が必ずしも明確ではない。現在までしばしば自己使用文書性が問題とされた金融機関の貸出稟議書について，判例法を確立したといわれる最判平成11年11月12日民集53巻8号1787頁は，「ある文書が，その作成目的，記載内容，これを現在の所持者が所持するに至るまでの経緯，その他の事情から判断して，専ら内部の者の利用に供する目的で作成され，外部の者に開示することが予定されていない文書であって，開示されると個人のプライバシーが侵害されたり個人ないし団体の自由な意思形成が阻害されたりするなど，開示によって所持者の側に看過し難い不利益が生ずるおそれがあると認められる場合には，特段の事情がない限り，当該文書は民訴法220条4号ハ所定の「専ら文書の所持者の利用に供するための文書」に当たると解するのが相当である。」と判示しているが，ここでは，作成・所持目的という主観的要素と，開示によって侵害される秘密情報という客観的要素の2つが判断

基準として重視されている。

　しかし，後者の客観的要素が同じく文書提出義務の除外事由である民事訴訟法220条4号ハ（同197条1項3号）にいう技術または職業の秘密とどのような関係に立つかは，必ずしも明らかではない。文書に記載された情報が，技術または職業の秘密にあたるかどうかを十分に吟味しないままにこれを自己使用文書として提出義務を否定することは，立法者の意思を超えて，文書提出義務の除外事由を拡大する結果となる。一方当事者が訴訟の準備のために作成した文書などを相手方当事者に利用させることは，当事者間の公平にも反し，それについて文書提出義務を認めることは，当事者対立構造による民事訴訟の運営そのものを崩壊させるおそれがあるが，それ以外の文書を自己使用文書として提出義務を免除すべきかどうかは，国民の司法への協力義務などとの関係で慎重な考量が求められるところである。

　貸出稟議書の自己使用文書性については，その後も最高裁判例が積み重ねられているが，なお立法の課題として意識されているのは，このような概念の不安定性に由来する。わが国おける事実資料開示制度の強化に向けて，当事者照会や提訴予告者等照会の実効性担保の措置が検討される際には，提訴後の文書等に関する証拠提出義務の合理性をあわせて検討することが必要になろう。

　畏友棚瀬孝雄教授の還暦を御祝いするには，あまりにも貧しい論攷であるが，筆者の祝意のみをお受け取り頂ければ幸いである。

1) 井上（2003）においては，正義への企てとしての法が，判決の内容的基準を示す実体法と，訴訟過程を統御する手続法として，裁判所の権限行使を規律すると説かれる。
2) 田中（2000：241頁）では，「個々の裁判が，既存の公知の実定法規範を具体的事実関係に適用するという正当化方式をとることは，近代の司法的裁判の公正の確保と合理的な運営に不可欠なものとされ，正確な事実認定と適切な法適用が，司法の核心的作用とみられている。」と指摘する。
3) 弁論主義の内容および根拠に関しては，高橋（2000：349頁）参照。
4) 千葉（2003：25-26頁）参照。同論文では，本文にいうような正義を実体的正義とし，当事者の自己責任を前提とする手続的正義とは本来的調和関係にあるはずであり，「責任ある当事者の真摯な訴訟活動によってこそ事実が明らかになり正義が実現するはずである」と説く。
5) アメリカのディスカヴァリーの機能について，浅香（2000：74頁）では，「両当事者

が有利不利を問わず手持証拠・情報を相互に供することで，お互いの手の内が判明し，また自らの主張の強弱が確認できる。その結果，争う必要のある問題とない問題とが明確になる。」と説明する。もちろん，訴訟当事者ではなく，第三者の支配下にある事実資料も存在するが，通常の民事訴訟では，当事者の支配下にある事実資料が大部分を占め，また第三者といっても，当事者と何らかのかかわりがある場合が多いので，本文のようにいっても，大きな過ちを犯すことにはならない。

また，わが国の弁論主義の下でも，当事者は自らに不利な事実資料を隠す自由が認められるものではない。山本（2002：143頁）参照。

6) 井上（1993：104頁）では，「紛争主体間のちがいとしての争点は，紛争主体それぞれの間の相互作用的なかかわりを通じて形成されていくものであるから，相互作用的なかかわりの場としての手続の展開に応じて，争点は刻々とかたちを変えていくような性質のものである。」として，争点の流動性や可変性を説く。加藤編（2000：141頁）では，このような考え方を「争点浮動説」と呼んでいる。

7) 平成13年6月に発表された司法制度改革審議会意見書15頁において，(1) 計画審理の推進として，「原則として全事件について審理計画を定めるための協議をすることを義務づけ，手続の早い段階で，裁判所と両当事者との協議に基づき，審理の終期を見通した審理計画を定め，それに従って審理を実施するという計画審理をいっそう推進すべきである。」とされ，(2) 証拠収集手続の拡充として，「訴えの提起前の時期を含め当事者が早期に証拠を収集するための手段を拡充すべきである。――中略――相手方に提訴を予告する通知をした場合に一定の証拠収集方法を利用できるようにする制度を含め，新たな方策を検討し，導入すべきである。」としているのは，このような認識を表現したものであり，すでに紹介した争点浮動説や訴訟不可知論からの訣別を意味するものである。

8) 早くからディスカヴァリーの紹介とその意義を分析した論攷として，霜島ほか（1982：1頁），高橋（1983：527頁）など，また近年の動向を分析するものとして，笠井（2001：1頁）がある。

9) 竹下ほか（1992：12頁，33頁）における竹下発言では，「「検討事項」に書かれております，証拠収集手段の拡充のためのいろいろの考え方は，そういった英米のディスカバリー制度のメリットを取り入れながら，そのデメリットを除去して，日本固有の証拠収集手続を作ろうという試みだと言えるかと思います。」と述べられている。

10) 伊藤（1992：786号6頁，787号11頁）参照。

11) 事実資料収集手段の強化とその共有化のための争点整理手続が密接不可分に結びついたものであることは，伊藤（1991：1頁，33頁）において指摘したところである。

12) たとえば，竹下ほか（1999：165頁）における伊藤眞発言では，準備書面の記載事項拡充を当事者照会制度の新設と結びつけ，「一方当事者が主張を予定する事実，及び提出を予定する証拠を事前に裁判所及び相手方に対して開示させ，相手方がこれに対する充実した攻撃防御を展開する機会を保障しようという趣旨が，この改革の背後にあるのではないでしょうか。」とする。

13) 内容については，伊藤（2004：277頁以下）参照。趣旨について，小野瀬（2003：6

頁, 8頁) は,「訴訟手続の計画的な進行を図り, 民事裁判の充実・迅速化を図るためには, 当事者が訴えの提起前において必要な証拠や情報の収集を適切にすることができるようにし, 訴訟が提起された場合, その早い段階から裁判所及び当事者がその後の審理の見通しを立てられるようにすることが重要である。」と説明する。

14) 法務省民事局参事官室編 (1996:166頁) 参照。

15) 代表的なものとして, 東京弁護士会民事訴訟問題等特別委員会編著 (2000) はしがきでは,「当事者照会はもとより民事訴訟における弁論及び立証活動のすみずみまで当事者が主導的役割を果たすべきである」と述べられている。

16) 山浦 (2002:49頁, 57頁)。そこでは, 実効性を確保するためにいくつかの方策があげられ, その1つには, 弁護士倫理を媒介とした訴訟代理人に対する制裁の可能性が指摘されている。

17) 浅香 (2000:79頁) 参照。

18) 検討の経緯や制度化されなかった理由などについては, 伊藤 (2003:4頁, 8頁) 参照。

19) 加藤 (2002:36頁) による。

20) 伊藤 (2003:4頁)。事件の複雑性および証拠の偏在は, 専門訴訟のみに限定されるわけではないが, 専門訴訟においては, ほぼ定型的にこれらの現象がみられるという理由から, 専門訴訟の課題とすることが適当である。

21) 詳細については, 伊藤 (2004:275頁), 伊藤 (1991:16頁) 参照。なお, 校正段階で笠井正俊「専門委員について」法曹時報56巻4号825頁 (2004年) に接したが, 内容に触れることはできなかった。

22) 大西 (1967:1頁, 4頁) では, 裁判官が裁判所調査官の調査結果を利用するのは, 専ら受訴裁判所の内部関係であり, 裁判官が自ら専門書などを閲読して調査するのと異なるところはないと説明されている。

23) 平成15年12月15日に開催された知的財産訴訟検討会第15回会合における配付資料参照。裁判所調査官の権限としては, 他に和解勧試期日における説明, 評議の過程を含めて裁判官に対して事件についての参考意見を述べることなどがあげられている。

24) 前掲検討会配付資料においては, 中立性確保のために除斥・忌避等の規定を準用すること, また, 裁判所調査官が権限を行使する際に, 必要に応じてその専門的知見を裁判官の面前で当事者に示し, 事件全体についての理解・認識の共通化を図ることとしている。なお, 裁判所調査官の権限をこのように拡充し, その訴訟手続上の地位を明らかにすると, 同じく専門的知見供給源としての専門委員との関係が問題となるが, 同配付資料では, ①裁判所調査官は技術的知見および特許法等に関する知識を有する者とし, 原則として審理に関与することとすること, ②専門委員は技術的知見を有する者とし, 種々の技術分野について, 必要に応じて審理に関与することとすることが考えられるとしている。具体的な形としては, 常勤職員である裁判所調査官には, 幅広い範囲の一般的専門的知見を求め, 非常勤職員である専門委員には, 当該訴訟に固有の高度の専門的知見を求めるために, 必要に応じて訴訟に関与させることになろう (伊藤1991:21頁参照)。

25) 証人尋問と異なり, 鑑定人の意見陳述に対しては, 質問という形式がとられ, かつ,

質問の順序や態様も証人尋問とは異なっているのは（民訴202条1項，民訴規132条の4），このような考慮に基づくものである。また，実務においては，医事関係訴訟を中心として，中立的で，かつ，信頼できる専門的知見を供給できる鑑定人確保の努力が積み重ねられている。

26) 前掲知的財産検討会配付資料（注23）参照。秘密保持命令とは，準備書面または証拠の内容に営業秘密が含まれている場合に，当事者の申立てに基づいて，相手方当事者等に対して，訴訟追行以外の目的への使用等を禁止する命令であり，その違反に対しては，刑事罰を科すものである。公開停止は，人事訴訟法22条の規定に倣って，当事者本人等が公開の法廷において営業秘密に関して尋問を受けることによって，その事業活動に著しい支障が生じることが明らかな場合に，公開を停止することができるというものである。また，イン・カメラ審理手続の整備とは，イン・カメラ手続（民訴223条6項）の特則として，手続の透明性を確保するために文書提出命令の申立人，訴訟代理人などに対象文書の開示の可能性を認めようとするものである。営業秘密については，職業の秘密に該当すれば，証言拒絶権や文書提出義務の除外事由としての保護が与えられうるが（民訴197条1項3号・220条4号ハ，特許105条1項但書など），それが提出されないと適正な事実認定が妨げられる自体が想定されうるので，秘密保持命令，非公開審理，あるいはイン・カメラ手続などによって，秘密性を保護しつつ，その証拠としての提出を確保しようとする考え方に基づく。

27) 菊井・村松（1994：266頁）参照。

28) 同条は，準備手続終結の効果として，「調書又ハ之ニ代ルヘキ準備書面ニ記載セサル事項ハ口頭弁論ニ於テ之ヲ主張スルコトヲ得ス」と規定していた。

29) その経緯については，竹下ほか編（1999）187頁における竹下発言参照。そこでは，新たな攻撃防御方法の提出について特別な制限を加えない考え方，旧準備手続と同様の失権効を認める考え方の対立の中から，現行法のような考え方が採用されたとされる。

30) 同条は，失権の要件として，「審理の計画に従った訴訟手続の進行について著しい支障を生ずるおそれがあると認めたとき」と規定し，さらに当事者が懈怠について「相当の理由があることを疎明したときは，この限りでない。」として，失権効が生じる範囲を極めて限定している。これは，改正案立案の段階で，失権効を認める考え方とそれを否定する考え方が対立し，認める考え方によりつつ，その要件を厳格化したものである。法制審議会民事・人事訴訟法部会第7回会議議事録（平成14年5月10日（金））参照。

31) 千葉（2003：27頁）。

32) 注29）で述べた理由説明義務に関して，植草（2002：155頁，165頁）では，東京地裁におけるアンケートの結果として，争点整理終結後に新たな事実主張や証拠の提出があった事例が，5割近くあり，これが争点整理手続の存在意義を失わせるものであると指摘し，さらに，この種の事案のうち，相手方から説明要求がなされたのは，1割程度の事件に過ぎないことを明らかにしている。現行法立案の過程においては，「訴訟代理人は裁判所の心証に与える悪影響をおそれて，たとえ失権効がなくとも，提出期間を守ることが通常である。」とか，「当事者間に緊張関係がある以上，代理人としても積極的に理由説明義

務の履行を求めることが期待される。」とかの議論がなされたが，こうした現実をみれば，微温的な理由説明義務は，争点整理手続の機能を担保するためにほとんど役立っていないことが理解されよう。

33) 日本民事訴訟法学会第73回大会（2003年6月1日）における国際シンポジウム（2004：87頁）参照。

34) 連邦民事訴訟規則11条の趣旨および改正の経緯等については，浅香（1995：155頁）参照。

35) 司法制度改革推進本部司法アクセス検討会第22回会合（平成15年12月25日）議事概要および配付資料参照。

36) 太田（1993：652頁，635頁），伊藤（1995：89頁，92頁）など参照。トーマス（2001：54頁，56頁）では，「敗訴者負担原則の根拠として公正や公平の観念に依拠することがいかに困難であるかは，勝敗の接近した事件における費用負担の問題を例にあげればよく分かる。すなわち，ある事件の勝敗が，トライアルに至るまで，あるいはトライアルがはじまった後でも，きわめて接近していて判断がつきにくい場合には，いずれの当事者においても判決を得るまで訴訟を追行することは正当化されるであろう。」と指摘する。

37) 浅香（1995）において，規則11条違反に対して弁護士費用の負担などが命じられることは，決して弁護士費用敗訴者負担原則に近づくことを意味するものではなく，同条は，訴訟の勝敗に基づいてではなく，提起される訴訟における具体的行為規範に基づいて制裁を課すものであるとの指摘が注目される。また，日本法における採用可能性に言及するものとして，加藤ほか（1996：23頁，47頁）における伊藤眞発言参照。

38) 伊藤（2004：352頁）。

39) 大段（2002：253頁，259頁）によれば，「陳述書の作成者が当事者又は証人として，その陳述書の記載事項につき，相手方当事者からの反対尋問を経ていない場合には，一般的にその証拠価値はないか，あるいは当事者の主張程度の著しく低いものということになろう。」とされる。

40) 法務省民事局参事官室編（1991：37頁）。「供述者が公証人の面前で宣誓の下に陳述した内容を公証人が録取した書面（陳述録取書）を書証として提出することができる」というのが検討の対象であった。

41) 以上についての詳細は，伊藤・前掲論文（注20）8頁以下参照。

42) 「平成14年4月19日法制審議会民事・人事訴訟法部会第6回会議部会資料九　第一　証拠収集手段の拡充　一　提訴予告通知制度」において，「通知者または被通知者が公証人に対して嘱託を行い，参考人等の供述者が，公証人の面前で宣誓をした上で，供述した内容を公証人が録取することができるものとするとともに，供述者が供述するに当たり，嘱託者及び相手方が供述者に対して発問をすることができるものとする考え方については，どのように考えるのか。」という検討事項が掲げられている。

43) 法制審議会民事・人事訴訟法部会第8回会議（平成14年6月7日）議事録参照。

44) 証言録取書立法化の断念の理由を説明している，法務省民事局参事官室（2002：8頁，

17頁）においても，将来の立法課題としては含みが残されている。
45) 竹下ほか編（1999：284頁）における柳田幸三発言参照。
46) 伊藤（2000：415頁）参照。これを支持するものとして，高橋（2004：157頁）がある。
47) 最判平成12年12月14日民集54巻9号2709頁，最判平成13年12月7日民集55巻7号1411頁。学説については，伊達（2001：237頁），長谷部（2001：299頁），高橋（2002年：53頁）など参照。
48) 法制審議会民事訴訟・民事執行法部会第5回会議議事録（平成15年8月1日）参照。

〔引用文献〕
浅香吉幹（1995）「裁判所へのアクセスと訴訟手続の濫用──アメリカ連邦民事訴訟規則11条の改正をめぐる議論からの示唆」石井紫郎・樋口範雄編『外から見た日本法』東京大学出版会.
── (2000)『アメリカ民事手続法』弘文堂.
伊達聡子（2001）「稟議書の提出に関する決定をめぐって」新堂幸司先生古稀祝賀『民事訴訟法理論の新たな構築（下）』有斐閣.
長谷部由起子（2001）「内部文書の提出義務」新堂幸司先生古稀祝賀『民事訴訟法理論の新たな構築（下）』有斐閣.
法務省民事局参事官室編（1991）「民事訴訟手続の検討課題」別冊NBL23号.
── (1996)『一問一答新民事訴訟法』商事法務研究会.
法務省民事局参事官室（2002）「民事訴訟法改正要綱中間試案の補足説明」NBL740号.
井上治典（1993）『民事手続論』有斐閣.
井上達夫（2003）『法という企て』東京大学出版会.
伊藤眞（1991）「民事訴訟における争点整理手続」法曹時報43巻9号.
── (1992)「開示手続の理念と意義（上）（下）」判例タイムズ786号，787号.
── (1995)「訴訟費用の負担と弁護士費用の賠償」中野貞一郎先生古稀祝賀『判例民事訴訟法の理論（下）』有斐閣.
── (2000)「自己使用文書としての訴訟等準備文書と文書提出義務」佐々木吉男先生追悼論集『民事紛争の解決と手続』信山社出版.
── (2003)「専門訴訟の行方」判例タイムズ1124号.
── (2004)『民事訴訟法〔第3版〕』有斐閣.
笠井正俊（2001）「アメリカの民事訴訟における2000年のディスカバリ制度改正をめぐって」新堂幸司先生古稀祝賀『民事訴訟法理論の新たな構築（下）』有斐閣.
加藤新太郎ほか（1996）「ルール11と弁護士の役割」判例タイムズ920号.

加藤新太郎編（2000）『民事訴訟審理』判例タイムズ社.

加藤新太郎（2002）「専門委員の制度設計のあり方——民事訴訟の専門化対応推進のために」判例タイムズ1092号.

菊井維大・村松俊夫（1994）『全訂民事訴訟法Ⅱ』日本評論社.

国際シンポジウム（2004）「現代の民事訴訟における裁判官および弁護士の多重的な役割とその相互関係」民事訴訟雑誌50号.

小野瀬厚（2003）「民事訴訟法改正の経緯と概要」ジュリスト1252号.

大段亨（2002）「陳述書の利用」上谷清・加藤新太郎編『新民事訴訟法施行三年の総括と将来の展望』西神田編集室.

大西勝也（1967）「裁判所調査官制度の拡充に関する裁判所法の一部改正について」自由と正義18巻5号.

太田勝造（1993）「裁判手数料と弁護士費用について」名古屋大学法政論集147号.

霜島甲一ほか（1982）「アメリカ合衆国の開示手続」法学志林79巻4号.

高橋宏志（1983）「米国ディスカヴァリー法序説」法協百年論集第3巻.

——（2000）『重点講義民事訴訟法〔新版〕』有斐閣.

——（2002）「自己専利用文書」石川明先生古稀祝賀『現代社会における民事手続法の展開（下）』商事法務.

——（2004）『重点講義民事訴訟法（下）』有斐閣.

竹下守夫ほか（1992）「研究会・民事訴訟法改正の検討事項をめぐって」ジュリスト996号.

竹下守夫ほか編（1999）ジュリスト増刊『研究会新民事訴訟法』有斐閣.

田中成明（2000）『転換期の日本法』岩波書店.

千葉勝美（2003）「裁判における真実の発見・正義の実現について」自由と正義54巻11号.

トーマス・D・ロウ・ジュニア（2001）「弁護士費用は誰が負担するべきか（下）」（三木浩一訳）NBL723号.

東京弁護士会民事訴訟問題等特別委員会編著（2000）『当事者照会の理論と実務』青林書院.

植草宏一（2002）「訴訟代理人の立場での問題点と改善のために必要な条件」上谷清・加藤新太郎編『新民事訴訟法施行三年の総括と将来の展望』西神田編集室.

山本和彦（2002）『民事訴訟の基本問題』判例タイムズ社.

山浦善樹（2002）「当事者照会等の活用の問題点と改善のために必要な条件」上谷清・加藤新太郎編『新民事訴訟法施行三年の総括と将来の展望』西神田編集室.

専門訴訟と裁判の変容
―― 医療過誤訴訟への対応を一例に ――

渡辺千原

I―― はじめに

　現在進行中の司法改革は，日本社会の秩序形成制度として司法を中心に据えていこうとする，司法化という意味での「法化」を推進し，その条件作りをするものである。そこには，日本でいまだ十分に根付いていないとされる近代法を浸透させるという要請と，他方で現代社会において生起する多様かつ複雑な問題への対応という新たな要請に，司法が同時に応えなければならないという困難がある。つまり，従来型の近代法の枠組みを基礎とする裁判を強化しつつ，それにはとどまらない新たな法的ニーズを裁判の中に取り込む必要が生じており，それは必然的に強化しようとしている近代裁判のあり方をも変容せざるをえないというディレンマである。
　現在，司法改革で検討されている「専門的知見を要する事件（以下専門訴訟と省略）」は，まさにこういった問題にあてはまる訴訟類型である。専門訴訟は，基本的には，専門的な知見が訴訟に導入されることで通常の事件に正規化することを前提としており，通常事件と区別される，新たな訴訟パラダイムという問題設定がされているわけではない。しかし，実際には，専門訴訟という枠組みで問題を切り出すこと自体にも，そして実際に訴訟に専門家が関与していくなかでも，審理のあり方が複合化し，訴訟の形式や正当性にも何らかの変容を

迫る可能性があると思われる。

　そこで本稿では，専門訴訟の一類型とされる医療過誤事件への現在までの取組みを1つの手がかりに，専門訴訟という問題枠組みとその対応から，訴訟で達成されるべき正義の意義を問い直してみたいと思う。

II――専門訴訟の問題性

　そもそも何を問題にするかによって，目指すべき手続のあり方も異なる。医療過誤訴訟を，原告と被告の資源の差に注目するか，あるいは，「人格訴訟」として感情的なもつれが問題となる事例としてとらえるか，「科学訴訟」として科学的証拠を要する事例として扱うか，それぞれにおいて対応すべき問題の焦点が異なる。専門訴訟は，社会の技術化や専門化の進展に伴い，訴訟で高度に専門的なことがらについて審理を行う必要が高まっているという，現代において世界に共通する問題への対応ではあるが，一見同様の問題枠組みにみえる「科学訴訟」とは異なる独特の問題枠組みをとっており，それに関連してかなり多様な分野でそれぞれに応じた検討がなされている。

　90年代後半の司法改革の動きの中で，専門訴訟は，政財界からの要求で，知的財産訴訟への対応を主たる問題領域として検討がはじまった。その意味で一種の「外圧」からの取組みにはなったが，その基本的な問題認識は，従来から重んじられてきた実体的真実の重視と，訴訟の迅速化であるため，陪審制などの論点に比べると裁判所側からの抵抗も少なく，最高裁としても早くから積極的な取組みがなされてきた。

　司法制度改革審議会意見書では，専門訴訟は，専門家の適切な協力が得られずに審理が長期化していることが問題の中心とされ，「様々な形態による専門家の紛争解決への関与を確保し，充実した審理と迅速な手続をもってこれらの事件に対処」することが提言された。具体的には，専門委員制度の導入，鑑定制度の改善が解決策として提示され，この点については2003年の民事訴訟法改正にもすでに盛り込まれている。意見書ではこのほかに，法曹の専門強化の必要

性も説かれ，知的財産関係事件，労働関係事件については専門的知見を要する事件の類型として個別に検討が加えられている。

ここで明らかなように，まず，専門訴訟の最大の問題は，審理の長期化である。専門訴訟をめぐる議論は，まずその審理の長期化を問題点として指摘しており[3]，計画審理や証拠収集の拡充といった通常の民事事件における審理の拡充促進の取組みの延長線上の問題とされる。専門家の協力をはかることを改革の主眼としているが，これまで専門家の協力がなかったために正確な事実認定ができなかったことは正面からは問題としていない。

そして，第2に，この問題へは，専門情報を専門家の意見を通じて獲得することで対応するものとされている。専門情報の評価は問題とされず，専門家の協力に主眼がある。

これらの点で，専門家証人の見解をふまえて判事がいかに事実認定をするかというアメリカなどで問題になっている科学的証拠を中心とする専門家証言の評価の問題と同様の問題でありながら，それとは異なる問題設定として区別される。

アメリカでは，ジャンクサイエンスが科学的証拠として訴訟に導入され，訴訟結果をゆがめていることが問題視され，1993年にDaubert判決において，裁判官が，科学的証拠のゲートキーパーとしての役割を担い，科学的証拠の科学的妥当性を判断すべきことを宣言した[4]。その後，Kumho判決[5]で，科学的証拠だけではなく，あらゆる専門家証言についても同様の責務を裁判官が負うことが要請され，裁判官は自分が本来知識を持ち合わせていない専門分野について，その専門分野における評価に即して妥当な評価を行うことが求められている。

Daubert以降，アメリカでは専門的証拠の判断基準をいかに裁判官の実際の判断基準として実現可能なものにしていくかについて活発に議論がなされている。また，Kumhoを経て，専門分野ごとの論理や方法論についての理解も裁判官に求められつつあり，専門的知見の性質による分類と，その妥当性の判断基準を抽出する作業も行われているが，なお専門家証言の科学性の判断が中心的な問題になっている[6]。

日本における専門訴訟は，「専門家の適正な協力」を問題にし，専門家の依拠

した方法論の科学性や妥当性の判断は問題にしていない。専門家の協力を得ても，その意見を踏まえた上で裁判官がそれをいかに判断するのかというさらなる問題が残るはずであるが，専門訴訟は，あえてそれを問わない形の問題設定をしている。これは，あらゆる専門家の意見を咀嚼して適切な法的判断を下すことができるという裁判官の一種の全能性を前提にしているように思われるが，他方で適切な専門家の協力が得られればその意見の依拠する方法論等にまで立ち入ってその妥当性を判断する必要まではないという問題枠組みとも考えられる。

　また，専門訴訟は，科学訴訟とは異なり，医療関係事件，建築関係事件，労働事件，知的財産関係事件など，科学としてくくりだすことのできない多様な専門分野を対象にし，実体的な事件類型と結びついてそれぞれの専門性を問題としている。よって，専門的知見を要する事件という問題の立て方は，抽象的には「専門的知見」を要する事件だが，その具体的検討にあたっては当該専門分野に応じた対応が不可欠となっている[7]。

　意見書でも知的財産関係事件と労働関係事件が別途検討され，その後もたとえば医事関係事件，建築関係事件がそれぞれ別途検討が行われている。分野ごとに適合的な紛争解決手段の模索へと向かうものであり，従来の裁判から，裁判外紛争処理機関への拡散化，インフォーマル化が進行することも予測される（高橋2000）。専門訴訟という問題の立て方は，一見新たに抽象的で総合的な検討を要する事件群を提示したように見えるが，実際は事件を実体問題ごとに細分化し，分野ごとの特別裁判所の設置への方向性をもち，一般的にあらゆる問題を扱ってきた民事司法のあり方そのものを大きく変容する可能性もある。そして，それぞれの分野での望ましい訴訟手続のあり方も，従来の裁判に求められる形式には吸収されないような，変化が生じるであろう。そこで，次には，専門訴訟の個別分野として，医療過誤訴訟における近年の対応とそれをめぐる議論を概観して，訴訟手続に求められるものの変化を読みとっていきたい。

III──専門訴訟への対応──医療過誤訴訟をめぐる議論から──

　医療過誤訴訟は近年提訴数が急増しているが，その審理が困難であることは，かねてから指摘されてきた。医療行為の専門性，密室性に加えて，医療の閉鎖性から，とくに原告側にとっては証拠収集をはじめ医師の協力を得ることが難しく，被告側の過失を立証することは極めて困難である。また，鑑定が利用された場合，その審理の長期化はより深刻なものとなる上，推論過程が必ずしも明確でない鑑定結果をそのまま鵜呑みにした鑑定依存型の判決も少なくなかった。[8]

　専門訴訟への取組みの中で，医療事故事件に関しては，鑑定人の確保を円滑化すべく医療関係者との意見交換を踏まえ，2001年には，最高裁に，医事関係訴訟委員会を設置，医療関係者，法曹関係者と一般有識者による医事関係訴訟の運営に関する一般的問題についての審議や，鑑定人候補者の選任を行っている。また，東京地裁・大阪地裁には，2001年に医療事件の集中部が設置されたが，その後千葉，名古屋，福岡など各地に集中部が設置されている。それ以外にも，各地で医事事件の審理充実の取組みがなされ，医療関係者との経験交流や座談会なども頻繁に行われている。

　これらの取組みからも，専門訴訟は，専門家の関与により専門的知見が導入されれば通常の事件に正規化するという単純な図式では把握しきれないことが読み取れる。ここでは，さまざまな対応策のうち，2つのやや相反する方向性に注目したい。それは，医療過誤訴訟において，専門家の協力を円滑化する方策が模索される一方で，実際には専門家の協力を得ることなく裁判を運用することが目指されるという対応である。

1 専門家の協力体制づくり

　訴訟に適切な専門家の協力が得られにくい問題に対し，医療事件については医療側とさまざまな協議会や検討会を通じて相互理解をはかり，医師が協力し

やすい専門家関与の制度づくりに取り組んできている。

　医療過誤訴訟で医師が鑑定を引き受けたがらない理由としては，同胞の医師を糾弾することへの抵抗感や，ただでさえ多忙な医師が鑑定を引き受けたところで医師の間でも社会的にもとくに評価されることもなく，法的責任の前提になる判断という重い役割を背負わされる上，鑑定人尋問では交互尋問方式で人格攻撃に及び精神的にも苦痛を味わされることなどが指摘されてきた。そこで，専門家の協力を円滑化するために，鑑定人候補者の推薦システムの整備のほかに，医師が引き受けやすい新たな鑑定方法が編み出されてきた。民事訴訟法改正においても，鑑定人尋問は交互尋問方式に代えて説明会方式が導入された。

　各地で試みられた鑑定方式としては，アンケート方式，複数鑑定，口頭鑑定，カンファレンス方式鑑定などが報告されている。たとえば，複数鑑定は，同一の鑑定事項について同一の時期に専門領域を同じくする複数の鑑定人を指定して鑑定を行うものである。[9]鑑定人が複数であることから，その公平性，客観性を高めることができ，その説得力，信頼性が高まるとする。カンファレンス式鑑定は，「医療機関において数人の医師が自由に口頭で議論を交わして最良と考えられる結論を導き出して患者の治療または手術を行っているという手法を鑑定にも応用しようとするもの」[10]であり，東京地裁で行われたカンファレンス方式は，医師の間でも法律家の間でも比較的好評であったとされる。[11]

　これらは医師が協力しやすい方法という観点から取り入れられた方式であるが，説明会方式もカンファレンス方式も鑑定の口頭化という形をとり，最近の民事司法が目指す口頭弁論の実質化の流れ，とくにインフォーマルな話し合いの中で争点を浮かび上がらせる方式とも親和性を有する。

　また，カンファレンス方式などは，医療実践での判断形成過程を，鑑定手続という訴訟手続に取り込んでおり，医療文化の取込みという側面もある。[12]もっとも，医師の判断を絶対のものとして鑑定結果を鵜呑みにするのも，ある意味では医師の判断の特権性という医療文化を反映しているわけであり，それが受け入れられなくなった背景には，医療に対する社会的な見方そのものも変化してきたことがある。これまでの鑑定依存型の判断も，鑑定人に交互尋問を強要してきた以前の訴訟手続も，それぞれ医療と法の専門分野の特権性に基づくこ

とで許容されていた側面があるわけで,現在の実践は,そうした両者の専門性を問い直しつつ,望ましい審理のあり方を築き直す過程といえるかもしれない。現在の新たな鑑定実務は,対審制を緩和し,インフォーマルな話合いという形の口頭化を組み込みつつ,鑑定人の複数性でその客観性,中立性を担保するものであるが,その範囲で,法が医療実践の一部に焦点をあて,現在民事司法で目指される審理の充実促進になじみやすい形で医療文化を取り入れていると整理できよう。

2 法的判断の維持

それに対し,医療過誤訴訟については,鑑定の回避がより望ましい審理のあり方として実務上追求されている。東京や大阪をはじめ,医療集中部での訴訟手続の変化は,「鑑定依存型漂流訴訟からの脱却」であり,結論は裁判官が専門家の意見を踏まえた上で自らが決めるとの考え方をとるようになり,鑑定の件数は非常に減っているという[13]。充実した争点整理と集中証拠調べの結果,鑑定を行うことなく心証をとることができるようになったこと,鑑定の必要性については十分検討を行った上で採用していることなどが要因とされる[14]。医学文献と担当医師の尋問,また私的鑑定書などにより,争点を明確化でき,十分に専門的知見に基づいた判断ができると考えられている。そして鑑定が用いられる場合でも,その依頼に際しては,法的評価である因果関係や過失の有無を直接問うような鑑定事項は避けるべきことが共通認識として形成されてきているし,また推論の不十分な鑑定の結論をそのまま受容する判決は,最高裁でも破棄されている[15]。

このように鑑定をできるだけ利用しないことが望ましいとされる理由としては,それにより審理の無用な長期化が避けられることがある。また,当事者にとっても,付加的な費用が避けられ,いかなる鑑定が出てくるかわからないというリスクを避けるメリットもある[16]。

しかし,根本的には,医療という専門分野が問題になる事例においても,関連する医学文献などの専門情報を根拠として裁判官が判断することが可能であり望ましいという法的判断の独自性と正当性を前提にし,それを確認・主張し

ていると言えるのではないだろうか。

　専門訴訟は，専門分野ごとに個別の対応が迫られる問題提起であり，そのことは一般的に是認されてきてはいるものの，他方で，なお裁判が全社会に向けられたものであることから，単に当該専門分野でのみ妥当する判断ではならない（伊藤2003）。そして裁判官には，当該専門家になることではなく「法廷に提出された専門的知見を相対的に評価して合理的なものを採用する」という専門性が求められる。問題は，法という専門性をおびた領域における法的判断が，どのように社会に開かれたものでなければならないか，そして法的判断の独自の性質として何が求められるのかということである。

　鑑定を回避する法実務は，専門的知見については，専門家による判断ではなく，文献による裏づけに重点を置いている。これは裁判実務における従来の書面証拠主義にもなじみ，伝統的な日本の民事裁判での真実発見の方法を基本的に踏襲している。専門訴訟であっても従来の裁判と特段変わるところはないという扱いをしているが，その前提には裁判官はこれらの専門情報を咀嚼して当該専門分野においても妥当と思われる判断を下すことが可能であるという，裁判官の全能性も想定されているように思われる。

　しかし，こういった実務は集中部だからこそ可能になっているのであり，集中部の裁判官は，通常の配転を受け，専門裁判官となるわけではないものの，やはり専門訴訟が訴訟手続を専門分野ごとに専門化，細分化していく大きな潮流は否定できない。たしかに，裁判官が専門的知見を有することと，導入された専門的知見を咀嚼，評価することは別問題ではあるが，やはり法の専門家でしかない裁判官が当該専門分野においても妥当する判断を行うのには限界がある。裁判官には「あらゆる専門家をコーディネイトし，自らも専門家としての説明責任を実践するスーパー・プロフェッション」（佐藤2001）たることが期待されるが，それは困難であり，特定分野における専門的知見の特定裁判所への集積という司法政策はいっそう推進されている。その方向を否定したうえで，ある種の全能性を主張しつづけることは難しい。もし専門訴訟の特別裁判所化を明確に否定するならば，裁判官の判断の意義やその専門性が問われ直さざるをえないのではないだろうか。

もともと訴訟上の立証に関しては，古くルンバール判決をはじめ，当該専門家の判断ではなく，通常人が疑いを差し挟まない程度に真実性の確信をもちうるものであることを要求し，裁判官の判断は「全人格的判断」であることがかねてから説かれてきた。ここでいう「通常人」や「全人格的判断」が，専門訴訟においては，「専門家」や「専門分野の内部においてのみ妥当する判断」と対比されることで新たな意味合いを帯び，かつ法的判断の正当化理由として重要性を増すのではないかと考えられる。現在の司法改革のひとつの大きなテーマが，裁判員の導入に見られるように，健全な市民的常識を反映する裁判の実現であることからも，専門訴訟が閉鎖的な専門性の壁に閉じ込められていくことは望ましくない。棚瀬（2001～2）は，裁判における社会科学の援用を，当事者そして広く国民のがわからの裁判における法形成への参加要求を担った働きかけと見る。日本の専門訴訟での専門領域からの異議申立ても，一種のそうした市民常識の一部である。裁判が全社会に妥当するものであるからこそ，当該専門分野においても妥当する判断が必要で，そのために専門的知見の導入が要求されているというのが現段階であると思われる。しかし，それを超えた市民レベルで通用する常識もあり，法の専門家である裁判官にはそうした市民常識を代表することも求められつづけるであろう。

　このように，医療事件を例にとっても，全体としては専門訴訟における訴訟手続の細分化という民事司法の大きな流れの中にあるといえるが，他方で訴訟実践においては，医師の協力要請と，それを回避した審理の追求という相反した対応が見られる。そして，そこで扱う専門的知見のあり方も，カンファレンス方式鑑定のように医療実践を取り込みつつ，口頭主義化が進められる一方で，従来型の書面主義に親和的な，証拠としての医学文献の尊重という異なる対応が見られる。改革はまだ緒についたばかりで，今後どのような方向に収束していくかを断じるのは早計であろう。しかし，現在みられるこれらの多様でかつ相反するとも思われる対応は，日本社会に浸透させるべきとされる近代裁判の枠組み強化と，専門訴訟において求められる新たなニーズや正義への対応が混在し，時にはせめぎあうために生じているとも考えられる。そこで，次節では，角度を変えて，専門訴訟をめぐる対応や議論を，訴訟に求められる形式と正当

性という観点から整理しなおし，若干の検討を加えたい。

Ⅳ——専門訴訟における正義

　日本で浸透させるべき「裁判」のあり方について，日本でもしばしば参照されるフラーの議論は1つの手がかりとなる（Fuller 1978）。フラーは，証拠を提出し，理由づけをともなう議論（reasoned argument）を行うという意味での参加を裁判特有の形式であるとする。また，そのために裁定者の中立性が必要となる。適正な裁判においては，裁定者の中立性，当事者の参加，そして理由づけをともなう議論が，要求される。[19]

　日本の裁判も，そうした形式を有するものの，その訴訟過程が，フラーの指摘するような条件を十分に達成できていないとの問題意識から，さまざまな批判や提言がなされてきた。とくに近年の手続保障論では，訴訟過程に当事者を主体的に参加させることの重要性が強調され，それ自体を民事訴訟の一次的目的として訴訟理論を構成する議論も有力に主張されてきている（たとえば井上1993）。また，実務でも，争点が定まらないまま書面交換をだらだら続けるいわゆる漂流型審理の問題性が認識され，審理の運営改善がなされている。口頭弁論や直接主義の実質化，早期に争点整理をし，集中証拠調べを行うことで，しまりのある迅速な手続を実現していこうという審理の充実，促進の動きである。民事訴訟法改正や，その後の民事司法改革，今回の民事訴訟法改正における計画審理などもこの流れに位置付けられ，専門訴訟への対応もその一部とされている。

　こうした日本の審理の充実促進，そして専門訴訟をめぐる動向は，裁判の形式論に則して次のように一応は整理できる。

　第1に，当事者の実質的な参加に関しては，それが公正な裁判の1つの条件であることについては争いがない。ただし，対審構造への参加は，アメリカでは真実発見のための最も有効な方法として支持されるのに対し，日本では参加＝真実発見という思考図式はあまりとられない。[20] また，対審構造での参加は，

個人の尊厳という価値実現よりも，当事者の満足や納得といった要素がしばしば言及され，逆にそれを実現するシステムとして対審構造が最適であるとの認識はやや薄い。それが参加のあり方にも影響しているように思われる。最近は，対審構造における参加よりも，手続が当事者に可視的で了解可能であるという意味での手続の透明性に焦点が当てられ，選択される手続や手続進行に対する当事者の同意という強いものよりも，当事者への十分な情報提供が重視される。専門訴訟の場合は，当事者の頭越しに専門的知見が裁判官にもたらされて判断に影響を与える危険性が高いため，手続の透明性がとくに重要となる。医療など専門的な事柄について当事者が決定に参加する際のインフォームド・コンセントをモデルとすれば，合意の部分よりも説明に重点がおかれており，またそれ自体が理由づけによる議論をなしているといえる。

　第2に，裁判官の中立性については，当事者から距離をとるというよりも，当事者を対等化して公平な判断を担保するという意味合いのものとして捉えられる。パターナリズムがその特徴とされ，その問題性が指摘されつつも，不偏性を維持する限り，当事者への働きかけはむしろ裁判の公正さを高めると一般に考えられている。当事者の手続保障を重視する手続保障論も，裁判官-当事者の垂直関係を弱めて，当事者間の水平関係を強化することを主張するが，それを実質化するために裁判官が関与することを否定するものではない。当事者と同じ目線で対論を活性化し，当事者をケアしていくことはむしろ推進されている。

　他方，専門訴訟においては裁判官の中立性に加えて関与する専門家の中立性・公平性の確保が重視される。それを実際にどうやって実現するかについては，協力する専門家の候補者を整備することで質を保つということのほかに，カンファレンス方式や複数鑑定のように，複数の専門家の関与によりその中立性や客観性を確保するという方法が提案されている。複数の専門家の討議により問題の所在を明確にし，推論過程を裁判官や当事者が把握できるようにすることは，理由づけを通じた議論を側面から支えることにもなる。

　第3に，真実発見の要請は，対審構造への参加に還元されないため，独立した要請として残る。専門訴訟の問題提起も，真実発見の要請が基礎にある。そして当事者の参加を通じてではなく，裁判官の補助者を通じて専門的知見を導

入することでそれを達成しようとする側面がある。

　このように，日本の審理の充実・促進，そして専門訴訟における審理の公正さを確保しようとする動向は，当事者の理由づけによる参加と中立的裁判官による判断という裁判の形式の中で理解することはできるが，それぞれが異なる含意を有し，その正当化の力が薄められることも否定できない。専門訴訟の場合はとくに，専門家の関与と，その専門性から，理由づけによる参加の実質がいっそう希薄になる。たとえば，カンファレンス方式の鑑定に対しては，専門家同士のやり取りに終始することで，当事者の参加の契機が失われる危険もある。また，理由づけも，当事者によるのではなく，専門家の理由づけに重点がシフトする。専門訴訟は，当然訴訟手続としての公正さを追求するものであるが，日本の審理充実のあり方の独自性に加え，専門的知見を要することから，フラーがいうような訴訟の枠組みにおさまりきらない要請にこたえる必要があり，それが手続の公正さを別の側面から強化しつつ，訴訟としての形式を弱めている面があるように思われる。

　そうした独自の座標軸を抽出する作業が必要であるが，ここではマショーが『官僚的正義』で示した公正な決定の3つのモデルを参考にしたい。マショーは，フラーの裁判の形式にあたる道徳的判断モデル（moral judgment）のほかに，決定過程の公正さを実現するモデルとして，官僚的合理性（bureaucratic rationality）モデル，専門家による治癒（professional treatment）モデルを提示している（Mashaw1983）。[21]

　マショーのモデルに即していえば，日本の裁判ではかねてから指摘されてきたように，訴訟の形式よりも，「官僚的合理性」が重視されてきたと言える。「官僚的合理性」モデルは，政策の正確で効率的かつ一貫した実現を公正さの指標とする。決定は事実に基づいた，技術的なものとなり，ヒエラルキー構造をもつ監視体制で，書面の内容に基づいて行われるとされる。審理促進の取組みも，この要請が基本にあり，専門訴訟も，専門家の関与により正確で迅速な決定を実現することを目的としており，この官僚的合理性の要請にこたえることをひとつの課題としている。

　しかし，審理の充実・促進の中身も，専門訴訟での専門家の関与のあり方も，

正確で効率的な決定を目指すということだけに還元できない質をもつことも確かである。そこで，参考になるのが，もう1つのモデルである，「専門家による治癒」モデルである。これは，専門的訓練や経験のある専門家による検討をへた決定にその正当性を見出す。公正さや正確さを，詳細な規制や証拠規則によるのではなく，専門家の知識と，真実を決定する能力によって確保するが，単純な科学志向，知識志向ではなく，医師患者関係にみられるような，人間関係，関係的なカウンセリング，また診断も，直感的な全体的な判断をともなう。その信頼関係も重要で，専門家の判断であるために，素人にはわかりにくいが，プロフェッショナリズムの理念に基づき，その規範に服することから正当化されるという。このモデルでは，「専門家の文化や規範を背後にもつ専門家の判断」であることと，「依頼者志向，ケア」という2つの質をもつことでその決定を望ましいものとしているものと理解できる。

このモデルは専門訴訟の公正さをめぐる動向に対しては二重の示唆を有しているように思われる。第1に，「専門家の治癒」で指摘される内容は，審理充実の動向において裁判官＝当事者，そして裁判官の判断に求められるものと符合する。最近の手続保障論でも，裁判官＝当事者に，医師＝患者のアナロジーで考えられるようなケアの要素を含む対論形成が推進されているし，裁判官の判断は全体的な判断であることにその望ましさが見出されてもいる。訴訟の形式の弱さを，こうした「専門家の治癒」により補完しているかにも思える。

そして，第2に，専門訴訟を，「科学訴訟」としてではなく，「専門家の協力」により解決する問題と把握することは，「官僚的合理性」よりも「専門家の治癒」に重点をおく側面があるといえる。専門訴訟では，もともとは専門家の関与により，より正確な判断を実現しようとしており，専門家はエキスパートとして専門的技術的な情報を訴訟に提供することにその役割を限定すべきと考えられていたと思われる。医療過誤訴訟で，鑑定が回避されるのも，そうした情報が利用できれば，それ以上に専門家の関与を必要とはしないと考えられているからである。しかし，医療との協力体制づくりを行う中で，カンファレンス方式鑑定のように医療文化をも取り込む形でことも不可避的に行われていくし，それによりはじめて専門分野に則して妥当な判断が下せるという側面もある。

医療過誤訴訟の審理改善の動きの中で，医療の協力体制づくりをする一方で，鑑定回避を求めていくという相反する動きが見られるのは，専門家の関与が必要ながら，専門家の協力をあおぐと単に専門情報を提供するだけのエキスパートにとどめておくことが困難であるということもその一因ではないだろうか。

それでは，こうした「専門家の治癒」は，専門訴訟における正義のあり方を高めるだろうか。マシューは3つのモデルがいずれも必要ながら競合して弱めあっていることを指摘しているが，日本の専門訴訟にも同様の問題がある。専門家の判断は，決定の正しさを担保する一方で，その不透明さが問題になり，これが受容されるには，その背景にある専門家文化とその規範への信頼が維持されている必要がある。現在の司法改革は，そういった法律家や医療といった専門家文化への疑問から生じている面もあり，このモデルは，現在の専門訴訟の動向を理解する上では有用であると思われるが，これに依拠して専門訴訟の公正さを完全に補完することはできないだろう。専門訴訟で達成すべき専門性の質，専門家文化がいかなるものかは今後さらに検討していく必要がある。

V──むすびにかえて

あらゆる分野で専門化がすすみ，専門的知見に基づく判断が求められていく一方で，健全な市民的常識を反映する判断が法に求められている。時には対立しうるこうした要請にいかに応えるかが専門訴訟の課題である。

専門訴訟は，今のところ訴訟手続の細分化によってこの課題に応えつつあるが，これは専門分野のある種の閉鎖性を是認するもののようにも思える。しかし，他方で裁判においてその専門分野の知を問い直すという側面もあり，裁判において専門分野を批判的に問い直し，よりオープンなものにしていく可能性もある。藤垣 (2003) は，専門主義と公共性を対置し，公共の空間で専門性を再構成することを提案するが，法的判断も同様に公共空間に位置づけてその専門性を問い直すことが必要となってきている。そうしたフォーラムとして，さまざまな社会的決定の場面を訴訟に取り込み，あるべき訴訟のあり方を再考す

ることが必要になろう。また専門分野をひとつの社会領域として、そこでの知の産出過程を批判的に捉え直す社会科学の知識をもつことも専門分野の理解の一助となろう。

そうした異分野の理解の橋渡しをすることが法社会学には求められていくだろう。本稿は問題の整理と指摘に終始したが、それらを今後の課題として確認し、むすびにかえたい。

1) フェルドマン (2004) は、医療過誤訴訟を専門訴訟とカテゴライズし、鑑定制度の改善をその改革の主眼とすることは、司法へのアクセスを拡充して医療事故の被害者救済を有効に行っていくことには結びついていないことを指摘する。筆者も同様の問題意識を共有するが、本稿では専門訴訟という問題の切り分けとその対応の範囲で目指される正義のあり方に着目する。
2) 司法制度改革審議会 (2001)。
3) たとえば司法研修所 (2000)。
4) 科学的証拠が基づいている原理や方法論の科学的妥当性を確認する基準として、検証可能性、ピア・レヴューと公表、誤差 (error rate)、一般的受容性の4つを提示した。Daubert判決とそれをめぐる議論については、渡辺 (1997)。
5) Kumho Tire Co. v. Carmichael,119S.Ct.1167 (1999).
6) Kumho判決はDaubertの基準を技術的な専門証言にも応用することを認めるものであり、その科学性が専門証言の許容性判断の軸になることには変わりない。
7) この点は、専門訴訟についての議論でも言及されているところである。たとえば笠井 (2002)、専門家の関与のあり方については、それぞれの専門性の種類に応じて個別に導入のあり方を検討すべきと指摘しているし、山本 (2000) も、事件類型により取り組むべき課題が異なることから専門訴訟の各論が必要不可欠であるという。
8) 以前の医療過誤訴訟では、過失や因果関係といった法的評価にかかわることを直接鑑定事項として問い、それに対する結論のみ記すような鑑定にそのまま依拠して判断するような判決も少なくなかった。しかし、判決においては、鑑定をひきながらも、独自に過失や因果関係を認定したような記述の仕方もされており、法的判断の独自性を否定するものではなかった。この点について、渡辺 (2001a, 2001b)。
9) 千葉県医事関係裁判運営委員会 (2003) 22頁。
10) 東京地方裁判所医療訴訟対策委員会 (2003) 43頁。
11) 2003年1月に実施され、医師からは時間的、精神的負担が小さいこと、裁判所からは心証がとりやすいとの感想が出ている。それに対し、原告側の代理人からは、事前準備ができず当事者の攻撃防御権が十分に保障できない点に批判がある一方、患者側の納得が得られるという評価もなされている。大谷ほか (2003) 49頁。
12) カンファレンス方式の鑑定について、現在のカンファレンス鑑定は、「カンファレンス

式の鑑定というよりは，まだカンファレンスに偏っている」との医師による評価がされている。座談会（2003a）45頁。
13) 鈴木（2003）。東京地方裁判所医療訴訟対策委員会（2003）によれば，医療集中部での鑑定実施率は平成13年4月1日から平成14年9月30日までの既済事件の7％，未済事件の4％で，平成14年の全国データにおける27.8％に比べて非常に低い数値である。大阪地裁でも，平成13年4月1日から平成15年3月31日までに既済となった事件の1.6％，未済事件の3.3％である。大阪地方裁判所専門訴訟事件検討委員会（2003）。
14) その背後には，専門調停の利用による争点整理の活用も指摘されるものの，その割合もさほど高くはない。東京地方裁判所医療訴訟対策委員会（2003）42頁。
15) 座談会（2003b）23頁。
16) 座談会（2003a）32頁。
17) 伊藤（2003）15頁。
18) 東京や大阪では弁護士がわの専門化が組織的に進んでいることもそれを支える大きな要因と考えられる。
19) 田中（2003）の，手続的正義の内容とする，①第三者の中立性，公平性，②当事者の対等化と公正な機会を保障する手続的公正，③第三者および当事者に対し理由づけられた議論と決定を要請する手続的合理性という整理も，これにほぼ対応している。
20) 訴訟における真実発見のあり方をめぐる大陸法と英米法の思考の相違について，Damaška（1997）。なお，Damaškaも，近年の事実認定の科学化，専門家の意見への依存の高まりは，双方の法体系に共通の課題であり，これまでの証拠法の枠組みに大きな変容をせまり，リーガルプロセスの細分化が進むことを指摘している。
21) 社会保障行政における，障害者に対する補助金給付決定を素材に，その決定過程の公正さを決めるメルクマールとして提示したものである。

〔引用文献〕

千葉県医事関係裁判運営委員会（2003）「第3回定例会——医事関係裁判複数鑑定の手引き——」判例タイムズ1120号22頁.

Damaška,M.（1997）*EVIDENCE LAW ADRIFT*（Yale University Press）.

フェルドマン・E.（2004）「司法制度改革と医療過誤訴訟」（須網隆夫訳）法律時報76巻2号16頁.

藤垣裕子（2003）『専門知と公共性』東京大学出版会.

Fuller,L.（1978） The Forms and Limits of Adjudication, 92*Harv.L.Rev.*353.

井上治典（1993）『民事手続論』有斐閣.

伊藤眞（2003）「専門訴訟の行方」判例タイムズ1124号4頁.

笠井正俊（2002）「医療関係など専門訴訟への対応」Causa2号49頁.

Mashaw,J.（1983）*BUREAUCRATIC JUSTICE:Managing Social Security Disability*

Claims.（Yale University Press）.
大阪地方裁判所専門訴訟事件検討委員会（2003）「大阪地方裁判所医事事件集中部発足2年を振り返って」判例タイムズ1119号65頁.
大谷禎男ほか（2003）「東京地裁医療集中部における訴訟運営に関する協議会」判例タイムズ1119号33頁.
佐藤鉄男（2001）「裁判と専門的知見——専門訴訟で問われる裁判所のスタンス」法学セミナー561号106頁.
司法研修所（2000）『専門的な知見を必要とする民事訴訟の運営』.
司法制度改革審議会（2001）意見書.
鈴木利廣（2003）「患者側弁護士からみた司法制度改革」医療事故情報センター総会記念シンポジウム『岐路に立つ医療過誤訴訟』3頁.
高橋裕（2000）「司法改革におけるADRの位置」法と政治51巻1号363頁.
田中成明（2003）「手続的正義からみた民事裁判の在り方について」法曹時報55巻5号1263頁.
棚瀬孝雄（2001〜2）「裁判における社会科学の利用（上）（下）」法曹時報53巻12号1頁（2001年），54巻1号1頁（2002年）.
東京地方裁判所医療訴訟対策委員会（2003）「東京地裁医療集中部における医療訴訟の実情について」判例タイムズ1105号43頁.
渡辺千原（1997）「事実認定における『科学』」民商法雑誌116巻3号19頁，116巻4=5号189頁.
── （2001a）「医事鑑定の語るもの」棚瀬孝雄編『法の言説分析』ミネルヴァ書房.
── （2001b）「医療過誤訴訟と医学的知識」立命館法学271=272号1172頁.
山本和彦（2000）「専門訴訟の課題と展望」司法研修所論集105号37頁.
座談会（2003a）「医療訴訟と専門情報②」判例タイムズ1121号21頁.
── （2003b）「医療訴訟における鑑定人への情報提供のあり方」判例タイムズ1128号12頁.

民事裁判の時間的費用と金銭的費用
――市民による評価の予備的調査結果から――

太田勝造

I ―― はじめに

　民事裁判については，決まり文句のように「時間と費用がかかりすぎる」といわれる。しかし，少なくとも民事裁判の審理期間についてみれば，地方裁判所第一審民事訴訟事件全体の平均審理期間が9か月程度であり，巷間想定されているほどは長くないと思われるし，比較法的にも決して日本の民事裁判は長いわけではないといえる。とはいえ，決まり文句に反映されている国民感情においては，やはり裁判とは時間と費用がかかるものであろう。司法制度改革審議会の最終報告書である『司法制度改革審議会意見書：21世紀の日本を支える司法制度』（平成13年6月12日）においても，「事実関係に争いがあることなどから証人尋問など人証調べを行った事件の平均審理期間について見ると，20.5か月（平成11年）に及んでいる。国民の期待に応えるためには，なお一層の審理の充実を図り，民事訴訟事件全体（人証調べ事件に限る）の審理期間（平成11年で20.5か月）をおおむね半減することを目標」とするとされている。

　このように，民事裁判の時間的費用や金銭的費用の問題は政策課題として重視されているにもかかわらず，人々が具体的な紛争において具体的な民事裁判（および裁判外紛争解決制度）にかかる具体的な時間的費用・金銭的費用を実際にはどのように評価しているのか，民事裁判や紛争解決手続の金銭的費用として

どの程度を適正額と評価しているのか，民事裁判や紛争解決手続の時間的費用としてどの程度を適正期間として評価するのか，そもそも，金銭的費用がいくら以上なら，あるいは，時間的費用がどの程度以上なら，民事裁判や紛争解決制度の利用を思いとどまるようになるのか，等についての実証的研究はほとんどないといえよう。

本稿は，「時間と費用がかかりすぎる」と言われる民事裁判について，その時間的費用と金銭的費用を市民がどのように評価しているかを実証的に調査するための予備的研究の結果を報告するものである。この予備的調査は，村山眞維千葉大学教授，濱野亮立教大学教授，それに筆者の3名の共同研究として行われた質問票調査（以下，村山・濱野・太田調査と呼ぶ）である。村山教授と濱野教授の了承の下，質問票の中の筆者が構成した質問部分の分析結果を報告する。

村山・濱野・太田調査は，2001年の7月10日（火）から同年7月24日（火）にかけて，『社団法人・輿論科学協会』を調査実施機関として，東京都内全域から5つの調査地点を抽出して行った。具体的には，都市中心部と近郊地域の別，住宅地域，市街地，商業地の別，東部地区と西部地区の別，などを考慮して，新宿区，世田谷区，板橋区，江戸川区，西東京市を選定した。これら各調査地点から標本を80件ずつ蒐集して行われた。標本抽出方法は割当法（quota sampling）の手法によってなされている。具体的には，該当する地域の中で5軒おきに世帯を抽出し，標本世帯から20歳以上の個人1人を調査対象として抽出した。各調査地点ごとに，性別年代別の構成比が母集団（東京都内）の構成に一致するように標本数を割り当てて調査をした。

調査票には4ヴァージョンがあり，それらが各調査地点でランダムに配布され，訪問留置法を用いて，それぞれ100標本ずつ蒐集された。したがって，各調査地点からは各ヴァージョン20標本の合計80標本が蒐集されている。

訪問総数は3,291件であるが，調査依頼時に留守・不在が1,551件あり，これは除外するべきであるから，有効訪問総数は，1,740件である。有効に調査が完了した件数は上記のように400件であり，その差である1,340件は，調査拒否，無効回答，および，調査対象として適格な性・年代の者がいない（すでに完了した性・年代の者しかいない）場合である。これらをすべて有効訪問数とすれば，回

収率は23.0％となる。ただし，訪問先に調査対象として適格な性・年代の者がいない場合としてわかっている725件を無効訪問として除けば，有効訪問件数は1,015件となり，その場合の回収率は39.4％となる。

なお，質問票の調製に際しては，プリテストを各ヴァージョンごとに20サンプル，合計80サンプルを蒐集して2001年春に行い，質問票の彫琢を行った。

II――少額訴訟と裁判外紛争解決制度での費用評価

民事裁判には費用がかかりすぎる，という決まり文句はあるが，民事裁判には，30万円以下の金銭請求を対象とする少額訴訟手続から，国際訴訟や特許訴訟など数百億円を超える請求の裁判まである。民事裁判には費用がかかりすぎるか否か，という一般的抽象的な問題設定をしても意味に乏しいであろう。紛争の規模や紛争類型ごとに，費用に対する人々の評価は大きく異なっているのではないかと予想される。とはいえ，多種多様な紛争類型についてすべて，および，種々の規模の紛争についてすべての場合を尽くして，人々が民事裁判をはじめとする紛争解決制度の費用をどのように評価しているかを調査することは不可能である。

そこで予備的調査である村山・濱野・太田調査においては，少額訴訟と各種の裁判外紛争解決手続とを，手数料金ならびに総費用の観点から研究することにした。紛争類型とその規模の点では，30万円以下の金銭請求で消費者紛争，すなわち少額訴訟手続の対象となる消費者紛争の類型に差し当たり絞って，人々のコスト意識を調査することにした。

質問の設計としては，いわゆるシナリオ・スタディ（ヴィニエッタ・スタディ）の手法を採用し，具体的紛争事例を回答者に示し，尺度を用いて回答者のコスト評価を聞いた。ヴァージョン分けは，少額訴訟手続，民事調停手続，裁判外の紛争解決センター（弁護士会の紛争解決センター），および弁護士による法律相談である。

具体的な事例は次のような大型テレビの故障事例である。

「30万円で大型テレビ（ヴィデオ，衛星放送チューナー内蔵）を購入したところ，6か月で故障して映らなくなってしまいました。修理や取替えを要求しても，保証期間内にもかかわらず販売店もメーカーも相手にしてくれません。」

少額訴訟手続ヴァージョンでは，続けて「契約を解除して代金の返還を求めました。代金も返してくれないので，販売店とメーカーを相手に，原則一回の審理で決着をつけてくれる簡易裁判所の少額訴訟手続を申し立てました。この30万円の請求の申立てに際して，申立手数料を裁判所に3千円支払いました」と，現状に相当する3千円の手数料を設定してある。民事調停手続ヴァージョンでは，事例説明に続けて「契約を解除して代金の返還を求めました。代金も返してくれないので，販売店とメーカーを相手に，簡易裁判所の民事調停手続を申し立てました。この30万円の調停の申立てに際して，申立手数料を裁判所に1,800円支払いました」と，料金を現状に相当する1,800円に設定してある。弁護士会の紛争解決センター・ヴァージョンでは，事例説明に続けて「契約を解除して代金の返還を求めました。代金も返してくれないので，販売店とメーカーを相手に，弁護士会の紛争解決センターに申立てをしました。この30万円の請求の申立てに際して，申立手数料を1万円支払いました」と，現状の弁護士会の紛争解決センターの料金を参考として1万円に設定してある。弁護士による法律相談ヴァージョンでは，事例説明に続けて「電話帳で調べた弁護士に電話をかけて聞こうとしたところ，事務所に来て法律相談を受けるように言われました。弁護士は，法律相談の料金は30分あたり5千円です，と言いました」と，2004年3月まで有効であった日本弁護士連合会の「報酬等基準規程」を参考として30分5千円の料金に設定してある。

1 手数料金は高いか，安いか，適正額はいくらか

まず，民事裁判をはじめとする紛争解決手続の利用手数料を人々がどのように評価しているかを調べた。具体的には，1. 安い，2. どちらかといえば安い，3. どちらとも言えない，4. どちらかといえば高い，5. 高い，の5段階の尺度評価から選択する形で回答をしてもらった。

その結果は，尺度の平均値を取って見ると，少額訴訟手続ヴァージョン（料金3千円）で2.52，民事調停手続ヴァージョン（料金1,800円）で2.45。弁護士会の紛争解決センター・ヴァージョン（料金1万円）で3.01。弁護士による法律相談ヴァージョン（30分5千円）で3.76となっている。3が「どちらとも言えない」であるから，法律相談は割高と評価され（1サンプルのt-検定で有意に3と差），弁護士会紛争解決センターはどちらとも言えないと評価され（1サンプルのt-検定で3と有意差がない），少額訴訟と民事調停は割安と評価され（1サンプルのt-検定で有意に3と差），ヴァージョンによって評価が分かれた。事実，分散分析によれば5％検定で統計的に有意であり，チューキーの多重比較によれば，やはり5％検定で，法律相談ヴァージョンからなるサブ・グループ，弁護士会紛争解決センター・ヴァージョンからなるサブ・グループ，および少額訴訟ヴァージョンと民事調停ヴァージョンからなるサブ・グループと，3つのサブ・グループが形成されている（本稿の以下の統計分析はすべて5％検定である）。手続の申立手数料としては，請求金額30万円の3％程度の1万円を適当な額と評価していると解釈することができるかもしれない。もちろん，手続内容の相異の影響も存在するはずであるから，民事訴訟やADRの手数料一般について3％程度が適正手数料であると評価されると一般化することはできないであろう。

　そこで，直截に「あなたが適正であると思う額を教えて下さい」と適正額を尋ねてみた。回答額の単純平均を取ると，少額訴訟手続ヴァージョン（料金3千円）で6,200円，民事調停手続ヴァージョン（料金1,800円）で7千円と，与えられた料金よりも適正額の方が高くなっている（1サンプルのt-検定）。割安感があるという先の結果と一致する。これに対し，弁護士会の紛争解決センター・ヴァージョン（料金1万円）では1万5,800円と，与えられた料金よりも適正額の方が高くなっているように見えるが，1サンプルのt-検定では有意差が生じないので，先の結果と同様にまさに「どちらとも言えない」という評価となる。弁護士による法律相談ヴァージョン（30分5千円）の場合は，3,400円と与えられた額より低くなっており，これは1サンプルのt-検定で有意な差である。よって，法律相談の料金には割高感があるという先の結果とやはり一致する。

　とはいえ，適正と思う額を自由に記載してもらうこのような質問での平均値

は，特異な回答による影響を受けやすい。そこで，係争利益30万円より多額の料金を支払うという回答は非合理であると看なしうるとして，30万円以下の回答に絞って平均を取ってみた。すると，法律相談30分3,400円，少額訴訟手続6,200円，弁護士会紛争解決センター1万0,300円，民事調停手続7千円となった。結局，弁護士会紛争解決センターでのみ変化が生じている。すなわち，非合理回答の排除によって弁護士会の紛争解決センター・ヴァージョンでは適正額平均値が低下してほぼ現実の料金と一致する結果となった。

　このように，弁護士の法律相談については割高感が見られる反面，その他の紛争解決制度については，料金的に割安ないし適正と評価されているという結果になった。弁護士による法律相談という専門家からの情報提供の価値はあまり高く評価されていないと解釈できるかもしれない。他方，少額訴訟手続ヴァージョンと民事調停手続ヴァージョンでの適正額平均値が比較的近く，かつ，それが弁護士会紛争解決センター・ヴァージョンの1万円という最初の質問から出てくる「適正額」よりも低いのは，現状の額として与えられたそれぞれ3千円および1,800円がアンカー効果（繋留効果）やフレーミング効果を与えたのかもしれない。

2　紛争解決の総費用

　ここまでで回答者に提示された内容は，紛争解決へ向けて申立てがなされ手数料金を支払うまでであった。しかし，民事裁判をはじめとする紛争解決制度の金銭的費用評価は，紛争が何らかの形で解決するという結果にまで至って初めて意味のある評価ができるであろう。また，金銭的費用としては申立手数料のみならず，書籍・資料などを購入する費用や代理人を雇う費用，さらには機会費用などの全部を合計した金額であろう。そこで，回答者にはさらに紛争解決まで至った旨ならびに，追加的に必要となった費用を合わせた紛争解決等の総費用を示した。その上で，金銭的総費用は高いか安いかの評価を尋ねた。

　具体的には，少額訴訟手続ヴァージョン（料金3千円）では，「少額裁判を申し立てて1か月後に審理が開かれ，裁判官の斡旋で，相手方が無償で修理するとの和解を締結して問題は解決しました。この裁判のための準備で，あなたはコ

ピー代や少額裁判の起こし方の本の購入，さらには，半日仕事を休むなど，申立手数料のほかに合計すると1万円相当分のコストがかかったと思っています。したがって，この事件の解決のために，全部で1万3千円かかったことになります。」との内容（総費用1万3千円）を示した。民事調停手続ヴァージョン（料金1,800円）では，「調停を申し立てて1か月後に審理が開かれ，裁判所のあっせんで，相手方が無償で修理するとの和解を締結して問題は解決しました。この裁判のための準備で，あなたはコピー代や民事調停の起こし方の本の購入，さらには，半日仕事を休むなど，申立手数料のほかに合計すると1万円相当分のコストがかかったと思っています。したがって，この事件の解決のために，全部で1万1,800円かかったことになります。」との内容（総費用1万1,800円）を示した。弁護士会の紛争解決センター・ヴァージョン（料金1万円）では，「弁護士会の紛争解決センターに申立てをして1か月後に審理が開かれ，担当弁護士の斡旋で，相手方が無償で修理するとの和解を締結して問題は解決しました。紛争が解決したときの手数料として6千円を弁護士会の紛争解決センターに支払いました。この審理のための準備で，あなたはコピー代や弁護士会紛争解決センターの利用の仕方の本の購入，さらには，半日仕事を休むなど，申立手数料のほかに合計すると1万円相当分のコストがかかったと思っています。したがって，この事件の解決のために，全部で2万6千円かかったことになります。」との内容（総費用2万6千円）を示した。弁護士による法律相談ヴァージョン（30分5千円）では「弁護士事務所を訪れての相談は1時間で終わり，この事件での法律上の権利義務の関係がよく分かりました。あなたは，法律相談料として合計1万円を支払いました」との内容（総費用1万円）を示した。以上のように事例として与えた総費用は基本的に1万円に統一してある。この程度の紛争で，このような紛争解決制度を利用する際に通常予想される出費を予測して作成したものである。なお，弁護士会紛争解決センターの場合は，現状の制度を参考として，紛争解決手数料（一種の成功報酬）の6千円を付加してある。したがって，手続ごとの金銭的総費用の差は，手続ごとに予想される合理的費用を考慮した結果であるように設計した。

　その上で，II—1と同様に5段階尺度で，高いと思うか，安いと思うかを尋

ねた。その回答平均値は，少額訴訟手続ヴァージョン（総費用1万3千円）で3.10，民事調停手続ヴァージョン（総費用1万1,800円）で3.12，弁護士会の紛争解決センター・ヴァージョン（総費用2万6千円）で3.33，弁護士による法律相談ヴァージョン（総費用1万円）で3.79となった。「どちらとも言えない」の3との1サンプルのt-検定で有意となったのは，弁護士会の紛争解決センター・ヴァージョンと弁護士による法律相談ヴァージョンの2つのみであった。

与えられた金銭的総費用の評価として，少額訴訟と民事調停は適正であるとの評価がなされたといえよう。他方，弁護士会の紛争解決センターでは，金銭的総費用の割高感が生じているといえよう。本問のような少額紛争の解決のための金銭的費用として市民は，制度利用の手数料以外にはあまり予測していないと解釈できるかもしれない。あるいは，より単純に，手続手数料とその他の費用の区別をすることなく，30万円程度の少額消費者紛争の解決のための総費用として3％程度の1万円程度を適切なレヴェルであると評価していると見るべきかも知れない。なお，弁護士による法律相談では，総費用1万円でも割高と評価していることになる。

3 紛争解決のための費用支払上限額

「裁判などすると費用倒れになるから裁判を起こせない」という決まり文句をしばしば耳にする。民事裁判の金銭的総費用のために裁判へのアクセスが阻害されていると主張されることも多い。では，人々が裁判をはじめとする紛争解決制度の利用を諦めるようになる分岐点はどのくらいの額なのであろうか。その分岐点の額は紛争解決手続によって異なるのであろうか。これらの問題についても予備的な情報を得るため，この大型テレビの事案では，さらに，「この事件の解決のためなら，あなたは全部でいくらまでなら支払っても構わないと思いますか（その額以上であったならあきらめて放置するであろう上限額です）」との質問をした。これは経済分析において，支払意欲額（WTP: willingness to pay）ないし支払上限額と呼ばれる概念を応用した調査である。

その回答平均値は，少額訴訟手続ヴァージョン（総費用1万3千円）で2万1,100円（請求額の7.0％），民事調停手続ヴァージョン（総費用1万1,800円）で2万7,200

円（請求額の9.1％），弁護士会の紛争解決センター・ヴァージョン（総費用2万6千円）で3万3,100円（請求額の11.0％），弁護士による法律相談ヴァージョン（総費用1万円）で1万2,500円（請求額の4.2％）となった。

ただし，本問のような，自由に額を記載する質問の回答を単純平均するのでは特異な回答をした者の影響を蒙るおそれがある。そこで，係争利益の30万円を超えて費用をかけるという判断は非合理であるとみなせるので，30万円を上限としてそれ以下の回答者のみの平均を取った。すると，弁護士会の紛争解決センター・ヴァージョン（総費用2万6千円）でのみ変化が生じ，2万2,400円（請求額の7.5％）と下がった。よって，法律相談を除けば，紛争解決手続利用を諦めるか否かの分岐点は，係争利益（請求額）30万円のせいぜい1割程度であるとの結果である。

事例として与えられた総費用と費用支払上限額との間に差が生じているかを検定すると（1サンプルのt-検定），少額訴訟手続ヴァージョン（総費用1万3千円）における2万1,100円と民事調停手続ヴァージョン（総費用1万1,800円）における2万7,200円とでのみ有意な差があった。弁護士会の紛争解決センター・ヴァージョン（総費用2万6千円）で22,400円（請求額の7.5％）では有意差が生じない。これらのことから，請求額30万円の7％から10％に相当する2万円から3万円が，手続によらず費用上限額ととらえられていることになる。

なお，弁護士による法律相談ヴァージョン（総費用1万円）で1万2,500円でも有意差が生じていないが，これだけ最終的な紛争解決に至っていないヴァージョンであるので比較できないであろう。そこで，弁護士による法律相談ヴァージョンを除く3ヴァージョンの間で費用支払上限額に差が生じているかを分散分析で検定したところ，有意差は見出されなかった。

以上から，人々が裁判をはじめとする紛争解決制度の利用を諦めるようになる分岐点は30万円の係争額の7％から10％程度の2万円から3万円であり，かつ，その分岐点の額は紛争解決手続によっては異ならないようであることがわかる。そして，少額訴訟手続や民事調停手続での通常の費用を想定すれば，それらの利用はペイするものであると評価されていることになる。弁護士会の紛争解決センターの場合は，手続利用の損益分岐点ぎりぎりであることになる。

Ⅲ——通常民事事件における時間的費用と金銭的費用

　裁判には費用がかかりすぎる，とか，裁判には時間がかかりすぎる，というとき，通常は，地方裁判所を第一審とする民事通常事件における，弁護士報酬を含む総費用や提訴から紛争解決までの期間についての言明であるのが通常である。前記Ⅱは少額訴訟手続の対象程度の少額消費者紛争についてみたので，次に民事通常事件を題材とすることにした。前記Ⅱと類似の手法によって，通常の民事訴訟における時間的費用と金銭的費用に対する人々の評価を調査した。
　民事訴訟の金銭的総費用と時間的費用（期間）との間には，いかなる関係があるかがここでの課題である。金銭的費用と時間的費用との間に考えられる関係で最も単純な仮説は，両者の間に線形の関係があるとするものである。金銭的費用と時間的費用の総和が紛争解決の総費用となるので，紛争解決手続の「価値」を一定と仮定すれば，「手続価値マイナス総費用」がプラスとなるかマイナスとなるかが，紛争解決制度利用の分岐点となる。したがって，手続価値を固定（民事訴訟に固定）した場合，金銭的総費用が一定なら，紛争解決までの手続の時間が長いほど当該手続はペイしない，すなわち割高であると人々は見るようになるであろう。逆に紛争解決までの手続の時間が一定なら，金銭的総費用が高くなるほど当該手続はペイしない，すなわち割高であると人々は見るようになるであろう。
　これとある意味で対照的な仮説としては，手続の時間が手続の「質」を反映しており，「手続価値」に影響を与える，というものである。たとえば，手続が速ければ速いほど「質」が高いと思うのであれば，手続にかかる時間が長くなるほど割高であると人々は評価するようになるであろう。逆に手続にじっくり時間をかけた方が「質」が高いと思うのであれば，手続にかかる時間が長くなるほど割安であると評価するようになるであろう。
　さらに，上記の仮説群のように，手続価値，手続時間，手続総費用の間に線形の関係を前提としない仮説も考えられる。たとえば，手続時間と手続価値の

関係について，あまりに早く解決するならば，裁判などなくても解決したはずだと人々は思うかもしれず，そうであれば同じ総費用額であれば手続時間が短いほど割高と思うようになるであろう。そして，ある程度時間をかけた手続の方が充実した審理をして難しい案件を解決したものであると評価され，同じ総費用額であればある程度時間のかかる手続の方を割安に思うようになるかもしれない。とはいえ，あまりに手続期間が長くなると，冗長で長すぎる手続であると手続価値が低く評価されるようになり，やはり同じ総費用額であれば，手続が長引くに従って割高であると感じられるようになるかもしれない。このような非線形の関係が存在する場合には，民事訴訟という紛争解決手続の「価値」は，かかった時間的費用との関係では，短かすぎれば価値が小さく，ある程度の期間をかけたときに最大の価値と評価され，それを超えて時間がかかると長すぎてしまうことで価値が下がってゆく，という「上がってピークに達しそれ以降は下がる」という関係にあることになる。これを「手続価値の山型仮説」と呼ぶことにしよう。

　これらの仮説に対する示唆を受けるため，人々が日常的に遭遇しうる紛争で，かつ，地方裁判所を第一審とする民事裁判となりうる事件を設定して質問した。具体的には，次のような「けんかのトラブル」の事例を使用した。

> 「あなたの近い親戚のＡ夫さんは，会社員Ｂ男さんと地下鉄駅の改札口でぶつかりそうになったことから，けんかになり，一方的に殴られて大けがをさせられました。原因はＢ男さんが改札の出口から無理に出ようとしたためでした。ところが，Ｂ男さんは，悪いのはＡ夫だと言い張り，謝罪も弁償もしようとしません。そこでＡ夫さんは弁護士に依頼して，Ｂ男さんを裁判に訴え，治療費と慰謝料の合計300万円を要求しました。裁判は〇〇〇かかって200万円の勝訴判決を受けることができました。Ｂ男さんはまもなく200万円をＡ夫さんに支払いました。弁護士費用と訴訟費用などで合計50万円の費用がかかりました。」

　ヴァージョン操作は，上の事例中の〇〇〇の部分に3か月を入れたもの，1年間を入れたもの，2年間を入れたもの，および，3年間を入れたものの4つである。すなわち，事案は訴訟にかかった期間のみ操作したものである。また，ぺ

イパー判決とか執行の有無等の問題を回避するために，判決後被告が判決内容どおりにまもなく履行したことにしてある。よって，操作内容は厳密には提訴から紛争解決（判決内容実現）までの期間の操作である。それぞれ，3か月ヴァージョン，1年ヴァージョン，2年ヴァージョン，および，3年ヴァージョンと呼ぶことにする。

1 訴訟の金銭的総費用の評価

けんかのトラブルというこの民事訴訟にかかった金銭的総費用（弁護士報酬と訴訟費用など）は，全ヴァージョンで統一して50万円であるとしている。これは，現状の提訴手数料や弁護士会の基準等を元に設定した額である。この金銭的総費用の値ごろ感を聞いた。先のⅡ—*1*やⅡ—*2*と同じように，「1. 安い」から「5. 高い」までの5段階の尺度で回答をしてもらった。

回答のヴァージョンごとの単純平均は，3か月ヴァージョンが3.85，1年ヴァージョンが3.62，2年ヴァージョンが3.72，3年ヴァージョンが3.81となっている。1サンプルのt-検定でいずれも「3. どちらとも言えない」より有意に大きい。50万円の金銭的総費用の割高感はすべてのヴァージョンで見られる。

平均値を見ると割高感は，3か月ヴァージョンで最も高く，1年ヴァージョンで一番小さく，2年ヴァージョンで上昇し，3年ヴァージョンでは3か月ヴァージョンに近くなっているように見える。これは「手続価値の山型仮説」と整合的な結果であるように思われる。

しかしながら，一元配置分散分析ではヴァージョン間に有意な差が生じていない。したがって，上の結果は「手続価値の山型仮説」を支持するものと考えることはできない。ただし，ヴァージョンの月数を独立変数，本問への回答を従属変数として，回帰分析で曲線推定を行うと，線形回帰ではR-squareがほぼゼロであるのに対し，二次曲線回帰の方がわずかではあるがR-squareが上昇し，係数からは曲線の谷底が19か月程度となることが示される。とはいえ，R-squareは0.017程度しかない。せいぜい，ヒューリスティクな価値があり，「手続価値の山型仮説」について，今後のさらに精緻で大規模な調査へのヒントが得られたと見るのが限度であろう。

2 紛争解決手続への費用支払上限額

もしも,「手続価値の山型仮説」がなりたつなら,この民事訴訟のための総費用として支払っても構わないと思う上限額と,かかった時間的費用(紛争解決までの期間)との間にも非線形関係が見られるはずである。そこで,「あなたがA夫さんの立場だったら,この紛争の解決のための総費用として,いくらまでなら支払っても構わないと思いますか。(その額以上であったなら裁判を諦めて放置するであろう上限額です)」と聞いてみた。

回答の金額を単純平均すると,3か月ヴァージョンで37万6,000円,1年ヴァージョンで45万4,200円,2年ヴァージョンで39万3,900円,3年ヴァージョンで31万2,200円である。支払上限額は,この民事訴訟に対して評価する価値の見積りであると解釈できるので,費用支払上限額が3か月ヴァージョンで低く,1年ヴァージョンで最高を示し,2年ヴァージョンで減少し,3年ヴァージョンでさらに減少していることは,「手続価値の山型仮説」を支持しているように見える。

しかし,本問のように金額を自由に記載してもらう質問への回答の平均値は,特異な回答の影響を受ける危険がある。そこで,訴訟の収支が赤字とならない200万円以内の費用上限額に限定して分析することにする。なぜなら,200万円の勝訴判決を得たことが示されているのであるから,それ以上の費用支払上限額は非合理となるからである。その結果,3か月ヴァージョンで29万6,400円,1年ヴァージョンで42万5,600円,2年ヴァージョンで36万3,200円,3年ヴァージョンで31万2,200円となる。これに一元配置分散分析を施した結果は統計的に有意となる。また,ヴァージョンの月数を独立変数,本問への回答を従属変数として,回帰分析で曲線推定を行うと,線形回帰ではR-squareがほとんどゼロであるのに対し,2次曲線回帰の方がわずかではあるがR-squareが上昇し,係数からは曲線の山頂が19か月程度となることが示される。とはいえ,R-squareは0.019でしかない。せいぜい,ヒューリスティクな価値があり,「手続価値の山型仮説」について,今後のさらに精緻で大規模な調査へのヒントが得られたと見るのが限度であろう。

民事裁判の時間的費用と金銭的費用

3 審理期間の評価と最長審理期間

　50万円かけて300万円の請求で200万円の勝訴判決を得て紛争解決したこの訴訟の審理期間の評価はどうであろうか。4つのヴァージョンの審理期間はそれぞれ3か月，1年，2年，3年である。それぞれで「あなたは，この裁判にかかった○○を長いと思いますか，短いと思いますか」と尋ね，「1．短い」から「3．どちらとも言えない」を経て「5．長い」までの5段階尺度で回答してもらった。

　その結果は，3か月ヴァージョンで4.01，1年ヴァージョンで4.58，2年ヴァージョンで4.64，3年ヴァージョンで4.72と，すべてのヴァージョンで「4．どちらかといえば長い」から「5．長い」であった（「3．どちらとも言えない」と有意に差が生じている）。回答者が「手続価値」と審理期間のみを比較しているのであれば，3か月ヴァージョンは3より小さく，1年ヴァージョンや2年ヴァージョンは3の前後，3年ヴァージョンは3より大きくなるはずであるが，現実にはどれも4以上である。もしも，人々が「手続価値」に対して，金銭的費用と時間的費用の総和である手続総費用を比較しているのであれば，上記Ⅲ—**1**で見たように金銭的費用50万円がすでに手続価値を凌駕しているので，審理期間の評価も3より大きくなることは理解できることになる。

　ヴァージョン間の差については，等分散の仮定が不成立だったので，等分散を前提としない分散分析で検定したところ，3か月ヴァージョンのみ区別された。上記Ⅲ—**1**やⅢ—**2**において統計上は十分な支持を得られていないにせよ，ヒューリスティックには示唆された「手続価値の山型仮説」によれば，1年半程度（19か月）が手続価値の最大値であった。金銭的費用50万円は全ヴァージョンで固定であるから，手続総費用の変化は，審理期間にほぼ比例して単調増加のはずである。手続価値の方は19か月までは増加，それから先は減少であるから，「手続価値マイナス手続総費用」の絶対値は，1年半程度までは比較的小さく，それ以降は大きくなると予測される。この結果「手続価値の山型仮説」からの理論的予測としては，3か月ヴァージョンと1年ヴァージョンでは「3．どちらとも言えない」から「4．どちらかといえば長い」，2年ヴァージョンと3年ヴァージョンでは「4．どちらかといえば長い」から「5．長い」との評価にな

ると期待される。これに対し，現実のデータは，3か月の4.01に対して，1年以降で4.6から4.7となって区別されているので，若干平仄が合わないことになる。とはいえ，単純に審理期間は短ければ短いほど良い，というものでもないようである。むしろ，一定の閾値を超えると後は「長さ」の点であまり区別がなくなると見るべきかも知れない。

次に我慢できる最長審理期間を尋ねた。具体的には，「あなたがＡ夫さんの立場だったら，この300万円の請求訴訟の審理期間がどのくらい以下なら裁判をしてもよいと思いますか。(それ以上長くかかるなら裁判を諦めて放置するであろう上限の期間です)」との質問に，自由に記載してもらった。

その結果は，単純平均値で，3か月事例4.4月，1年事例7.2月，2年事例12.2月，および，3年事例10.8月であった。しかし，自由記載であるので，これも単純平均は特異な回答の影響を蒙るおそれがある。そこで，すべてのヴァージョンで「長い」という評価が主流であったので，事例の中の最長の3年以内に限定したデータで見た。すると，3か月事例4.4月，1年事例7.2月，2年事例9.9月，および，3年事例10.8月となった。つまり，2年事例に特異回答が存在した。我慢できる最長審理期間は，3か月ヴァージョンでは事例の3か月より有意に長かったが，その他のヴァージョンでは事例で与えた審理期間よりも有意に短くなった。手続総費用が金銭的費用と時間的費用の総和であるとすれば，金銭的費用50万円はすでに高すぎると評価されているので，3か月ヴァージョンの最長審理期間が設定の3か月より長くなる点は平仄が合わなくなるが，他の3ヴァージョンで事例設定の審理期間よりも最長審理期間が短く評価されていることは理解できることになる。

このデータでヴァージョン間の比較を分散分析で行うと，3か月ヴァージョンからなるサブ・グループと，1年ヴァージョンからなるサブ・グループと，2年ヴァージョンと3年ヴァージョンからなるサブ・グループの3つに区別された。4つのヴァージョンでの唯一の差異は審理期間であるから，本来なら最長審理期間は同一のはずである。しかしデータからは，3か月ヴァージョンから1年ヴァージョン，そして2年ヴァージョンへと事例設定の審理期間に沿って最長審理期間も延びている。これは一種のフレーミング効果によるものかもしれ

ない。ただし，2年ヴァージョンと3年ヴァージョンの間に区別がなく，両者はほぼ10か月であることから，200万円の勝訴判決に50万円の金銭的費用をかけた本件事例での最長審理期間は10か月程度であるとの示唆を受けることができるかもしれない。

Ⅳ——民事司法制度の費用負担

　最後に，裁判の費用負担について，裁判官や裁判所を充実させるための司法予算の増加のための増税にどれほど賛成するかを問うた。司法アクセスの充実が司法改革審議会の意見書でも提案されており，裁判所・裁判官等の拡充が叫ばれている。反面，このような改革には費用がかかり，それは国民の税金で賄われることになる。にもかかわらず，金銭タームで国民がどれほどの司法の拡充を求めているかは必ずしも十分な調査がなされてきたわけではない。そこで，次のような質問を試みた。

　　「現在の日本の裁判所の予算（司法予算）は3000億円から3500億円程度（なお，国家予算の0.4％程度）です。これは国民一人当たり単純計算で，年間2500円程度の負担となります。裁判所を国民が使いやすくするためには，裁判所の予算を増やして裁判所や裁判官を増やす必要があるといわれることがあります。
　　あなたは，司法予算の増加に賛成ですか。あなたは，いくらまでなら司法予算のための支出をしても良いとお考えか，お聞かせください。」

　これは，CVMの手法の応用の試みである（このような手法の詳細は太田（2001）67-96頁参照）。回答選択肢は，

　1. 年間2500円まで（現状程度）
　2. 年間5000円まで
　3. 年間7500円まで
　4. 年間10000円まで
　5. 年間12500円まで

6. それ以外：＿＿＿＿＿＿円まで

〔別表〕

円	度数	％
0	2	0.5
100	2	0.5
1000	4	1.0
1250	1	0.3
2000	1	0.3
2500	210	54.5
5000	135	35.1
7500	5	1.3
10000	22	5.7
12500	1	0.3
15000	1	0.3
20000	1	0.3
	385	100.0

という形式を採用した。結果は別表のようになった。

単純平均をとると3,900円となる。現状の司法予算規模は，国民一人当たり約2,500円で総額3,000億円程度あるから，4,800億円から5,000億円くらいまでの増加に賛成していると解釈することが可能であろう。もちろん，このような支払意欲額の調査はCVMと同様の問題を内包しており，しかも手法的にも非常にプリミティヴな調査であるので，探索的な意義以上はもっていないであろう。とはいえ，今後の実証的な研究を促す試みと位置づけられるのではないかと考えている。

V──おわりに

本稿では，民事訴訟をめぐる時間的費用と金銭的費用について，実態調査の手法，とりわけ，要因計画法の手法を応用して行った予備的研究の結果の分析を行った。

調査結果は，仮説の検証までは至らず，むしろヒューリスティクとして今後の調査研究へ向けてのありうる仮説の示唆を受けるにとどまったことは確かである。とはいえ，係争利益30万円の少額消費者事件での紛争解決手続の料金費用として，3％の1万円程度が適正額と評価されているらしいこと，紛争解決総費用として7％から10％に相当する2万円から3万円が適正額と評価されていることなどの興味深い示唆が得られている（II）。また，通常民事事件における

時間的費用と金銭的費用については,「手続価値の山型仮説」が今後さらに探求される価値のある仮説であろうとの示唆が得られている (Ⅲ)。最後に, 民事司法制度の費用負担についてCVMを参考にした調査を行い, まったくのテンタティヴな結果ではあるが, 司法予算規模5000億円程度までの民事司法制度を拡張することも国民に受け容れられうるかもしれないという示唆が得られた (Ⅳ)。

以上のようにプリミティヴでテンタティヴな調査ではあるが, このような今までなかったモデルと手法による社会調査が法社会学においてもこれからますます利用されるようになることを期待して筆を置くことにしたい。

〔引用文献〕

太田勝造 (2001)「紛争解決の価値と司法制度の価値——WTP概念とCVMの応用のための研究ノート」新堂幸司先生古稀祝賀『民事訴訟法理論の新たな構築 (上)』有斐閣.

第 5 部

比較法社会学の視点

裁判近代化の逆説と関係的紛争解決
―中国の制度変遷に関する事例研究―

季　衛東

I──はじめに

　1949年，中国における法の近代化が変質しはじめた。それから約30年の間，法的民主化という旗印の下で，群衆的意見（公論）と前衛党の政策（公文）との循環系そのものは法の機能代替物になっていた[1]。それがゆえに，実定的規範は，「群衆から，群衆へ」という民意先取型の多様化した意思決定のフィードバックにおいて，しかも合意と強制との狭間で激しくゆらぎ，不確実なものでありつづけた。

　法が不確実なものである以上，当事者は紛争解決のリスク対策として，対面的交渉，合意形成および特殊な持続関係のなかに結果の予見可能性や取引安全を求めなければならなかった。しかし，契約の自己履行が行き詰まった時には，強制的な第三者履行はやはり必要である。その際，問題解決の帰趨が結局すべて決断主義的な国家権力によって規定されてしまう。いわば合意と強制のパラドクシカルな結合である。この奇妙な短絡は，1990年代の半ばまでの長期間にわたり顕著な特徴的事象として存続し，なかでも経済契約紛争の処理においてよりいっそう典型的に現れて，制度化した「調停裁判」（佐々木吉男氏の表現）ともいえるような姿を見せた。

　本稿は，全国から収集された1980年代初期の経済契約訴訟事例1416件（経済

合同與経済秩序課題組1987)[2] を基本的素材に，そのなかに記録されている契約関係と社会関係の考察・吟味を通して，当時の中国各級人民法院における法適用の実態を明らかにしたい。

II――経済契約の特徴と「調停裁判」による第三者履行

　現代中国における契約制度の発展過程は，主として3つの段階または類型，すなわち，①計画契約（1956―81年），②経済契約（1981―99年），③民事契約（1999年―現在），に分けられるのではないかと思う。なかでも注目すべきなのは1981年に制定された経済契約法が，従来の「計画契約」に修正を加え，計画と並んで市場のニーズを契約締結の根拠としたほか，計画と契約との整合性を保証するための契約報告義務や契約許認可制をも廃止したことである。それゆえ，「経済契約」を「計画契約」から区別することが必要になる。にもかかわらず，経済契約法の具体的な内容を検討すればわかるように，それは依然として実際履行の原則や懲罰的法定違約金制度などで「経済契約」の自由度を制限していた[3]。とはいえ，1999年の統一契約法が成立して，はじめて普遍的な契約自由の原則が中国でほぼ完全に確立されたのである[4]。むろん本稿の射程に収められた経済契約紛争は，計画契約から自由な民事契約への移行過程において生じた二重性ある法現象にほかならない。

1　経済契約紛争の処理と司法建議

　1981年経済契約法の下では，当事者に契約を計画と合致させるという原則が依然として強調されていた（第11条）から，計画が変化すれば往々にして契約も連動せざるをえず（第27条），逆に計画に基づいて締結された契約の変更・解除は，関係の行政部門の許可を経なければならなかった（第29条）。ただし，計画変化や行政介入によって引き起こされた契約不履行の責任は，主管部門が肩代わりするようになっていた（第33条。しかるに，1984年最高人民法院の司法解釈[5]，そして1993年の経済契約改正は，違約当事者が損害賠償の責任を果たしてから国家賠償

を請求するという方式を採用した)。ところが,当時の裁判所は,急増する経済契約紛争,なかでも計画調整によって引き起こされた経済契約紛争を処理するにあたって,可能な限り主管部門の責任追及を回避し,あるいは法律宣伝などの象徴的な活動に止まり,ほとんどの場合には,「互譲」,「責任分担」という状況的倫理に基づいて当事者間の協議・交渉を促すような行動様式を見せていたのである。

　ここでとくに留意すべきことが2点ほどある。すなわち,(1)裁判所のできるだけ関係部門の法的責任を追及しないような行動様式は,裁判権と行政権の力関係において当時,後者のほうが優位を占めていたことを意味するものである。結局,これによって裁判所の権威性が傷つけられてしまい,一部の当事者が,再三召喚されたとしても,出廷を拒絶し,場合によって裁判所が,当事者もしくは責任ある主管部門の上級機関に協力を求めざるをえない,という現象さえ起こった。(2)その一方,裁判所が法に基づいて行政部門の責任を厳格に追及しないことで,後者の協力を得て一緒に問題の解決や当事者関係の修復をはかる,という司法の戦略・技法も見受けられる。ちなみに,中国の裁判所は,受身的に訴訟を審理するのではなく,事件の周辺に存在する潜在的な紛争,関連性のある問題などをも積極的に取り組み,必要に応じて当事者や関係部門に「司法建議」を提出するようになっていた(逆に,裁判に対する「行政建議」というべき主管部門からの干渉も見られた)。一定の程度まで政策形成機能をも果たすこのような「司法建議」は,かなり制度化した形で普及していたのである。したがって,当時の中国の裁判は,相当の程度まで行政的色合を帯び,マネジメントの一方式として位置付けられる。

2　二段構えの司法における事実究明と自己責任の確定

　上述の特徴と関連して,裁判所は,つねに交渉を促進しながら,合意形成を通して合法解決を見出すという,二段構えのアプローチを採用するように見えた。そこでは,「まずは原則,その次は協調」,権利形成型の「立案試弁(試験訴訟)」,「初歩的な処理意見から交渉を経て調停協議・判決へ」,「事実の究明に重点をおいて,責任の所在を確定した後に,反復的な工作,法廷外での説服,

上級機関の支援などで，全面的平衡を達成すること」[14]，「敗訴者に対する政治的・思想的工作の繰り返し」[15]などの言説によって示された司法慣行ないし裁判方式が生成し，普及していた。したがって，中国における経済契約の第三者履行は，あくまで自己履行の延長線上で捉えられ，割れ目ができた契約的合意およびその背景にある関係ネットワークの彌縫・修復に重点を置くようになっていた。その結果，契約関係は，つねに継続性原理と柔軟性原理によってプログラミングされたような姿を見せたのである。[16]たとえ一方の当事者が契約不履行に対してすべての責任を負うべきであっても，なお調停による紛争処理が勧奨された例も存在する。[17]

　こうしたなか，何よりも重要なのは，リスク社会における混沌たる状況設定の下で，裁判が事実真相の究明，当事者の責任所在の確定という認知的作業を基軸として展開されていたことである。法的コミュニケーションも，「事実を並べ，是非を話せ（攞事実，講道理）」という素朴な定式によって性格付けられた。すなわち，責任追及のメカニズムで流動性を縮減しようとしながらも，規範に比べて事実のほうが訴訟審理活動の焦点となるわけである。それゆえ，きわめて大量の司法資源が職権主義的証拠取調べに投下されていたが，その結果，非対称的な情報分布における裁判所の優位も確立された。具体的な案件に関する詳細な事実資料を，誰よりも全面に把握しているのが裁判所である。そして，裁判所は自信をもった時点になって，はじめて法廷を開き，公式的な審理活動を行う。むろんかかる情報優位は，当事者の交渉を方向づけて，裁判所の解決案の説得力を強化する面においても重要な機能を果たすものである。

　また，裁判所が当事者や関係者および政府部門とのコミュニケーションを盛んに推し進め，問題解決の意見を幅広く聴取したうえ調停協議を導いたり，判断を下したりするという意味で，訴訟審理は，ある程度まで1つの共同決定の過程として理解されてもよい。こうしたなか，交渉・調整・互譲・決定の反復を通して，契約の内容と事実的状況との折合いまたは組合せから，当該事件を処理するための具体的な規範および解決案が紡ぎ出されてくるわけであるが，結局，法秩序がつねに強制的契機と合意的契機とを短絡に結び付けた形を取って構築されるようになっている。そこでは，法の適用は，つねに1つの均衡点

を求めてうごめいていく複雑系のようなものである[18]。

3 裁判規範の構成および功利主義的思考様式

経済契約法がまだ制定されていなかった期間中，制度上の不備も多かったという歴史的条件を背景として，省令，通達，計画，地方政府規則などは裁判規範・仲裁規範とされていた[19]。また，権力関係ネットワークおよびそのなかの相互作用も利益考量に重要な影響を及ぼした。その一方で，当事者間の経済契約が法源として位置付けられ（Cf.Macneil 1986：334），社会主義的民法理論における実際履行の原則および行政的強制力でその実効性が担保されると同時に，約定の内容を基礎として契約条項をめぐる再交渉を行う可能性も開かれていた。したがって，規範よりも事実のほうを裁判の拠りどころとして，具体的状況において交渉を促進し，その合意内容から紛争解決のルールを帰納するというアプローチは一種の必然性をもつものとして理解できなくもない。

しかるに，多くの実例が示したところによれば，経済契約法などの規範群が出来上がってからも，案件の審理が依然として事実究明，責任確定という認知的作業に重点を置き，裁判所が初歩的な処理意見を提示して，それを軸とする交渉のなかに調停的合意形成をはかるというような司法アプローチが採用されている。しかし，カオスを通じての秩序構築の作業には新しい趨勢も起こり，すなわち，判定と強制の契機が顕在化し，適法性要求がよりいっそう強調されるようになったのである[20]。全体では，経済合同與経済秩序課題組（1987）の集計データによれば，1979年から83年にかけて約75％の経済契約紛争事件が調停・和解によって解決されたのに対して，84年から87年までの間にその比率は約65％に下がったが，その一方，同様の期間中，判決による紛争解決の比率は，約17％から25％へと上昇した（経済合同與経済秩序課題組1988：8頁，王輝ほか1988：12頁）。判決の強制執行を保障するために，国家権力機関である地方人民代表大会常務委員会および行政機関の支援も動員された[21]。

なお，開廷前の調停が不調に終わった後に，裁判所が理由つき判旨を明らかにしたうえ，これを前提として再度の調停を行ったところでは，協議はそれこそ「法の影におけるバーゲン」であると言ってもよかろう。この場合，当事者

間の合意による自主的解決にもたぶん法的強制の要素が織り込まれたことは，想像に難くない[22]。実際には，かような傾向が露骨に現れた事例もある。たとえば，1984年に提訴したある売買契約紛争処理過程では，担当裁判官が当事者に向かって契約の実際履行を促すときに，「たとえ貴方たちは調停に同意しなくても，われわれはこのように判決を出す」と公言して，「このような状況において，某公司は不本意でありながらも，やむをえず調停調書に署名をした」と記録されている[23]。かかる合意不純の問題が以前にも存在していたが，手続保障などの正当性要件を抜きにして，法の強制力や判決による迅速な解決を一方的に助長するような時の風潮が著しくなったのは確かな事実である。

　上述の趨勢について，筆者は「調停優位の法と法優位の調停」という逆説で定式化したことがある（季1990：759-763頁）。そこでは，近代化を推し進めるために強制的要素を助長して，正統化をはかるために今度，合意的要素をまた持ち出してくるという循環も現れたのである。調停と法の関係は，いつも1つのよりよい解決案を，均衡を取れた規範構造の縮図として，求めながら変転していく複雑系のように見える。かかるパラドクシカルな法適用のあり方を可能にする思想的基礎は，功利主義にほかならない。たとえば，多くの裁判例が示した主要な論法は，情勢変更，多数者利害および公益優先である。事件担当の裁判官も，法実証主義的立場をとりながら，最後にやはり功利主義的な紛争解決の協議を受け入れた。そこで，法に定められた当事者の権利は，韓非子＝ベンサム流の苦楽計算から独立した確固たる規範的根拠というより，むしろ自己完結性をもたず，ただ互恵的妥協の可能な範囲を示すようなガイドラインとして理解したほうが妥当である。したがって，1980年代後期に強化された経済契約の第三者履行における適法的強制の契機は，単に権利保障や損害賠償という文脈において捉えられない。多くの場合は，合意と強制の短絡的な結合が，功利主義的交渉と裁量によってさらに緊密になったのである。

III――関係的紛争解決の技法と制度設計

　功利主義的思考様式は，個人権を社会の全体的損得計算において相対化すると同時に，国家法をも具体的状況の倫理と論理において個別化するという意味で捉えられよう。したがって，経済契約紛争の処理を含めて，中国的民商事司法が，権利と義務（right and duty）ではなく，真実と不当（right and wrong）のほうに照準するのは，別に怪しむに足らない。事件担当裁判官にとって，何よりも重要なのは，真実と本音を確かめて，それらを紛争解決の基礎とすることである。こうしたアプローチは，廷内弁論と廷外調査の結合によって，実情に基づく「全面的な問題解決」を目指しているという。経済契約紛争の処理にあたって，それはまた「契約をも尊重すれば，実情にも配慮することの原則」，「総合的案配」，「敗訴者に対する反復的思想工作」などのような具体的技法としても現れたのである。かかる紛争解決方式は，社会におけるカオスネットワークの遍在を前提としながら，全体的脈絡の視点および多様化した手段をもって具体的な問題を解決するという意味で，「関係的紛争解決」と称してもいい。

1　二項対立の構図を超えて

　実はこの前に，中国法研究者ロデリック・マクニール氏が，イアン・マクニールの契約理論およびギドン・ゴットリーブの法理論に依拠しながら，すでに中国における経済契約を関係契約として，かかる契約紛争の処理を「関係的紛争解決（relational dispute resolution）」（以下RDRと略称）として捉えたのである（Macneil 1986：325-326）。彼は，あくまで自己履行，持続的関係および問題解決をめぐるゲームの繰返しに紛争解決の規範と決定の実効性を求めている。しかし，ゲームの繰返しから規範が生成してきても，それは互恵性・共益性を充分にもつものであるに限らないし，自己履行の徹底化によって妥当な権利配置が維持できるという保障も確実ではない。持続的関係には確かに長期合理的な企画や双方有利な解決を可能にするような契機があるにもかかわらず，力関

第5部　比較法社会学の視点

係への還元ないし現状専制の危険をどのように防止できるかといった問題が残っているのもまた事実である。要するに，中国的経済契約紛争について論じる際には，交渉や調停による自主的問題解決の特徴と並んで，制度化した強制履行のあり方および潜在的強制の実態をも視野にいれなくてはならない。さもなければ，中国司法の「超職権主義」的事象や命令志向の側面ないし独断主義的権力行使の実例，とくに裁判の近代化と言えばひたすら判定・強制へと走るような理論的誤解または実践的偏頗を適切に説明することが不可能になる。したがって，合意と強制を短絡的に結び付けたところの法適用のアプローチこそが，中国におけるRDRの最大特徴であると言ってもいい。

　確かに，経済契約紛争の解決において交渉・調停，なかでも反復調停の方式が重要視されていた。しかも簡単な事件なら判決，複雑な事件なら調停ともいうべきユニークな傾向さえ見られたのである。[28] 裁判所による調停の基本原則は，「公正性と合理性をめざして，協力を強化し，互譲を前提としながら小集団に対する大集団の配慮を促進し，事実に基づいて正しい解決案を求めるよう充分に協商すること（公平合理，加強協作，各自譲歩，大集体関照小集体，実事求是地進行充分協商の原則）[29]」とか，「互いに諒解しあい，協商で全員一致になること（相互諒解，協商一致）[30]」というように定式化したが，当事者の和解が裁判所の許可を得てはじめて成立し，事後的交渉の禁則が調停協議に盛り込んだりするような司法慣行もあった。[31] また，問題解決の際，あまり合意形成によって変えられない裁量の「相場」または司法慣行，たとえば，合弁における貿易側と製造側の3対7比例を基準とするリスク分担・利益分配の方式，銀行決算方法と関連して1日1万分の3を基準とする給付遅滞違約金の計算規則，品質不良商品の返却による損害賠償の算定基準9％，契約不履行の懲罰的損害賠償算定基準5％なども存在していた。[32]

2　関係的紛争解決の効率性問題

　紛争処理の真実性と合意性を強調する以上，証拠収集のコスト負担および交渉と説得の繰返しは避けられない。その結果，迅速な解決は困難になり，裁判滞積は深刻化しやすい。[33] しかし，その一方で，調停はその非公式性がゆえに，

しばしば裁判滞積問題を解決するための迅速化手段として使われたのである（何兵2003：37頁以下）。ここでは，「速い」,「安い」,「良い」などのメリットがあると考えられたADRが，RDRや「調停裁判」といった方式に化けていった場合の逆説が存在するというように理解してもよかろう。むろん裁判滞積の程度は社会文脈の相違によって判断の尺度が異なり，審理期間長短の長所と短所も一律には言えない。たとえば，1980年代前期の中国では，経済契約訴訟の期間が4か月であればスピーディな審理であって，2年間であればもはや長期遅延の案件になったと思われた。[34]

　経済審判の効率を高めるために，深圳市中級人民法院の実践を皮切りに，調停と裁判の機構分離を促して，法院の内部で独立の「経済紛争調停センター」を設立する動きも活発化していた。深圳中級法院の経験報告によれば，経済紛争調停センターは，9名の裁判官と8名の書記官によって構成され，1988年7月に成立してから10か月間，486件の経済紛争を受理し，そのうちの382件を解決した。ちなみに，1992年9月末までの約4年間，合計1675件の経済紛争を受理し，そのうち1285件を解決したのである。集計によれば，当該センターの紛争処理期間が平均16日で，最も速い場合には2時間で問題を解決することができた（深圳市中級人民法院1992a：3-4頁）。当該調停センターは，経済紛争解決について「目的額の大小を問わず立案し，手続を簡素化し，公平で合法的に処理し，快速に終結する」という原則を掲げ，効率性の指標として1か月の審理期間を決めたのである（深圳市中級人民法院1992b：9-10頁）。なお，裁判所の専門化も試みられ，「不動産審判庭」,「破産審判庭」,「渉外経済審判庭」といった特別司法機構が一部の地方で現れた。しかし，結局これらの機構改革の措置は失敗に終わった。

　一方，1988年，中国最高人民法院が経済審判方式の改革を推し進めはじめた。そのために行われた調査と研究の一環として，まず各地方で異なるトピックをめぐる経験交流会が行われるようになった。たとえば，北京市高級人民法院が召集した経済審判活動の経験交流会では，迅速な事件処理を求めると同時に，司法のフォーマル化，裁判官責任制の整備および判決の専門的水準の向上を強調する意見も目立った。また，同法院が審判における当事者挙証責任の強化に

関する実験的活動を主題とする座談会をも開いて，訴訟事件処理の効率・品質の向上における改革および制度創造を呼びかけた。遼寧省高級人民法院が催した経済審判方式の改革に関する座談会では，当事者による挙証と裁判所の職権探知との結合，法廷での調停活動と不調の場合における即時判決との結合および法廷弁論本位への移行といった主張が出された。湖北省高級人民法院の経済審判活動座談会では，司法の「地方保護主義」傾向と闘って，私情をまじえず公正に法律を執行することの重要性が強調された。安徽省高級人民法院の座談会では，一般訴訟事件の審判を6か月以内に終えるという能率目標値が示され，「執行難」という問題を解決するための強制措置が強調された。[35] こうした改革は，やがて民事裁判方式改革，法院改革，司法体制改革へと次第に拡大してきたのである。

3 裁判制度の内部的抑制と均衡の論理

かかる審判方式改革の模索を背景として，判定や強制の角度から関係的紛争処理を考察する場合には，真実主義的審理原則を強調するあまり，裁判機構と検察機構の境界が流動化して，しかも法執行の実務部門（主に公安部，検察院，法院，司法部）における相互間「抑制と均衡」のメカニズムが作動しつづけていたことは留意に値する。また，裁判所の内部でも，決定主体が複数化しながら，事件を担当する合議制・単独制裁判官，関係業務法廷の庭長，法院院長および審判委員会の相互牽制ないし立案と執行のモニタリングによって司法の適正性を保障しようとする仕組みが存続してきたのである。とくに1980年代には，裁判官が自ら点検して，しかも互いに審査しあう，いわゆる「自査と互査」の慣行は多くの人民法院で制度化して，定期的に行われるようになった。また，法院の院長，庭長の検査・催促・業務指導もよりいっそう強調されたのである（任1992：624頁）。したがって，現代中国における裁判の制度設計は，長い期間中に，司法システムの内部における「権力分立」，「抑制均衡」の二重体制および権力の階梯に沿って上級によりよい解決案を求めていく選択肢の収斂または意思決定の集権化傾向によって特徴付けられたと言えよう。

ここでは，裁判官信仰，法基準の一義性仮定，訴訟審理の客観性・中立性を

前提とした近代主義的司法の単純モデルはもちろん成り立たない。一方，人間的営みとしての事実認識と法律解釈の主観性こそ，制度設計の出発点になっているが，裁判が法律家の個人的判断・選好に還元されたわけでもない。言ってみれば，中国的司法の構造は，主観性を逆手に取って，しかも主観と主観の相互作用において公正化のメカニズムを作動させようとするところで顕著な特徴を見せて，一種の複雑な超近代裁判モデルを示唆している。しかし，そのなかには法的コミュニケーションの妥当性を保障するための手続要件が充足していない。また，法律推論の間主観的客観性および一貫性を可能にするような「解釈共同体」(Fiss1982：739ff.) も存在しない。中国の裁判システムで鍵となる要素は，司法機構内部の相互査察と懲戒処分の行政的技法および当事者間の交渉を促進するような戦略である。

4 司法システム工学的発想

関係的紛争解決 (RDR) は，「社会経済秩序の総合的ガバナンス (綜合治理)」とか，「裁判波及効 (弁案効果) の拡大」といった司法のシステム工学的発想をも見せていた。この考え方は，1991年に開かれた第2回全国経済審判活動会議で，次のように定式化された。すなわち，「事件審理と結びつけた形で，当事者および群衆に対して対症療法的に法的宣伝・教育を行い，まだ訴訟になっていない大量の経済紛争の解決に関するスタンダードを確立すること；事件審理において発見した問題に焦点をあわせながら，整頓，管理および抜け穴を塞ぐための作業に関する司法建議を提出すること；工場・鉱山などの企業を助けて契約管理制度を整備すること；経済環境を悪化させて，経済秩序を撹乱して，改革・開放を妨げたり脅かしたりするような違法行為を厳粛に処理しなければならないこと」である。

かかる目標を達成するために，多くの法院が事件審理および司法行政に関する具体的なマニュアルをも制定した。たとえば，吉林省四平市中級人民法院の経済審判第一審，第二審活動規則には，裁判波及効の拡大に関する単行規則も設けられた。この規則は，司法建議の形式と内容に関して，3つの類型を提示している。すなわち，(1)「一事件一建議」方式，(2)「一般的建議」方式および

第5部　比較法社会学の視点

(3)重大な問題またはトピックに関する「特別な建議」方式である（吉林省四平市中級人民法院1995：407-413頁）。なお，北京市海淀区人民法院の経済契約紛争事件法廷審理手続規則第50条は，終結の段階での司法建議について，「事件審理過程において，裁判の範囲内に属さない諸問題——管理制度上の欠陥，法に背き紀律を乱す行為，社会治安および社会経済秩序を厳重に撹乱した現象——を発見した場合，法院は事件審理終結後，書面で関係部門に司法建議を出し，関係問題の調査と処理を行うよう提言しなければならない。これをもって事件審理の社会的効果を拡大するのである」と定めている（北京市海淀区人民法院調査研究室1998：360頁）。そのほかに審理活動と結合した法制宣伝も，裁判の社会的効果および経済的・政治的効果を強化する手段として挙げられている（同上429頁）。

　以上に述べた実態から浮かび上がってくるRDRの姿は，必ずしも自己完結的な契約関係から実体規範およびその拘束力を生成しながら，その枠組みのなかに問題を解決する1つの閉じられた自己塑成的な循環系ではなかろう。それは，実際に多様な規範と事実，諸々の利益考量，外部社会および権力に開かれている。少なくとも真実主義的認知の次元において，契約関係自体もかなり相対化している。状況的思考からして，契約条項よりも既定の責任のほうを強調する言説もあれば[39]，契約尊重と並んで実情への配慮——裁判官の裁量権——を強調する言説も現れたのである[40]。とくに第三者による介入の場合，契約関係当事者のつもりで規範構築に参加する例も存在するが，上級機関における強制の契機を司法資源として動員しようとする例はよりいっそう多いようである[41]。したがって，契約の自己履行と紛争の自主的解決を理念または目標として掲げながら，交渉のプロセスでまたは和解・調停が行き詰まったとき，つねに強制的第三者履行をインフォーマルに導入するところには，RDRのもう1つの側面が見え隠れしている。

Ⅳ──判決の執行と事後的無効主張

　強制があっても判決が強力ではない。第三者履行でも債権回収はうまく運ばないことが多い。これこそが1980年代半ば以降の中国の裁判所を悩ましていた最も大きな問題の1つである。その原因は，主として紛争当事者側の体制的欠陥による「三角債」・「連環債」および紛争解決者側の体制的欠陥による「司法の地方保護主義」にある。

1　司法の威信を揺るがす「地方保護主義」

　遅くとも1987年に，連鎖的債務不履行および地方人民法院間の管轄権争議が深刻化しはじめた。司法共助の委託業務遂行における不正が著しくなった事実に鑑み，1988年初め，最高人民法院が外地法院の委託事項に関する通達を出し，はじめてフォーマルに「地方保護主義」という表現で裁判官・執行吏の地元債務者かばいの縄張り根性を非難し，綱紀粛正の重要性および法的責任追及の可能性を示唆した。そして，同年の夏に開かれた全国裁判所活動会議では，経済審判における「地方保護主義」と「執行難」の問題がクローズアップされた。

　しかし，「地方保護主義」と「執行難」の問題はその後深刻化の一途を辿っていた。たとえば，山西省では，1988年以降3年間毎年の平均執行率が約60％となって，しかも低減傾向にあったのに対して，執行滞積件数の毎年平均逓増率が20％にも達した。1990年に，債権回収などの執行を妨害する暴力（暴力抗法）事件が120件起こり，そのなかに大規模な群衆的抵抗も発生した。また，南昌市の中級人民法院および各区・県基層人民法院の1990年度平均判決執行率は48％しかなかった（南昌市中級人民法院1992：12頁）。とくに執行共助の場合には，全国平均執行率はおよそ30％以下ともなっていた。「地方保護主義」の障害を克服するために，浙江省高級人民法院が1991年の春，執行特派員チームを12の省・直轄市に送り込んだほか，省内の執行共助活動の強化に関する通達を出した。こうした経験をふまえながら，「浙江省各級人民法院の執行活動に関する細

則（試行）」（1994年），「執行活動の協調会議制度の設立と実施に関する通達」(1995年)，「浙江省法院の執行事件をめぐる協調活動の細則」(1996年)，「執行活動における拘束と勾留の適用に関する規則」(1996年) などの制度整備も進められた。[48]

2 企業債務の連鎖と「部門保護主義」

「執行難」の1つの重要な原因が「三角債」・「連環債」ないし系列会社・部門の債務者をかばうセクショナリズム（部門保護主義）にあるから，最高人民法院が，1991年の夏，「経済審判活動が積極的に企業『三角債』の清算に関与することに関する通達」（法＜経＞発［1991］第24号）を出して，債務連鎖の鍵となる案件の集約的処理という重点傾斜型執行およびキャンペーン式債権回収の政策的措置を講じた（成ほか1991）。また，総合的な問題解決のアプローチを取るために，一部の法院が，多様な執行モニタリング・システムを整備し強化した。たとえば，北京市海淀区人民法院は，庭長による責任者指定・執行期限指定の制度を設けており，なお問題が解決できない場合には，案件の処理を執行活動協調指導小委員会に委ねて，院長は自ら監督・催促の責任を負うような仕組みでもって対処しようとした（北京市海淀区人民法院調査研究室1998：448-449頁）。吉林省四平市中級人民法院（1995：940-941頁）は，関係部門の執行協力をより効果的にするために，工商行政管理局，税務局，都市建設局などにおいて執行室を成立したほか，執行和解促進の方針を打ち出した。浙江省温嶺市人民法院は，司法的群衆路線の延長線上で執行ネットワークを構築し，各村に一人の執行連絡員を設けた。ここでは，連絡員の主要な責務が，裁判文書の伝達，執行債務者の財産・動向に関する情報の提供および執行活動の協力・参加となっている（浙江省高級人民法院執行局2001：302-308頁）。なお，起草中の民事強制執行法案は，執行協力機構または個人の義務履行怠慢に対する賠償責任追及および拒絶・妨害に対する罰則の条項を設けようとしている。[49]

3 「執行難」にみた関係的紛争解決の限界

「執行難」のより間接的で一般的な原因は，裁判に対する事後的無効主張の可

能性が大きく開かれたという中国法秩序の伝統的特徴に求めることもできよう。中国的司法が当事者の納得ずく，満足度および地域社会の世論を重視するあまり，判決の社会評判に関する事件担当法廷のフィードバック訪問調査，裁判監督手続，審理アーカイブの復査および既決事件再審の便宜主義などを制度化したのみならず，当事者の任意的無効主張，自由な再交渉・調停・和解，関係部門の行政建議によって執行が阻まれてしまうような事態さえもしばしば見られる。しかし，超当事者主義的合意の状況設定には，超職権主義的強制へと変わっていくような契機が織り込まれたのである。1980年代の経済契約が事後的無効主張の予防条項を定めた実例[50]，1999年に政治権力の中枢から裁判所執行部門に賜った「切り捨て御免の剣」[51]，執行活動の集権化および執行吏による裁量の権限拡大[52]，などの傾向も，それを物語っている。

とはいえ，「執行難」の現象は，中国的裁判における超当事者主義と超職権主義の短絡的な結合およびその相互転化を考察し，そのパラドックスを理解する重要な手がかりを提供している。全員一致型の過剰な合意を法適用の目標モデルとした以上，当事者の承認，地域社会の満足度，事後的無効主張の可能性などの要素を強調して，しかも制度設計に反映させなければならない。しかるに，その結果，決定できない，執行できないというような場面が頻出するようになる。状況打開のために，逆に強い決断主義や過剰な職権主義が法の近代化という名の下で求められるわけであるが，それに伴って不満ないし抵抗も高まってしまう。ある臨界点を過ぎれば，今度は，裁判の正統化・内面化・本土化・脱近代化などの諸観点から再び当事者間や地域社会における合意と満足度の獲得に重点を置くように回帰する。かかる循環において，交渉は促進され，具体的な権利義務関係は安定しがたいが，法適用そのものはカオスを通して合意と強制との間に均衡点を求めてうごめいている複雑系のような状態になる。

1) その間に，順法精神を強調し，判決に関する当事者ないし群衆の満足度の限界を指摘する有力な意見も現れた。たとえば，董必武（2001）に収められている論文「進一歩加強法律工作和群衆的守法教育」（1954年6月20日），「法院判決案件不応受当事人威脅的影響」（1956年7月9日）。しかし，法曹界トップのこうした主張さえも当時の中国における政治主導型法変動の激流を食い止めることができなかった。

2) この課題班の構成メンバーに王輝，李仁玉，劉凱湘，斉海濱，馮培が含まれる。1988年に筆者は課題班からワンセットの調査資料を贈ってもらい，かつ研究利用の承諾を得たにもかかわらず，この素材を充分に活かせずに今日に至っている。調べたところによれば，かかる調査資料に基づく研究成果は主に2つ発表された。1つは，異なる契約類型と異なる紛争解決方式に関する集計的分析を中心とする論文（経済合同與経済秩序課題組1988；王輝ほか1988）である。もう1つは，課題班の一部のメンバーによる中国的契約観検討の著書（李仁玉・劉凱湘：1993）である。しかし，その大量の事例の具体的内容についての実証分析およびこれを通して中国的裁判の実態を考察するような論考はいずれもまだ存在していない。なお，この調査資料に収められた経済契約紛争事例は2000件と称されているが，そのうち重複記載または記載不全の案件も存在する。一部は，純粋な民事契約および渉外経済契約をめぐる揉め事であったり，裁判外紛争処理のカテゴリーに属したりするようなものである。したがって，ここでは584件の無効事例を除いて，残った1416件の調査資料だけを分析の素材とする。

3) 経済契約法における計画と自由について，梁慧星（1982；1987）北川（1987），謝懐栻（1988），崔建遠（1991），Cheng and Rosett（1991），Rubenstein（1997），王晨（1999）を参照。

4) その経緯は，北川（1994），王利明（1996），梁慧星（1998）に詳しい。

5) 最高人民法院「関于貫徹執行『経済合同法』若干問題的意見（1984年9月17日）」第二章第（三）節，『中国法律年鑑』1987年巻569頁。

6) 1983年から89年までの間に経済契約紛争の裁判件数が約19倍と大幅に急増した。その内訳について，何蘭階ほか（1993：348頁）表20を参照。

7) たとえば，経済合同與経済秩序課題組（1987）第3冊事例＃21306，第7冊事例＃41059，第10冊事例＃54001。

8) たとえば，同上調査資料第2冊事例＃21014。

9) たとえば，同上調査資料第9冊事例＃51100は，一方当事者である吉林省某市某工場の主管部門が，管轄裁判所に対して調停協議の執行中止を求める建議を提出し，裁判所はそれを受け入れて再審を行った事実を報告している。

10) たとえば，遼寧省撫順市の中級人民法院は，契約訴訟事件の審理において発見した制度的問題を「司法建議」にまとめて，市の建設委員会と工商行政管理局に提出し，関係部門はこれを受けて品質検査，業務整頓，許可手続の改善などの措置を講じたという事実もある（同上調査資料第3冊事例＃21272）。また，チベットのラサ市中級人民法院が，河南省の郷鎮企業である敗訴者の事情に配慮して，その経済損失を縮減するために，勝訴者と一緒に敗訴者側の営利活動を助けたりするような現象も見られた（同上事例＃21279）。なお，裁判所が敗訴側の上級主管部門宛の「司法建議」に，主要な違約責任を負うべき当事者に課する行政処分を要求した例さえ存在する（同上調査資料第7冊事例＃41082）。最高人民法院が全国裁判系統に勧奨した経済訴訟審理マニュアルにも，「司法建議」条項がある。第一審経済紛争案件処理規範第8章第214条は，「事件審決の後，合議制あるいは単独制の裁判官は，司法建議を提出する必要があると考える場合に，司法

建議の原稿を作成し，庭長による批准を経なければならない。庭長は，院長に報告して批准を求める必要性を認めるときに，院長による批准を経た後で，速やかに印刷して関係の機関に送付しなければならない」という規定を設けている。出典は，北京市高級人民法院（1995：202頁）である。

11) 前掲調査資料第1冊事例＃11002による。なお，まず一般原則について合意形成を図り，それから具体的事項をめぐる調整を行うとか，一般原則に関しては融通性を認めず，具体的事項に関しては柔軟性が強いというような中国の交渉スタイルは，ルシアン・W・パイ（1994），とくに11-12頁，92-101頁，192頁などに分析されている。

12) 前掲調査資料第8冊事例＃44002による。また，最高人民法院経済法庭（編）『経済審判工作参考資料』1985年第1号17-20頁にも「試弁」案件（試験訴訟）の実例が紹介されている。

13) 前掲調査資料第1冊事例＃11001による。

14) 同上事例＃13002より帰納。

15) 同上調査資料第6冊事例＃36007による。

16) 関係契約の2つの原理およびそのさまざまな展開形態について，内田（1993），とくに132頁以下を参照。かかる動態を再交渉義務や社会理論の角度から捉えた重要な論考として，山本（1989）が挙げられる。なお，契約の関係性という視点から法秩序のあり方を考える代表作として，棚瀬（1999）が挙げられる。市場構築との関連において，船越（1999）をも参照。

17) 前掲調査資料第1冊事例＃13027はその一典型である。

18) ここでは，現代中国法システムと伝統的秩序原理との間に一種の連続性が見られている。詳細は，季衛東（1999）63-69頁，91-98頁，寺田（2003）を参照。

19) たとえば，前掲調査資料第6冊事例＃33042では，経済契約仲裁委員会が河北省人民政府の「中華人民共和国経済合同法の執行に関する暫定規則」により，事例＃36003では，人民法院が中国共産党中央委員会1983年第1号文書により紛争を解決したのである。

20) この点では，1984年5月に生じた情勢変更による継続的関係の破れが原因となった売買契約不履行の紛争において，原告が裁判所に提訴して，いきなりに契約履行の強制および違約金の支払いを求めた例が現れて興味深い。前掲調査資料第7冊事例＃41119を参照。また，中国民事訴訟法研究者王亜新（1995：39-40頁）は，経済審判の導入と民事訴訟法の制定に伴って紛争処理における「同意中心」的要素が後退しつつあるという観察結果を告げたことがある。

21) たとえば，前掲調査資料第2冊事例＃21076，第6冊事例＃36016。

22) 裁判所における合意調達の瑕疵は，中国に限らず他の社会でも見られる普遍性のある問題である。合意誘導，強制的契機，最終決定の権力によって合意の純粋さが損ねられる場合の問題状況について，棚瀬孝雄教授が優れた分析を行っている（棚瀬1992：216頁以下）。

23) 前掲調査資料第5冊事例＃31176。

24) 前掲調査資料第1冊事例＃11001では，「在弄清事実，査明原因的基礎上，弁案人員認

真分析了双方的責任，提出了初歩処理意見」と言い，事例＃11007では，「特別注意摸清其真実思想，尋找共同点作為調解的基礎」と表現している。
25) 同上事例＃11008による。
26) 同上調査資料第1冊事例＃11037，第2冊事例＃21036。
27) これに対して，ドナルド・C・クラーク（郭丹青）教授は，「内部的解決」と「外部的解決」という分類で中国的紛争処理方式の特徴を捉えようとしている（Clarke1991）。
28) この傾向はたぶん当時の法制不備および裁判所側が証拠調査のコスト負担や上訴・再審の可能性を回避したがる動機づけによって助長されたものであろう。
29) 前掲調査資料第1冊事例＃11005より引用。
30) 同上調査資料第5冊事例＃31170より引用。
31) たとえば，同上調査資料第1冊事例＃11077，事例＃13017。
32) かかる「司法部門の慣例」または「習慣作法」による紛争解決の実例として，前掲調査資料第1冊事例＃11091，第2冊事例＃20002，事例＃21011，事例＃21012，事例＃21024，事例＃21086，事例＃21143などが挙げられる。
33) 職権探知方式による裁判遅延について，景漢朝・盧子娟（1997：27頁）を参照。反復調停による裁判遅延，とくに30％の司法資源浪費説について，李浩（1996），王粛元（1998：105頁）を参照。
34) たとえば，前掲調査資料第3冊事例＃21298，事例＃22006。
35) 一連の経験交流会の詳細について，『人民法院年鑑』1988年巻837頁以下を参照。
36) 法の解釈の複数の可能性から選択肢をとることは主観的価値判断によって左右されるという観点について，来栖（1954：16-17頁；1999：23頁以下）を参照。
37) たとえば，前掲調査資料第1冊事例＃11008には，「全面的に問題を解決する」という目標が示されて，第3冊事例＃21277には，「一つの紛争事件を処理して，見渡すかぎりの諸問題をも解決する（処理一案，解決一片）」という表現がある。
38) 紀要「第二次全国経済審判工作会議」『人民法院年鑑』1991年巻622頁より引用。
39) 前掲調査資料第1冊事例＃11008による。
40) 同上，事例＃11037による。
41) たとえば，前掲調査資料第2冊事例＃21076ではこの傾向が顕著に表れている。なお，経済・民事紛争解決における当事者の処分権とそれに対する外部からの制限に関する一般的考察について，高見澤（1998：93頁以下）を参照。
42) 最高人民法院の全国裁判活動年度報告によれば，1985～87年の間に経済訴訟の判決執行率がわずか20％～30％であった。当時「執行難」の全般的問題状況について，ドナルド・C・クラーク（1998：343-367頁；Clarke1996）を参照。
43) その標識として挙げられるのは，最高人民法院「関于審理経済糾紛案件具体適用『民事訴訟法（試行）』的若干問題的解答」（1987年7月21日発布，法＜経＞発［1987］20号）が，連環的売買契約紛争事件の地域管轄問題および管轄権争議を解決するための基準を定めたことである。
44) 最高人民法院「関于在審理経済糾紛案件中認真弁好外地法院委託事項的通知」（1988年

1月20日発布)。ここでは,アメリカにおける司法の地方主義(regionalism)およびそれに伴う裁判不正の疑念と比較して興味深い。中国の問題は,中央集権的国家体制と取っているにもかかわらず,事実上,最高人民法院を除いてあらゆる裁判所が地方的なものであり,アメリカのような,州の裁判と競合できて,司法を中央集権的に運用しうる連邦裁判所システムをもたないというところにある。アメリカの司法地方主義に関しては,浅香(1999:12-14頁)を参照。

45) 1989〜90年の実態について,王亜新(1995:168-170頁)を参照。
46) 『人民法院年鑑』1991年巻208-209頁による。
47) 『人民法院年鑑』1992年巻544頁。
48) 「浙江執行工作大事記(1990年6月〜2001年10月)」(浙江省高級人民法院執行局2001:398頁以下)による。なお,浙江省の執行における拘束と勾留に関する1996年規則が制定された背景には,次の事実がある。すなわち,1995年に身柄拘束による執行促進(「抓人促執」)の措置が全国でインフォーマルに普及した結果,執行当事者からの激しい反発が起こり,「執行難」から「執行乱」へと揶揄された,かかる強制的債権回収の弊害に鑑み,最高人民法院が急遽,1995年末に「抓人促執」というやり方を明文で禁止する(「3つの厳禁」)通達を出したのである。
49) 民事強制執行法草案第4稿(2003年7月4日・計13章232か条)第12条。なお,執行に協力する義務を負う機構・個人の範囲および協力義務の具体的内容は,同草案第7条〜第11条に定められている。なお,草案第1稿,第2稿および関連の議論については,沈徳詠(2002)を参照。
50) たとえば,前掲調査資料第1冊事例#13017の裁判所調停調書の今後異議申立禁止条項,第6冊事例#33055の裁判所調停調書の異議申立永遠禁止条項,事例#36016の裁判所以外の国家権力機関による判決執行の強制,第10冊事例#54001の執行における「司法拘束」の制裁。
51) これは,法院判決「執行難」問題を解決し,「地方保護主義」と「部門保護主義」の気風を一掃することに関する中国共産党中央委員会1999年第11号公文を指す。時の最高人民法院院長蕭揚氏は,11号公文を「尚方宝剣」と称して,それを梃子として「執行年」キャンペーンを徹底的に展開するよう呼びかけた。結局,前年度に比べて1999年の執行件数は27.3%増,未執行件数は9.02%減となって,一時的に大きな成果をあげた。「執行年」活動の概観について,『中国法律年鑑』2000年巻132-133頁を参照。
52) 現行執行制度の欠陥は,一般に①執行権の過度な集中化,②執行における自由裁量権の肥大化,③監督・制限メカニズムの欠如,④執行救済制度の不備などの諸点にまとめられる。具体的には,童兆洪ほか(2001:196頁以下)を参照。

〔引用文献〕

浅香吉幹(1999)『現代アメリカの司法』東京大学出版会.

Cheng, L. and Arthur, R. (1991) "Contract With A Chinese Face: Socially Embedded

Factors in the Transformation From Hierarchy to Market, 1978-1989", 5 *Journal of Chinese Law*.

沈德詠（2002））『強制執行法起草與論証（第一冊）』中国法制出版社.

Clarke, Donald C.（1991）"Dispute Resolution in China", 5 *Journal of Chinese Law* 245-296.

―― (1996) "Power and Politics in the Chinese Court System: The Enforcement of Civil Judgments", 10 *Columbia Journal of Asian Law* 1-92.

クラーク，D. C.（1998）「中国における民事判決の強制執行」（佐藤七重訳）小口彦太（編）『中国の経済発展と法』早稲田大学比較法研究所，343-367頁.

童兆洪ほか（2001）「紹興両級法院執行権配置及運行機制調査」『中国司法評論』総第1巻.

Fiss, Owen M.（1982）"Objectivity and Interpretation", 34 *Stanford Law Review* 739-763.

船越資晶（1999）「市場関係の多様性に関する法社会学的一考察――関係的契約論を超えて」法学論叢145巻4号，146巻1号.

何兵（2003）『現代社会的糾紛解決』法律出版社.

何蘭階ほか（1993）『当代中国的審判工作（下）』当代中国出版社.

景漢朝・盧子娟（1997）『審判方式改革実論』人民法院出版社.

経済合同與経済秩序課題組（1987）『調査資料匯編』謄写版（全11冊）.

―― (1988)「改革中的経済秩序創新――関于我国経済合同運行状況的報告」中国：発展與改革1988第7号.

季衛東（1990）「調停制度の法発展メカニズム――中国法制化のアンビバレンスを手掛かりとして（1）」民商法雑誌102巻6号.

―― (1999)『超近代の法――中国法秩序の深層構造』ミネルヴァ書房.

北川善太郎（1987）「モデル契約法と中国の契約法」法学論叢120巻4・5・6合併号.

―― (1994)「中国契約法典の立法過程とモデル契約法――モデル契約法再会」法学論叢134巻5・6合併号.

吉林省四平市中級人民法院（1995）『審判管理操作規範』人民法院出版社.

来栖三郎（1954）「法の解釈と法律家」私法11号.

―― (1999)『法とフィクション』東京大学出版会.

Macneil, Roderick W.（1986）"Contrarct in China: Law, Practice, and Dispute Resolution", 38 *Stanford Law Review* 303-397.

南昌市中級人民法院（1992）「改善執行工作探微」『「執行難」対策談――全国首届省会城中級人民法院執行工作研討会論文集』人民法院出版社.

任建新（1992）「中華人民共和国有関提高審判効率的立法和実践——1989年11月28日在馬尼拉亜太地区首席大法官会議上的発言」人民法院年鑑1989年巻，人民法院出版社.

王亜新（1995）『中国民事裁判研究』日本評論社.

王輝ほか（1988）「我国合同解紛状況的啓示與公平裁決的困擾」中国法学1988年5号.

王利明（1996）「中国の統一的契約法制定をめぐる諸問題」（小口彦太訳）比較法学29巻2号.

王晨（1999）『社会主義市場経済と中国契約法』有斐閣.

王粛元（1998）「論我国糾紛解決制度中的資源配置効率」中国法学1998年5号.

パイ，L. W.（1994）『中国人の交渉スタイル——日米ビジネスマンの異文化体験』（園田茂人訳）大修舘書店.

北京市海淀区人民法院調査研究室（1998）『北京市海淀区人民法院規章制度匯編』自己出版.

北京市高級人民法院（1995）『弁案規範』人民法院出版社.

李浩（1996）「民事審判中的調審分離」法学研究1996年4号.

李仁玉・劉凱湘（1993）『契約観念與秩序創新：市場運行的法律文化思考』北京大学出版社.

Rubenstein, D.（1997）"Legal and Institutional Uncertainties in the Domestic Contract Law of the People's Republic of China" 42 *McGill Law Journal*.

梁慧星（1982）「論我国合同法律制度的計画原則與合同自由原則」法学研究1982年2号.

——（1987）「関于実際履行原則的研究」法学研究1987年2号.

——（1998）「中国統一契約法の起草（上）（下）」（久田真吾＝金光旭訳）国際商事法務26巻1号，2号.

崔建遠（1991）「関于違約金責任的探討」法学研究1991年2号.

成城ほか（1991）『如何清理「三角債」——清理「三角債」中的法律問題』法律出版社.

浙江省高級人民法院執行局（2001）『執行改革探索與実践』人民法院出版社.

深圳市中級人民法院（1992a）「開拓進取，大胆実践，経済糾紛調解中心為経済建設建功立業」謄写版.

——（1992b）『立案処工作資料』謄写版.

謝懐栻（1988）「新中国的合同制度和合同法」法学研究1988年4号.

高見澤磨（1998）『現代中国の紛争と法』東京大学出版会.

棚瀬孝雄（1992）『紛争と裁判の法社会学』法律文化社.

——（1999）「関係的契約論と法秩序観」同編『契約法理と契約慣行』弘文堂，1-75頁.

寺田浩明（2003）「中国清代民事訴訟と『法の構築』——『淡新档案』の一事例を素材

にして」法社会学58号.
董必武（2001）『董必武法学文集』法律出版社.
内田貴（1993）「契約プロセスと法」山之内靖ほか編『岩波講座・社会科学の方法Ⅵ——社会変動のなかの法』岩波書店，129-169頁.
山本顯治（1989）「契約交渉関係の法的構造についての一考察——私的自治の再生に向けて（1）—（3）・完」民商法雑誌100巻2，3，5号.

修復的司法
——理想主義からの法の揺らぎ——

河合幹雄

I──はじめに

　修復的司法の提唱は，近年，日本に紹介されて，多くの注目を集めている[1]。実務家の反応として，日本の刑事司法には，元来，面倒見がよく，修復的なところがあったという意見もある一方，日本の謝罪と赦しのパターンは，被害者に対して，ではなく，権威機関に対しての謝罪となっており，関係修復的と言いきれないとの鋭い指摘もある[2]。この問題は，日本の今後の刑事司法を考えるにあたって重要な論点であると考える。しかし，本稿では，日本問題はひとまず脇において，あくまで欧米の伝統的刑事司法が，なぜこのような挑戦を受けることになったのか，そこのところに焦点をあてて考察してみたい。

II──修復的司法とは何か

　修復的司法は，世界的な運動といわれる。国際会議が継続して開催され，国連において，修復的司法のプログラム使用についての基本原則（Basic Principles on the Restorative justice in Criminal Matters）が定められた[3]。しかし，各国で呼称は異なるし，英語でも，restitution, reparation, compensation, atonement, redress, community service, mediation, indemnification, といった表現が, 互換性があるものとして使用されている。restorative justiceの日本語訳も, 定訳がなく, 回復, 修復, 関係回復, 法的平和等が使用される。ただし, 最近, 修復的司法または修復的正義が定訳になりつつあるようである。

　外形から判断するならば, 修復的司法とは, 典型的には, 刑事事件の被害者と加害者を法廷外で直接対話させ事態を収束させることである。しかし, 直接対話しなければ, 修復的司法ではないとはいえないし, 直接対話させさえすれば修復的司法ということもできないであろう。厳密に制度化されていない以上, 制度的に定義するのは無理であろう。それに, そもそも, 厳密に型に嵌めないことこそ修復的司法の真骨頂である。ある方向性をもった運動として理解したい。

　ところが, そのように柔軟に考えてさえ, 修復的司法は何かを語ることは容易でない。修復的司法の性格付けの困難さは, それに複数の重要な要素が同時に含まれていることが, 大きな原因である。たとえば, 西村春夫は, 次の5つの基盤に整理する。簡略にまとめると, 1, 先住民族の和解の伝統に学ぶ姿勢, 2, 当事者間で被害回復をはかる, 3, 処罰型司法に対する批判, 4, 被害者への配慮, 5, 地域密着型司法の不徹底への批判, となる。どのひとつをとっても, 司法にとっての大きな課題である。しかも, それぞれの問題は絡み合っている。癒しを求める方向などは, 当事者主義, 被害者への配慮, 処罰型司法批判等の合作として出てくる。アレを語れば, コレが落ち, それらを統合する概念も見つけられない。

Ⅲ——多民族, 多宗教巨大国家——ヨーロッパの特殊性

　修復的司法を捉えるには, 厳密に分析することよりも, 大きな視野で見たほうが, その共通点を見つけられると, 私は考える。鍵は, 西洋文化独特の, 理想主義と現実主義の対立にあると思う。人類学が示すように, 犯罪事件を当事者同志の間で解決しようとすることは, むしろ人類にとって基本形と考えたほ

うがわかりやすい。なぜ，ヨーロッパにだけ異なった司法制度が生まれたか，という視点に立ってみよう。

ただし，ここでマックス・ウェーバーが行ったような詳細な歴史的検討はしない。その理由は2つある。第1は，そこまでの紙面がないという単純な理由である。第2は，歴史研究の限界に関係する。たとえば，ローマ時代を検討する場合，参考にできる文献が限られている[7]。それも時代が抜けているだけではなく，首都に偏り，また，民間より統治機関に関係する事柄に情報が偏っている。交通も通信も不便であった時代には，狭い地域ごとに自治的勢力が点在して，事件解決をしていたと思われる。これについては想像力を働かすほかない。また，カントの応報刑論は，有名であるが，それだからといって，カントの時代に実務がそうであったとは言えない。むしろ，警察組織が整備されていなかった状況などから，多くの重大犯罪者は逃げおおせていた現実があったと想像する。歴史資料を根拠にする，あるいは，思想書を読みこむといったような手堅い研究からは，犯罪が，実際にどのように扱われていたか，明らかにすることは困難である。

本稿では，ヨーロッパ近代刑事司法の特徴を，修復的司法の特徴を明らかにするという目的に応じて，極めて大まかに整理することで満足することにしたい。

ヨーロッパ法を生んだのはローマである。ローマ帝国が，法による支配を創設したとき，問題になっていたのは犯罪取締りではなかった。関心は，支配者としてのローマの正統性であった。ヨーロッパに犯罪学が誕生したのは19世紀である。それまでは，秩序問題といえば，戦争であった。したがって，ローマ帝国がとりわけ問題にしたのは，ローマ兵士と被征服部族との間の事件であろう。それを法によって公平に裁くことこそが，法による支配の正統性の核心であった。

このことを了解すれば，ヨーロッパ法の基礎となったローマ法は理解しやすい。その司法制度は，市民を犯罪から守るのではなく，国家レベルの治安が関心事とならざるをえない。民族，宗教が異なる被害者と加害者の対話は，失敗すれば内戦である。内戦の回避こそが制度目的なら，道徳を紛争に持ち込み，

意見が衝突することこそ最悪の事態である。道徳を法から排除する必要がある。そのため，事件をカテゴリー化しやすい行為次元に小さく限定することがなされた。なぜなら，事件の個別事情を考慮すれば，どうしても価値観の相違が出てくるからである。そのように行為化したうえで，普遍性を求めることが，ヨーロッパ法の伝統となった。[8] 未来の平和共存を論点とせずに，過去の行為に対する対応に終始するのも，そもそも，当事者間に，信頼関係が元々まったく存在しないことを前提にしたものであろう。征服民と被征服民の対話には，共通言語すら欠けていた場合が多かったであろう。誰もが日本語を十分話せることを前提できるような社会とは，基本状況が異なっているわけである。

　「平和」という日本語には，和やかで当事者どうしが仲良しのイメージがあるが，「嫌いでも殺し合いまではしない」という定義もありうる。国内において，民族，宗教，言語，文化，何もかも異質な者が住んでいる，ローマのように巨大な国家においては，目標は低くせざるをえなかったろう。他方で，その最低限を，万民に認めることは，ヨーロッパの人権擁護の伝統へと繋がっていくことになった。[9] 人命尊重ということではなく，思想としての人権擁護を念頭におけば，これは，非ヨーロッパには存在しない。人権思想も，ヨーロッパ法の大きな特徴である。

　ヨーロッパ法の特徴の起源をローマ法に求めることは通説というより常識といってよいことであろう。ここで確認しておきたいのは，多元的巨大共同体であるという社会の特性を前提に，秩序維持を実現しなければならなかったことから，ヨーロッパ法が独特の普遍性追求をする特性が生まれたことである。正反対の同質小規模共同体においては，その内部で価値観が，ある程度共有されているため，道徳に踏み込んでも問題がなく，また，事後，再び顔を合わせることが想定されるため，未来における平和共存が志向され，過去に何が行われたかにこだわるよりも，仲直りが重視される。当然，それ以前に当事者同志のつきあいが存在し，これからも存在するのであるから，一事件を狭く捉えて検討するよりも，過去の経緯すべてと，今後の関係を考慮した解決がはかられる。見事にヨーロッパ司法制度の対極にある非ヨーロッパ文化圏における紛争解決は，何よりも，同質小規模社会を基盤にしていると考える。そうしてみると，

ヨーロッパの特性が，近代になるまで完成しなかった理由は，単に完成に時間がかかったということではないと考えられる。むしろ，近代になって初めて移動性の高い匿名社会が成立し，個人主義が確立したことによって，ヨーロッパ司法制度の特徴は完成したのであろう。中世までは，地方共同体に生れ落ちた者は，その共同体から脱出することは困難であったろう。

Ⅳ──抗争処理モデル

　社会基盤について分析してきた。次に，非ヨーロッパにおける紛争解決と比較した，ヨーロッパ法制度の特徴を，制度の内側から整理しておこう。そのためには，ヨーロッパの司法制度は，紛争解決の一特殊形式とする視点からみる。刑事事件に絞って考察するために，法社会学でおなじみの紛争解決図式よりも，所一彦の抗争処理モデルを使ってみたい。所一彦によれば，抗争処理モデルは，次のようになる。「犯罪がわれわれにとって問題なのは，単にそれが，それ自体として望ましからぬものであり，したがって防止されるべきものだからではない。──われわれの前には，犯罪から守られたい欲求があるとともに，処罰されたくない欲求があり，そればかりでなく被害者の怨嗟の声があり，しかもそれらは，何を犯罪とすべきかが必ずしも分明でなく，流動的でさえあるなかでひしめいているのである。だとすれば犯罪がわれわれにとって問題なのは，いまひとつ，より根本的に，人々のあいだにそのような衝突があり，そのために人々が傷つけ合う事態としてなのだ──そうした人々の抗争こそがまずもって問題であり。したがって，その適切な処理こそがわれわれの第一の課題だ──」[10]。悪いことをした者を，必ず的確に罰すればよいという考え方は，何が悪で，誰が何をしたかの事実関係が透明で，どの行為がどの程度悪く，罰は何が適当か知っていることが前提されている。換言すれば，神様の力を持っていると勘違いしているわけである。現実には，悪事が発覚したさいに，処理しなければならない問題は多岐にわたっている。最近再び勢いを得ている感のある，この単純化した考え方については後述したい。

事件解決のための多岐にわたる問題に対する，ヨーロッパ司法制度の解決法は，簡略に示せば次のようになる。何を犯罪とすべきかについての争いは，罪刑法定主義によって解決し，加害者に処罰を納得してもらうためには，犯罪行為をカテゴリー化し，それに対応する量刑も定めておく。これによって，誰に対しても公平な法適用，つまり，法の前の平等を確保する。この，加害者の納得が，最も重視されてきた。他方で，被害者側に対する対応は，かなり蔑ろにされてきたことは，被害者の権利運動以降，指摘されてきたとおりであろう。[11]

　加害者対応部分の洗練は，前節でスケッチしたように，多文化社会であるところから生じたとして説明できるであろう。次に，一方の当事者である被害者が，刑事司法制度から疎外された理由を見ておこう。

Ⅴ——当事者主義と国家介入

　ローマ時代は，近代刑法と比較すれば，はるかに当事者主義であったと言われる。支配の正統性が目的なら，当事者に納得してもらうことは，むしろ早道である。そこから，現代よりも当事者主義的で，当然，被害者にも配慮した司法であったというわけである。しかし，これは，おそらく幻想であろう。現代言われているような当事者主義が成り立つ前提は，両当事者がともにしっかりしていることである。もし，被害者が弱者であったならば，支配を覆される危険はなく，打ち捨てておけばよいのである。被害者に抵抗力があった場合，それも，個人主義がまだ強くない時代であるから，有力親族や友人がいる場合にこそ，その集団による内乱のおそれがあったわけである。現実は，そもそも，そのような強者が被害者として選択されることは少なく，弱者が被害者であり，捨て置かれることが普通であったというのが，私の想像である。犯罪被害者補償制度も，ハムラビ時代から提案がありながら実現したのが20世紀後半である。その理由は，その時代になって社会の匿名性が高くなり，個人的強者といえども，無差別テロなどの犯罪に遭遇する可能性が高まったことによって，捨てて置けなくなったからと考える。その時点で，ようやく政治的同意が得られて立

法に至ったわけである。[12] 別の言い方をすれば，かつて，犯罪防止は，自力で自己防衛されていたということである。当時の当事者主義は，自己防衛を意味していたわけで，被害者になる者は，自己防衛できない者ということで，必ず弱者であったろう。

　ローマ兵士が被征服民に被害を与えた場合，公平に裁くことがローマにおける法による支配のはじまりと述べた。しかし，これは，殺し放題をやめるという低い目標達成であって，現代の視点からは，公平とはほど遠いものであったと考えている。たとえば，被害者に対して賠償がなされるといえば，素晴らしく聞こえるが，それによって刑事処罰が消滅すれば，資産家は，金銭でもって刑事罰を免れるという不公平な状態である。

　さらに，思想においては，唯一の正しい答えがあるとされ，中央政府は専制的であったとしても，中世社会の実態は多元的であったと考えられる。中央の意志を，末端まで届かせる移動手段も，通信手段も存在しなかった。地域ごとに，そこのボスが支配する自治的小集団の群雄割拠が中世社会の真実であろう。そこにおいては，そのボス達による恣意的な事件処理がなされてきた。それに対抗する形で出現したのが絶対王制の国王であり，国王の代理人の資格で検事が誕生し，ここに刑事事件に対する国家の独占が始まった。私的応報を繰り返すことを止めさせる云々の言説は，刑罰の国家独占を正統化するための理屈として生まれたものであろう。現実に，内部において私的応報を繰り返すような集団が存続できたはずはなく，そのような集団は実在しなかったであろう。むろん，これは，暴力がなかったということではない。かつては，個人が存在せず，部族が存在するだけであったことを考えれば，復讐合戦する主体は部族であり，これは犯罪ではなく戦争であったと考えられる。戦争につぐ戦争こそ，ヨーロッパの歴史である。警察の誕生は19世紀まで待たねばならなかった。

Ⅵ──警察と修復的司法

　犯罪事件が具体的にどのように処理されるかに注目するならば，警察の働き

は重要である。ヨーロッパ近代警察は、1829年のロンドンにスコットランドヤードができたことに始まるという。しかし、警察の定義を、広く捉えるならば、それ以前にも人の安全のために奉仕する組織は存在した。近衛兵の類は、視点によっては、警察の前身であろう。人々全員を守ることが実現できなければ、最も重要な人物だけを守る、すなわち、国王の身の安全だけをはかると考えれば、近衛兵は、不完全な警察である。ロンドン警視庁も、その名のとおり、首都警察であって、地方の人々は対象にしていない。フランスにおいても、警察は、実に最近まで、首都の治安を中心にしており、パリ郊外でさえ手薄なままに放置されてきた。換言すれば、公安警察としての警察が中心であり、一般市民を犯罪から守ることは、重視されてこなかった。これが現実であったろう。

ところが、近年、どの先進国においても、犯罪から身を守ることに対する、市民の関心が強まってきている。また、匿名社会化が進んだために、被害者への同情が増し、被害者の権利についての関心が高まっている。被害者が捨て置かれてきた、あるいは、二次被害にあうといったことは、実は、警察官の被害者に対する扱いの問題である。この点を、改めることが近年実行された。

修復的司法が、実現されるには、事件処理に早い段階で関与する警察官が、それに賛同し、被害者をそちらに誘導することが重要である。現時点では、紹介する警察官もいれば、しないこともある。どちらかといえば、それほど、警察官が修復的司法に賛同しているわけではないと言われている。

Ⅶ——行為主義と人物中心志向

ヨーロッパ司法制度の特徴を、まとめてきた。それによると、内戦を避け、首都中心に守るなど、極めて低い目標設定をした、現実主義的なものであった。川島武宜や丸山真男の、追い着け追い越せ論のように、ヨーロッパの制度は進んでいると考えられがちである。しかし、進んでいるということを、理想に近いという意味で捉えるならば、それは見当違いである。刑事手続の精緻化や、司法職員組織の充実をもって発展というなら、ヨーロッパの制度は確かに進ん

でいる。しかし，犯罪対策に成功したかという観点からは，日本や韓国等と比較して，間違いなく劣っている。

　理想に近づけるということを考えるならば，犯罪を「行為」として捉えないで，「人」として捉え，その更生を試みなければならない。行為主義をとったヨーロッパは，公平に罰することに力点を置いて，犯罪者の更生を放棄してきたわけである。とするならば，ヨーロッパにも，犯罪を人の次元で捉えようという「理想主義」のモーメントが存在するはずである。

　修復的司法は，加害者対被害者という具合に，事件を人対人の次元で捉えている。そして，加害者の更生，被害者の立ち直り，コミュニティーの平和回復の，どれをも同じに達成させようという，強固な理想主義を特徴としているように思われる。修復的司法を，理想主義という観点から検討してみたい。

Ⅷ——先祖帰りとの違い

　修復的司法が，先住民族等の紛争解決の影響を受けていることは，よく知られている。そのため，修復的司法は，先祖帰りの動きではないかと見られることもある。しかし，単純な先祖帰りでないということを，まず確認しておきたい。

　修復的司法と先住民等の紛争解決との相違点を比較しておこう。確かに共通点は多い。まず，所属集団内から，根本的に争いをなくそうという理想主義がある。そこからの派生物でもあるが，被害者の役割が大きいこと，損害の回復を重視することが，あげられる。これらは，指摘されるとおりであろう。しかし，類似点ばかりが強調されがちであるが，他方で，明確な違いがある。それは，加害者と被害者に対する第三者役の性質の違いである。古いタイプの紛争解決にしろ，ヨーロッパ中世の事件解決にせよ，地域共同体や職業集団等，必ず，所属集団内の有力者が第三者としての役割を果たしてきた。この場合，第三者といいながら，実は，ある程度，利害関係者である。単純に，一方の当事者に近いということはさすがに回避されたとしても，事件解決が，集団に与え

る影響を考慮したり，あるいは，別の有力者に肩入れを頼まれるなど，恣意的な解決がなされる危険がたくさん存在した。そして，実際にそのようなことがあったと推測される。この点，修復的司法においては，被害者と加害者を仲介する者は，両当事者どちらとも関係がなく，また，互いに，濃い人間関係を伴った同一集団の成員でもない。修復的司法を担う者は，地元有力者より，むしろ，さまざまな専門家である。それもひとりではなく，司法関係，心理学，医学等の専門家集団が，協力しあって仲介することも多い。修復的司法は，集団内での恣意的解決の欠点を，克服したものであり，単なる先祖帰りとの同一視は誤りである。

このように，修復的司法は，専門分化が進んだ匿名社会が前提となっている。修復的司法は，人と人の出会いを重視し，犯罪という「不幸で過った出会い」を，「良き出会い」に転換することを目指している。ただし，これでもって，修復的司法は，コミュニティーの再生を目指しており，専門分化が進んだ近代社会を否定しようとしているとまで解釈するのは行き過ぎであろう。修復的司法を担う者達自身が専門家である。彼らは，どちらかといえば，近代化の欠点を補完することでもって，近代化を肯定し助ける方向にあると考える。

Ⅸ——無思慮な理想主義

修復的司法は，ナイーブなものではなく，中世に発覚した恣意的司法の欠点を克服していることを示した。それとは別に，理想主義にも，極めてナイーブで浅はかなものもあることを取り上げて，修復的司法の特徴を浮き上がらせたい。

ここで，浅はかな理想主義と呼ぶのは，「悪を徹底的に懲らしめる」という発想である。この考え方，というより無思慮というべきかもしれないが，これによると，悪の権化たる人間が存在し，それを排除することが正しいという。実際の犯罪者を知る者は，このような認識をもつことは，まずなく，犯罪者の更生，つまり再統合を目指す。合理的に考えても，死刑にしてしまわない限り共

存するほかない。排除と再統合という意味で，両者の理想主義は，正反対の立場をとる。歴史的には，社会復帰を支持する左派と，懲らしめを強調する保守の対立という図式があった。しかし，冷戦終結後の今，イデオロギー対立よりも，別の対立軸をたてたほうがよさそうである。直接，犯罪者や犯罪を知るものと，マスメディアを通してイメージしている人々とである。

今日どの先進国においても，情報源をマスメディアに依存する人々が増加し，彼等の判断が，政策決定に大きな影響を及ぼすようになってきている。ある意味では，エリート任せではなくなり，民主主義が発展したようにも受け取れるが，他方で，事態の十分な理解をしていない者の意見が有力となり，暴走する危険がある。いわゆる9.11のテロを目の当たりに見たニューヨーク市民はイラク戦争にむしろ反対であったのに対して，アメリカの田舎でテレビ報道に影響された人々が，戦争を強力に支持したことは，その典型例であろう。現代の民主主義の状況は，悪を懲らしめるという，無思慮で浅はかな理想主義が勢いを得る可能性が高い。犯罪被害者に対する注目も，この方向にいって，むやみな厳罰化（長期刑の濫用や死刑）等の結果を生むかもしれない状況である。

修復的司法の唱導者が，この無思慮な理想主義を否定していることは，言うまでもない。単純な懲らしめ論が勢いを得ている一方で，修復的司法のようなものも勢いを得てきていることは実に興味深いことである。修復的司法のほうについて，さらに詳しくみておこう。

無思慮な理想主義との比較は，極めて単純であり，大味な二元論を持ち出したと感じられるかもしれない。指摘しておきたいのは，修復的司法の唱導者は，刑事事件処理に特化した運動ではないということである。たとえば，北米で最初に被害者と加害者の対話がはじまったオンタリオ州のキッチナーで，活動しているのは，メノー派である。[15]このメノー派は，9.11テロの3日後にブッシュ大統領に報復はさらなる暴力を生むとする書簡を送っている。[16]ハワード・ゼアが，元来の聖書の教えに帰れと主張するように，古くからある理想主義的運動という側面がある。修復的司法は，宗教を背景にもつ，平和運動とも通じるスケールの大きなものであることを理解しなければならない。[17]そうしてみると，ローマ以来，多様で巨大な社会を統治するための現実主義によって押さえこま

れた理想主義が，湧き出してきたとみることができる。

このように理解するならば，修復的司法もまた，現実の厳しさを十分認識しないで，理想を実現しようという点においては，浅はかな理想主義と，共通点をもつのではないかと懸念される。そういうことではなく，この種の理想主義が表面化してきた理由があることを次に指摘したい。

X——現場の理想主義

　修復的司法の特徴として，その実践者に，刑事司法における元実務家が多数含まれていることがある。担い手は，かつての古い共同体内有力者ではなく，専門家である点を指摘したが，さらに正確には，元実務家である。そもそも，既存の刑事司法制度に満足しているならば，元実務家とならずに，現役実務家であり続ければよい。それを辞めているということは，刑事司法実務の現状に不満足であったからに相違ないと想像できる。どこが不満だったのであろうか。

　不満とは，給料のことではなく，自分の理想が追求できないことであろうと推察する。現場の人間の意識という観点から，その理想主義について考察してみよう。現場といえば，現実が目の前にあるから，現実主義をとると考えがちである。手段の選択について，それは，ある程度事実であろう。しかし，そのような厳しい状況の現場であるからこそ，このために自分は頑張っているという理想が必要でもある。そして，時にそれが実現される感激があってこそ現場のやりがいや楽しさがあるのではないか。

　私が推察するところ，現場では，個別の相手にあわせてかなり思いきった手段を使うことが行われてきたと思う。たとえば，日本の例であるが，2000年に，非常に踏み込んだといわれる被害者のための立法がされたが，そのさいに認められた手段の多くは，すでに実務上例外的に実施されてきたことの明文化であった。列挙すれば，被害者側に特別傍聴券を与える，証人尋問における衝立の使用，被害者に付添人を認める，法廷外での証人尋問，検察審査会への意見や資料の提出，刑事訴訟記録の民事事件送付嘱託などである。別の例をあげる

と，受刑中の殺人事件加害者に被害者（遺族）を直接合わせたことさえあると伝え聞いている。むろん，これは，この件にかぎって，それがベストであると判断したうえのことであろう。このように，極めて厳しい秘密保持がなされる一方，かなりの裁量を現場は振るってきたと推察できる。ヨーロッパにおいても，ケンカの現場に駆けつけた警察官が，両者に仲直りさせて刑事手続にのせないですますことは，当然あったであろう。

ところが，官僚制化なのか，透明性を求められてかえって管理強化されるようになったのか，ここでは問わないが，現場の自由度が，次第に失われているように思われる。換言すれば，ただ事態を悪くすることを避けるために淡々と処理するような実務となってきている。フランスでは，警察官は，市民に積極的な行為をさせることは一切禁じられている。これでは，仲直りさせられない。このような状況に嫌気がさした実務家が，「反抗」とまで言えないとしても，彼らの「理想」を追求するために修復的司法に賛同することが起きていると解釈できる。

この意味で，修復的司法は，現場にあった理想主義の追求という側面をもつ。それを前提すれば，この理想主義は，現実離れした理想主義とは，まるで異なっている。また，実態を直接に把握している人々が慎重に動いていることは，メディアに左右されている無思慮な理想主義と，正反対の特性をもつとも言えるであろう。おそらく，そのおかげで，修復的司法の成功例がいくつも報告されているのであろう。

XI ── ポストモダンか太古の価値観か

最後に，修復的司法を，ポストモダンの法の揺らぎとみるかどうか整理しておきたい。修復的司法は，確固たる西洋刑事司法手続に，完全に取って代わるものではなく，一部の別の方法に過ぎない。また，将来においても，それは変化しそうにない。なぜなら，事件ごとに，うまくいく場合のみ，進め，そうでない場合は従来の手続に戻す姿勢であり，しかも，それが，やむなくそうなっ

ているのではなく，その姿勢を大切にするのが修復的司法である。したがって，修復的司法は，あくまで事件ごとの代替手段であって，代替制度とはなりえない。この点で，唯一正しい制度の探求といった前提が崩れ，多元化するという意味で，修復的司法を，ポストモダン現象と重ね合わせて見たくなるであろう。実際，刑事法制度の常識が揺らがねば，修復的司法のような試みが受け入れられたはずはない。

　しかしながら，修復的司法の現場には，ポストモダンの臭いはしない。その従事者は，犯罪行為は本当に悪なのかといった価値観の揺らぎを感じているよりも，原初的な強い正義感に満ちている。マックス・ウェーバーの指摘した官僚制化，公権力行使の透明化によって，現場で腕を振るえなくなったことに対するリアクションのように感じられる。近代刑事司法制度が完成していく歴史と平行して，現場では，多様な試みが許され続けてきたであろうことを見落としてはならない。中央での方針を，僻地まで伝達し監視する通信交通手段が完成したのは，いつのことであろうか。少なくとも，戦争や恐慌による混乱があるうちは，刑事司法手続の理念の実現どころでなかったとすれば，第二次世界大戦から復興したのみならず，大きな安定と余裕があってはじめて，窮屈なほどの管理が行き届いた実務が出現する。修復的司法の運動発生は，その時期と一致しているように思う。

　思想や制度改革ではなく，実態を見ることが，修復的司法の理解には欠かせない。修復的司法には，現場の理想主義の発露という側面があることを指摘しておきたい。

1) 高橋（2003）。
2) 西村・細井（2000）19-74頁参照。
3) ヴァイテカンプ（2001）106頁。
4) 同上88頁。
5) 西村（2002）228頁。
6) 同上228-230頁。
7) 柴田（1976）25-74頁。
8) 行為化が厳密な意味で完成するのは近代の作業である。ローマ法に，事件に区切って処理する特性がすでにあったことを指摘している。ローマ時代の実態を見れば，非ヨー

ロッパとの共通点を見つけることも容易であろうが，ローマに生まれヨーロッパ法の特性となった伝統全体について述べている。詳細な歴史検討は，ここではできない。

9) ダントレーブ（1952）。
10) 所一彦自身が，「刑事政策と共生の理念——高齢受刑者の問題を機縁に」において，自著『刑事政策の基礎理論』（所編著（1994））から引用している部分である。
11) 河合（1989）。
12) 同上論文。
13) 村山（1990）3頁。
14) フランスの研究者，警察高官の語るところによる。
15) メノー派は，16世紀オランダの再洗礼派の流れを汲むプロテスタントの一派。ゼア（2003）177頁，訳注より。
16) 同上書，訳者あとがき，273頁。
17) カソリック・ワーカーなど，同上書。

〔引用文献〕

ダントレーブ，A. P.（1952）『自然法』（久保正幡訳）岩波書店．

河合幹雄（1989）「アメリカにおける被害者の権利運動——その主張と背景——（1）（2）」法学論叢125巻5号62-84頁，126巻3号66-85頁．

村山眞継（1990）『警邏警察の研究』成文堂．

西村春夫（2002）「修復的司法の理念と実践」刑法雑誌41巻2号．

西村春夫・細井洋子（2000）「謝罪・赦しと日本の刑事司法——関係修復的正義を考える」『宮澤浩一先生古稀祝賀論文集　第一巻』成文堂．

柴田光蔵（1976）「ローマ法」碧海純一・伊藤正己・村上淳一編『法学史』所収，東京大学出版会．

高橋則夫（2003）『修復的司法の探求』成文堂．

所一彦編著（1994）『刑事政策の基礎理論』大成出版社．

ヴァイテカンプ，エルマー・G・W（2001）「二一世紀犯罪学の展望（四）リストラティブ・ジャスティス——私たちはどこにいて，どこに向かってうこうとしているのか？」（竹村典良訳）桐蔭法学8巻1号（通巻第15号）．

ゼア，ハワード（2003）『修復的司法とは何か——応報から関係修復へ』（西村春夫，細井洋子，高橋則夫監訳）新泉社．

19世紀ヨーロッパと近代司法統計の発展

佐藤岩夫

I——はじめに——〈印刷された数字の洪水〉

　科学史家イアン・ハッキングは，その著書『偶然を飼いならす』(Hacking 1990=1999) のなかで，19世紀のヨーロッパでは〈印刷された数字の洪水〉の現象がみられたことを指摘している。[1]〈印刷された数字の洪水〉とは，社会や人間に関する膨大な量の数字が印刷され，公刊されるようになった事態を指す。もちろんそれまでも，社会や人間に関する数量的調査は行われていた。しかし，18世紀までは，数量的把握の対象は比較的限定されており，また，その数字は調査を行った官庁の内部に秘匿されていたのに対して，19世紀，とくに1820年代から30年代頃を画期に，数字による把握の対象がありとあらゆる領域に拡大するとともに，それが広く印刷・公刊されるようになったのである。それをきっかけに，人間や社会を規定する法則性を探求し，そしてそれに基づいて，人間および社会を統制しようとする発想が生まれてくる。〈印刷された数字の洪水〉によって，人間および社会に関する体系だったデータの集積が進み，そのことがわれわれの社会認識のあり方を変え，また，社会を記述する仕方に決定的に重要な影響を与えたというのが，ハッキングの主張である。[2]

　この〈印刷された数字の洪水〉という現象は，実は，司法の分野も決して例外ではなかった。19世紀のヨーロッパでは，各国で相次いで司法統計が印刷・公刊されるようになり，犯罪や裁判に関する大量の数字が社会に流通するよう

になった。よく知られているように，近代統計学の確立者であるケトレの主著『人間について』(Quetelet 1835)は当時相次いで公刊され始めたフランスその他の諸国の刑事司法（犯罪）統計を駆使していることや，ポアソン(Poisson)が有名な「大数の法則」を発見した際にもフランスの刑事司法（犯罪）統計の数字を基礎データとしていたことを考えると(Hacking1990=1999：訳138頁)，19世紀における司法統計の整備は，〈印刷された数字の洪水〉の単なる一こま以上の意味をもっていたともいえる。

しかし，19世紀のヨーロッパにおいて司法統計がどのように整備されたかについては，日本ではまだ十分に知られていないように思われる。19世紀ヨーロッパで相次いで司法統計が公刊されるようになった状況を検討するのが，本稿の第1の課題である。

ところで，この19世紀は，〈印刷された数字の洪水〉＝司法統計の印刷・公刊の時代であると同時に，民事訴訟が急激に増加した時代でもあった。実はこのことを実証的に確認できるのも，上に述べた司法統計の整備のおかげであるが，本稿の後半では，19世紀ドイツの民事司法統計を利用したヴォルシュレーガーの研究を手がかりに，19世紀における民事訴訟の急増のメカニズムについても検討することにしたい。

II──19世紀ヨーロッパにおける司法統計の発展

1 前史

ヨーロッパの近代的司法統計の淵源の1つは，17世紀後半の「政治算術」にさかのぼることができる。ウィリアム・ペティ(William Petty)は，国民の「罪悪と不道徳」の尺度を得るため，犯罪によって有罪とされた者の数を調べ，また，同じく，誰がシカーネ的な訴訟を起こすのかを知るために，民事訴訟の数を調べることを提案した(Petty 1927 I：p.197 nos. 17, 18)。民事司法と刑事司法の数を数えることは，ペティの構想によれば，国民の非難すべき性向を量的に把握可能にするものと期待されたのである。ペティは，また，裁判所の行う決

定の数から，全国で必要な裁判官および弁護士の数を探求することも考えていた（Petty 1927 I：p.197 no. 17）。ペティにおける司法データの収集の目的は，国民の道徳意識の探求と，司法制度の必要な人員を計算するという広い意味での司法行政上の目的の2つであったといえる。

道徳意識の探求と司法行政の必要というこの2つのねらいは，その後のヨーロッパで，さまざまな形で受け継がれることとなった。たとえば，プロイセンでは，1717年に，当時のフリードリッヒ・ヴィルヘルム1世が，各裁判所に対して，訴訟の未済事件数，新受事件数，既済事件数について報告することを求め，それを上級裁判所で一覧表（Tabelle）にまとめたものを国王に提出することを命じているが，そのねらいは，各裁判所の訴訟の遅滞状況を把握し，裁判手続の迅速化を促すという司法行政上の監督であった[6]。また，1775年に出版されたプロイセンの法学雑誌の編集者は，ペティが述べた第1の目的と同じねらいで，一般訴訟統計表（Generalprozeßtabelle）を，国民の道徳性を探求する手段として推奨した[7]。

2 19世紀における近代的司法統計の発展

こうして，ヨーロッパにおける司法統計への取組みが始まったが，しかし18世紀まではなお，司法統計は断片的で継続性を欠き，何よりも，国王や司法行政の内部資料にとどまるものであった。体系的・網羅的な司法統計が編成され，しかもそれが公刊されるようになったのは，19世紀に入ってからのことである。

まずプロイセンでは，1814年から，司法省の委託を受けて編集された雑誌の中で司法統計の数字が公表されるようになった。フランスでは，刑事・犯罪統計の分野では1827年以降『刑事司法行政一般報告（Compte général de l'administration de la justice criminelle）』が，また，民事司法の分野では，1831年以降『民商事司法行政一般報告（Compte général de l'administration de la justice civil et commerciale）』が独立の統計として公刊され，司法に関する詳細な数字が公表されるようになった。冒頭に述べたケトレやポアソンが利用したのも，この『刑事司法行政一般報告』の数字であった。そして，とりわけこのフランスの司

法統計がモデルとなって，その後，他のヨーロッパ諸国でも相次いで詳細な司法統計が印刷・公刊されるようになる。たとえば，バーデンが1830年，ベルギーが1835年，スウェーデンが1839年，デンマークが1847年，オランダが1850年から相次いで司法統計を公刊するようになっている。また，イングランドでも，19世紀に入って議会資料のかたちで断続的に司法統計上の数字の公表が進んだ後，1857年からは独立の統計として詳細な司法統計が公刊されている。それら諸国を含め，ヨーロッパの多くの国で19世紀に司法統計が印刷・公刊されているが，それをまとめたのが**表1**である。

このように19世紀にヨーロッパ各国で一斉に司法統計の整備が進んだ理由としては，次の2つの要因が重要である。第1は，近代的統計機構の整備である。とくに19世紀初頭に，各国で相次いで統計局が創設されたことが重要であり（たとえばフランスでは1800年，プロイセンでは1805年など），社会生活と行政に関する広範な情報が体系的に収集されるようになった。司法統計の整備もまた，そのような大きな流れの中でなされたものである。第2は，まさにハッキングが注目したような知と社会の新しい関係，19世紀の時代精神というべきものである。19世紀，とくに，1820年代から30年代にかけて，人と社会に関する数字を収集し，そこから一定の法則性を見いだし，それに基づいて社会を制御しようとする考え方が急速に拡大していった。その結果，ヨーロッパでは，「統計万能時代」「統計学熱狂時代」（Westergaard 1932=1943：訳173頁）あるいは「社会の統計化」（Hacking 1990=1999：訳3頁）とよばれる状況が現出したのである。このような，社会に関する数字の数え上げの関心の高まりが，司法統計の発展に大きく寄与したことは疑いない。

そして，このような統計に関する当時のヨーロッパの熱狂の一例としては，国際統計会議の開催を忘れることはできないであろう。国際統計会議は，第1回が1853年にブリュッセルで開催され，最後は，第9回の会議が1876年にブタペストで開催されている。その主要な目的は，各国の官庁統計の統計項目・分類の統一化・標準化であり，そしてその開催を主導したのが，これまで何度も名前が出てきたケトレであった。この国際統計会議では，官庁統計の他の領域と同様に，司法統計の領域でも，すべての国に適用可能な司法統計の統一的・

第5部 比較法社会学の視点

表1 ヨーロッパ各国における司法統計の公刊

国 名	公刊開始年	開始時の名称等
プロイセン (ドイツ)	1814	Jahrbücher für Preußische Gesetzgebung, Rechtswissenschaft und Rechtsverwaltung/ im Auftrag des Königlichen Justizministeriums hrsg. von Karl Albert von Kamptz. Berlin, Bd.1 (1814).
フランス	1827	［刑事］Compte général de l'administration de la justice criminelle en France/ Ministère de la Justice. Paris, 1825 (1827). ［民事］Compte général de l'administration de la justice civile en France/ Ministère de la Justice. Paris, 1820/21 (1831).
バーデン (ドイツ)	1830	［刑事］Übersicht über die Strafrechtspflege im Großherzogthum Baden/ Großherzogliches Justizministerium. Karlsruhe, 1829 (1830). ［民事］Übersicht der Civilrechtspflege im Großherzogthum Baden/ Großherzogliches Justizministerium. Karlsruhe, 1840/43 (1848).
ベルギー	1835	［刑事］Compte de l'administration de la justice criminelle du Belgique/ Ministère de la Justice. Bruxelles, 1831/34 (1835). ［民事］Compte de l'administration de la justice civile en Belgique/ Ministère de la Justice. Bruxelles, 1832/36 (1837).
スウェーデン	1839	Underdåniga berattelse angående civile rättegangs-ärendena och brottmålen i Riket / Justitie-Statsminister. Stockholm, 1839.
デンマーク	1847	［刑事］Detaillerede criminaltabeller for Kongeriget Danmark/ Statistiske Bureau. København, 1832/40 (1847). ［民事］Oversigter over den civile retspleje i Kongeriget Danmark/ Statistiske Bureau. København, 1863/67 (1869/70).
バイエルン (ドイツ)	1848	［刑事］Übersicht der Strafrechtspflege in den Regierungs-Bezirken des Königreiches Bayern diesseits des Rheins/ Staats-Ministerium der Justiz. München, 1846/47 (1848). ［民事］Geschäftsaufgabe der Gerichte in bürgerlichen Rechtsstreitigkeiten und in der nichtstreitigen Rechtspflege, dann Ergebnisse der Strafrechtspflege im Königreich Bayern/ Staats-Ministerium der Justiz. München, 1876 (1877).
オランダ	1850	Geregtelijke statistiek van het Koningrijk der Nederlanden/ s'-Gravenhage. 1847/49 (1850).
イングランド & ウェールズ	1857	［刑事］Judicial statistics, England and Wales, Part 1: Police, criminal proceedings, prisons. London, 1856 (1857). ［民事］Judicial statistics, England and Wales, Part 2: Equity, common law civil and canon law. London, 1861 (1862).
オーストリア	1857	Darstellung der Ergebnisse der Strafrechtspflege in sämmtlichen Kronländern des österreichischen Kaiserstaates bei den Strafgerichten des Civilstandes/ veröffentlicht mit Genehmigung des Kaiserl. Königl. Justizministeriums. Wien, 1856 (1857).
イタリア	(1863)	Anuario giudiziario del Regno d'Italia/ Ministero di Gazia e Giustizia. Torino, 1.1863 (?)
ザクセン (ドイツ)	1865	Übersicht der Civil- und Strafrechtspflege im Königreiche Sachsen/ Ministerium der Justiz. Dresden, 1860/62 (1865).
ポルトガル	1880	Estatistica da administração da justiça criminal nos tribunaes de primeira instancia do Reino de Portugal e ilhas adjacentes. Lisboa, 1878 (1880).

ドイツ (1871年統一)	1883	Deutsche Justiz-Statistik/ bearb. im Reichsjustizministerium. Berlin, 1.1.1883.
スペイン	1885	［刑事］Estadística de la administración de justicia en lo criminal／Ministerio de Gracia y Justicia. Madrid, 1883 (1885). ［民事］Estadística de la administración de justicia en lo civil／Ministerio de Gracia y Justicia. Madrid, 1895 (1897).
フィンランド	1894	Bidrag till Finlands officiella statistic, 23: Rättsväsendet. Helsingfors, 1.1891 (1894).

標準的プランを作製することがめざされた。参考のため，9回の国際統計会議の議決・提案のうち，司法統計に関するものを表2にまとめておく[12]。見られるように，犯罪・刑事司法統計，民事司法統計の両者にわたって，多様な事項について，統計項目や統計の取り方の統一化・標準化の提案がなされている。さらにこの一連の会議の過程で，ケトレが民事司法統計の国際的な比較を提案し，それに応えて，フランスのYvernèsが，ヨーロッパ24か国・地域の民事司法統計を比較する報告書を作製している（Yvernès 1876）[13]。

もちろん，国際統計会議における司法統計統一化の熱心な取組みにもかかわらず，現実には，事態はそのような方向には展開せず，各国の統計は，その後も，各国各様の方法と内容で発展することとなった。とくに各国の法制度の違いが大きい民事司法の分野では各国の統計の違いは顕著に残り[14]，その意味では，司法統計の国際的な統一化・標準化という理念は，ヴォルシュレーガーの指摘するように，今日の目から見れば，「メートル法と同様に司法についても統一的なシステムを導入できるという楽観的な信念の記念碑」としての意味しかもたないかもしれない（Wollschläger1989: S.28）。しかし，見方を変えれば，このような情熱的ともいえる司法統計の統一化・標準化の動きの中には，そもそも大量の統計──〈印刷された数字の洪水〉──を生み出す原因でもあった19世紀の時代精神がよく現れているともいえよう。

いずれにせよ，こうして19世紀に生まれた司法統計は，以後，各国の政治制度・司法制度の変遷に影響されながらも，発展を続けることになる[15]。その歴史的展開を追い，その中に収録されている統計データを分析することを通じて，各国の司法制度の特徴を計量的に解明することは，筆者にとっての重要な課題である。しかしその課題の遂行は別の機会に譲り，本稿の後半部分では，19世

第5部　比較法社会学の視点

表2　国際統計会議における司法統計統一化の動き

	犯罪・刑事司法関係	民事司法関係
第1回 (ブリュッセル，1853年)	・国際的な犯罪統計の準備に向けて必要な調査事項を確認。 ・次回会議の検討事項として，犯罪統計に各国の刑事裁判所の組織・権限・手続の記載が含まれることが望ましいことを指摘。	・次回会議で民事司法統計の基本特徴を合意することへの期待を表明。
第2回 (パリ，1855年)	・犯罪統計に各国の刑事裁判所の組織・権限・手続の記載が含まれることが望ましいことを確認。 ・各国に犯罪歴記録制度 (casier judiciaires) の採用を勧告。 ・死刑犯罪の裁判，罰金の賦課，訴訟費用に関する統計的調査の有用性をとくに強調。 ・公式統計のなかで「犯罪」の定義を行うのが望ましいことを確認。	以下の事項を確認。 ・各国は，当面の間，統計調査の中に，フランス，ベルギー，サルジニア，ナポリで行われている様式を採用することが望ましいこと。 ・本案に関する判決は，付随的事項（たとえば権限）に関する判決から区別すべきこと。 ・訴訟の期間を調査すべきこと。 ・訴訟は，係争対象（たとえば，婚姻，扶養，地役権，相続法，その他の事件）ごとに分類すべきこと。 ・収用および債務拘禁に関する調査が必要であること。 ・土地所有の変動および婚姻契約に関する統計はとくに重要であること。 ・商法の領域では，とくに破産が継続的な統計的観察の対象として重要であること。
第3回 (ウィーン，1857年)	・ヨーロッパ共通の刑事立法のために犯罪に関する用語を確定する目的で，国際委員会を設置することを決議。各国は，この委員会に，各国の現行法の概要を提出するものとする。可能な範囲で，アメリカ合衆国における刑事立法も考慮することを確認。 ・有罪判決を受けた者を，性別，年齢，民事上の身分（嫡出・非嫡出，既婚・未婚・離婚・死別），家族状態（子どもの有無），宗教，身分，教育，財産，世評，住居地にしたがい分類する基準を作製。	・各国政府に，民事司法の統計的一覧がない場合にはそれを導入し，国際統計会議に提出することを要望。
第4回 (ロンドン，1860年)	・立法改革および国民の社会的・道徳的要求の認識にとっての司法統計の重要性を強調。 ・司法統計は，裁判所組織，訴訟進行，警察，犯罪・刑罰，監獄，矯正施設，訴訟の結果を含むものであるとした上で，裁判所制度，民事司法，刑事裁判所，監獄，矯正施設の統計に関する詳細を定める。 ・陪審裁判所の統計の重要性を確認。 ・英国政府に，司法統計に関するさまざまなシステムを調査・比較するための委員会を任命することを要望。訴訟の登録の最善の方法，登録された訴訟を表にまとめる最善の方法，そのような統計的調査が官吏の増員を必要とするかどうかという問題に関する検討もその任務とする。	

	・犯罪を，国家，宗教，公序，身体，財産，国際法（外国）のいずれを害するかによって分類することを推奨。 ・被告人の統計は，出生地，年齢，性別，宗教，教育，職業，民事上の身分を記載しなければならないとする。犯罪者が青少年の場合には，孤児ないし両親に遺棄されているかどうか，嫡出・非嫡出の別の摘記が必要とする。 ・犯罪の動機を記載すべきとする。 ・犯罪の数を住民数全体，酒場・売春宿・故買人等の数と比較すること。 ・処罰の対象となる精神障害に関する記載をすること。 ・裁判所によって検認された突然死および自殺の数を記載すること。	・（従来議論されてきた各国の犯罪および刑罰概念だけでなく）民事訴訟に関わる概念も一致させるのが望ましいことを確認。
第5回 （ベルリン， 1863年）	この会議では司法統計の問題は扱われなかった。	
第6回 （フィレンツェ，1867年）	・犯罪行為の動機を特別の表で詳しく記載することを求める。動機の分類として，①自己および他人の名誉，自由，生命，財産の保護，②迷信・偏見，③宗教的激情，④政治的激情，⑤経済的ないし社会的対立，⑥愛情のもつれ，⑦憤激・飲酒，⑧憎しみ・復讐，⑨物欲，⑩粗暴，⑪犯人の庇護，⑫家庭の不和，⑬困窮，⑭その他の原因を掲げる。 ・統計表は，a）犯罪の数および結果，犯行の手段・道具，b）被告人の数，年齢，性別，民事上の身分，教育程度，信仰宗派，都市・農村の居住地が認識できるものでなければならないとする。 ・司法統計は，有罪の宣告を受けるに至った犯罪だけではなく，裁判所が認知した法律違反の総数を含むものとする。 ・有罪を宣告された者が自白していたかどうかを記載することも要望。	
第7回 （ハーグ， 1869年）		・無償の法的援助に関する統計が必要であるとする。 ・とくに破産について，破産件数と破産者の数，開始決定の性質，破産者の個人的状態，破産に見舞われた営業の種類，破産財産管理の期間，積極財産と消極財産の対照，単純破産を理由とする有罪宣告，詐欺的破産を理由とする有罪宣告，これらの有罪宣告の理由，破産者の全部免責後の復権の数を統計に含めるものとする。

第5部　比較法社会学の視点

		・株式会社の統計を作製することを提案。とくに，設立年，資本金の額，株券の名目額，出資金の額，純益，設立された会社の数，解散した会社の数を記載すること。 ・各国政府に，民事司法統計の公表に際しては，冒頭に裁判所組織の全体を見通しうる簡潔な説明を置くことを要請。
第8回 （ペテルスブルク，1872年）	・犯罪統計のデータ収集のためのモデル様式を採択。 ・犯罪歴記録制度の組織化を各国政府に要望。それにより，累犯の統計が可能になるとする。 ・各国の統計の記載事項を国際的統計に転載することを可能にするため，重罪に関する用語の比較対照に関する準備的決議を行う。	
第9回 （ブタペスト，1876年）	・累犯の問題を集中的に審議。詳細な調査を可能にするため，前回に引き続き，犯罪歴記録制度の重要性を強調。具体的な方式として，フランス型とロシア型の2つのシステムを並記。 ・刑事判決の国際的な交換に賛成の意向を表明。	・土地台帳・抵当台帳の統計について審議。①土地の数および価値，土地台帳への登記の数および権原に関する毎年のリスト，②抵当権設定の総数，③その年の抵当権設定および第三者への譲渡，抵当権抹消の数および金額の一覧，④利率に対応させた土地債務の登録数・抹消数，⑤金額に対応させた土地債務の登録数・抹消数を含めるものとする。 ・営業活動を行う法人について審議。株式会社および合資会社について，①すべての国がこれらの会社の統計を作製することを要望，②ひな形としてEngel（＝プロイセン統計局長）の作製した様式を推奨，③統計は5年ごとに更新すること，④中央の統計官庁が常に情報を得られるよう，会社に，業務報告公表後直ちにその写しを2部各国の中央統計官庁に提出することを義務づけること，⑤中央統計官庁は同時に，各会社が発行した有価証券類の値の変動を追跡調査し，その最高値と最安値ならびにそれをつけた日付，および毎年12月末日現在の値を公表すること，⑥定期的な営業統計の公表時に中央統計官庁は，個人企業と法人企業の比率を示すものとする。

紀のもう1つの特徴である，民事訴訟の増大という問題に迫ってみたい。取り上げるのはドイツのヴォルシュレーガーの研究であるが，それは，司法統計を利用した研究の可能性を確認することにもつながるであろう。[16]

Ⅲ── 経済成長と民事訴訟の増大

1 プロイセンの司法統計

　ヴォルシュレーガーは，近代法史の研究者であるが，経験的社会科学研究の手法を法史的事実に適用する「計量法史学（quantitative Rechtsgeschichte）」の領域を開拓することをめざし（Wollschläger 1981），民事司法統計の分析に関する多くの研究を残している。その研究の対象は，ドイツからヨーロッパ全体，さらに日本に及んでいるが，ここでは，19世紀ドイツにおける民事訴訟数の動向を分析した研究を取り上げよう。[17]

　ヴォルシュレーガーの基本的主張は，〈ドイツでは19世紀を通じて民事訴訟が大量現象となったが，その原因としては経済的要因，なかんずく消費者信用の拡大・発展が重要である〉というものである。ヴォルシュレーガーは司法統計を駆使することによってこの結論を導き出すのであるが，その分析に立ち入る前に，対象となっているドイツ（プロイセン）の司法統計の状況について簡単に整理しておこう。

　ドイツにおける司法統計は，先に見たように，プロイセンのフリードリッヒ・ヴィルヘルム1世が，1717年に，各裁判所に対して，統一の書式に従い訴訟の処理状況について報告することを求め，それを一覧表（Tabelle）にまとめさせたのが始まりである。しかし，この統計表（司法統計）はあくまでも国王ないし枢密院の内部資料にとどまっていた。18世紀末になると，司法統計が公刊されるようになるが，当初はあくまで散発的・断続的で，発表形式も体系性・網羅性を欠いていた。[18] プロイセンで司法統計が継続的に公刊されるようになるのは，1814年になってからのことである。『（Kamptz編集）プロイセン立法・法学・法行政年報』（1814年-1846年）[19]によって，プロイセンの司法統計（統計表）が

継続的に公表・出版されるようになり,司法統計へのアクセシビリティはここで飛躍的に高まった。以後,プロイセンの司法統計の公刊は『司法省雑誌』(1839年-1933年)[20]に引き継がれ,そして1871年のプロイセン主導のドイツ統一(ドイツ帝国成立)後は,『ドイツ司法統計』(1883年-1920年)[21]としていっそう体系的かつ詳細な数字が収集・公刊されることになる。このような経過から見ても,統計資料の社会への大量の流通,ハッキングのいうところの〈印刷された数字の洪水〉は,ドイツの司法統計についても19世紀のことであったことが伺える。

2 経済成長と民事訴訟の増加

さて,ヴォルシュレーガーは,1980年の論文(Wollschläger 1980)において,これらの統計資料を用いつつ,19世紀のドイツの民事訴訟数の動向を分析する[22]。具体的には,ドイツ西部のライン地方のケルン高裁管内[23]の各裁判所の1822年から1913年に至るほぼ1世紀の統計データを対象としている。ドイツ全体ではなく,ケルン高裁という特定地域のデータを分析の対象としたのは,19世紀のドイツの大きな政治的変動にともない他の多くの地域では管轄地の大幅な変更があり,通時的な比較が難しいのに対して,ケルン高裁の管轄地域はこの時期を通じてほぼ一定に保たれており,同一の基盤の上で民事訴訟数の比較をすることができるという慎重な考慮に支えられている。いうまでもなく,司法統計の比較分析においては比較の単位の同一性を確保することが重要であり,ヴォルシュレーガーもまた「数量化された対象の比較は,それらの主要なメルクマールが一致している場合にのみ意味がある」ことを強調している(Wollschläger 1980:S.376)。さらにヴォルシュレーガーは,比較の対象となる事件の同一性にも意を用い,1879年の一連の司法改革立法(裁判所構成法,民事訴訟法,破産法)による裁判制度および訴訟手続の改革[24]の前後で比較の対象に離齬が生じないよう,1879年までについては,平和裁判所(Friedensgericht),商事裁判所(Handelsgericht),地方裁判所(Landgericht)の第一審の通常民事訴訟事件の数,1880年以降については,区裁判所(Amtsgericht)および地方裁判所第一審の通常民事訴訟,証書訴訟・手形訴訟,支払命令の新受件数を比較するものとしている。なお,司法統計の比較に固有の問題である,同じ1つの事件が統計上は

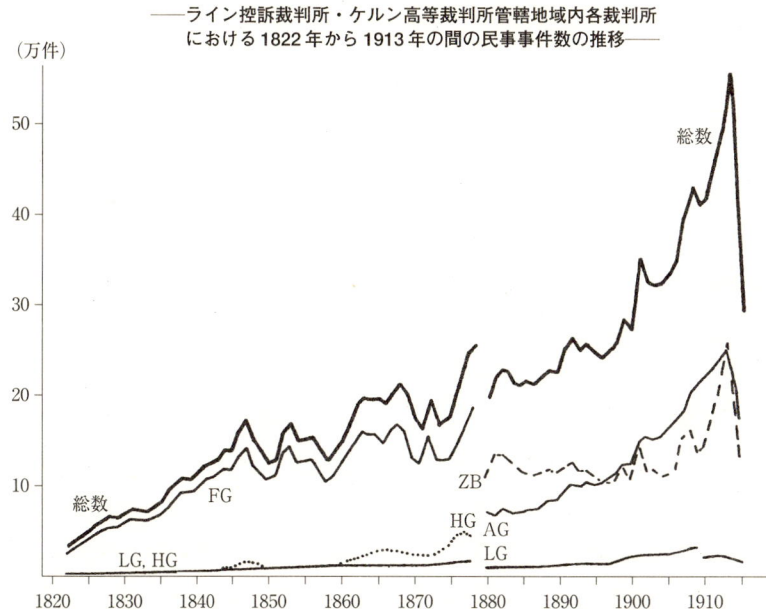

図1　19世紀ドイツの民事訴訟の増大
――ライン控訴裁判所・ケルン高等裁判所管轄地域内各裁判所
における1822年から1913年の間の民事事件数の推移――

（万件）

注：FG＝平和裁判所；HG＝商事裁判所；LG＝地方裁判所；AG＝区裁判所；ZB＝支払命令
出典：Wollschläger（1980：S.381）．

複数の手続において重複して計上されてしまう問題（ダブルカウント）についても一定の調整を施している。

　このような整理を前提に，ヴォルシュレーガーが1822年から1913年までの間の民事訴訟数の推移を計算し，グラフ化したのが，図1である。この結果を観察し，ヴォルシュレーガーは，2つの重要な知見が得られるとしている。第1は，19世紀の民事訴訟の劇的な増大である。見られるように，19世紀を通じて民事訴訟は急激に増加しており，1822年の3万3,407件から1913年の55万8,903件まで，この間実に17倍に増加している。これは単純に計算すると，毎年3.1％ずつ民事訴訟が増え続けたことになる。ヴォルシュレーガーが注目する第2の特徴は，民事訴訟の動きが上下動のサイクルを繰り返していることである。民事訴訟数は全体としては一貫した上昇傾向を示すが，しかし，その動向を微細

に観察すると，中短期的には増加と減少のジグザグとしたサイクルが見られる。この点もまたヴォルシュレーガーの研究においては1つの重要なポイントとなる。

　ではなぜ，19世紀に民事訴訟が急激に増大したのか，また，そこに中短期的な上下の変動が見られるのはなぜか。ヴォルシュレーガーは次にこの点に分析を進める。ヴォルシュレーガーが注目するのは，人口の増加および経済成長である。ヴォルシュレーガーはまず，人口の増加傾向と訴訟の増加傾向とは高い正の相関を示すとして（相関係数はr=0.93, N=57），19世紀における人口の増加がこの時期の訴訟数の増加の重要な原因の1つであることを承認する。しかし，ヴォルシュレーガーによれば，人口の増加だけでは，19世紀における民事訴訟の増加を部分的にしか説明できない。というのも，確かにこの時期人口は急激に増加しているが（1913年は1822年の約3.3倍），しかし民事訴訟はさらにいっそう大幅に増加しているからである（同じ時期に約17倍）。このことをさらに検証するために，単位人口当たりの訴訟率を計算すると，1822年には人口1000人当たり18件であったものが，1847年には71件，1878年には76件，1913年には94件に達している。人口の増加のみが訴訟増の原因であるとすれば，このような訴訟率の増加は生じえないはずである。

　そこでヴォルシュレーガーは，経済成長の影響に注目し，それを計量的に確認しようとする。その結果，民事訴訟数の動きは，国民総所得の上昇とも，また，国民1人当たりの所得の伸びとも高い相関を示しており（前者の相関係数はr=0.91，後者ではr=0.78，いずれもN=57），国民所得の伸び（経済成長）と民事訴訟数の増加との間には密接な関係が確認できる。そのメカニズムを，ヴォルシュレーガーは次のように説明している。国民所得の伸びは経済的・社会的取引の増加を反映しており，そして取引量の増加は潜在的な紛争量（人々が紛争に巻き込まれる可能性）を増加させる。その一部が顕在化することによって訴訟を増加させるのである。

　こうして，ヴォルシュレーガーは19世紀のドイツで民事訴訟が急増した基本的原因としての経済成長を確認するが，しかし，先に見たように，この上昇は決して一本調子なものではなく，上下動を繰り返すものでもあった。ヴォル

シュレーガーは，そこに景気循環の影響を見いだす。この傾向はとくに1848年以後の時期に顕著であり，そこでは，民事事件の動向と景気循環との間に，景気が悪化すれば訴訟が増加し，景気が好転すれば訴訟が減少するという傾向が確認できるのである。以上をまとめて，ヴォルシュレーガーは，「司法統計は，全体として，民事司法が19世紀に大量現象となり，新しい段階に入ったことを示している」と結論づけるとともに，そこに作用する経済的要因の重要性を強調する（Wollschläger 1980: S.397）。[25]

3 消費者信用の拡大

しかし，われわれは，経済の発展が民事訴訟の増加をもたらすというだけでは，なお分析としてはあきたらないものを感じる。また，ヴォルシュレーガーは，景気変動が訴訟数の上下動に及ぼす影響を指摘するが，その影響関係のメカニズムはより立ち入った分析を必要としているであろう。

実はこのような課題はヴォルシュレーガー自身の自覚するところであり，かれは，その後の研究において，さまざまな角度からこの点の解明に取り組むことになる。その結果浮かび上がってきたのは，19世紀における消費者信用（Konsumentenkredit）の普及・拡大という要因である。この点は，端緒的には，1980年論文でもすでにふれられていたが（Wollschläger1980: S.393），この点を正面から扱ったのが1997年の論文である（Wollschläger 1997）。この研究でヴォルシュレーガーは，ライン地方のXanten平和裁判所（Friedensgericht Xanten）の訴訟記録を利用し，民事訴訟の増大と消費者信用の発展の関連を解明しようとする。訴訟記録を用いているのは，ドイツの司法統計が訴訟目的や当事者などに関する情報を含んでいないからである。

ヴォルシュレーガーは，Xanten平和裁判所で1826年から1830年の間に処理された777件の事件を分析し，まず，その90％は1回の弁論を開催しただけで処理されていることを確認する。これは，裁判所に持ち込まれる民事事件の大部分が権利義務の存否そのものには争いがない事件であったことを推測させる。このことを確認するため，次に，訴訟の目的を整理・分析した結果，全体の52％が売掛代金の回収，15％が貸金の取立て，14％が地代（Pachtzins）の取立

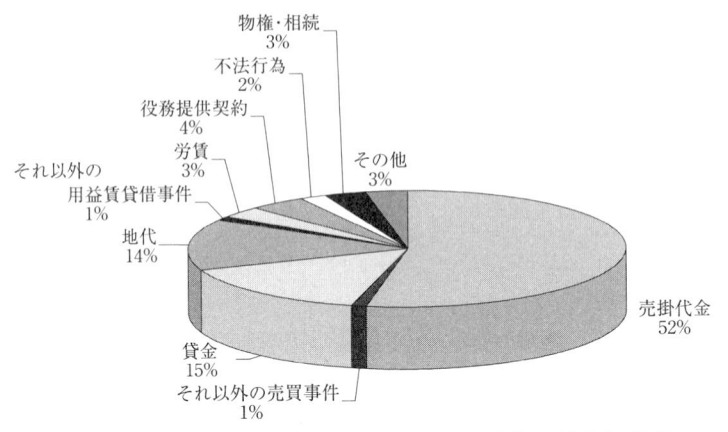

図2　Xanten 平和裁判所で 1826 年から 1830 年の間に処理された民事訴訟の目的の割合

- 物権・相続 3%
- 不法行為 2%
- 役務提供契約 4%
- 労賃 3%
- それ以外の用益賃貸借事件 1%
- 地代 14%
- それ以外の売買事件 1%
- 貸金 15%
- 売掛代金 52%
- その他 3%

出典：Wollschläger（1997: S.1441）．ただし貸金事件と地代事件の順序を変更した．

てを目的とするものであることが明らかにされる（**図2**）。これら3つのタイプの事件だけで訴訟全体の5分の4をしめることになるが，ヴォルシュレーガーは，これらの事件はいずれも広い意味で信用関係から生じたものであることを確認している[26]。かくして，大部分の民事訴訟は，信用関係に起因する債権の取立てのために機能していたわけであるが，そのことは，訴訟が，景気の影響を敏感に反映することを意味する。すなわち，景気が悪化すれば債務者の債務支払能力が悪化し，その結果，債権の取立てを目的とする訴訟が増大し，それが訴訟の全体数を押し上げる。逆に，景気が好転すれば，債務者の支払能力が増し，債務の弁済が任意になされる結果，訴訟が減少するというメカニズムが生じるのである。

かくして，ヴォルシュレーガーは，以上の分析から次のような注目すべき結論を導き出している。19世紀を通じた民事事件の増大を説明するためには，従来のように生産力の増大に焦点を合わせるのでは不十分であり，むしろ，消費者への信用供与の拡大と受信者の支払能力という信用関係の要因が重要である。生産から信用へと視点を移行させることによって，19世紀のドイツにおける民事訴訟増大の全体的メカニズムと，景気循環を反映した中短期的な上下動のメ

19世紀ヨーロッパと近代司法統計の発展

カニズムをより説得的に説明することができる。ヴォルシュレーガーはそのような説明を「民事訴訟発生のマネタリスト的説明（monetären Erklärung）」とよんでいるが，この立場からすると，裁判所は「取引界のためのサービス機関」であるという，今日しばしば指摘される現象は，ドイツではすでに19世紀において出現していたのである（Wollschläger 1997: S.1449）。

Ⅳ——むすび

　以上，本稿では，ハッキングの〈印刷された数字の洪水〉という言葉に導かれて，19世紀のヨーロッパにおける司法統計の発展を確認し，そして，論文の後半では，そのような司法統計を利用したヴォルシュレーガーの研究を概観することによって，19世紀ドイツの民事訴訟の増大のメカニズムを確認した。19世紀前半に始まる〈印刷された数字の洪水〉は確かに，司法をも呑みこむものであった。そして，その結果生まれた大量の経験的データは，法と社会の関係に関する貴重な資料を提供しているように思われる。19世紀に相次いで印刷・公刊されるようになったヨーロッパの司法統計は，その後，各国の政治的変動や社会的混乱の中で，かなり複雑な展開を遂げることになる。その展開を正確に跡づけつつ，そこで提供されているデータについて比較と歴史の視点から分析を加え，ヨーロッパ近現代の法と社会のマクロな関係を解明すること[27]，そしてそれを日本の問題とあらためて結びつけて考察すること，それが筆者の今後の課題であるが，本稿はそのような課題に向けてのささやかな準備作業の1つである。

1）　原語は"an avalanche of printed numbers"であり，原語に忠実な訳は「印刷された数字の雪崩」であるが，石原英樹・重田園江訳は「印刷された数字の洪水」とする。印刷された数字（統計）が社会の中に溢れ出る語感は原著の意図をよく伝えていると思われるので，本書でもこの訳に従うことにする。
2）　なお，このような19世紀における統計的思考の普及と社会認識のあり方の変化という観点は，ハッキングのみならず，近年の多くの科学史家の共有する問題関心である。こ

第5部　比較法社会学の視点

のような問題関心の発見と普及に重要な役割を果たしたのが，1980年代初頭にビーレフェルト大学（ドイツ）を拠点として行われた国際共同研究（ハッキングもそのメンバーの一人であった）であるが，この共同研究の集大成として，Krüger et al.（1987=1991）がある。

3) ハッキングは，そのほか，陪審における有罪の評決に必要な多数の比率をどうすべきかをめぐって，コンドルセ，ラプラス，ポアソンらの統計学者の間に意見の対立があったこと，そして，1827年以降フランスの司法省が刑事司法統計を公刊するようになり（後述），公判と有罪判決の詳細な数字を利用できるようになったことが，議論のゆくえに重要な影響を与えたとの興味深いエピソードを紹介している。Hacking（1990=1999）第11章・第12章参照。

4) 棚瀬孝雄教授は，その多方面にわたる研究で筆者にさまざまな刺激を与えてくれているが，本稿の主題との関係では，たとえば，「訴訟利用と近代化仮説」『民事訴訟法理論の新たな構築（上）』（有斐閣，2001年）で最近の日本の訴訟利用の動向について洗練された分析を加えている。そこで扱われている近代化と訴訟の関係をあらためてヨーロッパの側から眺めてみようとするのが，本稿の基礎にある問題関心である。

5) したがって，ペティにとっては司法統計は道徳統計であった。なお，ペティの問題設定，とくに，民事訴訟のシカーネ的利用への言及には，訴訟は罪悪であり社会的悪徳であるという古い時代のステレオタイプ（Brooks 1978参照）が現れている。

6) フリードリッヒ・ヴィルヘルム1世は，すべての訴訟を1年以内に終結させるという野心的な目標をもっていたといわれる。Wollschläger（1980: S.374注15）参照。

7) Beiträge zu der juristischen Literatur in der preußischen Staaten, Hrsg. von J.W.B. von Hymmen, 1. Sammlung, Berlin 1775, Vorbericht Bl. 4参照。

8) 19世紀ヨーロッパの司法統計の発展にとって決定的に重要な役割を果たしたのはフランスの司法統計であるが，フランスの司法統計の意義についてRusch（1912：S.32）は「画期的（bahnbrechend）」と表現している。なお，フランスの司法統計が諸外国から注目を集めた一例としては，たとえば，ドイツのMittermaier（1832）が，1831年の『民商事司法行政一般報告』の刊行の翌年にすでに，ドイツの雑誌でその詳細な紹介を行っていることなどもあげられよう。

9) 各国における統計局の設立の背景と意義については，Westergaard（1932=1943）第11章, Hacking（1990=1999）第4章を参照。

10) 国際統計会議については，Westergaard（1932=1943）第14章参照。

11) ケトレはベルギー人であり，第1回国際統計会議がブリュッセルで開始されたのも，この会議がケトレのイニシアティヴによるものであることを物語っている。

12) 主としてBöhmert（1879: 50ff）の報告を参考にまとめたものである。

13) 取り上げられている24か国・地域とは，イングランド，デンマーク，ノルウェー，スウェーデン，ロシア，オーストリア，ハンガリー，スイス，プロイセン，バイエルン，ザクセン，ヴュルテンベルク，バーデン，ヘッセン，オランダ，ベルギー，フランス，ポルトガル，スペイン，イタリア，ギリシャ，ルーマニア，アルジェリア，フランス植

民領である。なお，Yvernèsは，当時フランス司法省統計局長であった人物である。
14) 民事司法統計の標準化・統一化が難しい理由として，たとえばBöhmert（1879: S.50）は，各国の民事実体法が刑事法と比較してはるかに各国で多様であること，民事訴訟手続もまた多様であること，それにともない統計・調査の方法が各国ごとに大きく異なることをあげている。
15) なお，19世紀末から20世紀になると，司法統計作製の目的として，道徳意識の探求（道徳統計）という側面は次第に後景に退き，より広く社会・経済の実情の把握という側面が，司法行政上の必要とならんで強調されるようになる。たとえば，Rusch（1912: S.10）参照。
16) なお，犯罪・刑事司法統計と民事司法統計を比較すると，前者が早くから多くの学問的な関心をひき，研究が進んできた（それはさらに近代刑事学・犯罪学への発展する契機となる）のに対して後者の研究が立ち遅れてきたことは，19世紀以来たびたび指摘されてきた（たとえば，Hildebrand 1865: S.32, 34など）。以下に紹介するヴォルシュレーガーは，この研究の欠落を補うことを自己の研究の課題としている。
17) ドイツに関するものとしてWollschläger（1980）（1981）（1991）（1997）など，ヨーロッパ全体に関するものとしてWollschläger（1989），日本についてはWollschläger（1997=2001）参照。なお，ヴォルシュレーガーの司法統計の分析に関する研究の網羅的なリストはWollschläger（1997=2001）の訳者解説にある。
18) たとえば，1775年に，民間の出版者であるHymmenが，その刊行雑誌（前注7）参照）の予約購読者に，訴訟統計表の複製を配布した。しかし，それは継続的なものではなく，また，内容的にも，犯罪・刑事司法関係の統計だけで，民事司法に関する統計は含んでいなかった。
19) Jahrbücher für Preußische Gesetzgebung, Rechtswissenschaft und Rechtsverwaltung/ im Auftrag des Königlichen Justizministeriums hrsg. von Karl Albert von Kamptz. Berlin, 1:1813(1814) - 66:1845(1846).
20) Justiz-Ministerialblatt für die preußische Gesetzgebung und Rechtspflege/ Preußisches Justizministerium. Berlin, 1: 1839 - 95: 1933（1939）.
21) Deutsche Justiz-Statistik / bearb. im Reichsjustizministerium. Berlin, 1: 1883-18:1920.
22) 前述（注17））の通り，ドイツの民事訴訟の動向に関するヴォルシュレーガーの研究は多数にわたるが，ここでそのうち1980年の論文を取り上げたのは，それがかれの最も早い時期の論文であるほか，かれの分析手法がよく現れていると考えたためである。
23) 正確には，ライン控訴裁判所（Rheinischer Appelationsgerichtshof）およびその管区を引き継いだケルン高等裁判所（Oberlandesgericht Köln）の管轄地域。
24) さしあたりWieacker（1952=1961: 訳562-564頁）参照。
25) Wollschläger（1981）では同様のことを，プロイセン全体についても確認している。
26) ヴォルシュレーガーは，用益賃貸借にも信用取引的要素が含まれていたことを指摘している（Wollschläger 1997: S.1442参照）。
27) ちなみにWollschläger（1989）は，ヨーロッパ各国が国ごとに多様な展開をみせてい

〔引用文献〕

Böhmert, Victor (1879), Die Statistik der Rechtspflege mit besonderer Rücksicht auf das Königreich Sachsen von 1860 bis 1877, in *Zeitschrift des Königreich Sächsischen Statistischen Bureaus*, Jg. 25, S.49-98.

Brooks, C.W. (1978), Litigants and Attorneys in the King's Bench and Common Pleas, 1560-1640, in J.H.Baker (ed.), *Legal Records and the Historian*, London : Royal Historical Society, p.41-59.

Hacking, Ian (1990=1999), *The Taming of Chance*, Cambridge UP., 1990 (石原英樹・重田園江訳『偶然を飼いならす』木鐸社，1999年).

(Hildebrand) (1865), Die Organisation der Statistik der Rechtspflege mit besonderer Rücksicht auf Thüringen, in (*Hildebrands*) *Jahrbücher für Nationalökonomie und Statistik*, Bd. 4, S.32-41, 102-120.

Krüger, Lorenz, et al. (eds.) (1987=1991), *The Probabilistic Revolution, 2 vols.*, MIT Press (第1巻の抄訳として，近・木村・長屋・杉森・伊藤訳『確率革命——社会認識と確率——』梓出版社，1991年).

Mittermaier, Karl F. (1832), Über Statistik der Civilrechtspflege, mit besonderer Hinsicht auf den Compte général de l'administration de la justice civil en France von 1831, *Archiv für civilistische Praxis*, Bd. 15, S.1-26.

Petty, Sir William (1927), *The Petty Papers : some unpublished writings of Sir William Petty*, vol. I and II, London : Constable & Co.

Quetelet, Adolphe (1835), *Sur l'homme et le développement de ses facultés ou essai de physique sociale*, Paris : Bachelier (平貞藏・山村喬訳，高野岩三郎校閲『人間に就いて』岩波文庫，1939年，1940年).

Rusch, Max (1912), *Statistik der Zivilrechtspflege*, Leipzig : B.G.Teubner.

Westergaard, Harald (1932=1943), *Contribution to the History of Statistics*, 1932 (ウェスターゴード，森谷喜一郎訳『統計学史』栗田書店，1943年).

Wieacker, Franz (1952=1961), *Privatrechtsgeschichte der Neuzeit unter besonderer Berücksichtigung der deutschen Entwicklung*, Vandenhoeck & Ruprecht, 1952 (ヴィーアッカー，鈴木禄弥訳『近世私法史』創文社，1961年).

Wollschläger (1980) "Zivilprozeßstatistik und Wirtschaftswachstum im Rheinland von 1822 bis 1915," in K. Luig und D. Liebs (Hrsg.), *Das Profil des Juristen in der europäischen Tradition. Symposion aus Anlaß des 70. Geburtstages von Franz

Wieacker, Ebelsbach : Verlag Rolf Gremer, S. 371-397.

―― (1981) "Zivilprozeß-Statistik und Wirtschaftsentwicklung in Preußen im 18. und 19. Jahrhundert," in *Zeitschrift für Neuere Rechtsgeschichte*, S. 16-27.

―― (1989) "Die Arbeit der europäischen Zivilgerichte im historischen und internationalen Vergleich : Zeitreihen der europäischen Zivilprozeßstatistik seit dem 19. Jahrhundert," in E. Blankenburg (Hrsg.), *Prozeßflut? Studien zur Prozeßtätigkeit europäischer Gerichte in historischen Zeitreihen und im Rechtsvergleich*, Köln : Bundesanzeiger, S. 21-114.

―― (1990) "Civil Litigation and Modernization: The Work of the Municipal Courts of Bremen, Germany, in Five Centuries, 1549-1984," in *Law and Society Review* 24, pp. 261-282.

―― (1991) "Landarmut und Zivilprozeßraten in Württemberg während des 19. Jahrhunderts," in O. Behrends und M. Disselhorst (Hrsg.) , *Libertas. Grundrechtliche und rechtsstaatliche Gewährungen in Antike und Gegenwart. Symposion aus Anlaß des 80. Geburtstages von Franz Wieacker*, Ebelsbach : Verlag Rolf Gremer, S. 263-278.

―― (1997=2001) "Historical Trends of Civil Litigation in Japan, Arizona, Sweden, and Germany: Japanese Legal Culture in the Light of Judicial Statistics," in Harald Baum (ed.), *Japan: Economic Success and Legal System*, Berlin/ New York : Walter de Gruyter, 1997, pp.89-142（佐藤岩夫訳「民事訴訟の比較歴史分析――司法統計からみた日本の法文化（一）（二・完）」（大阪市立大学）法学雑誌48巻2号62-100頁、3号25-70頁、2001年）。

―― (1997) "Streitgegenstände und Parteien am Friedensgericht Xanten 1826-1830 : Zur Expansion von Ziviljustiz und Kredit im 19. Jahrhundert," in G. Köbler (Hrsg.), *Wirkungen europäischer Rechtskultur : Festschrift für Karl Kroeschell zum 70. Geburtstag*, Nördlingen : C.H.Beck, S. 1425-1451.

Yvernès, Émile (1876), *L'Administration de la Justice Civile et Commerciale en Europe*, Paris: Imprimerie Nationale.

あとがき

　棚瀬孝雄先生が還暦を迎えられたことを記念して企画された本書の意図や構成は，和田仁孝が序文において述べているとおりである。そして，直接に指導を受けた者の視点から見たときの「学者・棚瀬孝雄」のその学問的姿勢に関しても，和田が序文に記したことに付け加えるべきことは何もない。したがって，あとがきとして何を書こうとも，結局のところは蛇足に終わってしまうのではないかという危惧を払拭できない。そのことを念頭に置いたうえで，敢えて，非常に個人的な思い出を記させていただくことにしたい。

　私が京都大学大学院法学研究科前期博士課程に入学したのは1983年の4月であるが，その同じ月に，棚瀬先生が『判例タイムズ』に連載を続けていた「本人訴訟の審理構造」が完結した。先生は，全13回に及ぶ連載の終了後ただちに，この論文を一書にまとめる作業に着手されたが，大学院に入学して間もない私が，校正刷りのチェックや索引の作成のお手伝いをさせていただくことになった。私にできたことは，わずかな誤植を発見したことくらいで，先生にとってそれほど役には立たなかったと思われるが，私自身は，一人の優れた研究者がその全精力を傾注して書き上げた大部の学術論文を，一字一句丹念に読んでいくという，非常に貴重な経験をさせていただいたことになる。

　もとより私は，先生が『法社会学講座』に寄せられた「裁判をめぐるインフルエンス活動」や「規範コミュニケーションと法の実効性」，『法学論叢』に連載された「社会分析における個人の地位」，「紛争と役割過程」，「裁判受容過程の構造分析」等の論文に，法解釈学とは異なる法社会学という学問の魅力を感じ，それゆえに，法社会学の研究者を志して大学院に進学したのであるが，大学院に入学してはじめて，しかも校正刷りの段階で読ませていただいた「本人訴訟の審理構造」は，それまでに先生が書かれた論文のすべてを踏まえたうえで，それらを超えるものであるように思われた。

　もちろん，まだ研究者の「卵」ともいえないような当時の私に，先生の書か

あとがき

れたものがどの程度理解できていたかは，今となっては非常に心許ない。しかしながら，二当事者間の紛争を第三者が裁定するという社会過程がそもそもどのようにして成り立っているのかを，何事をも自明視せず，徹底的に突き詰めて究明していこうとする，「本人訴訟の審理構造」における先生の姿勢に，学問というものの凄みを感じたことは確かである。それとともに，いつかは自分もこのようなものを書けるようになるのだろうかと，研究者としての自分の将来に対する非常に大きな不安を覚えたことも，偽りのないところである。

それからすでに20年以上が経過し，現在の私の年齢は，「本人訴訟の審理構造」を書き上げた時の先生の年齢を超えてしまっている。幸いにして，法社会学の研究者を名乗れるようになってはいるが，しかし，「本人訴訟の審理構造」に比肩するような論文をこれまで一編でも書けたかと問われたときに，これがそうであると示すことができるものは何もない。「本人訴訟の審理構造」の校正刷りを読ませていただいたときに感じた不安は，的中してしまったと言ってよいであろう。

しかしながら，「本人訴訟の審理構造」に比肩する論文を書けていないということは，実は非常に幸せなことでもある。先生は，「本人訴訟の審理構造」を『本人訴訟の研究』として1983年に弘文堂より刊行された後，それ以前から継続されていた弁護士研究を『現代社会と弁護士』として一書にまとめ，1987年に日本評論社から出版されたが，これらの2冊を世に問うてからの先生にとっては，自らが築き上げたものを乗り越えていくことが，最大の課題となったように感じられる。先生が，1990年前後から，批判法学やポストモダンの社会理論を積極的に摂取されるようになったのは，この課題への取り組みの一環としてであったと考えられる。しかしながら，自らが築き上げたものの高さゆえに，この課題を達成することは容易ではなく，他の研究者がどう評価しようとも，少なくとも先生御自身は，今に至るまで，『本人訴訟の研究』と『現代社会と弁護士』を完全には乗り越えていないと考えているのではないかと思われる。

「本人訴訟の審理構造」に比肩する論文を書けていないということは，実は非常に幸せなことでもあるというのは，先生が経験してこられたはずの，自らが築き上げたものを乗り越えていく苦労を，私自身は経験せずにすんでいるとい

う意味においてである。私にとっては，大学院に入学した当初も，そして今でも，先生の研究が，乗り越えるべきというよりもむしろ，一歩でもそこに近づきたい目標であり，このいわば外から与えられた目標に向かって研究を続けていくことは，自らが築き上げたものを乗り越えていくことを目標とするよりは，はるかにストレスが少ないように思われるのである。

　ところで，私が大阪市立大学に職を得て，一応は自立した研究者となった頃から，先生は，御自身の研究を継続されると同時に，日本法社会学会の学術大会の企画委員長，ついで理事長として学会運営に辣腕をふるわれるようになった。また，それとともに，いくつものシンポジウムや共同研究を組織され，それらの成果を編著として刊行されるようにもなった。すなわち，『現代の不法行為法』（有斐閣・1994年），『紛争処理と合意』（ミネルヴァ書房・1996年），『契約法理と契約慣行』（弘文堂・1999年），『たばこ訴訟の法社会学』（世界思想社・2000年），そして『法の言説分析』（ミネルヴァ書房・2001年）である。

　これらのシンポジウムや共同研究のいくつかに参加させていただき，先生の編著書につたない文章を載せていただいたことは，私にとって，大学院入学当初に「本人訴訟の審理構造」の校正刷りを読ませていただいた以上に，貴重な経験であった。先生の編著書に掲載していただく論文を執筆するプロセスにおいて，また，それ以外の論文を執筆するプロセスにおいても，私はよく，「棚瀬先生ならどう書くだろうか」，「このように書いたら，棚瀬先生はどのように評価されるだろうか」ということを考えた。そして，執筆中の原稿を放りだして，先生が書かれたものを読み直すことがしばしばあった。先生から論文指導を受けた大学院生の頃から，一歩も進歩していないと言ってしまえばそれまでであるが，しかし，そうしたかたちで先生との仮想対話を続けてこなかったならば，私の論文は，実際に公表されているものよりも，はるかに内容のないものになっていたのではないかと思われる。第一級の，けっして油断を許さない厳しい読者として先生がいらっしゃるということは，ともすれば安易な方向に流れがちな私にとっては，たいへんに幸福なことである。

　まったく私的な思い出だけを書き連ねてきた。本書に寄稿した各人は，それ

あとがき

ぞれに，棚瀬先生にまつわる貴重な思い出を有しているはずである。私の思い出が，それらを代表するものであるかどうかは定かではないが，それぞれの思い出が，その思い出を抱く各人にとって，けっして不快なものではなく，先生に対する敬愛の情につながるものであることは確かである。そうであるがゆえに，こうして先生の還暦をお祝いする一書が成り立っているのである。

ところで，本書の編者である和田仁孝，樫村志郎，そして私の3名が，はじめて一緒に仕事をしたのは，棚瀬先生が編集され，法律文化社から1994年に刊行された『現代法社会学入門』において，それぞれ1章を分担執筆した際であった。先生の還暦をお祝いする論文集を刊行しようという話が3名の間でまとまったとき，この『現代法社会学入門』を担当された法律文化社の秋山泰さんに，まずその話をお伝えした。秋山さんは，私たちの要望に快く応じてくださり，出版不況が厳しさを増す昨今の状況にもかかわらず，こうした市場性の乏しい論文集を刊行することに尽力してくださった。直接にお伺いしたことはないが，秋山さんもまた，本書の執筆者たちと同様に，棚瀬先生にまつわる貴重な思い出を有し，先生に敬愛の情を抱いている者の一人なのであろう。

秋山さんに，そして法律文化社に，本書がこうして刊行に至ったことを深く感謝するとともに，還暦を迎えられた棚瀬先生に，執筆者17名に秋山さんを加えた18名の名において，本書を献呈させていただきたい。

2004年5月末日

阿部　昌樹

2004年8月20日　初版第1刷発行
2005年8月20日　初版第2刷発行

法社会学の可能性

編者　和田　仁孝
　　　樫村　志郎
　　　阿部　昌樹

発行者　岡村　勉

発行所　株式会社　法律文化社

〒603-8053 京都市北区上賀茂岩ケ垣内町71
電話 075(791)7131　FAX 075(721)8400
URL: http://www.hou-bun.co.jp/

ⓒ 2004　Y. Wada, S. Kashimura, M. Abe
Printed in Japan

印刷：㈱吉川印刷工業所／製本：㈱オービービー
装幀　前田俊平
ISBN 4-589-02765-8

棚瀬孝雄 編〔現代法双書〕

現代法社会学入門

四六判・366頁・3045円

法社会学とは，何をする学問なのか！？　社会理論・経済学・心理学等を積極的に吸収し，固有の学を追求しようとする今日の法社会学の到達点を知るのに最適。「法」「裁判」「権利」の3編構成でまとめたアクチュアルな法社会学の入門書。

矢野達雄・楜澤能生 編〔HBB〕

法社会学への誘い

四六判・298頁・2730円

法規がいかにして生まれ，現実の社会でどのように機能しているのかなどを勉強する法社会学の入門書。前半は日本の社会構造と法現象に関する総論，後半で家族や労働，司法など10領域の各論を解説する。

大橋憲広・奥山恭子・塩谷弘康・鈴木龍也・林　研三
前川佳夫・森本敦司 著〔αブックス〕

レクチャー法社会学

A5判・268頁・2625円

これまでの法社会学の理論展開と社会事象の現実を読み解くことをテーマに平易に解説。「生ける法」から臓器移植・脳死やリーガルプロフェッション（法律家制度）まで今日的な課題にアプローチする。

及川　伸 著

法社会学講義

A5判・240頁・2835円

経済や科学技術の発展，国際化のなかで，法のはたす役割とは何か。紛争・裁判の国際化による法と社会の変動を視野に入れながら平易に解説したテキスト。「法社会学とはどのような学問か」から説きおこし，13章にわたり問題別に比較法社会学的に考察。

及川　伸 著〔関西学院大学研究叢書第63編〕

法社会学の理論的展開

A5判・308頁・6615円

国際化が進展する日本の「法と社会」の現実を，外国の理論紹介をしながら比較的に考察する。法学の方法―法解釈学と法社会学／「法と社会」の理論／農業法と社会／英米の裁判と社会／補論　法社会学と社会諸科学，裁判の現状と研究課題／付論

法律文化社

表示価格は定価（税込価格）です